주제로 보는
조선시대 한중관계사

일러두기

• 이 책은 2017년도 동북아역사재단 연구용역 수행 결과물임(NAHF-2017 한중-지정연구자-6).

동북아역사재단
연구총서 122

韓

주제로 보는
조선시대 한중관계사

동북아역사재단 북방사연구소 편

中

동북아역사재단
NORTHEAST ASIAN HISTORY FOUNDATION

『주제로 보는 조선시대 한중관계사』의 문을 열며

이 책은 2016년 1단계로 진행되었던 15~19세기에 이르는 연대기적(chronological) 한중관계사 연구를 기반으로 2017년 2단계로 추진된 주제별(topical) 한중관계사의 기본 결과물을 수정 보완하여 출간한 것이다. 기본적으로 한국의 조선시대(1392~1910)와 중국의 명(1368~1644), 청(1644~1911) 시대가 배경이 되지만, 명의 대외 관계가 시작되는 고려 후기까지 포괄하고 있다. 1단계로 진행된 기초 연구가 세기별 시간의 추이에 따라 미묘한 한중 관계의 변화상을 포착하는 씨줄을 마련하는 데 목표가 있었다면, 이번 후속 연구는 시간의 흐름에 따라서는 쉽게 파악하기 어렵거나 의미가 퇴색되기 쉬운 주제를 통시대적으로 부각하는 날줄을 마련하는 데 주안점을 두었다. 이는 15~19세기 한중관계사의 전체상을 파악하기 위해서는 시간에 따른 변화상과 함께 주제별 유사성 혹은 패턴을 동시에 유념해야 한다는 우리 연구팀의 일치된 문제의식에서 말미암은 결과이다. 따라서 주제별로 서술한 이 책에 앞서 진행된 연대기적 서술의 결과물인 『조선시대 한중관계사』(동북아역사재단, 2018)를 먼저 살펴본 이후에야 그 의미가 더욱 분명해지겠지만, 오히려 주제별로 관심 있는 분야를 먼저 읽으며 생겨난 여러 유형을 인식하고 시기별 서술을 보아도 흥미로울 것이다.

주제별 연구는 총 3개 분야의 9개 주제로 구성되어 있다. 우리 팀은 백화점식으로 망라적인 주제를 다루는 방식을 지양했는데, 이는 현재까지의 연구 수준에서 한중 관계라는 '특수성'을 왜곡할 가능성이 크다고 판단했기 때문이다. 오히려 연대기적 서술을 통해 누차 반복적으로 등장하거나 시간의 변화에 따라 그 양상을 달리하는 독특한 현상을 토론의 장에 올려놓고, 그 속에서 15~19세기의 특징을 잘 반영하는 다양한 주제 가운데 먼저 9개의 주제를 선별했다. 그리고 이 9개의 주제를 크게 3가지 범주로 나눌 수 있음을 확인하고, ① '정치·군사'라는 분야 아래 '명 질서와 청 질서', '전쟁과 파병', '경계와 국경'이라는 3개의 소주제를, ② '사행·외교'라는 분야 아래 '명의 환관 외교와 청의 기인 외교', '연행록과 사조선록', '문서 외교와 언어 외교'라는 3개의 소주제를, ③ '경제·문화'라는 분야 아래 '은 유통과 인삼', '「중조상민수륙무역장정」과 화교', '명·청 시대 조선의 중국 사상 수용 양상'이라는 3개의 소주제를 배치했다. 따라서 이 세 가지 분야가 전체적인 분야를 모두 섭렵하는 듯 보이지만, 그 아래 묶인 9개의 주제는 결코 망라적이지 않고 틈이 많다는 점을 고백하지 않을 수 없다. 우리 연구팀의 역량 부족으로 메우지 못한 틈도 있겠지만, 최근 학계의 연구 경향을 고스란히 반영하고자 했던 우리 연구팀의 지향성이 담겨 있음을 이해해 주셨으면 한다.

이 글에서는 이번 연구의 전체적인 방향을 이해하고자 하는 독자들을 위해 우리 연구팀 7인이 모두 동의하고 추구하려 했던 몇 가지 방향성을 제시하고, 그 틀에서 취급된 9개 주제의 특징을 간략히 소개하고자 한다. 먼저 이번 주제별 연구를 진행하면서 지향하고자 했던 방향성은 크게 네 가지다.

첫째, 관계사의 특성상 자국 중심주의로부터 완전히 자유로울 수 없다는 본질적인 한계를 인정하면서도, 될 수 있으면 한쪽으로 편향되지 않도록 한국과 중국의 상호적 관점을 견지하고자 했다. 책봉과 조공이라는 형식밖에 존재하지 않던 한중 관계지만, 중국 측의 논리와 개념을 바탕으로 한 책봉과 조공의 '이념적' 측면에 경도되지 않고 그 속에서 실제로 이루어진 역사적 현실과 주변의 국제 정세에 따라 유동적일 수밖에 없는 다양한 역학 관계를 고려하고자 했다. 이는 2016년 1단계 연구에서 동아시아적 맥락을 충분히 강조하는 한중 관계를 고찰하고자 했던 노력과 일맥상통한다. 특히 1992년 한중 수교 이후 한중관계사가 다시금 역사학계의 중요한 연구 분야로 주목받고, 연행록(燕行錄)의 대규모 발굴 및 출판과 실록(實錄) 자료의 전산화, 그리고 중국 학자들의 관심과 연구가 급증하면서 상호 입장을 균형 있게 고찰할 수 있는 토대가 자연스럽게 마련되었다. 이번 연구에서도 「Ⅰ-2. 전쟁과 파병」에서 명과 청이 긴급히 파병을 요청할 수밖에 없었던 상황과 그 속에서의 조선의 다양한 변수를 언급하였고, 「Ⅱ-1. 명의 환관 외교와 청의 기인 외교」에서도 그동안은 주로 조선의 연행사(부경사)가 중국에서 경험한 것에 주목했던 데 비하여 중국 사신이 조선에 와서 경험한 측면을 상호적인 측면에서 고려하고자 했다. 「Ⅱ-2. 연행록과 사조선록」에서 그동안 한중관계사 연구에 널리 활용된 연행록에 더하여 중국 사신이 남긴 『사조선록』 종류를 제시한 것이나 「Ⅲ-1. 은 유통과 인삼」에서 한국과 중국뿐 아니라 지구적으로 발생한 국제 교역의 변화상 속에서 인삼과 은의 교환을 언급한 것도 같은 이유인데, 이를 통해 학술사적 객관성을 담보하고자 했다. 「Ⅰ-1. 명 질서와 청 질서」에서 명과 청의 국제 질서를 개관함에 있어서도 중국 관찬 기록에 규정된 책봉과 조공보다는 실제의 역사적 사실, 각 시대의 특수성과 관련 주체들의 역관계를 더 중시하고자 했으며, 질서의 주재자인 명·청 왕조뿐 아니라 또 다른 주축인 외국과 변경 세력, 소수민족의 입장을 고려하고자 했다. 이런 점에서 명과 청의 대외 질서를 체감한 조선의 연행록으로 통칭하는 공·사 양편의 방대한 기록은 중국 중심적인 편향성을 교정하며 상호적인 관점을 확보하는 데 대단히 중요한 위치를 차지한다.

둘째, 동일했던 조선과 달리 명과 청이라는 중국 측 왕조의 변화가 가져온 관계사의 변화상에 주목하고자 했다. 이는 연대기적 서술에서도 일부 언급되었지만, 오히려 주제사를 통해 좀 더 명확히 드러나는 특징이라 할 수 있다. 특히 2000년 이후 드러나기 시작한 소위 '신청사(新清史, New Qing History)'와 만주어 자료의 중요성에 대한 각성이 조-명 관계와 사뭇 달라진 조-청 관계의 특징을 두드러지게 했다. 이번 연구에서도 「Ⅰ-1. 명 질서와 청 질서」라는 주제를 통해 당시 동아시아 '세계 질서(world order)'의 변화상을 전체적으로 조망하는 가운데 예제적 관계가 주가 되었던 명 질서와 달리 더는 예제의 이념으로 유지될 수 없었던 청 질서의 실용성과 가변성을 주목하였다. 「Ⅱ-3. 문서 외교와 언어 외교」에서 명과 달리 황제에게 보고하는 문서에 반드시 만주문자를 사용해야 했기에 발생했던 문서 번역(한문에서 만주문자로)의 특징과 오류를 제시한 것이나 기존에 간과되었던 언어 외교에 주목하여 한어와 만주어 학습의 차이가 발생하는 명과 청 시대의 변화를 주목한 것, 그리고 「Ⅱ-1. 명의 환관 외교와 청의 기인 외교」와 「Ⅱ-2. 연행록과 사조선록」에서 모두 언급한 명과 청의 서로 다른 사신 인선의 원칙과 그로 인한 외교적 양태의 변화상 등이 이에 해당한다. 9편의 글마다 말미에 달린 참고문헌을 통해서도 명에서 청으로의 왕조 교체로 인한 한중관계의 변화에 대한 최근 연구 경향을 확인할 수 있을 것이다.

셋째, 양국의 관계사에서 조선이 추구하고 취했던 입장의 역동성과 주체성을 주목하고자 했다. 이는 중국이 구축하려 했던 전근대 동아시아의 강력한 질서 속에서 조선의 위상이 지닌 종속 변수의 측면을 간과하려는 것이 아니라, 오히려 이러한 광범위한 질서 속에서 드러나는 조선의 역동성과 주체성의 정도를 객관적으로 파악하려는 시도다. 모든 주제에서 이러한 특징이 드러나는 것은 아니지만 「Ⅰ-2. 전쟁과 파병」에서 명과 청이라는 상대국의 파병 요청 강요와 국제적 상황에 따라 조선의 대처 방식이 서로 달라지는 측면을 세심하게 고찰한 것과 「Ⅲ-2. 「중조상민수륙무역장정」과 화교」에서 '중조상민수륙무역장정(中朝商民水陸貿易章程)' 성립 배경에 막대한 재정적 부담을 경감시키기 위한 조선 측의 선제적인 시도가 있었음에 주목한 것은 그 대표적인 사례다. 「Ⅲ-3. 명·청 시대 조선의 중국 사상 수용 양상」에서 14~15세기 조선이 주자학을 적극적으로 수용하면서도 명이 강요한 양명학에 대해서는 배척하는 태도를 견지했던 것과 청을 통해 천주학과 고증학이 전래되었음에도 주자학처럼 전폭적인 수용보다는 제한된 수용을 '선택'한 이유를 조선 주류 사회의 공고한 성격으로부터 설명하는 것도 이에 해당한다. 이처럼 문화적인 측면까지 고려한 한중 관계는 다양한 층위가 존재하는 중층적 관계였다고 볼 수 있다.

마지막으로 이 연구의 내용은 최근 학계의 변화상을 적극적으로 수용하면서도, 서술에서는 대학교의 교양서로 유통될 수 있도록 읽기 쉬운 문체와 형식을 취하고자 했다. 이는 2018년에 출간된 연대기적 연구의 결과물과 동일하다. 다만 주제에 따라 연구사 분량에서 차이가 있는데, 이 역시 최근 한중 관계의 연구 경향을 고스란히 보여 주면서 향후 보완해야 할 영역을 암시해 준다.

이러한 네 가지 방향성 외에 이번 연구 결과물에서 특기할 만한 요소와 남은 과제를 정리하면 다음과 같다. 먼저 「I-3. 경계와 국경」에서 잘 드러나듯, 15~19세기라는 500여 년의 시간 속에서 배타적인 근대적 주권이 개입되기 이전과 이후의 급격한 변화상에 대한 관심의 환기다. 이는 '조-청 관계'라는 틀에서 쉽게 간과되었던 측면으로, 한 걸음 더 나아가 '조-청 관계'와 '조-명 관계'의 변화상에 대한 종합적인 재평가를 요청하는 대목이기도 하다. 이처럼 장기적인 추세 속에서 진행되는 세계적(혹은 동아시아적) 맥락을 고려할 때, 14세기에서 15세기로 넘어가는 시기에 성립되어 이후 상당 기간 지속된 한중 관계를 조공 관계의 '전형적(typical)'인 성격으로 이해했던 과거의 인식을 좀 더 유연하면서도 새롭게 해석할 공간이 생기게 될 것이다.

하지만 과연 조선의 상대역인 중국의 왕조 교체, 즉 명에서 청으로, 한족 왕조에서 만주족 왕조로의 변화가 조선과의 관계를 본질적으로 변화시켰다고 평가할 수 있는지, 아니면 본질적이라기보다는 지엽적이고 현상적인 변화로 보아야 하는지는 이번 연구에서도 일치된 의견을 도출하기 어려웠다. 가령 「Ⅰ-1. 명 질서와 청 질서」에서는 왕조 변화가 가진 본질적인 차이가 강조되었지만 「Ⅱ-1. 명의 환관 외교와 청의 기인 외교」에서는 환관과 기인이라는 상당히 다른 인선처럼 보이는 현상 속에 관통하는 유사성을 보여 주고 있다. 정도와 분량의 차이는 분명해 보이지만 「Ⅱ-2. 연행록과 사조선록」, 「Ⅲ-1. 은 유통과 인삼」에서도 '변화'와 '지속'이라는 양면성에서 하나를 배제하기는 곤란해 보인다. 이는 최근 20여 년 동안 소위 '신청사'의 비약적인 발전이 가져온 괄목할 만한 명-청 교체기의 변화상에 대한 '발견'과 이와 연동된 한중관계의 변화상에 대한 심화된 문제의식의 결과라고 할 수 있다.

상당히 조심스럽지만, 현재 각광을 받고 있는 새로운 청사 해석은 기존의 청사 담론에서 간과했던 측면을 밝혀 주는 것이지 반드시 기존 담론과 대항하는(혹은 기존 담론을 전복해야 하는) 관점으로 볼 필요는 없다고 생각된다. 다만 이러한 절충적 시야를 현 중국 학계(사실은 중국 정부)의 '청사공정' 입장과 혼돈해서는 안될 것이다. 2002~2012년 사이에 진행되었고 조만간 공개될 것으로 예상되는 '청사공정'이라는 중국식 청사 해석은 소위 '신청사'의 만주 중심의 해석에 대해서 대단히 민감하고 적대적인 반응을 보여 왔다. 하지만 한반도에서 바라보는 청사 및 한중관계사는 '신청사'의 관점을 유연하게 받아들이면서도 이에 경도되지 않는 균형과 나름의 관점이 요청된다. 이번 연구의 대상은 아니었지만, 2020년 12월 동북아역사재단에서 선제적으로 준비했던 '케임브리지 중국사'에 대한 전면적인 평가작업과 '청사공정'에 대한 대응 방안 논의 역시 결국은 한반도에서 바라보는 중국사 및 한중관계사에 대한 소통 가능한 우리 고유의 관점을 배양하는 관련 연구가 될 것이다.

아직 메워야 할 주제와 틈이 적지 않지만, 이 책을 통해 한국사와 중국사 연구자들의 협업, 참신한 주제 개발과 기존 해석에 대한 재조명이 조금이라도 자극될 수 있기를 희망한다. 아울러 소위 '신청사'에 탄력을 받아 진행되는 원과 청의 유사성과 연속성, 그리고 그 속에서 재발견되는 명의 상무적(尙武的) 특성에 대한 비교 관점 속에서 고려-몽원, 고려-명, 조선-명, 조선-청으로 이어지는 네 차례의 국면 전환을 장기적으로, 일관되지만 통합적인 관점으로 조망할 수 있는 유연한 한중관계사의 토대가 마련될 수 있기를 바랄 뿐이다.

집필진을 대표하여

2020년 11월

조영헌 씀

■ 차례

책머리에 … 4

제Ⅰ부 정치·군사

Ⅰ-1. 명 질서와 청 질서 ■ 차혜원

1. 머리말 … 21
2. 명대 예제 질서의 명분과 현실 … 25
   1) 조공 관계의 다면성 … 25
   2) 조공 일원화의 그늘 … 32
   3) 흔들리는 국제 관계 … 36
3. 대청제국의 세계 구상 … 41
   1) 화이일가의 꿈 … 41
   2) 『열하일기』에 나타난 청 질서 … 45
   3) 동남 해역의 호시 … 51
4. 맺음말 … 54

Ⅰ-2. 전쟁과 파병 ■ 한명기

1. 머리말 … 63
2. 전쟁 … 65
   1) 임진왜란 … 65
   2) 병자호란 … 79

3. 파병 … 93
1) 15세기의 파병 … 93
2) 17세기의 파병 … 98
4. 맺음말 … 106

Ⅰ-3. 경계와 국경 ▪ 김형종
1. 머리말 … 115
2. 19세기 후반 조선 빈민의 월간과 영토 분쟁의 발단 … 117
3. 제1차 조선-청 공동감계와 국경회담 … 122
4. 제1차 공동감계 이후 양국의 교섭 … 126
5. 제2차 조선-청 공동감계와 국경회담 … 130
6. 제3차 공동감계의 무산과 청의 조선 월간민 장악 시도 … 134
7. 맺음말 … 137

제Ⅱ부 사행·외교

Ⅱ-1. 명의 환관 외교와 청의 기인 외교 ▪ 조영헌
1. 머리말 … 149
2. 청의 기인 외교 원칙 … 151
3. 명 전기의 환관 외교 … 155
4. 명 중엽 이후의 문신 외교 … 163
5. 환관 외교와 기인 외교의 유사점과 차이점 … 168

Ⅱ-2. 연행록과 사조선록 ▪ 홍성구
1. 연행록과 사조선록의 명칭과 범주 … 185
2. 연행록과 사조선록의 자료적 가치 … 190
3. 한국 학계의 연행록 연구: 『연행록연구총서』에 수록된 연구를 중심으로 … 196

4. 중국 학계의 연행록 연구 … 200
1) 명·청에 대한 인식과 화이관의 변화 … 200
2) 외교 교섭과 교류 … 205
3) 중국 사회와 문화 … 209
4) 동북사·만주사 연구 … 214
5. 연행록과 사조선록 연구의 전망 … 217

Ⅱ-3. 문서 외교와 언어 외교 ■ 홍성구
1. 머리말 … 227
2. 문서 외교 … 230
3. 언어 외교 … 239
4. 맺음말 … 250

제 Ⅲ 부 경제·문화

Ⅲ-1. 은(銀) 유통과 인삼 ■ 정혜중
1. 머리말 … 259
2. 15세기 조공 무역에서의 은과 인삼 … 261
1) 해금과 조공 무역 … 261
2) 수도 북경의 경제와 조선의 은 … 264
3) 명에 보내는 공납품, 인삼 … 267
3. 16세기 중국에 유입된 조선 은, 일본 은, 스페인 은 … 269
1) 공무역과 사무역에서의 은 … 269
2) 조선의 인삼 … 273
3) 일본과 스페인 은의 중국 유입 … 277
4. 17~18세기 조선의 은과 인삼, 그리고 중국 교역 … 279
5. 맺음말: 19세기 대외 무역과 홍삼 … 287

Ⅲ-2. 「중조상민수륙무역장정」과 화교 ■ 김형종
1. 머리말 … 295
2. 「무역장정」의 성립 배경 … 297
3. 「무역장정」의 의정(議定) 과정 … 300
4. 「무역장정」의 반포와 '속방' 규정 … 306
5. 「무역장정」의 내용과 불평등성 … 311
6. 후속 「무역장정」의 성립과 화교의 형성 … 317
7. 맺음말 … 324

Ⅲ-3. 명·청 시대 조선의 중국 사상 수용 양상 ■ 계승범
1. 머리말 … 333
2. 14~15세기 주자학 적극 수용 … 335
3. 16세기 양명학 배척 … 348
4. 17~19세기 고증학의 일부 수용과 배경 … 353
5. 17~19세기 천주학(교) 수용과 배척 … 365
6. 맺음말 … 375

찾아보기 … 382

제Ⅰ부
정치·군사

1. 명 질서와 청 질서

2. 전쟁과 파병

3. 경계와 국경

I-1

명 질서와 청 질서

| 차혜원 ■ 연세대학교 사학과 교수 |

1. 머리말
2. 명대 예제 질서의 명분과 현실
3. 대청제국의 세계 구상
4. 맺음말

1. 머리말

한반도를 포함한 동아시아 권역은 오랜 역사 속에서 중국의 왕조 체제와 깊은 연관을 맺어 왔다. 이 관계는 단순히 지리적인 인접성에 의한 교류 차원을 넘어 지속적이고 특수한 성격을 띤 것으로 이해된다. 1960년대 말, 서구 학계의 학문적 성과를 모아 편찬된 페어뱅크의 저서는 이러한 '중국적 세계 질서론'의 형성과 확산에 주요한 역할을 했다(Fairbank, 1968). 이 논의는 고대부터 청조 말엽에 이르기까지 중국 왕조들이 주변 지역 지도자를 책봉(冊封)을 통해 공식 승인하고 이들로부터의 조공(朝貢)을 근간으로 한 국제 관계를 유지했다는 점을 주요한 전제로 삼았다. 그 바탕을 이루는 화이(華夷) 사상은 동아시아 세계가 정치, 문화적 공통성을 갖는 데 주요한 역할을 한 것으로 여겨졌다. 이러한 독특한 국제 질서는 주변 세력의 주체적인 노력이나 자세에 따라 유동적인 성격을 띠면서도, 적어도 19세기 중반 서구 각국이 아시아로 쇄도하는 시점까지 유지되었다고 보았다. 청조는 중국과의 외교와 통상을 위해 도래한 서구 세력과 세계관의 차이로 인한 갈등을 겪을 수밖에 없었다. 서구 각국은 근대적 외교 관행을 앞세워 개항과 조약 체계의 수용 등을 요구했으나 청조는 기존의 자국 중심 외교 관계를 고집하였던 것이다. 결국 근대적 조약 체제는 전통적 중국 중심 질서를 와해시키는 주요한 견인차 역할을 한 것으로 간주된다.

이러한 사고의 틀은 1970년대 니시지마 사다오(西嶋定生)가 주창한 고대 중국과 주변 세계를 연결 짓는 '책봉체제론'을 필두로 동아시아와 동남아시아 권역을 잇는 국제적인 시장권에 주목한 하마시타 다케시(濱下武志)의 '조공시스템론'에 이르기까지 이후의 역사 연구에 직간접적으로 영향력을 행사해 왔다(니시지마 사다오, 2008; 濱下武志, 1997). 19세기 중국과 열강 간의 복잡한 갈등을 한눈에 조감하는 틀로서, 또한 전통 시대와 근대를 이어 주는 종적 연결점으로서 책봉·조공 제도는 중국과 동아시아, 동남아시아를 연결하는 네트워크 혹은 시스템으로까지 해석되었다. 이러한 접근 방식은 다양한 역사 사실들의 경향성을 이해하는 데 일정 부분 긍정적인 역할을 한 것은 사실이다. 그러나 체제 혹은 시스템으로 전통 시대 전체를 포괄하려는 이해 방식은 역사 사실 중 일부 국면만을 부각시킬 위험성도 안고 있다. 최근 연구에서는 중국과 주변 세계의 대외 관계를 여타 국제 관계와는 확연히 구분되는 '특수형'으로 강조한 나머지 역사적인 실체에서는 오히려 멀어졌다는 반성도 제기되고 있다(夫馬進編, 2007). 화이사상 역시 어느 시대에나 균질적으로 작용하는 초역사적인 원칙으로 보기는 어렵다는 비판론에 직면하고 있다.

이 글의 주제인 명 질서와 청 질서 역시 이와 같은 고민에서 자유롭기는 어렵다. 명조는 역대 중국 왕조와 마찬가지로 책봉·조공의 형식으로 주변 세계와의 관계를 만들어 갔다. 만주족이 건립한 청조 역시 예외가 아니었다. 사실 조선과 베트남 등 중국과 경계를 맞댄 지역이 중국 왕조와 장기적 우호 관계를 맺을 경우, 책봉과 조공 이외의 형식은 존재하지 않았다. 그러나 책봉·조공 관계만을 중심으로 역사상을 구성할 경우, 중국식 관념으로 채색된 '상상의 질서'를 그려 낼 위험성은 부정할 수 없다(차혜원, 2016). 왜냐하면 책봉·조공에 근간한 중국적 세계 질서는 사실 페어뱅크가 이미 전제로 둔 것과 같이 중국의 논리와 개념을 바탕으로 한 일종의 '이념형'으로 설정되었고(Fairbank, 1968, p.3), 현실의 역관계와 수요에 따라 대단히 다양하게 적용되었기 때문이다. 중국 중심의 국제 질서는 주변 세계의 수요와 관점에서 재구성할 필요가 있음은 분명하다(윤영인, 2002).

이 글 역시 이러한 문제 제기에 기반을 두고 명 질서와 청 질서를 개관하는 데 있어 중국 관찬 기록에 규정된 형식을 넘어 각 시대의 특수한 정황 아래 펼쳐진 다양한 주체들의 역관계에 주목하고자 한다. 명조와 청조의 대외 관계는 중국과 주변 세계의 내부 조건과 국제 정세에 따라 유동적인 성격을 띨 수밖에 없었다. 이 점은 전형적인 모범 조공국으로 간주되는 조선과의 관계에 있어서도 마찬가지였다. 조선왕조가 유지되던 500여 년간, 중국에서는 명조가 멸망하고 청조가 새로 건립되는 거대한 체제 변화가 일어났다. 1644년 명조가 내부 반란으로 붕괴된 뒤, 산해관(山海關)을 넘어 북경(北京)으로 진격한 만주 세력은 자신들이 명조를 계승한 정통 정권임을 선언하고 전통적인 유교적 의례 절차를 밟으면서 황제 중심의 정치 체제를 구축하기 시작했다.

그 뒤 청조의 지배 세력은 기존 명조의 강역은 물론, 해상으로는 타이완을 정벌하여 복속시켰고 18세기 중엽에는 타림분지를 정복해 만주와 몽골, 티베트, 동투르키스탄을 지배하는 거대 제국을 만들어 갔다. 청조는 유라시아 대륙의 일대 거대 제국으로 성장하면서 '청의 평화(Pax Qing)'라고 부를 만한 성세를 구가하였다. 그러나 이러한 변화 과정에서 청조는 문화적 배경이 다른 지역과 집단을 아울러야 하는 과제도 안게 되었다. 이들 이질적인 지배 영역을 아우르는 통치 방식을 모색하는 가운데 청의 세계 질서는 명조와 뚜렷한 차이를 보이게 되었다.

이런 점에서 명과 청의 대외 질서를 체감한 조선의 경험과 판단은 대단히 중요한 위치를 차지한다. 조선왕조는 명·청 두 왕조와 책봉·조공 관계를 유지해 왔으나 그 내용뿐만 아니라 형식에서도 많은 차이를 드러낸다. 조선의 사례는 명과 청의 대외 관계 질서의 동질성과 차이를 가장 민감하게 보여 줄 수 있는 본보기라고 할 수 있다. 더욱이 조선에서는 500여 년간 중국에 파견된 사절단들이 연행록(燕行錄)으로 통칭되는 공과 사, 양 방면에 걸친 방대한 기록을 남겨 두었다. 즉 조선은 명과 청의 사회, 그리고 책봉·조공을 근간으로 한 국제 질서의 실체에 관해 오랜 시간에 걸쳐 방대하고 자세한 기록을 남긴 가장 좋은 관찰자이기도 했다.

이 글에서는 여기에 더하여 조선과 더불어 명·청 양 왕조와 책봉·조공 관계로 이어졌던 류큐(琉球)와 베트남, 그리고 명대 후반 명 질서가 와해되는 과정에서 조공 관계가 단절된 일본 등 주변 세계의 정황을 주제별로 간략하게 함께 검토하고자 한다. 주변 국가들과 중국의 관계를 공시적으로 비교하고 고찰함으로써 명 질서와 청 질서의 특징이 더욱 선명하게 드러날 것으로 본다. 한편 이 글에서 사용한 '질서'라는 개념은 명조와 청조라는 중심의 시선에서 조감한 질서를 가리키는 것이 아니다. 이 시기 중국 왕조 체제가 구상한 국제 질서가 동아시아와 동남아시아, 나아가 세계사와 상호 어떤 식으로 연동되는지에 관심을 둔 시도임을 밝혀 둔다.

2. 명대 예제 질서의 명분과 현실

1) 조공 관계의 다면성

14세기 말, 몽골 세계 제국이 와해되는 와중에 건립된 명조에서는 내륙의 한인(漢人) 지배 영역을 중심으로 과거의 책봉·조공 제도를 이념적, 현실적으로 강화한 대외 관계를 구축했다. 명조는 건국 이래, 국내는 물론 외부 세계에 대해서도 천명(天命)을 받은 천자를 정점에 둔 일원적인 위계질서를 관철하고자 했다. 이 과정이 처음부터 논리 정연한 체계를 갖추고 계획적으로 단계를 밟아 가며 이루어졌다고 보기는 어렵다. 명조는 개국 초기, 남경에 수도를 둔 불안정한 기반을 다져 가는 과정에서 과거 주(周)나라 봉건제의 이념과 예제(禮制)에 근간한 제도와 화이 관념을 대외 질서를 구성하는 주요 요소로 채택했다. 명조의 국제 질서 형성 과정은 완전히 독자적인 구상이 아니라 바로 직전까지 중국 대륙을 통치했던 원나라의 대외 관계 및 지배 영역과 밀접한 관계에 있으며 여기서 직접적인 영향을 받았다는 주장이 최근 연구에서 제기되고 있다. 특히 명조가 고려나 안남(安南) 등 근거리에 위치한 주변 국가들과 새로운 관계를 설정하는 과정에서 기존 원 질서하의 상호 관계와 의전, 이념 등이 영향을 미쳤을 가능성도 제시되고 있다(정동훈, 2019).

그러나 당시 명조를 건국한 한인 집단은 원조의 몽골 지배 세력을 몰아내는 과정에서 한족과 오랑캐를 차별하는 화이의식을 노골적으로 표명했을 뿐 아니라, 이를 체제의 정통성을 보장하는 이데올로기로 적극적으로 이용하였다. 이 점은 인종과 종교 면에서 개방적 성격을 띠었던 원조와 본질적인 차이가 있음을 간과하기 어렵다. 홍무제(洪武帝) 주원장(朱元璋)은 '오랑캐(達虜)를 몰아내고 중화를 회복한' 명조 체제의 이념적 정당성을 천명하면서 조공 이외의 대외 관계를 인정하지 않는 근본주의적 태도를 천명했다. 즉 명조는 중화 세계를 회복한 정통적인 정권으로 예의 질서를 세계에 넓힌다는 명분을 내세운 것이다.

따라서 명조 치하에서 외부 세계와 합법적으로 왕래가 가능한 존재는 외국의 조공 사절단 또는 책봉국으로 향하는 중국 사절단들로 국한되었다. 또한 명조는 황제의 덕이 사방에 미치면 원방의 이민족 오랑캐도 중국의 문화를 이해하고 교화의 범위에 들어오게 된다는 예제의 이념에 기반하여 외교 의례와 규정들을 제정, 실행에 옮겼다(岩井茂樹, 2005). 명조의 관찬 기록에서 규정한 바, 조공은 천자의 덕을 입어 교화된 주변 제 집단이 천자의 조정을 공경하고 우러르는 뜻에서 의례에 참여하고 공물을 바치는 행위였고 거기 걸맞은 의전 절차를 필요로 했다. 주변 세력들이 명조와 공식 교류를 원할 경우, 『대명회전(大明會典)』 등에 규정된 의례의 수행과 외교문서 구비 등의 조건을 갖춰야 했다. 예는 중국과 외국 간의 평화로운 소통에 반드시 부수되어야 할 전제 조건이며 외교 언어이기도 했다.

긴 여정과 복잡한 입국 절차를 거친 조공 사절들은 북경에서 치러지는 의례에 참여하기 위해서 명조에서 정한 유교적 의전을 준수해야만 했다. 이들이 지참한 외교문서 역시 예법에 맞게 작성되어야 했다. 그러나 이러한 능력은 종교와 언어, 문화가 다른 여러 나라의 경우, 원한다고 해서 쉽게 갖출 수 있는 것은 아니었다. 사실 북경에 도착한 대부분의 조공 사절들은 중국 문화에 대한 이해도가 대단히 낮았다. 엄숙해야 할 의례 석상에서 사절단들이 예를 지키지 못하여 빈축을 사는 웃지 못할 사건들이 벌어지고 있었다. 일례로 명조에서는 조례에 참석한 조공 사절단들을 위해 공식 연회를 열도록 정했지만, 조선과 류큐만이 의관과 예의를 갖출 수 있었기 때문에 예부상서가 주관하는 연회에 참석할 수 있었다. 명대 기록에서는 오랑캐 나라의 사신들이 연회 석상에서 자세를 흩트리고 마음대로 자리를 이동하거나 음식을 탐하는 등 예의에 어긋난 일화들을 전한다(沈德符, 「賜四夷宴」, 778~779쪽). 의전이 필요한 자리에서 "눈을 부릅뜨고 소매를 떨치고는 자리에서 일어나 마음대로 둘러보거나 손뼉을 치고 발을 떠는" 오랑캐들을 대상으로 해서는 도저히 중화의 위엄과 품위를 지킬 수 없는 상황이 벌어진 것이다.

실제로 명조와 평화를 유지하고 책봉·조공 관계를 지속해서 이어나간 나라는 대단히 한정되어 있었다. 결국 정기적으로 한문 공문서를 갖춘 사절단을 보내고 의례를 준수할 수 있는 정치·문화 기반을 갖춘 조공국만이 명조와 지속적인 외교 관계를 유지할 수 있었다. 조공국 중에서 정해진 예제와 조공 규정을 준수하는 국가는 조선과 류큐 정도에 불과했다. 그중에서도 일찍이 유교적 체제와 문화를 구축한 조선은 중국 문화와 의례에 대한 이해도가 단연코 두드러졌다.

명조와 조선은 역사상 보기 드문 우호 관계를 맺은 것으로 평가된다. 거의 동시기에 건국한 두 나라가 초기에 상호 탐색과 긴장을 늦추지 않았던 것은 잘 알려진 사실이다. 조선에서는 건국의 주체인 태조 이성계(李成桂)와 정도전(鄭道傳) 등이 중국의 불안한 정세를 틈타서 요동 정벌을 시도한 일이 있었다. 이 사건이 명조에 알려져 의혹을 사게 되면서 양국 관계에는 불안정한 기류가 흘렀다. 사실 조선은 명조와 국경을 인접하고 있어 군사적 긴장 관계가 곧바로 발생할 수 있는 가장 민감한 환경에 놓여 있었다. 명조의 군사 정벌을 받았던 안남 역시 조선과 마찬가지로 명조와 육상으로 국경을 맞대고 있었다.

명조는 조선 국왕 이성계에게 고명(誥命)과 인신(印信)을 주지 않는 등 견제를 시작했고, 조선 측의 사소한 '실례'를 이유로 왕왕 압력을 행사했다(박원호, 2002, 38~53쪽, 271~273쪽). 조선이 명조에 보낸 외교문서 표전(表箋)을 놓고 법식에 맞지 않는다거나 예에 어긋난 문자가 포함되었다는 이유로 사죄와 문서 작성자의 처벌을 요구했으며 조공 사절을 억류하기도 했다. 즉 이 당시 명조가 행한 비례에 대한 제재는 예제의 준수를 위해서가 아니라 정치적, 군사적 문제에 대한 명조 측의 불만을 간접적으로 표현한 것이었다. 조선은 어떤 식으로든 명조와의 마찰을 피하고자 많은 외교적 노력을 기울여야 했다.

명조와 조선 양국은 각각의 체제가 안정되면서 상호 긴밀한 동반자로 변모해 갔다. 성리학적 질서를 체제의 근간으로 삼았던 양국이 사대와 자소(字小)의 명분에 부합되는 예제가 실천되는 것은 자국 체제의 안정에도 상당한 도움이 됐다. 명조는 대대로 조선 국왕을 책봉하여 정통성을 보장해 주었고, 조선 역시 천자의 조정에 곡진한 예를 다해 왔다. 조선은 종종 명과 약속한 1년 3공의 규정을 넘어서까지 적극적으로 사절단을 파견했고, 그를 통해 선진 문물을 수용하기 위해 노력했다. 정월 초하루의 신년 의례를 필두로 한 각종 주요 행사에서 조선 사절단의 빈틈없는 의전과 정중한 문서는 천조의 체면과 권위를 돋보이게 해주었다. 명조는 이를 높이 평가하며 조선을 특별히 우대하기 시작했다.

명조에서는 매년 달력을 반포하는 행사를 진행했는데 조공국 중에서는 조선에만 왕력(王曆) 1부와 민력(民曆) 100부를 주었다. 공순한 조공국을 특별히 우대한다는 뜻에서였다(沈德符, 앞의 책, 「頒曆」, 525쪽). 예제에 정통한 조공국은 중화를 중화답게 만드는 필수 요소이기도 했다.

흔히 명·청대의 대외 관계는 책봉·조공 관계라고 규정되지만, 명조가 조공국의 새로운 지배자를 국왕으로 임명하는 책봉 절차를 정기적으로 시행한 것은 조선과 류큐뿐이었다. 양국의 새로운 국왕은 즉위를 위해서 반드시 명조로부터 책봉을 받음으로써 그 정통성을 입증받는 절차를 밟게 된다. 책봉 의례는 명조와 조공국 모두 엄청난 비용과 노력을 들여야 하는 값비싼 행사였다. 특히 명조가 해로를 통해 책봉 사절을 파견하기 위해서는 선박을 건조하고 원양 항해를 해야 하는 위험과 부담이 따랐다. 심지어 파견 현지에서 명조 사절단의 안전이 보장되지 않아 파견 사절이 살해당하는 사례까지 발생하기도 했다. 예를 들면 믈라카해협의 삼불제(三佛齊, 스리위자야)로 파견된 명조 사신이 조와(爪哇, 자바) 동쪽 해안에서 납치, 살해되는 사건이 발생했다. 그러나 당시 명조는 이 지역에 관한 해외 정보가 부족했고 대응할 수 있는 인력도 부족했기 때문에 사태를 불문에 부칠 수밖에 없었다(庄国土, 2005).

책봉과 조공에 바탕한 명조의 국제 질서가 원칙대로 시행되지 않은 것은 비단 원거리 지역만이 아니었다. 명조와 육상으로 국경을 마주하고 있던 베트남의 경우는 명조 중심 국제 질서의 한계를 여실히 보여 주었다. 당시 안남(安南)으로 불리던 베트남 북부의 쩐조(陳朝, 1225~1400)는 『명사(明史)』 「열전(列傳)」(권 321, 外國2)에서 조선 다음 순서에 기재된 명조의 주요 조공국이었다. 명조 건국 초기, 유교적 관료제를 갖춘 중국형 왕조국가를 지향했던 쩐 왕조는 명조로부터 책봉을 받는 등 공식적인 우호 관계를 맺었다. 그러나 왕위를 둘러싼 갈등과 찬탈극이 벌어지면서 내부적으로 정치적 혼란이 이어졌고, 남부 지역에 자리 잡은 참파 왕국과의 전쟁으로 인해 불안정한 정황이 계속되었다. 이 때문에 명조의 공물 요구에 제대로 응하지 못했고 국경을 둘러싼 분쟁까지 발생하면서 명조와 안남 사이에는 긴장과 갈등이 지속되었다(유인선, 1988).

마침내 영락제(永樂帝, 재위 1402~1424) 통치 기간, 명조 황제는 문죄(問罪)의 군사를 보내 안남을 정복하고 이름을 교지(交趾)로 바꾸어 직할령으로 삼았다. 그러나 안남 측이 끈질기게 저항전을 벌이면서 명군의 피해가 커지자 1428년경에는 군대를 철수할 수밖에 없었다. 그 뒤에 세워진 레조(黎朝, 1428~1527)에서도 안남왕은 대월(大越) 황제를 자칭하고 독자 연호를 사용했을 뿐 아니라, 주변 소국에 대해서는 황제로 군림하는 등 계속 명조의 예제를 무시했다. 그러나 영락 연간의 군사 파견이 실패로 돌아간 뒤, 명조는 안남의 내부 상황에 대해 더 이상 관여하지 않았다. 그뿐만 아니라 왕위를 빼앗긴 국왕을 '하늘이 버린 존재'로 비난하거나, '명조가 수여한 임명 칙서와 인장을 버리고 도망간 죄'를 물어야 한다면서 오히려 왕위 찬탈자를 감싸는 듯한 의외의 태도를 보였다. 1482년에는 안남의 허위 보고 사실을 지적하고 문죄를 청한 관리를 '승진을 위하여 변경의 분쟁을 일으키려는 짓'으로 처벌한 일까지 있었다(夫馬進, 2007). 즉 건국 후 100여 년이 지난 시점에서 명조는 타협적인 회유책을 취하여 안남과 책봉 조공 관계를 유지하는 방향을 택했다. 거듭되는 안남 측의 비례를 문책하기 위해 1540년경 가정제(嘉靖帝)

가 군대를 일으키려고 한 일은 있으나 안남 측이 사죄하자 파병은 곧 정지되었다. 이 지역과의 평화적 교류가 가능했던 데는 명조의 이러한 현상 유지 노선도 큰 몫을 했다.

이렇게 볼 때, 예제 질서에 대한 깊은 이해를 바탕으로 한 조선의 일관된 태도는 분명 여타 조공국에서는 찾아보기 어려운 일이었다. 흔히 조선왕조는 조공국의 모범이었다고 이야기된다. 그러나 명조와 여타 조공국 간의 불안정한 관계를 볼 때, 조선의 경우는 오히려 예외적인 사례로 보아야 할 것이다. 다만 명조에 대해 시종 공순한 조공국의 자세를 유지했던 조선의 태도가 현실의 중국, 곧 조선의 존립 자체에 영향을 미치는 명조라는 실체에 대한 것인지, 혹은 유교 이념에 근간한 예제 질서 자체인지는 상황에 따라 구별할 필요가 있다고 본다. 일 년에도 몇 차례 북경을 오고간 조선 사절단 중에서도 현실의 중국과 이상적인 천조 사이의 차이를 민감하게 감지한 예는 적지 않았다. 일례로 1574년, 만력제의 탄신 축하 사절의 질정관(質正官)으로 파견된 조헌(趙憲, 1544~1592)과 허봉(許篈, 1551~1588)은 현실의 중국 사회가 예와 덕치가 실현되는 천조의 모습과는 다르다는 점을 포착했고 이를 비판적인 시선으로 보았다(후마 스스무, 2019, 203~263쪽). 그러나 그들은 사대와 예제의 정당함과 필요성, 그 자체에 대해서는 의문을 제기하지 않았음에 분명하다. 천조에 대한 조선의 공경과 사대의 행위 속에는 이념형으로서의 중화질서에 대한 존중 그리고 현실의 강대국 명조와의 평화를 유지하려는 실용적인 외교 노선이 공존하고 있었다.

2) 조공 일원화의 그늘

명조가 시행한 대외 정책의 또 하나의 주요한 특징은 내외국인의 연안 해역 출입과 교역을 통제했던 점이다. 특히 중국인의 국외 도항이나 월경을 금지하는 '해금(海禁)' 정책이 아울러 시행되면서 국제 교역과 교류를 조공으로 한정한 조공 일원화 정책이 정착되어 갔다. 명조 치하에서 중국 역사상 처음으로 조공 무역으로 경제 교류를 제한시킨 새로운 형태의 정책이 모습을 보인 것이다. 명조와의 교류나 교역을 원하는 국가들은 일단 명조가 설정한 방식을 받아들여야 했다.

육상으로 연결된 조선이나 안남과 달리 일본과 류큐, 동남아시아 등 해양을 통해 중국과 왕래하는 국가와 집단은 명조의 권유나 강제보다는 중국 시장에 대한 수요 때문에 조공 질서에 편입되고자 하는 경향이 강했다. 즉 조공 사절의 공무역 이외에 일체의 사무역을 허용하지 않는 명조의 조공 일원화 정책은 이들 해양 세력이 명조의 조공국이 되는 데 결정적인 역할을 했다. 원래 외국 사절이 가지고 오는 방물(方物)에는 명조에 바치는 진공물(進貢物) 이외에 부탑화물(附搭貨物)로 불리는 가외의 물품들이 포함되어 있었다. 명조는 진공물에 대해서는 상사품(賞賜品)을 하사하는 한편, 교역 목적으로 가지고 온 부탑화물에 대해서는 추분(抽分)이라는 이름으로 세금을 부과했다. 이전 송·원대의 자유무역 시기보다 낮은 관세가 부과되었기에 해상을 통해 온 조공국은 전에 없는 막대한 이익을 얻기도 했다. 이 때문에 초기부터 부탑화물이 진공물의 몇 배가 넘는 경우가 대부분이었다.

동남아시아의 해상 세력들은 조공 관계에서 허용된 부탑 무역을 위해 조공의 의제와 형식을 갖춘 사절들을 파견하여 명조의 요구에 부응하고자 했다. 명조는 조공 사절을 보내온 이들 국가에 대해 사절의 진위를 확인하기 위한 감합(勘合)을 반포하여 외교문서인 표문(表文)과 함께 지참하도록 했다. 명조 역시 해역을 통해 온 사절들의 다수가 교역의 이익을 좇는 상인의 성격이 강하다는 사실을 알고 있었다. 그러나 대부분의 해상 조공국은 문화와 정치 체제의 이질성과 장거리 항해의 어려움 때문에 외교문서와 감합 등 필수적인 문서와 명조 측과 소통이 가능한 사절단 인원을 확보하기 어려웠다. 이로 인해 주로 해양을 통해 외국으로 잠입한 동남 연해 출신 중국인들이 신분을 숨긴 채 통역 등의 명목으로 조공 사절단에 끼여 오거나 혹은 스스로 사절을 사칭하는 가짜 사신(僞使) 사건도 종종 발생했다. 중국인의 해외 도항이 법적으로 금지된 상황에서, 바다에 생계를 건 연해 지역민들 가운데에는 류큐와 동남아시아 각지로 잠입하여 명조와의 조공 무역을 매개하는 자들이 생겨났다.

조선과 나란히 모범 조공국 반열에 든 류큐 역시 명조와의 교역에서 오는 경제적, 문화적 이익을 확보하는 데 주력하고 있었다. 사실 류큐는 명조의 조공국이 되면서 처음으로 중국 역사에 등장한 특이한 왕국이었다(高良倉吉, 2008, 100~109쪽). 중국의 정사인 『수서(隋書)』에는 소유구(小琉球)에 관한 기록이 실려 있지만, 이것이 과연 14세기 말에 출현한 류큐 왕국의 전신인지, 혹은 명대 초기까지 소유구라고 불렸던 현재의 타이완 열도를 가리키는지 아직 확실히 밝혀지지 않았다(曹永和, 1988). 명조의 건국과 거의 때를 같이하여 류큐 열도에서는 중국적 체제를 갖춘 왕국이 출현하여 명조와 책봉·조공 관계를 맺었다. 류큐 왕국은 명조에 유학생을 보내 국자감(國子監)에서 수학하도록 하는 등 중국 문화를 적극적으로 수용하려 했다. 특기할 만한 것은 유학생 중에 여성이 포함되었다는 사실이다(沈德符, 앞의 책, '琉球女入學', 700쪽). 이것은 류큐의 토착 사회가 유교적 질서와는 거리가 먼 이질적 성격을 띠고 있었음을 짐작하게 하는 사례이기도 하다.

류큐는 중국식 관제와 국가의 틀을 갖추며 성공적인 조공 관계를 이어 갔으며, 15세기 중반까지 독점적 조공 무역 권한을 이용해 큰 번영을 누렸다. 류큐의 중개 무역을 통해 동남아시아와 인도양의 해상 세력들이 하나의 무역권을 형성하게 되었다. 류큐를 포함한 해역 세력들이 중국의 화물을 탐내어 조공의 이름만을 빌려 온다는 불편한 진실은 중국 사회에서도 널리 알려져 있었다. 명조가 건국 초기부터 여러 차례 조공국들의 조공 횟수와 인원을 제한했던 것은 바로 이러한 이유에서였다.

1372년 류큐는 명조 황제의 초청에 응하는 형식으로 매년 1회 조공 사절을 보냈으나 명조는 1474년부터 2년 1회로 횟수를 줄였다. 명조는 이때 '먼 곳 신하국의 노고를 달래고 그들의 부담을 덜어 주기 위해' 천자께서 배려를 베풀었다는 명분을 내세웠다(『大明會典』 권105, 琉球「祖訓, 朝貢不時」). 그러나 류큐의 간절한 요청에도 불구하고 명조가 조공 횟수를 제한한 것은 해외 여러 나라가 조공을 빙자하여 교역을 확대하는 사태를 방지하기 위해서였다. 류큐에서는 중국인 거주지인 구미촌(久米村)이 중심이 되어 대량의 무역품을 복건 지방에 유입했고 이에 따른 말썽은 그치지 않았다. 류큐 사절단의 입항지인 복건성에서는 조공 사절 일행이 사무역 과정에서 중국인들과 분쟁을 빚고 살상극을 벌이는 일이 발생하기도 했다. 또 류큐 밀무역선이 표류해서 중국 해안에 도착할 경우, 조공 사절을 사칭하여 처벌을 면하는 등 조공국의 특혜를 교묘하게 이용하고 있었다. 이에 명조 당국은 조공 횟수를 줄이고 사절단 인원은 150명을 넘지 않도록 제한을 가했다.

명조는 점성(占城)·안남·섬라(暹羅) 등에 대해서도 3년 1회 조공의 규정을 지키고, 사절단도 3~5명 정도로 최소한의 인원을 보내 예의 실천이라는 본래의 취지를 위배하지 말라는 지시를 내렸다. 그러나 실제로 해역의 여러 나라에서는 규정을 어기고 갖가지 명분으로 조공 사절을 보냈다. 이것은 두말할 나위 없이 조공이 경제적, 문화적으로 커다란 이익을 주었기 때문이다. 변방 오랑캐 나라가 성의를 다해 바친 공물에 대해 명조에서는 몇 배가 넘는 회사품을 주어 천조의 덕을 과시하는 것이 관행이었다. 따라서 조공이 빈번해질수록 명조의 재정은 상당한 압박을 받을 수밖에 없었다. 이 때문에 명조는 '조공품은 적게, 조정의 상사(償賜)는 두텁게' 한다는 후왕박래(厚往薄来)의 원칙을 고수하기 어려워졌다. 조공 선박 외에도 해외로부터 쇄도하는 무역선들에 한정적이지만 시장을 개방해야 한다는 호시(互市)의 논의도 점차 힘을 얻어 가고 있었다. 15세기 중반경을 경계로 광동성 등 연해 지방당국은 추분사의(抽分事宜)를 적용하여 선박들에 대한 관세를 징수하기 시작했다(岩井茂樹, 2020, 193~211쪽).

3) 흔들리는 국제 관계

명조 건국 이래 100여 년이 지난 15세기 중반에 이르면 명조와 책봉·조공 관계를 맺었던 주변의 제 세력들은 각각의 내부 여건이 변화하면서 명조에 대한 태도 역시 변화하기 시작했다. 이에 따라 명 질서 역시 유동적으로 변화하며 불안정한 모습을 보였다. 이를테면 조공국 일본의 내부 사정에 의해 명조에서 설정한 공기(貢期)와 의례를 지켜 조공 사절을 보내는 데에도 차질이 발생하였다. 일본 열도는 일찍부터 한반도를 통해 한자 문화를 받아들였고 당대(唐代)부터 사절단을 보내 중국과 직접 교류했기 때문에 공문서와 사신 왕래에 어려움이 없었다. 남북조 시대의 분열이 통합된 뒤, 일본의 새로운 지배자가 된 무로마치(室町) 막부의 적극적인 요청으로 1401년 명조와 일본 간에는 책봉·조공 관계가 시작되었다. 이를 추진한 3대 장군 아시카가 요시미쓰(足利義滿)는 명나라 및 조선과 수교할 때 자신을 일본 국왕이라고 칭했다. 막부의 군사 지배 체제는 중국 혹은 조선과 교섭할 때는 유사한 체제를 갖출 필요가 있었던 것이다.

그러나 막부의 장군이 조공국의 국왕으로 위장한 상태에서 대외 관계를 유지하는 것은 한계가 있었다. 집권 세력인 무로마치 막부가 15세기 중반부터 오랜 내전을 겪으면서 힘을 잃고 유명무실한 존재로 전락하자, 유력한 봉건 영주들이 조공 무역의 이익을 차지하기 위해 각축을 벌였다. 급기야 1523년에는 서일본의 강호인 오우치(大內) 가문과 호소가와(細川) 가문이 조공 사절단을 동시에 파견하는 사태가 벌어졌다. 개항장인 절강성(浙江省) 영파(寧波)에서 마주친 두 집단은 갈등을 빚은 끝에 습격과 살육전을 벌이기에 이르렀다. 게다가 공격자 측은 저지하는 명군 방어망을 뚫고 해상으로 탈출하면서 중국 사회에 큰 충격을 주었다. 이때 명 조정에서는 조공국인 류큐나 조선을 통해 일본을 제재하려는 방책을 검토했으나 실행에 옮겨지지는 않았다(차혜원, 2016). 일본 측은 그 뒤에도 1539년, 1547년에 두 차례 더 조공 사절을 보냈고 명조는 이를 수용하였다. 여기서 볼 수 있듯이 명조는 일본과의 관계를 단절하는 것을 원하지 않았다. 특히 왜구 침공이 심각해지던 시점에서 조공국 일본이 이를 제재할 수 있기를 기대하고 있었다.

16세기 중반경부터 일본 사절에게 개방된 영파 항구를 비롯하여 동남 해역에 자리 잡은 장강(長江) 이남 지역은 국제 밀무역이 극성을 부리는 가운데 지역사회의 치안이 위협받는 위기를 맞고 있었다. 해역에서는 해적이 기승을 부렸고 중국인과 일본인, 포르투갈인이 혼재된 다국적 밀무역 집단인 왜구들이 세력을 키워 갔다. 왜구들은 동남 해역 각처에 무역 근거지를 세웠고 상거래가 여의치 않을 경우 약탈 행위를 자행하여 위기를 심화시켰다. 흔히 '가정(嘉靖)대왜구'라고 불리는 이 위기 상황에서 명조가 급조한 방어 사령탑의 왜구 진압과 지역 방어에는 많은 어려움이 따랐다. 당시 군사와 재정 면에서 위기에 봉착한 명조는 가능한 한 일본과의 조공 관계를 유지하면서 이를 통해 왜구를 근절하고 질서를 회복하고자 했다. 그러나 내전으로 혼란을 겪던 일본은 안정적으로 조공 사절을 파견할 수 없었다. 그때까지 사절단 파견을 주도했던 오우치 가문이 내부 반란으로 멸망하면서 더는 정규 조공 선박을 보낼 수 없게 된 것이다. 1547년 마지막 사절단을 끝으로 일본의 조공 선박은 두절되었다. 안정된 중앙 권력이 없는 한 상호 간의 교역 수

요만으로 명조 중심의 질서가 유지되기는 어려웠다. 왜구들이 강남 사회를 위협한 사태 역시 일체의 사무역을 금지했던 조공 일원화 정책이 낳은 뜻하지 않은 부작용의 하나로 볼 수 있다. 1592년의 임진전쟁에서 조선에 군대를 파견하여 일본과 싸웠던 명조는 그 뒤 일본 열도와의 외교 관계를 완전히 단절시켰다. 19세기 말에 이르기까지 중국 대륙과 일본 열도 간에는 국가 대 국가의 정치, 외교 관계가 중단되었다.

명대 초반, 군사적 대립 상태에서 승세를 잡고 명조를 압도했던 북방 몽골족과의 관계에서도 명조는 조공의 명분을 빌려 엄청난 회사품을 제공하면서 평화를 유지하는 방식을 택할 수밖에 없었다. 남쪽에서 왜구 사태가 진행될 무렵, 북쪽에서도 교역 확대를 요구하는 몽골족의 침입이 잦아지면서 1550년 북경성이 포위되는 미증유의 위기가 발생했다. 명조는 융경(隆慶 연간 1567~1571), 몽골의 수장 알탄칸(俺答汗)을 순의왕(順義王)으로 책봉하고 조공 무역의 규모와 횟수를 늘려 이 사태를 진정시키고자 했다. 그뿐만 아니라 정기 교역장인 마시(馬市)를 열어 시장 규모를 확장하도록 해 주었다. 몽골 세력 확장에 자극을 받은 건주(建州) 여진 역시 세력을 확장하면서 호시에 대한 요구를 더해 갔던 것이다(김구진, 1994).

남쪽의 왜구 사태에 대해서도 군사 진압책과 회유책을 병행하는 한편, 1567년에는 복건성 월항(月港)을 개항하여 중국 선박의 출항을 허용했다. 결국 이와 같은 변화는 명조 대외 정책의 한계를 말해 주는 것이기도 했다. 사실 16세기 초반부터 이미 다양한 형태의 호시(互市) 제도가 생겨나면서 조공에서 호시로 교역의 무게중심이 옮겨 가고 있었다. 이러한 과정을 거치면서 결국 명조의 조공 일원화 정책에는 균열이 생겨났다. 또한 현실적인 역관계에서 열세에 처하게 되면서 명조가 '일시동인(一視同仁), 내외일가(內外一家)'라는 예제의 명분을 그대로 실현하는 것은 불가능했다. 예제를 바탕으로 했던 명 질서는 현실적 위기 앞에서 취약성을 드러냈다.

1592년의 임진왜란은 바로 명과 일본 간의 조공 관계가 파괴되고 명 질서가 와해되던 시점에서 발생했다. 명조는 대륙 침략을 공언한 일본을 물리치기 위해 대규모 군대를 파견하여 조선과 공동 전선을 형성했다. 당시 명조 내부에서는 조공국을 지켜 주기 위해 천조가 파병한 전례가 없다는 이유로 참전을 반대하는 움직임도 있었다. 즉 양국 관계는 결코 군사적 보호나 간섭을 전제로 한 것이 아니며, 굳이 따진다면 조공국 조선은 천자의 조정을 지키는 울타리로서 오히려 명조를 수호할 의무가 있다는 것이다. 그러나 명조에 있어 일본 침략은 조공국을 원조하는 차원을 넘어 자체 방어와 직결된 위기이기도 했다. 참전에 따른 막대한 비용과 어려운 전황이 계속되자, 명조 전쟁 지휘부는 책봉·조공의 기존 질서 속으로 일본을 회귀시켜 전쟁을 조기 종식하려는 방안을 모색했다. 첫 구상은 침략자 도요토미 히데요시(豊臣秀吉)를 일본 국왕으로 책봉하고 강남 지역의 영파 항구를 다시 개방해 조공을 허용하려는 것이었다. 그러나 조정 내부의 극심한 반대로 결국 조공 재개의 약속은 성사되지 못했고 화의는 결렬됐다. 게다가 히데요시는 처음부터 조선 분할 요구를 화의 조건으로 내세우고 있었기에 화의 협상은 애초부터 기만과 은폐가 자행되던 불안한 상태에서 진행되고 있었다.

임진왜란 이후의 동아시아에는 기존 질서 자체를 뒤흔드는 변화가 동시에 일어나고 있었다. 전쟁이 종식된 뒤 일본은 중국과의 국교 재개를 희망했으나 명조는 이를 받아들이지 않았다. 그 뒤 1609년, 일본 사쓰마번(薩摩藩)은 도쿠가와(德川) 막부의 승인을 받아 류큐를 침략하여 그 영향권하에 두었다(渡辺美季, 2012, 66~72쪽). 힘의 균형이 깨지는 시점에서 조공 관계를 기반으로 한 명 질서는 실질적인 영향을 발휘하지 못했다. 천조의 절대적 권위와 시혜를 기반으로 한 명조의 국제 질서 구상은 날로 커져 가는 외부의 교역 수요, 그리고 침략 전쟁과 정복의 국면 속에서 와해되고 말았다.

명대 말기의 역사, 특히 동남 연해 시장 개방을 둘러싼 조공 일원화의 실패가 불러온 파국에 대한 반성과 성찰은 일부 중국 지식인들 사이에서 계속 전승되어 갔다. 『대청일통지(大淸一統志)』 및 명사 편찬에도 관여했던 청대 초기의 참여파 지식인 강신영(姜宸英) 등은 호시, 즉 '조공과 무관한 시장'에 관한 이론적 바탕을 제기한 대표적 논자로 꼽힌다. 청조가 들어선 뒤 일본과 책봉·조공 관계가 없이도 독립적인 호시가 만들어진 것은 이러한 인식의 연장선상에서 이해할 수 있다(岡本隆司, 1999, 76~77쪽; 岩井茂樹, 2004). 그 뿌리를 거슬러 올라가면 명대 조공 일원화 정책의 파탄과 북로남왜(北虜南倭) 사태와 임진전쟁이라는 거대한 흐름을 만날 수 있다.

3. 대청제국의 세계 구상

1) 화이일가의 꿈

16세기 중반부터 명조의 동북부 지방에서 세력을 키운 만주족은 중국의 새로운 지배자가 되어 청 왕조를 건립했다. 그 뒤 청조는 유라시아 대륙의 일대 제국으로 성장하는 과정에서 명조와는 상이한 성격의 체제를 건설했다. 건주(建州) 여진 소속의 누르하치(努爾哈赤)와 그의 아들 홍타이지(皇太極)는 주변 세력을 규합하여 지배 체제를 구축하는 과정에서 수많은 전쟁을 치렀다. 이 과정에서 요동 지역뿐 아니라 북부 지역으로 정복지를 확장하여 흑룡강(黑龍江) 유역과 우수리강(烏蘇里江) 일대, 그리고 흥안령산맥(興安嶺山脈)을 넘어 몽골 동남부 지역까지 영토를 확장했다. 만주족 지배 집단은 산해관을 넘어 북경에 입성, 전통 중국 왕조의 형태로 청조를 건설한 후에도 주변에 대한 정복 전쟁을 계속했다.

18세기 중반에 이르며 청조의 지배 영역은 만주에서 중국 본토, 몽골, 티베트, 동투르키스탄까지 확장되어 명실상부한 세계 제국으로 성장했다. 이 과정에서 청조는 전통적인 중화의 영역뿐 아니라 중앙아시아를 넘어 이슬람 세계까지 이어지는 이질적인 영역을 통치해야 할 과제를 안게 됐다. 청의 지배 영역에는 체제와 종교, 문화 면에서 다민족적이고 혼종적인 성격이 공존하고 있었다. 과연 이를 아우를 수 있는 세계 질서가 가능했을지, 청조의 지배자들이 여기에 관해 어떤 식의 구상을 했는지 살펴보기로 한다.

정복 과정이 거의 완료된 18세기 후반의 경우, 청조 영역에는 크게 세 가지 질서가 공존하고 있었다. 먼저 청조는 명조와 전통적으로 책봉·조공 관계를 맺었던 지역에 대해서는 예부를 통해 대외 관계 업무를 담당하도록 하는 한편, 명조의 예제를 대부분 그대로 도입했다. 이 영역에서는 전통적인 중화질서의 영향력이 유지되고 있었다. 대부분 과거를 통해 선발된 문인 관료들이 이 영역의 운영을 담당했다. 두 번째로 청조의 창업 초기부터 동반자 혹은 경쟁자로 갈등을 빚었던 몽골 지역, 그리고 서북의 티베트와 위구르 등의 지역에 대해서는 이번원(理藩院)을 두어 관할하도록 했다. 마지막으로 동남 연해 지역을 통해 중국과의 교역을 원하는 일부 외국 세력에게는 조공 관계를 적용하지 않고 해관을 설치하여 시장을 개방하였다. 지방 정부에서 이를 관리 감독했지만, 사무역을 허용한 점에서 명대와는 큰 차이가 있었다. 중국 상선이 지방 당국의 허락하에 일본 나가사키(長崎)에 가서 교역하게 된 것도 이와 같은 호시 영역에 포함될 수 있다.

청조가 시행한 책봉·조공 관계는 명 질서의 관행을 그대로 이어 시행한 측면이 강하다. 청조는 정치, 경제, 사회의 여러 분야에서 명조를 계승했고 양자는 상호 연속되는 요소를 공유하고 있었다. 특히 전통적으로 중국 왕조의 터전이 되어 온 황하(黃河) 중상류 유역을 중심으로 한 이른바 중원(中原)과 장강 이남의 강남 지방 등에서는 명조의 지배 체제와 유사한 방식들이 유지되었다. 청조는 이 지역에서 사회경제적 기반과 지배 이념에 이르기까지 기존 사회 관계를 보존함으로써 안정된 기반을 구축할 수 있었다. 대외 관계 면에서도 조선과 류큐 등 명의 옛 조공국과의 관계에서는 책봉·조공 제도의 명분과 의례가 존속되었다. 명조에서 형성된 유교 이념에 근간을 둔 예제적 세계 질서는 명·청 교체의 폭력적 변화 이후에도 일정 부분 계승된 것이다.

명조와 마찬가지로 청조 역시 조선과 류큐, 베트남에 칙사(勅使)를 파견하여 책봉하는 의례를 거행했다. 17세기 중반부터 조선은 청 황제에게 책봉을 청하여 정통성을 인정받았고 조공 사절단을 파견하여 교류를 이어 나갔다. 다만 조선으로 파견하는 칙사는 류큐나 베트남에 파견하는 한인(漢人) 문관이 아닌 기인(旗人)으로 충당하는 방침이 유지되었다(구범진, 2008). 이 관행은 초기의 양국 관계가 1627년의 정묘호란, 1636년의 병자호란이라는 침략과 정복을 통해 강압적으로 시작된 데서 기인한 것으로 추정된다. 명조의 또 다른 조공국 류큐와 베트남은 조선과는 완전히 상반되는 태도를 보였다. 두 나라는 새로 건국한 청조에 자발적으로 조공국이 되기를 요청했고 청조는 이를 받아들여 평화적으로 새로운 책봉·조공 관계를 맺을 수 있었다. 군사적 압박 때문에 상하 관계를 받아들여야 했던 조선과는 극명하게 대조되는 상황이었다. 청조가 명조와 달리 문인 관료가 아니라 팔기의 기인을 칙사로 보내면서 사절단과 조선의 접반사, 문인 관료들 간에 이루어지던 시문 교환과 서적 왕래 등 조선 국내를 무대로 이루어지던 양국 간의 문화 교류는 단절되었다.

청조 건국 초기, 조선은 청조의 지배에 표면적으로 순응할 뿐 내부적으로는 결코 이를 수용하지 않았다. 문화 면에서 열등한 만주족 침략자에게 굴복해야 했던 조선 조야의 분노와 충격은 오랫동안 큰 상처로 남았다. 이때를 즈음하여 명조의 멸망을 계기로 중화문명의 이념과 학문적 정수는 오로지 조선만이 유지하게 되었다는 조선 중화주의가 큰 영향력을 발휘하기 시작했다(조성산, 2009; 계승범, 2012; 우경섭, 2012). 더욱이 조선에서는 명조가 멸망한 이후에도 재조지은(再造之恩)을 베풀었던 명조에 대한 의리를 지켜야 한다는 명분론이 여전히 맹위를 떨치고 있었다. 1704년 조선에 원병을 보내 준 명나라 신종(神宗)을 모신 제단인 대보단(大報壇)과 만동묘(萬東廟)를 설치하고, 명의 연호를 사용한 사례 등은 당시 조선의 분위기를 잘 알려 준다.

그러나 18세기 중반을 전후로 청조 체제가 안정되며 조선에 대해서 뚜렷하게 유화적인 태도를 보였고 조선 내부에서도 변화가 보이기 시작했다. 조선 사절이 왕래하는 청 제국의 수도 북경에서는 경제적 번영에 동반하여 고증학이 발달하고 화려한 문인 문화가 펼쳐지고 있었다. 그뿐만 아니라 황제를 필두로 청조의 조야에서는 조선을 모범적인 예의 나라로 간주하고 사절단에 대해서도 개방적이고 친밀한 태도를 보이는 일이 잦아졌다. 조선 사절단과 중국 지식인들 사이에는 형식적, 의례적 측면만이 아니라 실질적인 교류가 이루어지는 우호 관계가 싹트기 시작했다. 조선 역시 일부 식자층을 중심으로 청조가 누리는 부와 문화, 선진적인 면을 인정하는 새로운 움직임이 나타나기 시작했다. 잘 알려진 바와 같이 1770년대 말에는 한양의 학자·관료들 사이에서 청조의 발전된 기술과 상공업을 도입해야 한다는 이른바 북학론(北學論)이 제기되기도 했다(임종태, 2020, 163~164쪽).

한편 명 질서에서 중요한 위치를 차지했던 화이론은 만주족 지배하에서는 당연히 받아들여지지 않았다. 특이하게도 청조에서는 이를 새롭게 재해석하여 활용하려는 움직임이 나타났다. 즉 청조는 통합되기 어려운 다양한 문화들을 하나의 정치 체제 안에 묶는 '화이일가(華夷一家)'의 다민족국가를 이상으로 내세우게 된다. 청조 체제의 안정화에 크게 기여했던 옹정제(雍正帝, 재위 1723~1735)는 화이일가의 명분을 정당화·정교화하는 데 힘을 기울였다(송인주, 2020). 중화와 이적이 한 가족이라는 대의명분은 사실 명대 영락제 치세에 처음 공포된 바 있다(檀上寬, 2013). 그러나 당시 영락제가 구상한 화이질서는 한인과 오랑캐의 종족적 구별을 전제로 한 상하 관계를 일컫는 것이었다. 옹정제는 '화(華)'를 한인에 한정하지 않고 재능과 덕을 가진 존재로 규정하여 이민족인 만주족의 통치를 정당화했다. 즉 그에 의하면 청조의 황제는 중국 역대 어떤 한인 정권보다 선정을 베풀고 중화의 영역을 실질적으로 확장한 성군이었다. 사실 성세로 지칭되는 강희(康熙), 옹정, 건륭 연간에 청 제국은 경제적, 문화적 안정을 이룩했고, 대외 정벌과 영토 확장에 나서서 미증유의 지배 영역을 확보했다. 특히 건륭제는 이를 바탕으로 청조를 중심으로 다원적 동아시아가 공존할 수 있는 세계 질서를 구상·실현하고자 했다. 오늘날 신장(新疆), 위구르, 티베트 지역을 포괄한 현대 중국의 강역과 위상이 이 시기에 거의 확정된 점은 주목할 만하다.

2) 『열하일기』에 나타난 청 질서

청조는 새롭게 흡수한 몽골 및 티베트, 위구르 등 내륙 아시아 지역에 대해 이번원에서 그 업무를 처리하도록 했다. 이번원의 전신은 1636년 홍타이지가 청에 투항한 내몽골과 관련된 행정 업무를 처리하기 위해 설치한 몽골 아문(衙門)이었다. 이 기관은 몽골 부락 사이의 분쟁을 조정하고 경계를 정하는 업무도 처리하게 됐다. 1650년에 이르러 몽골 아문은 이번원으로 개칭되었고, 티베트와의 사무를 포함해 내륙 아시아와 관련된 모든 업무를 담당했다. 18세기 중엽, 신장 지역을 정복하고 청 제국의 판도가 더 넓어지면서 이번원 조직도 확대됐다. 청조가 기인 출신 대신을 책임자로 삼아 관리·감독을 시작하면서 티베트 불교 등 내륙 아시아의 독자적인 유목 문화가 주류를 이루고 있던 이 지역에서는 정치와 문화 면에서 혼종 현상이 뚜렷이 나타났다(김선민, 2016).

내륙 아시아에 대한 청조의 지배 방식은 중화질서가 유지되는 중국 내지와 새로 편입된 외번(外藩, 藩部)을 공간적, 문화적으로 구분한 이원적 질서 체계로 설명되기도 한다. 다만 이번원의 역할이 번부를 지배하는 것이 아니라 관련 사무를 관장하는 수준에 머물렀던 점은 유의해야 한다. 사실 이번원 관할하의 몽골 왕공(王公)은 종실의 팔기 기왕(旗王)과 거의 동격의 위상을 가지고 있어 이번원보다 상위에 위치한다. 마찬가지로 티베트에는 정치와 종교의 최고 지도자 달라이 라마를 정점으로 하는 질서가 존재했고 현재의 동투르키스탄에는 각 오아시스의 무슬림 유력자층이 지배층으로 자리 잡고 있었다. 현지 통치는 기존의 지배 체제가 유지되는 가운데 중앙에서 파견된 주방(駐防) 팔기 대신이 병존하는 식으로 이루어졌다.

18세기의 청 제국은 초원의 군사 제도를 모방하고 티베트 불교를 숭상하는 등 내륙 아시아의 전통을 이어받는 가운데 일방적인 문화 변용을 강요하지 않는 유연성을 보였다. 그러나 청 질서 아래 각 민족이 평등을 누렸다거나 여러 문화가 동등하게 존중된 것은 아니었다. 또한 현실에서는 이질적인 지역에 대한 치안 유지나 세금 징수의 편의성 등 통치를 원활하게 하는 차원에서 문화적 다양성을 최소한도로만 허용했다. 이번원을 통한 청조의 통치는 완전한 지배나 통합이 아니라 불완전한 성격을 띠고 있었다.

청조와 내륙 아시아의 관계에서 수도인 북경과 함께 승덕(承德)이라는 거점은 대단히 중요한 의미를 지니고 있었다. 만주와 몽골, 중국 내지의 접점에 있는 청더, 곧 열하(熱河) 지방은 내륙 아시아와 연결되는 핵심 거점이었다. 청 질서에서 열하는 건륭제가 대칸(大汗), 즉 칭기즈칸의 정통성을 잇는 지배자임을 표방하며 몽골·만주·티베트 등 유목 세계의 구성원들과 유대를 다지는 공간이었다. 이곳에서는 만주어와 몽골어가 공식 언어로 통용되고 이번원이 의례와 행사, 소통을 관할했다. 청조의 황제는 매년 여름 이곳을 방문하여 티베트의 승려들을 초대하거나 내륙 아시아 국가의 조공 사절을 영접하는 등 전통적인 칸(汗)의 모습으로 나타났다.

18세기 후반경, 청조의 최고 통치자는 명조의 천자 지위를 계승한 황제임과 동시에 만주인과 외번의 몽골 왕공들에게는 팔기를 통솔하는 칸이었고 티베트 불교의 대시주이자 문수보살(文殊菩薩)의 화신이기도 했다. 여기에는 이교도인 무슬림들의 보호자라는 이질적인 면모까지 포함되어 있었다. 건륭제는 특히 자신이 다양한 집단을 아우를 수 있는 통치자임을 내외에 선포하는 데 힘을 쏟았다. 하나의 사례로 조선과 청의 관계가 안정된 18세기 말의 역사 기록에 남겨진 증언을 상기해 보고자 한다. 잘 알려진 바와 같이 『열하일기(熱河日記)』는 건륭제의 여름 이궁인 열하로 초청받은 희귀한 경험을 바탕으로 한 연행록이다. 저자 박지원(朴趾源)은 여기서 자신이 직접 체험한 청 질서의 특징과 한계를 기록했다. 나아가 그는 이를 명조와 조선 간의 관계와 비교하면서 명 질서와 청 질서를 직접 감당해야 했던 '주변'의 입장을 생생히 증언해 주었다(이하 내용은 차혜원, 2010).

1780년, 박지원은 건륭제의 칠순 생일 만수절을 축하하기 위한 진하겸사은사(進賀兼謝恩使) 일행의 수행원으로 중국에 갔다. 일찍부터 중국에 직접 가 보기를 갈망했던 박지원은 뜻하지 않게 열하를 방문하는 역사적인 사건을 체험하고 이를 생생한 현장 기록으로 남겼다. 조선 사절단의 열하행은 예정에 없이 급조된 것으로 보인다. 이들은 북경에 도착한 뒤에 열하로 가라는 다급한 명령을 받고 닷새 동안 거의 쉬지 않고 여정을 서둘러서 겨우 탄신 행사에 맞추어 도착할 수 있었다. 열하는 사실 북경 중앙 조정과는 상대적으로 독립된 공간이었기 때문에 일찍이 예부에서 관할하는 조공국 사절단이 열하를 방문한 사례는 거의 없었다.

조선 사절의 열하행은 기존 조공 관계의 관행으로는 설명되지 않는 파격적인 내용으로 채워져 있었다. 건륭제는 조선 사절의 도착 여부를 거듭 확인했고 황제 직속의 군기장경(軍機章京)을 보내서 조선 사신을 직접 맞이하게 했다. 탄신 의례에서도 전례 없이 조선의 위상을 격상해 정사는 2품 관직, 부사는 3품의 반열에 서도록 했다. 기존의 의례에서는 조선을 비롯한 외국 사신은 문무백관의 끝자리에 서는 것으로 그 서열이 정해져 있었다. 게다가 조선 사절단에게는 열하에 체재 중이던 티베트의 판첸라마(班禪額爾德尼)를 접견하라는 이례적인 명령이 내려졌다. 조선 사절단은 이단의 승려를 방문, 알현할 뿐 아니라 판첸라마를 향해 황제에게 행하던 삼궤구고두(三跪九叩頭)의 의례를 거행해야 한다는 사실에 대단히 당혹스러워했다. 정사 박명원(朴明源)을 비롯한 사절단 일행은 고민 끝에 절을 하지 않은 채 그대로 착석하여 사실상 황제의 명령을 거부했다(박지원, 「찰십륜포기(札什倫布記)」). 이들은 판첸라마에게 절을 한 것이 알려질 경우, 조선에서 도저히 용납되지 못할 것이기에 차라리 청 조정으로부터 처벌받는 쪽을 택한 것이다. 건륭제가 이 일을 불문에 부침으로써 사태는 더 커지지 않았다. 일회적인 사건에 그쳤지만, 당시 건륭제가 중국을 방문한 판첸라마를 황제와 거의 동등한 위상의 정신적 지도자로 존중하는 태도를 보이면서 내외에 이를 알리고자 했음은 분명하다. 당시 판첸라마는 원조 이래 유목 세계를 지배해 온 대칸의 초빙을 받고 그의 정통성에 종교적인 권위를 더해 주는 고승의 계보를 잇고 있었다.

박지원과 만난 청조 관료는 이 사실을 놓고 황제가, "승왕(僧王)을 맞이하여 스승으로 삼고 황금 전각을 지어 거처하게 하는 까닭은 그를 가두어 세상이 무사하기를 비는 마음"이라고 풀이했다. 청조가 군사적 우위를 확보한 18세기 중반 무렵까지도 내륙 아시아의 실질적 힘은 무시할 수 없는 수준으로 남아 있었다. 티베트 불교의 지도자인 판첸라마는 몽골과 만주인들 사이에서도 유형·무형의 중대한 영향력을 행사하고 있었다. 건륭제는 판첸라마를 열하에 맞아들여 환대하였고, 이질적인 중화질서에 속하는 조선 사절단을 만나게 하였다. 이런 점에서 『열하일기』는 역사적으로 거의 접점이 없었던 조선과 티베트라는 이질적인 세계의 만남이 청 질서 아래 가능했음을 증언해 준다. 그러나 언어와 문화, 사회 기반이 매우 다른 상반된 두 세계가 소통한다는 것은 거의 불가능했다. 건륭제의 시도는 조선 측으로서는 도저히 이해하기 힘든 일회성 행사에 그쳤을 뿐이다.

한편 소국 조선 백성으로 자신을 규정한 박지원이 본 청조는 '대국'이었다. 조선이 여전히 종주국으로 간주하고 있던 예전의 천조국 명조는 박지원이 볼 때 상하 관계에 근거한 '상국'일 뿐, 대국은 아니었다(박지원, 「行在雜錄序」). 15세기 후반 이래, 대외적으로 북로남왜의 위기에 시달리던 명조는 조선에 대해서도 경계 태세를 보였고 민간인과의 만남을 금지하는 등 일정한 거리를 두었다. 청조의 후대를 받으며 고위급 관료들과 허심탄회한 만남을 가졌던 박지원은 이 사실이 의미하는 바를 분석하고자 했다. 그는 16세기 말, 명나라에 사절로 갔던 윤근수(尹根壽)가 길에서 순안어사(巡按御史) 왕도곤(汪道昆)을 만나자 길옆에 비켜서 있으면서도 오히려 이를 영광으로 여겼다는 일화를 상기했다(박지원, 「審勢編」). 상국과 조선과의 사이에는 분명 엄연한 상하 관계가 존재하고 있어서 7품의 순안어사는 상대하기 어려운 존재였다.

18세기 중엽, 안정기에 접어든 청조는 조선에 대해 우대 정책을 폈고 관료 개개인과 민간의 접촉에 대해서도 큰 제재를 가하지 않았다. 박지원이 관찰한 바와 같이 청조는 조선에 대해, "가장 깊은 이해를 하고 환대하며 관대한 마음으로 친절히 대하고, 번잡한 책임을 지우지 않으며 어떤 요구에도 어긋나거나 거부함이 없는" 대국의 모습을 보였다. 청조는 관민(官民) 모두 명조와는 확연히 다른 특전과 우대를 베풀었고, 청 질서는 보다 다양한 영역과 사람들을 포섭하고 있었다.

3) 동남 해역의 호시

청 질서에서는 중국 동남 해역에서도 명대와는 뚜렷이 구별되는 현상이 나타났다. 청조는 타이완을 정복한 뒤, 1684년(강희 23년) 종래의 해금 정책을 해제하고 동남 연해 지역의 광주(廣州), 하문(廈門), 영파(寧波), 상해(上海)에 해관을 설치했다. 바다를 통해 접촉하는 동남 방면의 외국에 대해서는 외교 관계가 없이도 대외 무역을 일정 부분 개방한 것이다. 이는 16세기 이래 동아시아 해역에서 고조된 교역 확대의 흐름에 부응한 것으로, 조공과 무역을 일체화해 교역 규모를 극히 제한했던 명 질서하의 규제와는 달리 무역과 조공 의례를 분리하여 교역의 자유를 확대한 조치였다. 이것은 동남 해역의 제 세력에 대해서 정치적 관계를 맺기보다는 교역으로 이어지는 경제적 관계를 현실로 받아들이고 여기에 중점을 둔 것으로 해석된다(홍성구, 2017). 양이(洋夷), 즉 네덜란드인을 대상으로 홍모관(紅毛館)이라는 상관(商館)이 생긴 것도 이 무렵이었다. 애초 네덜란드는 청조 건국 직후, 교역 확대를 목적으로 북경에 사절단을 파견했다. 청조는 이들에게 조공은 허락했으나 무역에 대해서는 제한을 두었다.

전술한 바와 같이 명조에서도 조공 일원화 정책의 부작용 때문에 16세기경에는 여러 형태의 호시 제도가 출현했다. 호시의 규모와 영향력이 기존 조공 무역의 범위와 원칙을 대체했다는 점에서 16세기 후반 이후를 '호시 체제'로 불러야 한다는 주장은 주목할 만하다(岩井茂樹, 2020). 여기에 대해 이 시기 조공 무역의 한계로 말미암아 호시가 확대된 것은 분명하지만, 호시 자체는 과거부터 존재했으며 국가의 정치 행위와 독립적으로 존재할 수는 없다는 반론도 함께 제시해 둔다(廖敏淑, 2013, 148~151쪽). 청조는 호시 영역을 더욱 확대·다양화하는 정책을 폈다. 사실 동남 해역으로 범위를 좁혀 보면 원격지 교역으로 국가 간의 접촉을 최소화한 호시 제도는 외교 관계로 인한 마찰이나 갈등을 최소화하고 교역의 현실적 이익을 보장하는 합리적 성격을 띠고 있다. 청조에서는 연해 지역에서 상인들의 관리 기능을 적극적으로 인정하고 상거래에는 직접 관여하지 않았다. 이 때문에 조공 제도에서 국제적 충돌이 불가피했던 사건들이 호시 관계에서는 갈등을 일으키지 않은 채 현지에서 해결되곤 했다.

이를테면 국교가 단절된 상태인 일본과의 관계에서 중국 교역선이 나가사키를 왕래하며 교역을 하는 호시에서는 양측 체제의 암묵적인 합의와 인정이 필요했다. 쇄국정책이 시행되던 일본도 민간 교역이라고 하지만 외국 선박의 왕래와 상거래에는 막부에서 발행한 무역 허가증이 발부되었다. 마찬가지로 중국의 해당 관아에서도 이를 관리하는 체계가 형성되어 있었다(廖敏淑, 2013, 117~138쪽). 청조와 일본 양측은 국가 간의 교섭을 최소화하여 상호 갈등을 피하면서 일종의 균형 상태를 유지했다.

이러한 맥락에서 1740년 네덜란드 식민지였던 인도네시아 자바섬에서 중국계 주민들이 학살당한 사건에서도 청조는 정치적으로 개입하지 않았다. 청조는 외국으로 건너간 중국 상선 혹은 주민에 대해서는 방임하는 쪽을 택했다. 즉 해상 무역과 이주에 관한 한, 청조의 대외 정책은 가능한 한 정치 공간과 분리하여 주변화시키는 방향을 지향했다고 볼 수 있다. 마찬가지로 해양을 통해 온 유럽 세력에 대해서도 호시는 허용하되 조공을 매개로 한 정치적 관계는 허락하지 않았다(中砂明德, 2007). 건국 초기부터 무역 확대와 국교 수립을 목표로 접근한 네덜란드에 대해서도 청조는 까다로운 의례와 조공 규칙을 강요하여 사실상 북경 정부와의 직접 교섭을 차단했다. 종래 청조가 네덜란드 사절단의 입공을 제한한 것은 조공 관계의 예제를 고집했기 때문으로 설명되곤 했다. 중국과의 통상을 원했던 네덜란드 동인도회사는 북경에 조공 사절단을 보내 통상을 요청했지만 청조는 단 8년 1회의 형식적인 조공을 허용했다. 표면적인 이유는 네덜란드가 중국에 오려면 길이 너무 멀고 풍파가 험하므로 차마 이를 보기가 딱하여 인정을 베풀겠다는 것이었다(庄国土, 2005, 4쪽). 그러나 대국의 힘을 갖춘 청조는 자기 편의대로 조공 제도를 이용했고 조공 규정의 이름으로 네덜란드의 입장과 요구를 거절한 데 불과했다.

18세기 말, 통상과 국교 수립을 위해 중국을 방문한 영국의 매카트니(G. L. Macartney) 사절단에 대해 조공 관계의 '번문욕례(繁文縟禮)'를 강요했던 것도 같은 맥락에서 보아야 할 것이다(中砂明德, 2007). 통상을 원하는 유럽 등지의 상업 세력과는 광동성(廣東省)에 양행(洋行) 등의 매판을 두어 처리하도록 했다. 광동 무역 체제란 청조가 1757년에서 1842년에 이르는 기간 동안 유럽 여러 나라에 행한 무역 관리 체제를 가리킨다. 이는 유럽 상인과의 교역을 광주 지역으로만 제한하여 독점적 상인을 통해 행한 호시 체제였다. 청조의 호시는 시대와 국면에 따라 복잡하게 전개되었지만, 중국 사회 내부의 필요성에 따라 운영되며 청 질서의 또 하나의 축을 이루고 있었다.

같은 맥락에서 청조 통치자들은 해양을 통해 교류하는 조공국의 경우, 가능하면 조공 횟수를 줄이고자 섬라(暹羅)는 3년 1회, 남장(南掌, 라오스)과 술루(蘇祿)는 5년 1회, 면전(緬甸, 미얀마)에 대해서는 10년 1회의 조공 기한을 설정했다. 동남아 해역에서 온 사절단의 경우, 대부분 국제 교역상들이 무역 이익을 얻기 위하여 조공 사절의 형식을 빌린 점에서 명조와 큰 차이가 없었다. 청조는 이들의 조공 요청에 대해 천조의 체면을 유지하는 정도로 응하였던 것이다.

4. 맺음말

이 글에서 살펴본 바와 같이 명 질서와 청 질서는 결코 고착된 것이 아니었다. 두 왕조를 거치는 동안 동아시아의 국제 관계는 명·청 왕조의 내부 조건과 또 다른 주축인 외국과 변경 세력, 소수민족의 대응 양태에 따라 끊임없이 유동적인 모습을 보였다. 중국 측 기록에서 속국, 속방 등 일관된 명칭으로 등장하는 여러 조공국은 사실 균질적인 종속 관계로 묶여 있던 것은 아니었다. 명조는 공물과 공문서 등을 갖추어 성의를 나타내는 국가에 한해 조공을 인정하면서 거기에 따른 여러 가지 이익을 제공했다. 동남 해역과 연결되는 해양 세력은 국제 교역을 원활하게 할 목적에서 명조에 조공 사절을 보내곤 했다. 모범적인 조공국으로 인정받은 류큐 역시 이 범주에 포함되며 조공을 둘러싼 상거래에서 종종 분규를 일으키곤 했다.

나아가 일본의 경우에서 보듯이 책봉·조공 관계의 지속 여부는 명조의 의향보다는 오히려 조공국의 수용 조건에 따라 결정되기도 했다. 일본 열도는 국내 정세의 불안정과 조공을 둘러싼 경쟁으로 16세기 중반부터 정규 조공 사절단을 파견하지 못했다. 이 시기부터 일본은 정치·외교 면에서 명 질서에서 이탈하기 시작했고, 그 뒤 19세기 말에 이르기까지 중일 양국의 국가 대 국가의 관계는 단절되었다. 다만 청조에서는 중국 상인의 일본 나가사키 왕래를 통한 호시를 허용하여 교류의 통로를 열어 놓았다. 유럽 세력 역시 조공의 형식을 빌려 중국과의 교역에 참여하고자 했다. 16세기 중반, 인도양을 건너온 포르투갈, 스페인 등 유럽 세력이 중국에 통상을 요구할 때, 한문으로 된 외교문서로 조공을 요청하는 등 명 질서의 형식과 개념을 차용한 점은 의미심장하다. 각종 교역에서 한자는 공용 문자로, 중국어는 국제어로 통용되었다.

이러한 맥락에서 볼 때 명 질서의 예제적 측면을 체제 이념과 연결하여 수용했던 조선의 경우는 오히려 예외적인 사례에 속한다. 사실 한반도는 대(對)중국 관계에서 대표적인 사대주의 국가로 간주되지만 이는 조선 전기의 명조와 맺었던 가장 우호적이고 안정된 300년간에 한정되며 오히려 예외적인 시대로 평가할 수 있다(矢木毅, 2007). 조선은 예제의 문맥을 수용하여 지배 체제를 구축하는 과정에서 내적으로도, 외부에 대해서도 스스로를 '예의지국(禮儀之國)'으로 자처했고 이를 유지했다.

정통 한족 왕조를 표방한 명조는 모범 조공국인 조선과 긴밀한 신뢰를 쌓았고, 조선은 명조와 내·외적으로 친밀한 관계를 맺은 것으로 간주된다. 그러나 민간 차원에서 중국인들과의 개인적인 교류가 가능했던 것은 오히려 청 질서의 자장이 미치던 시기였다. 건국 초기의 정복

전쟁에서 조선을 침략했던 청조 정부는 18세기 이른바 '청조의 평화'를 이룬 전성기에 이르면 주변 세력들에 대해 방임적인 관대한 정책으로 일관했다. 조선 사행단이 북경에 체류하는 기간은 명조에서는 40일로 정해져 있었지만, 청조에서는 별도의 기한이 없었고 보통 60일 정도 체류한 것으로 나타난다(전해종, 1966).

18세기에 사절단으로 중국에 간 조선인들이 자유로이 북경의 중심가를 활보했던 사실, 그리고 박지원, 홍대용, 박제가 등의 지식인들이 청조 지식인들과 필담을 나누며 교분을 쌓고 귀국 후에도 서신을 교환한 사례를 환기해 볼 필요가 있다. 청조 고관과의 생생한 필담이 여과 없이 실린 박지원의 『열하일기』와 같은 기록은 사실 명대에는 도저히 만들어질 수 없었다. 조선의 정부와 지식인층은 문화적으로 열세에 있던 만주족에게 굴복한 데서 심각한 굴욕감을 품었지만 기실 청조 통치하의 북경과 열하에서 자유로운 민간 교류가 가능했던 것이다.

이러한 격차는 당시 조선인들도 느끼고 있었음이 분명하다. 자신들의 열하행이 가진 의외성과 파격이 무엇을 말하는지, 과연 청조 황제와 관료들이 보여 주는 관대함이 대국의 진정한 모습인지, 박지원은 일말의 불안감을 감추지 않았다. 명 질서하에서 명과 조선은 책봉과 조공이라는 상호 예측 가능한 관계망을 거의 벗어나지 않았다. 조공 관계의 위계질서는 조선이 중화의식에 입각한 조공 의례를 충실히 수행하고 조공의 관행을 지키는 한 큰 무리 없이 유지될 수 있었다. 박지원이 감지했듯이 대국이 18세기에 보여 준 우호적·개방적인 모습과 1780년의 열하 방문 사절에게 베푼 후의는 사실 소국으로서는 이해할 수 없는 청 제국 자체의 필요성에 따른 것이었다. 대국은 자신들의 새로운 정체성과 목표를 향해 조공 의례의 관행을 종횡무진 마음대로 변형시키면서도 아무런 거리낌이 없었다. 열하에서의 판첸라마와 조선 사절의 만남은 유목 세계와 중화질서라는 청 질서에 속한 이질적인 세계의 소통 가능성을 가늠하는 시금석이기도 했다. 박지원은 종래의 조공 관계로는 이해할 수 없는 유동적 요소들이 청조와 내륙 아시아 사이에 잠재하고 있음을 느꼈다.

조선과 청의 관계는 결코 상국인 명조에서 통용되던 예제의 이념에 의지할 수 없으며 양국 관계 역시 내구성이 있거나 균질적인 것이 아니었다. 사실 박지원의 불안한 예측은 100여 년 뒤 현실로 드러났다. 서구 열강의 공세 앞에 위기에 처한 청조는 소국 조선에 대해 더 이상 관대한 대국이 아니라 실질적인 지배권을 행사하며 군림하려는 변모된 모습을 보였다. 19세기 말, 청조가 종주권을 강조하며 속방 조선에 대해 직접적으로 영향을 미치려고 했던 상태가 17세기 이래 청 질서의 전모를 말해주는 것은 아니었다. 명 질서와 청 질서하에 진행된 동아시아의 국제 관계는 중국적 개념으로 형성된 이념형의 질서와 현실의 역동적인 역사 사이의 끊임없는 변화를 전제로 이해해야 한다. 중국적 세계관에서 핵심적인 역할을 담당했던 조선의 위상 역시 내부의 주체적인 움직임과 외부 세계의 변화를 아우르는 가운데 설정되어야 할 것으로 본다.

| 참고 문헌 |

- 『大明歷朝實錄』, 국사편찬위원회 명 · 청실록 http://sillok.history.go.kr/mc/main.do
- 『大清歷朝實錄』, 국사편찬위원회 명 · 청실록 http://sillok.history.go.kr/mc/main.do
- 박지원, 이가원역(1966), 『熱河日記』, 한국고전번역원. (본문은 「漠北行程錄」, 「太學留館錄」, 「傾蓋錄」, 「黃教問答」, 「班禪始末」, 「札什倫布」, 「行在雜錄」, 「審勢編」, 「鵠汀筆談」에서 인용)
- (明)沈德符(1997), 『萬曆野獲編』. 中華書局.
- (明)陳仁錫(1965), 『皇明世法錄』. 臺灣學生書局.

- 계승범(2011), 「조선시대 동아시아질서와 한중관계: 쟁점별 분석과 이해」, 동북아역사재단 편, 『한중일 학계의 한중관계사 연구와 쟁점』.
- 계승범(2012), 「조선후기 조선중화주의와 그 해석문제」, 『한국사연구』 159.
- 구범진(2008), 「清의 朝鮮使行 人選과 '大清帝國體制'」, 『人文論叢』 59.
- 구범진(2013), 「조선의 건륭 칠순 진하특사와 『열하일기』」, 『人文論叢』70.
- 김구진(1994), 「明代 女眞의 中國에 대한 公貿易과 私貿易」, 『동양사학연구』 48.
- 김선민(2016), 「청 제국의 지배이념과 지배체제」, 『사총』 88.
- 니시지마 사다오(2008), 이성시 편, 송완범 역, 『일본의 고대사 인식-'동아시아세계론'과 일본』, 역사비평사.
- 동북아역사재단편(2011), 『동아시아 국제 질서 속의 한중관계사:제언과 모색』.
- 동북아역사재단편(2011), 『한중일 학계의 한중관계사 연구와 쟁점』.
- 민두기(2001), 『시간과의 경쟁』, 연세대 출판부.
- 박원호(2002), 『明初 朝鮮關係史 硏究』, 일조각.
- 송인주(2020), 「옹정제의 사상투쟁 -『대의각미록』의 화이론과 '중외일통' 이론-」, 『인문과학』 77, 성균관대학교.
- 汪暉(2010), 송인재 역, 『아시아는 세계다』, 글항아리.
- 우경섭(2012), 「조선중화주의에 대한 학설사적 검토」, 『한국사연구』 159.
- 유인선(1988), 「중월관계와 조공제-가상과 허상」, 전해종(공저), 『중국의 천하사상』, 민음사.
- 유인선(2012), 『베트남과 그 이웃 중국』, 창작과 비평.
- 윤영인(2002), 「서구학계 조공제도 이론의 중국 중심적 문화론 비판」, 『아세아연구』 45-3.
- 전해종(1970), 『한중관계사연구』, 일조각.
- 정동훈(2019), 「明과 주변국의 外交關係 수립 절차의 재구성 -이른바 '明秩序' 논의에 대한 비판을 겸하여-」, 『명청사연구』 51.
- 조성산(2009), 「18세기 후반-19세기 전반 對淸認識의 변화와 새로운 中華관념의 형성」,

『韓國史研究』 145.
- 차혜원(2007). 「유동적 역사공간 -근세 동아시아로의 접근」, 『역사비평』 79.
- 차혜원(2010) 「열하 사절단이 체험한 18세기 말의 국제 질서: 변동하는 조공책봉 관계의 증언」, 『역사비평』 93.
- 차혜원(2016), 「16세기, 명조의 南倭대책과 封、貢、市」, 『동양사학연구』 135.
- 한명기(2000), 「조선과 명의 사대관계」, 『역사비평』 50.
- 한명기(2004), 「국제적 시야로 읽는 조선사와 명청사」, 『역사비평』 66.
- 후마 스스무(2019), 신로사 역, 『조선연행사와 조선통신사』, 성균관대학교출판부.

- 岡本隆司(1999), 『近代中国と海関』, 名古屋大学出版会.
- 檀上寛(2013), 『明代海禁=朝貢システムと華夷秩序』, 京都大學學術出版會.
- 渡辺美季(2012),『近世琉球と中日関係』, 吉川弘文館.
- 廖敏淑(2013), 『清代中國對外關係新論』, 國立政治大學出版社.
- 夫馬進(2007), 「明清中国による對朝鮮外交の鏡としての対ベトナム外交—冊封問題と「問罪の師」, を中心に」紀平英作 編, 『グローバル化時代の人文学-対話と寛容の知を求めて-』, 京都大學學術出版會.
- 夫馬進編, 『中國東アジア外交交流史の研究』, 京都大學學術出版會.
- 夫馬進(2008), 「一六〇九年, 日本の琉球併合以降における中国·朝鮮の対琉球外交-東アジア四国における冊封' 通信そして杜絶-」, 『朝鮮史研究会論文集』 46.
- 濱下武志(1990), 『近代中国の国際的契機』, 東京大学出版會.
- 濱下武志(1997), 『朝貢システムと近代アジア』, 岩波書店.
- 濱下武志編(2001), 「東アジアの華夷秩序」, 『東アジア世界の地域ネットワク』, 山川出版社.
- 山本達郎(1975), 『ベトナム中國關係史』, 東京: 山川出版社.
- 矢木毅(2007), 「朝鮮前近代における民族意識の展開—三韓から大韓帝国まで」, 夫馬進編, 『中國東アジア外交交流史の研究』, 京都大學學術出版會.
- 岩井茂樹(2005), 「明代中國の禮制覇權主義と東アジア秩序」, 『東洋文化』 85.
- 岩井茂樹(2020), 『朝貢·海禁·互市-近世東アジアの貿易と秩序-』,名古屋大学出版会
- 王泉伟(2017), 「天朝意识与明清中国的朝贡外交」, 『国际政治研究』 1期.
- 李云泉(2004), 『朝貢制度史論』, 新華出版社.
- 庄国土(2005), 「略论朝贡制度的虚幻:以古代中国与东南亚的朝贡关系为例」, 『南洋问题研究』 3期.
- 莊吉發(1987), 『清高宗十全武功研究』, 中華書局.
- 張存武(1987), 『清代中韓關係論文集』, 台北:台灣商務印書館.
- 曹永和(1988), 「明洪武朝的中琉關係」, 臺北:『中國海洋發展史論文集』 vol.3.
- 佐久間重男(1992), 『日明関係史の研究』, 吉川弘文館.
- 中砂明德(2007), 「荷蘭國의 朝貢」, 夫馬進編, 『中國東アジア外交交流史の研究』, 京都大學

學術出版會.
- 平野聰(2007),『大清帝國と中華の混迷』, 東京: 講談社.

- Cao, Yonghe(1999), "Liuqiu in the East Asian Seas: Rise and Fall as an Entrepot." Paper presented at the 'International Workshop on Maritime China and the Overseas Chinese in Transition, 1750~1850', National University of Singapore.
- Donald N. Clark(1998), "*Sino-Korean tributary relations under the Ming*", Mote & Twitchett ed., The Cambridge History of China, Vol 8, The Ming Dynasty, 1368~1644, Part 2, Cambridge University Press.
- Elliot, Mark C(2001), "*The Manchu Way: The Eight Banners and Ethnic Identity in Late Imperial China*." Stanford: Stanford University Press.
- James A. Millward(1998), "*Beyond the Pass:Economy, Ethnicity, and Empire in Qing Central Asia, 1759-1864*", Stanford, California: Stanford Univ. Press.
- John K Fairbank ed(1968), "*The Chinese World Order: Traditional China's Foreign Relations*", Cambridge:Harvard University Press.
- John King Fairbank(1953), "*Trade and Diplomacy on the China Coast: the Opening of the Treaty Ports, 1842-1854*", Cambridge:Harvard University Press.
- Lim, Jongtae(2016), "*Tributary relations between the Choson and Ch'ing Courts to 1800*", Willard J. Peterson ed., The Cambridge History of China Volume 9, Part Two "The Ch'ing Dynasty to 1800", Cambridge University Press.
- Wang-Gungwu(1998), "*Ming Foreign Relations: Southeast Asia*", The Cambridge History of China8(Denis Twitchett & Frederick W. Mote ed.), Cambridge: Cambrige University Press.

I-2

전쟁과 파병

| 한명기 ■ 명지대학교 사학과 교수 |

1. 머리말
2. 전쟁
3. 파병
4. 맺음말

1. 머리말

한반도는 중국 대륙과 일본 열도 사이에 위치해 있다. 이 때문에 과거 우리 조상들은 '끼여 있는' 한반도의 지정학적 현실을 '복배수적(腹背受敵)', '사면수적(四面受敵)'이라고 표현한 바 있다. '정면[腹]과 배후[背]에서 적을 맞이한다', '사방에서 적을 맞이한다'는 뜻이다.

실제로 정면에 있는 중국 대륙에서 성쇠를 거듭해 왔던 한족, 여진족, 거란족, 몽골족 등과 배후에 있는 왜(일본) 사이에 끼여 있는 한반도의 지정학적 조건에서 역대 왕조들은 대외적으로 늘 두 가지 과제에 직면했다. 정면의 중국 대륙으로부터 밀려오는 군사적 위협이나 외압을 막아 내는 동시에 배후의 일본 열도로부터 다가오는 압박 또한 동시에 고려해야 했다. 이 같은 현실 때문에 한반도 역대 왕조의 외교사, 대외관계사를 통시대적으로 살펴보면 일정한 법칙성을 발견할 수 있다. 한반도의 역대 왕조는 정면의 중국 대륙과의 관계가 좋지 않을 경우, 배후의 일본 열도의 동향에 주목하면서 그들과의 관계를 좋게 유지하거나 최소한 현상을 유지하려고 했다는 점이다. 또 그 반대의 경우도 발견된다. 7세기 후반 당(唐)이 백제와 고구려를 멸망시킨 뒤 신라까지 장악하려고 시도했을 때 신라가 일본과의 관계를 우호적으로 유지하기 위해 부심했던 것은 전자의 대표적인 사례다. 1388년, 이성계가 위화도회군(威化島回軍)을 감행하면서 '일본이 그 허점을 틈타면 안 된다(倭乘其虛 不可)'는 것을 명분의 하나로 내세웠던 것은 후자와 관련하여 주목된다. 대외 관계를 유지하고 외교 정책을 펼칠 때마다 정면과 배후를 동시에 의식할 수밖에 없었던 지정학적 고민이 반영된 것이었다.

과거 한반도에서 전쟁과 같은 위기가 발생하는 대외적 상황 역시 주목된다. 즉 한반도에 사는 사람들이나 정치 지도자들의 의지나 대외적 태도와 관계없이 정면의 중국 대륙과 배후의 일본 열도 내부에서 심각한 정치, 군사적 격변이 발생할 경우, 나아가 정면의 대륙과 배후의 열도 사이에서 유지되던 기존의 역학 관계에 변화가 생길 경우 그 여파는 어김없이 한반도로 파급되어 위기가 발생했다는 측면이다. 대륙과 열도에서 각각 벌어졌던 정세 변화나 대륙과 열도 사이의 기존 역학 관계의 변화 조짐, 즉 '파워 시프트(power shift)'의 흐름에 휘말려 한반도가 위기에 직면했던 것은 조선 시대에 들어와 특히 두드러졌다.

압도적인 국력을 지닌 중국 대륙에 붙어 있는 한반도의 역대 왕조는 대체로 중국 중심의 책봉 체제(冊封體制)에 순응하면서 안보를 유지하려 했다. 하지만 중국 중심의 책봉 체제는 고정적이거나 불변하는 것이 아니었다. '체제'의 중심에 있는 중국 왕조가 내부적으로 불안하거나 외부의 신흥 강자로부터 위협받을 경우 '체제'는 동요할 수밖에 없었다. 그리고 그 동요의 여파는 한반도로 밀려오곤 했다. 그럴 경우 한반도의 왕조는 중국 왕조로부터 이이제이(以夷制夷)를 위한 도구 역할을 하도록 강요받거나, 정상적으로 작동되는 책봉 체제에서는 생각하기 어려운 내정간섭 등에 시달리곤 했다.

이 글은 바로 '복배수적'의 위치에 있는 한반도의 조선왕조가 주변의 '힘의 교체'나 역학 관계 변동의 여파 때문에 겪어야 했던 전쟁의 전개 양상과 대륙의 명·청으로부터 밀려왔던 파병 요구를 둘러싸고 발생한 제반 문제를 중국과의 관계를 염두에 두면서 살펴보려는 작업이다. 구체적으로는 16세기 중후반 일본의 급격한 경제 성장과 군사적 굴기의 흐름 속에서 배태된 '정명(征明)' 시도에서 비롯되었던 임진왜란과 17세기 초반 건주여진(建州女眞, 후금, 청)의 군사적 굴기 속에서 조선이 명과 청 사이에서 선택의 기로로 내몰리면서 발생했던 병자호란이 주요 대상이 될 것이다. 나아가 파병과 관련해서는 명이 동아시아의 패권국 지위를 아직 유지하고 있었던 15세기와 명·청 교체가 진행되고 있었던 17세기 초, 그리고 청이 병자호란을 통해 조선을 굴복시킨 이후의 사례들을 언급해 보고자 한다.

2. 전쟁

1) 임진왜란

(1) 임진왜란의 배경: 전국(戰國) 일본의 통일, 경제·군사적 굴기

동서고금을 막론하고 전쟁을 일으키려는 국가는 상당한 수준의 군사력은 물론 그것을 양성하고 유지할 수 있는 경제력을 보유하는 것이 필요하다. 일본이 임진왜란을 도발하게 된 배경이자 원인으로는 15세기 후반 이래 스페인과 포르투갈이 주도했던 대항해시대의 여파가 주목된다. 무엇보다 1498년 포르투갈의 모험가 바스쿠 다가마(Vasco da Gama)가

아프리카 남단을 돌아 아덴만을 거쳐 인도의 캘리컷에 이르는 항로를 개척한 것이 중요했다. 이후 인도의 고아(Goa)에 총독부를 두고 인도 지배와 아시아 진출의 근거지로 삼았던 포르투갈은 1509년 더 동진(東進)하여 말라카에 도착했다. 포르투갈은 곧이어 '향신료의 섬'으로 불리던 몰루카 제도까지 진출했고 동중국해로 북상하여 명과의 교역을 시도하게 된다(增田義郎, 1996; 岩生成一, 2005; 주경철, 2009).

포르투갈인은 이윽고 1557년 마카오에 정착하여 무역 거점을 확보한다. 포르투갈 상인들이 동아시아 해역에 진입하여 무역에 참여하면서 일어난 가장 극적인 사건은 조총(鳥銃)의 일본 전래였다. 1543년 시암(타이)을 출발하여 마카오 방면으로 향하던 왜구선 1척이 태풍을 만나 큐슈 근처의 다네가시마(種子島)에 표착했고, 당시 배에 타고 있던 포르투갈 상인은 다네가시마의 영주에게 조총을 전래했다. 조총은 곧 일본 본토 각지로 퍼져 나갔고, 이 새로운 무기는 당시 한창 벌어지고 있던 전국시대(戰國時代)의 패권 판도에 커다란 영향을 미쳤다. 1575년 오다 노부나가(織田信長)의 조총대와 다케다 가쓰요리(武田勝頼)의 기마대가 격돌했던 나가시노 전투(長篠戰鬪)는 조총의 위력이 유감없이 발휘된 싸움이었다. 이 전투는 일본에서 군사혁명의 대표적인 사례로 지적되기도 한다. 도요토미 히데요시(豐臣秀吉)도 나가시노 전투에 참전했었거니와 17년 뒤 임진왜란 당시 일본 침략군의 조총수들에게 궁시(弓矢)로 맞서야 했던 조선군은 심각한 수세에 처할 수밖에 없었다(宇田川武久, 2007; 久保田正志, 2013).

또 주목되는 것은 16세기 중반 일본의 은 생산이 크게 늘어난 사실이다. 그 배경에는 조선에서 유입된 회취법(灰吹法, 연은분리법(鉛銀分離法))

이 결정적인 영향을 미쳤는데, 이후 일본은 세계 2위의 은 생산국으로 떠올랐다. 오다 노부나가, 도요토미 히데요시 등 이른바 천하인(天下人)들은 광산 개발, 무역 등을 통해 막대한 은을 집적하여 군사력을 키우는 데 활용한다. 일본에서 생산된 다량의 은은 막부나 다이묘 혹은 왜구(倭寇)들에 의해 중국과의 견직물과 도자기 무역 등에 활용되었다(本多博之, 2015). 또 비슷한 시기 일본에서는 '제철혁명(製鐵革命)'이라 불릴 정도로 철 생산이 늘어나 각종 무기나 공구의 소재로 쓰이는 품질 좋은 옥강(玉鋼) 등이 생산되었다(山口啓二, 2001).

도요토미 히데요시는 1587년 전국(戰國) 일본을 통일했다. 그는 토지조사인 태합검지(太閤檢地, 타이코 켄치), 농민 무기 몰수령인 도수령(刀狩令, 카타나가리령), 전쟁 금지령인 총무사령(摠無事令) 등을 통해 집권 기반을 닦았다. 히데요시는 일본을 통일한 이후 중국과 인도를 정복하겠다는 구상을 피력한다. 그는 1586년 예수회 선교사 코엘료에게 자신의 구상을 설명하고, 포르투갈로부터 중국 침략에 필요한 선박과 승조원을 지원받을 수 있는지를 타진했다. 그는 포르투갈이 자신에게 협조한다면 군사적 정복에 성공한 이후 중국을 기독교 국가로 개종시키겠다는 의사도 피력했다(신동규, 2013).

히데요시가 중국 정복을 표방한 까닭은 무엇일까? 그와 관련해서는 경제력과 군사력의 성장, 예수회 선교사들과의 접촉으로 상징되는 국제 인식의 확대, 일본 국내를 통일한 이후 갖게 된 공명심과 야욕, 통일 이후 내부에서 표출되던 모순의 해외 배출 필요성 등이 언급되었다(李啓煌, 2010). 즉 분열된 일본을 통일한 자신감, 서양과의 접촉을 통해 확대된 군사, 경제적 능력을 바탕으로 명 중심의 국제 질서에 도전을 시도했던 것이다(岡本隆司, 2017).

도요토미 히데요시는 실제로 당시 동아시아에서 통용되고 있던 중국 중심의 책봉 질서가 갖는 의미를 알지 못했다. 가난한 하층 농민의 아들이라는 밑바닥에서부터 자신의 능력과 수완으로 일본의 집권자로 입신한 그는 자신감이 넘쳤다. 스스로를 '태양의 아들(日輪之子)'이라고 내세웠던 그에게 명은 대국이었지만 정복할 수 있는 대상이었다. 히데요시가 침략에 나서면서 '궁전(弓箭)이 예리한 나라' 일본이 '장수(長袖)의 나라' 명을 정복할 수 있다고 호언장담한 것은 그 같은 인식에서 비롯된 것이었다(朝尾直弘, 1970).

일본이 명에 군사적으로 도전하려고 시도하는 과정에서 가장 중요한 나라는 조선이었다. 일본이 명 본토로 가려면 큐슈에서 절강성의 영파(寧波) 등지로 상륙하는 것이 첩경이지만, 당시 일본은 그것을 감당할 만한 수군과 해상 운송 능력이 없었다(須川英德, 2010). 따라서 조선을 경유하여 요동으로 진입하는 것이 절실했다. 그 같은 배경에서 히데요시는 1587년 대마도(對馬島)를 정복한 직후 조선의 복속을 요구했다. 조선 국왕의 입조(入朝)를 요구하고, 조선에 보낸 국서에서 '정명향도(征明嚮導, 명을 정벌하려고 하니 길을 안내하라)'를 운운하며 조선을 위협했다. 조선과의 교역이 생명선이었던 대마도는 조선을 자극하지 않으려고 '정명향도'를 '가도입명(假道入明, 명으로 가려고 하니 길을 빌려 달라)'으로 바꾼다. 대마도는 또한 전쟁을 피하기 위해 노력했다. 하지만 '가도멸괵(假道滅虢)'이라는 고사(故事)가 『천자문(千字文)』에 실려 있는 것에서도 알 수 있듯이 '가도입명'이라는 기만적인 명분은 조선에 의해 거부될 수밖에 없었다(한명기, 2013).

임진왜란 발생 이전 조선의 대일(對日) 인식과 관련하여 주목되는 것은 당시 조선 지식인들이 일본에 대해 커다란 문화적 우월감을 갖고 있었다는 사실이다. 1591년(선조 24) 10월, 조선 조정은 일본이 '정명향도' 운운하면서 협박했다는 사실을 명에 보고하면서 다음과 같이 이야기한 바 있다.

> 하물며 소방(小邦)은 중화(中華)의 내복(內服)보다 훨씬 우월하게 특별한 은혜와 대우를 대대로 받아 왔는데, 신의 경우는 또 성상의 조정에서 받은 은총이 더욱 각별했습니다. …… 그래서 신은 항상 아침저녁으로 감읍(感泣)하면서…… 오직 결초보은할 생각을 굳게 다짐하고 있었습니다. 그런데 왜적(倭賊)이 신의 나라 역시 바닷가 한쪽의 나라라고 하여 자기들과 똑같이 여겨 맞먹으려고 대들 줄은 생각지도 못했습니다. 그러고는 그들이 사람과 짐승의 마음이 다르다는 것도 알지 못하고, 순종과 반역의 성품이 같지 않다는 것도 알지 못한 채, '향도(嚮導)'라는 이름을 그만 소방 위에 덮어씌우고 말았으니, 이런 말을 꺼내는 것조차도 추하고 더럽게 느껴지기만 합니다.
>
> - 최립(崔岦), 『간이집(簡易集)』 권1 「辛卯奏」

위에서 주목되는 내용은 두 가지다. 하나는 '조선은 중국의 내복(內服)보다 특별한 은혜와 대우를 받아 왔던 나라'라는 것, 다른 하나는 일본을 '왜적'이자 '짐승'으로 인식하면서 '일본이 조선을 자기들과 같은 급의 나라(等夷)로 여기고 맞먹으려고 하는 것이 기분 나쁘다'고 언급한 점이다. '중화국' 명으로부터 '내복' 이상으로 인정받고 있는 '문화국'

조선은 '왜적' 일본이 '정명향도'를 운운하는 것 자체를 이해하기도, 인정하기도 어려웠던 셈이다.

요컨대 건국 이래 명 중심의 책봉 질서 속에서 가장 충순한 번국(藩國)으로 자임하고 있던 조선이 감히 '정명'을 운운한 도요토미 히데요시와 일본을 비정상적인 존재로 여기는 것은 어쩌면 당연했던 셈이다.

(2) 임진왜란의 전개 양상

① 망국의 위기와 힘겨운 생존

임진왜란 초기 일본군은 승승장구했다. 음력 1592년 4월 13일 상륙했던 고니시 유키나가(小西行長) 휘하의 일본군은 이튿날 부산진과 다대포를 점령하고 15일에는 동래성도 무너뜨린다. 승승장구하는 일본군의 기세에 밀려 경상도 일원은 풍문만 듣고도 무너졌다. 경상도 관찰사 김수(金睟)는 문경(聞慶) 이남의 수령들에게 군사를 이끌고 대구로 집결하라고 명령했지만 소용이 없었다. 지휘관이 서울에서 제때 내려오지 않았고, 군현 수령들이 잇따라 도주하면서 방어선은 붕괴됐다. 병력, 무기, 경험, 작전 등에서 열세였던 데다 상당수 지휘관의 무능과 비겁함까지 더해지면서 조선군은 일본군을 제대로 저지하지 못했다(徐仁漢, 1987; 김성우, 2013).

선조(宣祖)와 조정은 의주(義州)까지 내몰렸다. 그 와중에 조야를 막론하고 나라가 이미 망했다는 위기감과 체념이 확산됐다. 지배층이 역할을 제대로 다하지 못하자 민심이 돌아섰다. 1592년 7월, 함경도 회령에서는 국경인(鞠景仁) 등 반민(叛民)들이 왕자 임해군과 순화군을 붙잡아 일본군에게 넘겨주는 사태가 빚어졌다. 종성 이북에서도 변란이 속출하여 반민들이 일본군과 결탁하거나 수령과 변방 지휘관들을 잇달아 습격했다(鄭文孚, 『農圃集』 권1 「倡義起兵入守鏡城後擊斬倭賊狀啓」). 평안도 영변 등지에서는 선조 일행이 도착했다는 소식을 접한 백성이 모두 산골짜기로 도주했다. 전란 이전 선조를 비롯한 지배층이 드러낸 정치적 난맥상과 전란 직후의 무기력함에 대한 반감이 맞물리면서 민심이 이반하고 있던 것이다.

나라가 망할지도 모르는 절체절명의 위기에서 조선이 그나마 버틸 수 있었던 것은 이순신 등이 이끄는 수군의 활약 덕분이었다. 조선 수군은 성능이 뛰어난 화포와 탁월한 전술을 바탕으로 1592년 5월 7일 옥포 해전(玉浦海戰)에서 승리한 이래 연전연승했다. 조선 수군의 공세에 밀려 일본군의 수륙병진(水陸竝進) 기도가 좌절되고 병참선도 위험해지면서 전국(戰局)이 전환됐다(이민웅, 2004). 이순신의 승첩을 통해 곡창 전라도가 보전되고 서해 수로의 안전이 확보되면서 조선 조정은 남부 지역의 전쟁 상황을 통제할 수 있었고 나아가 반격의 계기를 마련할 수 있었다.

이순신 수군의 활약이 갖는 의미는 조선 차원에서만 중요한 것이 아니었다. 일본 수군이 서해로 진입할 경우 명의 내지까지 위협에 노출될 수밖에 없었다. 훗날 황경원(黃景源, 1709~1787)은 "명의 등주(登州), 내주(萊州), 여순(旅順), 요양(遼陽), 영원(寧遠) 등지가 안전할 수 있었던 것도 이순신이 제해권을 장악하여 일본군의 서해 진입을 차단했기 때문"이라고 지적한 바 있다(黃景源, 『江漢集』 권6 「與李相公」).

의병들의 활약도 중요했다. 경상우도에서 기의한 곽재우(郭再祐), 김면(金沔), 정인홍(鄭仁弘) 등의 활약이 선구적이었다. 조식(曹植) 문하에서 수학한 이들은 일본군의 낙동강 도강을 차단하여 경상우도와 전라도를 지키는 데 큰 공을 세웠다. 또 전라도와 충청도에서 일어난 고경명(高敬命), 김천일(金千鎰), 조헌(趙憲) 등이 이끄는 의병들도 전라도를 보전하고 일본군의 북상을 지연시키는 데 큰 역할을 했다. 특히 호남 의병들은 자신들의 근거지를 넘어 경기도, 경상도 지역까지 병력을 이끌고 나아가 적극 근왕(勤王) 활동을 벌였다(김강식, 2013; 조원래 2013).

"의병들이 창의(倡義)했던 덕분에 망해 가던 나라가 보전되었다"는 평가가 나왔지만 선조와 지배층은 의병들을 '양날의 칼'로 인식했다. 명군이 참전하고, 나라가 망할 위기에서 벗어나 전쟁이 소강상태로 접어들자 조선 조정은 의병을 통제하려고 시도한다. 1593년 1월 명군이 평양 전투에서 승리한 이후 조정은 의병을 운량군(運糧軍)으로 개편하여 전투부대의 기능을 제거하려고 시도했다(崔永禧, 1975). 김덕령(金德齡) 등 의병장들이 '토사구팽'되거나 역모 혐의를 뒤집어쓰고 제거되었던 것도 이 같은 상황과 맞물려 있었다.

재야(在野)의 의병장과 재조(在朝)의 관인이나 지휘관들 사이에서도 미묘한 갈등이 잇달아 불거졌다. 자발적으로 창의했던 의병장들이 전쟁 초반 일본군을 피해 도주하거나 제대로 싸우지 않았던 현직 변장(邊將)과 지방관들을 질타하고 매도하면서 양자의 갈등이 심각해졌다. 의병장들의 훈공(勳功)을 시기했던 상당수 지방관이 의병장들의 활동을 방해하는 사태도 빚어졌다. 의병장 곽재우와 경상도 관찰사 김수 사이에 빚어진 심각한 알력과 대결은 그 가운데서도 대표적인 사례였다(한명기, 1999).

② 명군 참전과 그들만의 강화 협상

명은 임진왜란을 외면할 수 없었다. 일본이 '정명(征明)'을 내세웠던 데다 과거 왜구의 발호 때문에 심각한 피해를 보았던 명은 조선의 전황을 예의주시했다. 왜구와는 비교되지 않는 대규모의 일본군이 자국을 직접 공략하지는 않을까 우려했기 때문이다. 그와 관련하여 주목되는 것은 조선으로부터 왜란이 일어났다는 사실을 보고받았을 때 명이 가장 먼저 취한 조처가 북경(北京), 천진(天津), 요동(遼東), 산동(山東) 등지의 해방(海防)을 강화하는 것이었다는 사실이다.

명은 1592년 6월 조승훈(祖承訓)과 사유(史儒) 등이 이끄는 요동병(遼東兵) 3천여 명을 조선에 투입했다. 하지만 변변한 무장도 갖추지 못했던 이들은 같은 해 7월 평양을 공격했다가 일본군에게 참패했다. 명은 패전을 계기로 일본군에 맞서려면 복건(福建), 절강(浙江) 등지에서 화기수를 비롯한 남병(南兵)을 동원해야 할 필요성을 절감했다. 명은 병력을 다시 동원하는 데 필요한 시간을 벌기 위해 심유경(沈惟敬)을 조선에 파견했다. 심유경은 일본과의 도자기 무역 등에 종사했던 경험을 바탕으로 '왜사(倭事)'에 능했기 때문이다. 실제로 심유경은 평양에서 고니시와 담판을 벌여 1592년 9월~1593년 1월 15일까지 휴전을 이끌어 냈다 (차혜원, 2013).

1592년 12월 조선에 다시 투입된 이여송(李如松) 휘하 5만여 명의 명군은 이듬해 1월 6일부터 벌어진 평양 전투에서 대승을 거두었다. 명군이 보유한 불랑기포(佛狼機砲) 등 화포의 위력이 결정적이었다. 일본군이 도주하면서 전세는 역전되었고 조선은 감격했다. 이여송을 기리는 생사당(生祠堂)을 짓고 송덕비(頌德碑)를 세우자는 주장이 제기되었다. 평양 전투 승전을 계기로 이여송과 명군은 '망해 가던 나라를 다시 일으켜 세워 준 은인'으로 떠올랐다. 하지만 평양 전투 승리의 부작용 또한 심각했다. 명군 경략(經略) 송응창(宋應昌)과 제독(提督) 이여송은 논공행상을 놓고 알력을 빚었다. 이여송 휘하의 북병(北兵) 가운데는 조선인을 살해하여 확보한 수급(首級)을 일본군의 수급인 것처럼 가장하여 전공으로 내세우는 자들도 있었다. 평양 전투를 계기로 무고한 조선인들이 희생되는 비극이 일어난 것이다(한명기, 1999).

이여송은 1593년 1월 27일 벽제(碧蹄) 전투에서 참패한다. 가정(家丁) 등 수많은 병력을 잃고 개성으로 퇴각했다. 벽제 전투 패전 이후 병부상서 석성(石星) 등 명군 지휘부는 일본군과 더 이상의 결전을 벌이는 대신 강화 협상을 통해 전쟁을 끝내겠다며 심유경을 다시 조선에 투입했다. 당시 명군은 패전을 계기로 전의를 상실한 상태였다.

명이 일본과 강화 협상을 벌이기로 방향을 튼 데는 근본적인 원인이 있었다. 명은 애초에 조선에 병력을 파견하면서 "위기에 처한 조선을 구원한다"고 표방했지만 그 배경에는 일본군이 요동으로 진입하는 것을 저지하여 경사(京師)의 안전을 확보하려는 현실적인 목표도 자리 잡고 있었다. 그리고 비록 벽제에서 패했지만, 평양의 승리를 통해 일본군을 서울 부근까지 밀어냈기 때문에 일본군의 요동 진입을 막으려 했던 애초의 참전 목표는 달성됐다. 나아가 명군은 조선에 대해 할 만큼 했다는 생각을 갖게 됐다. 그러니 일본군과 계속 전투를 벌여 더 이상의 피를 흘릴 이유가 없다고 보았다. 실제로 1593년 7월 명 조정에서는 조선에 수천 명만 배치하고 나머지 병력은 철수하라는 주장이 제기됐다.

명이 일방적으로 밀어붙인 강화 협상에서 조선은 철저히 소외됐다. 류성룡 등은 이여송에게 후퇴 방침을 재고하고 전진하여 일본군을 나라 밖으로 몰아내 줄 것을 간청했다. 결전을 계속 종용하자 명군 지휘부는 류성룡 등에게 모욕을 가했다. 군량과 마초를 제때 공급하지 않았다는 빌미로 조선 신료들을 무릎 꿇리고 군법(軍法)을 집행하겠다고 협박했다(『징비록(懲毖錄)』). 단독으로 일본군을 몰아낼 전력(戰力)이 없었던 조선은 고뇌할 수밖에 없었다.

강화를 통해 빨리 전쟁을 끝내기에 급급했던 명군 지휘부는 시간이 흐르면서 초조해졌다. 그들은 조선에 일본군을 함부로 공격하지 말라고 강요했다. 1593년 4월 경기도 일원의 일본군이 경상도로 철수할 때 명군이 한강을 건너는 일본군을 '에스코트'해 주는 상황까지 빚어졌다. 일본군을 공격하려 했던 조선군 지휘관들은 지휘부에 끌려가 구타당하는 곤욕을 치러야 했다(한명기, 1999).

명과 일본의 강화 협상은 애초부터 성공할 가능성이 별로 없었다. '중화의 대국' 명은 일본군이 조선에서 완전히 철수하면 도요토미 히데요시를 일본 국왕으로 책봉해 주겠다고 했다. 반면 '전승국'으로 자임했던 일본은 '명의 황녀를 천황에게 하가시킬 것', '조선의 4도(道)를 떼어 줄 것', '조선의 왕자와 대신을 일본에 인질로 보낼 것', '일본과의 감합무역(勘合貿易)을 재개할 것' 등을 요구했다. 서로에게 제시한 조건의 간극이 워낙 큰 상황이어서 협상의 타결은 불가능했다(佐島顯子, 1994; 김경태, 2019).

1594년 8월 명 조정에서 '황녀 하가' 조건이 폭로됐다. 강화 협상이 파탄될 위기에 처하자 석성 등 명군 지휘부는 조선을 끌어들인다. 당시 경략 고양겸(顧養謙)은 '조선도 일본과의 화의(和議)를 절실히 원한다'는 내용으로 황제에게 상주하라고 강요했다. 거부할 경우 명군을 압록강 너머로 철수시키겠다고 협박했다. 곧이어 명 조정에서는 선조를 퇴위시키고 광해군을 즉위시키자는 왕위교체론, 조선을 직접 통치하자는 직할통치론(直轄統治論) 등이 대두됐다(한명기, 1999). 강화 협상이 명 조정에서 정쟁의 이슈가 된 상황에서 조선 또한 그 소용돌이 속으로 휘말려 들어간 셈이다.

③ 강화의 파탄과 정유재란

1595년 1월 명은 도요토미 히데요시를 책봉하기 위해 정사 이종성(李宗城), 부사 양방형(楊方亨)이 이끄는 사절단을 파견했다. 그런데 같은 해 11월 이종성이 부산의 왜영(倭營)에서 탈주하는 사건이 일어났고, 명은 양방형을 정사로 승격시켜 일본으로 보냈다. 1596년 9월 1일 히데요시는 오사카성에서 책봉을 받았다. 하지만 그는 책봉이 의미하는 바를 이해하지 못했다. 무력으로 일본을 통일하고 명까지 정복하겠다는 망상을 품었던 그는 책봉으로 상징되는 중화질서를 받아들일 수 없었다(桑野榮治, 2010). 조선에서 군대를 완전히 철수시키라는 등의 명의 요구에 격분한 히데요시는 재침을 결정한다. '오랑캐' 일본을 책봉하기만 하면 자신들의 중화질서 속으로 들어와 복종하리라고 믿었던 명의 생각은 오산임이 드러났다. 그와 함께 강화 협상을 주도했던 병부상서 석성과 심유경 등의 정치 생명도 끝이 났다. 일본군이 재침하자 명은 다시 결전의 방향으로 돌아설 수밖에 없었다.

한편 일본은 재침하기 직전 조선과의 교섭을 통해 일본군을 철수시킬 수 있는 명분을 마련하려고 시도했다. 조선으로부터 적당한 반대급

부를 얻어냄으로써 전쟁에서 발을 빼려는 계산이었다. 하지만 조선은 시종일관 일본과의 교섭을 거부했다. 대신 명군을 다시 끌어들여 일본의 재침에 대비하려는 전략을 고수했다(허남린, 2019). 일본군은 약 14만의 대군을 동원하여 재침에 나섰다. 정유재란 초기 일본군의 우선 공격 목표는 전라도였다. 조선은 일본군의 재침 가능성이 높아지자 침공로 주변의 관민(官民)들을 산성(山城)으로 옮기고 방어하는 청야견벽(淸野堅壁) 작전을 구상했다.

정유재란 발발 직후에도 명은 먼저 본토 방어부터 챙겼다. 이어서 1597년 3월 양호(楊鎬)를 조선 경리(經理)로 임명하여 9월까지 6만의 대군을 진입시켰다. 특히 1597년 7월 원균이 이끌던 조선 수군이 칠천량(漆川梁) 해전에서 일본 수군에게 참패하자 명의 위기의식이 고조됐고, 일본 수군이 서해로 북상해 명 본토를 공격할 수도 있다는 우려 또한 높아졌다. 명은 임진왜란 시기와는 달리 조선에 수군도 파견하게 된다(한명기, 1999).

1597년 9월 일본군은 천안(天安)까지 북상했다. 히데요시가 정유재란을 일으킨 목적은 조선을 장악하려는 것이었다. 이제 애초 1592년 침공 당시 내세웠던 '정명'의 목표는 철회됐다. 조선을 장악하기 위해 재침에 나선 일본군은 이전보다 훨씬 잔학한 만행을 저질렀다(中野等, 2019). 마구잡이로 살육을 벌이고 조선 군민들의 귀와 코를 베어 갔다. 일본군이 다시 북상하자 서울에서는 피난 행렬이 줄을 잇는 등 위기의식이 높아졌다. 그러나 명군이 직산(稷山) 방면에서 일본군을 차단하고, 삼도수군통제사로 복귀한 이순신이 명량(鳴梁)에서 승리를 거두면서 전국(戰局)은 다시 바뀌었다. 이후 일본군은 남해안 일대에 은거하며 농성에 돌입했다. 조명연합군은 1597년 11월부터 5만의 대군을 동원하여 울산성을 포위하고 총공격을 폈지만 결국 실패했다. 이후 경략 형개(邢玠) 휘하의 명군이 병력을 4로(路)로 개편해 공격을 다시 준비하는 와중에 도요토미 히데요시가 사망함으로써 전쟁은 끝나는 절차를 밟게 된다. 일본군이 철수를 시작하자 조명연합군은 동로군(東路軍)을 울산, 중로군(中路軍)을 사천(泗川), 서로군(西路軍)을 순천(順天) 방향으로 진격시키고 이순신과 진린(陳璘) 휘하의 조명연합수군도 출격시키는 사로병진(四路竝進) 작전을 개시했다. 하지만 육군은 어디에서도 승리를 거두지 못했다. 사천에서 동일원(董一元)이 이끄는 중로군은 7천 명 이상의 사상자를 내는 참패를 겪었다(山本博文, 2001).

왜 그랬을까? 무엇보다 당시 명군 지휘부에게 기본적으로 일본군과 결전을 벌이겠다는 의지가 없었기 때문이다. 명군 지휘부는 이미 종전(終戰) 수순으로 접어든 '남의 나라 전쟁'에 신명을 바칠 생각이 전혀 없었다. 경략 형개는 당시 노골적으로 '양전음화(陽戰陰和)', '양초음무(陽剿陰撫)'를 표방했다(『明史』 권320, 列傳 「朝鮮」). 수군 제독 진린 또한 이순신을 견제하거나 결전을 방해하면서 일본군의 수급을 챙기기에만 급급했다. 당시 이순신에게 퇴로가 막힌 채 순천 왜교성(倭橋城)에 포위되어 있던 고니시 유키나가는 진린에게 길을 열어 달라고 간청하는 한편 사천에 있던 시마즈 요시히로(島津義弘)에게 구원을 요청했다. 이에 시마즈의 대선단이 고니시 군을 구출하려고 광양만 쪽으로 진격해 온다. 이순신은 출전을 미적거리는 진린을 설득하여 하동의 노량으로 나아가 최후의 승리를 거두고 순국한다(한명기, 1999; 張鐵牛·高曉星, 1993). 침략자 일본군에 대한 적개심과 '지원군'이자 '점령군'이었던 명군의 견제 사이에서 고뇌했던 이순신의 결전과 순국은 임진왜란 당시 '끼여 있는 약소국' 조선이 처했던 곤혹스러운 상황의 상징이었다.

임진왜란 이후 일본에 대한 조선의 적개심은 하늘을 찔렀다. 조선 지식인들은 일본을 '영원히 함께할 수 없는 원수(萬世不共之讐)'이자 복수해야 할 대상으로 인식했다. 하지만 전쟁을 계기로 일본의 강한 군사력을 목도하고, 일본군이 자행한 참혹한 살육과 잔학 행위 등을 겪으면서 그들에 대한 공포심 또한 같이 높아졌다(한명기, 2020).

2) 병자호란

(1) "늑대가 사라지니 호랑이가 나타나다", 명과 후금의 대결에 휘말리는 조선

임진왜란이 한창이던 1592년 9월, 조선은 또 다른 충격에 휩싸인다. 건주여진(建州女眞)의 누르하치(奴兒哈赤)가 조선에 원병을 보낼 의향이 있다는 소식이 명을 통해 전해졌기 때문이다. 당시 위기에 처한 조선은 지푸라기라도 잡아야 했던 처지였지만 고민 끝에 누르하치의 원조 제의를 거절하기로 한다. 원병 제의를 받아들일 경우, 누르하치가 조선이 감당하기 어려운 반대급부를 요구할지도 모른다고 우려했기 때문이다. 누르하치는 1598년에도 원병을 보내겠다고 제의한다. 조선은 이번에도 거절했지만 종래까지 그저 '하찮은 야인(野人)'으로 치부해 왔던 건주여진의 달라진 위상을 목격하면서 위기감이 높아질 수밖에 없었다.

임진왜란 당시 요동, 광녕 지역의 명군이 조선에 대거 참전했던 것은 이 지역의 여진족들에게도 상당한 파장을 미칠 수밖에 없었다. 16세기 말까지 요동에서 여진족을 제어하는 데 중심 역할을 했던 영원백(寧遠伯) 이성량(李成梁)의 장남 이여송이 조선 파견군의 사령관이었다는 사실은 매우 시사적이다. 명의 지배를 받던 누르하치는 1583년 거병하여 주변의 여진족들을 아우르기 시작했다. 당연히 명은 누르하치의 행보에 주목할 수밖에 없었는데 임진왜란이 터지면서 명의 관심은 조선 쪽으로 급속히 옮겨 가게 되었다. 명군은 1592년 12월 이후 약 10년 가까이 조선에 주둔했거니와 그 같은 상황에서 요동 지역의 여진족들을 통제하고 그들의 침략에 대비하는 역량은 상대적으로 약화될 수밖에 없었던 것으로 보인다(염승년, 2016).

임진왜란 이후 건주여진의 굴기는 한층 더 뚜렷해졌다. 누르하치는 1593년 해서여진(海西女眞)을 비롯한 9부 연합군의 공격을 물리쳤다. 왜란이 끝난 직후에는 과거 두만강 일대에서 조선의 울타리 역할을 했던 번호(藩胡)들을 아우르기 시작했고, 1607년 울라의 부잔타이(布占泰)를 제압했다. 누르하치는 이후 조선 국경 부근에 살던 여진족들을 모두 만주 내지로 이동시켰다. 임진왜란으로 수세에 처한 조선은 과거처럼 여진족 번호들에게 영향력을 발휘할 수 없어 누르하치가 번호들을 거둬들이는 것을 방관할 수밖에 없었다. 임진왜란 이후 조선은 강성해진 누르하치와의 충돌을 피하고 그들을 견제하기 위해 명 조정에 도움과 중재를 요청했다(박정민, 2015).

1613년 누르하치는 울라를 멸망시키고 1615년 팔기제(八旗制)를 정비했다. 이윽고 1616년 국호를 대금(大金)이라 정하고 연호를 천명(天命)이라 내세우면서 독립국가 건국을 선언했다. 명은 누르하치의 급속한 부상에 바짝 긴장할 수밖에 없었다. 일찍이 1127년 한족 왕조 북송(北宋)은 여진족의 지도자 아구다(阿骨打)가 세운 금(金)에 유린되어 휘종(徽宗)과 흠종(欽宗)이 만주로 끌려가는 정강(靖康)의 변(變)을 겪은 바 있다. 정강의 변을 계기로 북송은 멸망했고, 이후 강남 지방을 근거지로 존속했던 남송(南宋)은 내내 금의 군사적 압박에 시달린다. 남송의 전철을 기억하고 있던 명은 건국 이래 여진족들을 분열시켜 지배하려는 정책을 써 왔다. 그런데 누르하치가 금을 건국한 것은 명에는 '아구다의 재림(再臨)'이자 종래까지의 여진 정책이 파탄에 이른 것을 의미했다. 명은 건주여진과 대립 관계에 있는 해서여진의 여허부(葉赫部)를 지원하는 등 누르하치에 대한 압박을 강화했다(石橋崇雄, 2009; 閻崇年, 2003).

명이 전방위적으로 압박에 나서자 후금은 반발했다. 급기야 누르하치는 1618년 이른바 '일곱 가지 원한(七大恨)'이란 것을 내걸고 명에 선전포고한 뒤 명의 무순을 기습하여 점령했다. 1619년 후금의 정면 도전에 격앙된 명은 자국 병력은 물론 조선과 여허에서 병력을 지원받아 후금을 응징하기 위한 원정에 나선다. 하지만 10만이 채 되지 않는 병력을 네 개 지대로 나눈 실수를 저지른 데다 지휘관들의 인화(人和)도 이루어지지 않았던 명군은 싸얼후산(薩爾滸山) 전투에서 대패하고 만다. 싸얼후산 전투의 패전은 사실상 명·청 교체를 알리는 서막이었다(陸戰史普及研究會, 1972; 黃仁宇, 1991; 閻崇年, 2003).

임진왜란이 끝나고 일본군이 물러가면서 조선은 한숨 돌리는가 싶었지만, 아니었다. 후금이 굴기하여 명에 도전하면서 조선은 양자의 대결 구도 속으로 빨려 들어갈 수밖에 없었다. 마치 늑대가 사라진 뒤 호랑이가 나타난 형국이었다. 명은 후금의 도전이 본격화되자 조선을 활용하여 후금을 견제하려는 이이제이(以夷制夷) 책동을 강화한다.

실제로 임진왜란을 계기로 명의 조선에 대한 '시혜자(施惠者) 의식'은 크게 높아졌다. 1599년 경략 형개는 명군의 조선 참전으로 명 내지가 피폐해졌다는 사실을 강조했다. 요동 지역에서 참전의 여파 때문에 백성이 굶주림을 이기지 못하고 자식을 팔아먹는 경우가 있다거나 막대한 전비(戰費) 때문에 명의 국고가 텅 비었다는 사실 또한 강조했다. 명은 1593년 11월 조선에 보낸 「선유문(宣諭文)」에서 '재조지은(再造之恩)'이란 용어를 사용했다(『선조실록(宣祖實錄)』 권44 선조 26년 11월 기미). 선조를 비롯한 조선의 지배층 또한 '재조지은'을 강조하면서 명군의 참전과 원조는 조선이 결코 잊을 수 없고 언젠가는 보답해야만 하는 '절대적인 은혜'로 추앙했다.

'시혜자'로 자임했던 명은 조선이 후금에 적극 맞섬으로써 '은혜'에 보답해 주기를 열망했다. 임진왜란 종전 이후 날로 격화되고 있던 명과 후금의 대결 구도 속에서 외교적으로 어떻게 처신할 것인가? 1608년 즉위한 광해군은 그야말로 난제(難題)에 직면할 수밖에 없었다.

1618년 후금이 무순을 점령하자 명은 조선도 원병을 보내 후금을 응징하는 데 동참하라고 압박했다. 후금은 자신들은 본래 조선과 원한이 없다는 사실을 강조한 뒤 '중립'을 지키라고 요구했다. 광해군은 갖은 명분을 내세워 원병을 보내지 않으려고 했지만, 비변사 신료들은 '부모의 나라가 베푼 재조지은에 보답해야 한다'며 원병을 보내야 한다고 맞섰다. 광해군은 결국 명의 압박과 신료들의 채근에 밀려 강홍립(姜弘立)이 이끄는 1만 5천여 명의 원병을 파견했지만 이들은 심하(深河)라는 곳에서 후금군에게 참패하고 만다(한명기, 1999; 계승범, 2009).

광해군은 원병을 파견하면서 강홍립에게 형세를 잘 판단하라고 주문했고, 강홍립은 행군하는 도중 역관 하서국(河瑞國)을 후금군 진영에 보내 접촉을 시도했다. 실제로 심하 전투 이후 누르하치는 '조선이 재조지은 때문에 마지못해 파병했다'며 조선이 명의 편에 섰던 것을 양해해 주는 태도를 보였다.

하지만 심하 전투 패전 이후 명과 후금의 대결 양상은 더 심각한 지경으로 치닫는다. 후금의 명에 대한 공세가 더욱 거세지면서 1619년 개원(開原)과 철령(鐵嶺)이, 1621년 심양(瀋陽)과 요양(遼陽)이 후금의 수중에 떨어졌다. 요동이 무너지고 위기가 심화되면서 명은 조선으로부터 다시 군사 원조를 얻어 내려고 했다. 후금은 자신들이 명과 대결하는 동안 조선이 배후를 칠 것을 우려해 조선을 회유하는 한편, 조선과의 화친을 열망했다. 광해군은 명의 원조 요청을 거부하는 한편, 후금과의 화친을 도모하려고 시도한다. 하지만 대다수의 신료가 후금의 국서에 답신을 보내는 것조차 반대하면서 광해군과 대척점에 섰다. '은혜를 베푼 부모국' 명을 의식했기 때문이었다.

후금과의 화친을 놓고 광해군과 신료들이 갈등을 벌이고 있던 1621년 7월, 명나라 장수 모문룡(毛文龍)이 조선에 투탁(投託)한 것은 삼국 관계에서 중대한 변수가 됐다. 그가 명 유민들을 이끌고 후금의 진강(鎭江)을 기습했던 데다 조선 진입 이후에도 '요동 수복'을 떠벌리며 후금을 자극했기 때문이다. 더욱이 모문룡이 진입하자 요동의 한인들도 대거 조선으로 몰려들었다. 격앙된 후금은 조선에 모문룡을 박송(縛送)하라고 요구하면서 그렇지 않으면 침략하겠다고 협박한다(田川孝三, 1932).

후금은 결국 1621년 12월, 모문룡을 제거하기 위해 조선 가산(嘉山)

의 임반(林畔)을 기습 침략한다. 모문룡은 도주하여 겨우 목숨을 건졌지만, 조선이 받은 충격은 컸다. 이후 후금이 요서(遼西)를 공략하려 하여 조선은 또다시 선택의 기로로 내몰린다. 명은 조선에 수시로 차관을 보내 병력과 선박 등을 요청했고, 광해군은 명의 요구를 거부하고 후금을 달래기 위해 후금에 사람을 보내라고 지시한다. 하지만 신료들은 여전히 광해군의 지시에 거부 반응을 보였다. 1622년 후금이 광녕(廣寧)을 함락하자 광해군의 위기의식은 더욱 커졌다. 그는 이제 명이 후금을 제압할 가능성은 사라졌다고 여겼고, 조선이 후금의 침략을 피하는 것이 급선무라고 여겼다. 임반지변(林畔之變)에서 충격을 받았던 광해군은 이후 명에서 사신이 와도 접견을 거부하고 후금과의 화친을 성사시키려고 노력했다. 반면 비변사는 광해군의 태도에 여전히 부정적이었다(한명기, 2020; 계승범, 2009). 명과 후금의 대결 속에서 외교 방향을 놓고 광해군과 신료들의 입장이 갈라진 와중에 1623년 인조반정(仁祖反正)이 일어난다.

(2) 병자호란으로 가는 길

① 인조반정, 이괄의 난, 그리고 정묘호란

1623년 3월에 발생한 인조반정은 광해군의 몰락을 초래했을 뿐 아니라 삼국 관계에 커다란 파장을 미쳤다. 인조와 반정(反正) 주도 세력들은 '광해군 정권이 후금과 화친했다'는 것을 반정을 정당화하는 명분이자 '입국(立國)의 근본'으로 강조했다. 심지어 그들은 모문룡에게 보낸 「정문(呈文)」에서 "광해군이 고금을 통틀어 가장 심각한 패륜 행위를 저질렀다"거나 "광해군이 후금과 내통하여 군사 기밀을 누설하고 명군의 패전을 초래하여 궁극에는 요광(遼廣)을 오랑캐에게 넘겨주게 되었다"고 강조했다(趙翼, 『浦渚先生集』 권28 「宗親府呈毛都督文」).

무력을 이용해 비정상적인 방식으로 집권한 인조 정권의 입장에서는 명으로부터 빨리 책봉을 받아내는 것이 절실했다. 하지만 "싸얼후산 전투 패전이 근본적으로 광해군 때문"이라는 언설 등은 사실과 부합하지 않을 뿐 아니라 향후 명이 인조 정권을 이이제이의 도구로 손쉽게 활용할 수 있는 빌미가 됐다.

그런데 명 조정은 '반정'을 최초로 인지했을 때 그것을 '찬탈(簒奪)'로 인식했다. 이윽고 동림당(東林黨)과 엄당(奄黨)의 당쟁이 치열했던 명 조정은 인조 책봉 여부를 놓고 논란을 벌였다. 동림당계의 신료들은 반정 주도 세력을 '난신적자(亂臣賊子)로 매도하고 인조를 책봉하는 데 반대했다. 하지만 명은 후금으로부터 위협받고 있는 현실에서 조선을 활용할 수 있는 절호의 기회를 포기할 수 없었다. 명 조정에서는 점차 '일단 인조 정권을 인정하되 후금과 싸워 전공(戰功)이 드러난 뒤에 책봉하자'는 주장이 힘을 얻었다. 더 나아가 조선의 새 정권을 책봉하는 조건으로 가도(椵島)에 있는 모문룡에 대한 접제(接濟)를 강조했다. 요컨대 명은 '인조반정'을 조선을 '길들이는' 절호의 기회로 활용하려 했다(한명기, 1999).

인조 정권이 '명을 배신한 광해군을 응징한다'는 것을 집권의 명분이자 국시로까지 내세운 이상 대외적으로 친명배금(親明排金)을 표방하는 것은 당연했다. 하지만 그들은 어렵게 잡은 권력을 후금과의 군사적 모험을 통해 위태롭게 만들 생각은 없었다. 그들은 인조반정이 성공한 직후 과거 광해군이 그랬던 것처럼 대체적으로는 후금을 기미(羈縻)하여 현상을 유지하려고 노력했다. 후금과 결전을 벌일 정도의 군사력과 경제적 기반이 없는 상태에서는 '배금(排金)'을 실천하는 것이 불가능했기 때문이다.

1624년 1월에 일어난 이괄(李适)의 난(亂)은 인조 정권의 이 같은 구상을 헝클어 버린다. '반정'으로 잡은 권력을 1년도 안 되어 '반란'으로 상실할 뻔한 위기를 겪은 뒤 인조 정권의 관심은 오로지 '정권보위(政權保衛)'에 집중된다. 반란 때문에 군사적으로, 사회경제적으로 심각한 타격을 입은 상태에서 '배금'을 실천하는 것은 더 불가능해졌고, 민원(民怨)을 야기할 수도 있는 경장(更張) 시도는 포기할 수밖에 없었다. 무엇보다 주목되는 것은 -당시 명으로부터 아직 책봉을 받지 못한 상태에서 반란군에게 내몰리면서- 인조 정권은 모문룡에게 훨씬 심각하게 휘둘릴 수밖에 없었다는 사실이다. 만일 모문룡이 이괄의 반란군이 추대한 흥안군(興安君)을 도울 경우, 인조 정권은 와해될 수밖에 없었기 때문이다. 이괄의 난을 계기로 인조 정권은 모문룡에게 완전히 '을(乙)'의 처지가 된다. 그를 접제하는 데 들어가는 부담은 격증했고, 그 휘하의 모병(毛兵)과 요민(遼民)들이 평안도 일대에서 갖은 민폐를 야기해도 거의 속수무책인 상황으로 내몰린다(한명기, 2016).

조선이 시종일관 '저자세'를 취하면서 모문룡은 그야말로 발호했다. '요동 수복'을 부르짖으며 간헐적으로 봉황성 등지에 병력을 출동시켜 후금을 자극했다. 이에 더해 이괄의 난 이후 한명련(韓明璉)의 아들 한윤(韓潤) 등이 후금으로 귀순하여 조선 내부 사정을 알리고 조선을 치라고 권유하면서 상황이 악화되었다. 이괄의 난을 계기로 인조 정권은 모문룡에게 '코가 꿰이는' 상황을 맞이하고, 그의 발호를 조장하여 궁극에는 후금을 자극하는 결과를 빚게 된다.

1627년 후금은 조선을 침략한다. 정묘호란(丁卯胡亂)이었다. 그 원인은 복합적이었다. 1626년 칸위(汗位)에 오른 홍타이지(皇太極)의 권력은 미약했다. 다이산(代善) 등 연장자인 형들과 권력을 공유하는 처지였다. 1626년 이후 심각한 기근이 발생하는 등 사회경제적 상황도 열악했다. 한편 누르하치가 시도했던 요서 방면으로의 진격은 영원(寧遠)에서 원숭환(袁崇煥)에게 막혀 버렸다. 즉위 직후 마주하게 된 복합적인 난국을 돌파하기 위해 홍타이지는 정묘호란을 도발했다(김종원, 1998; 노기식, 2001). 당시 홍타이지가 우선적인 공격 목표로 삼은 것은 모문룡이었다. 홍타이지는 모문룡이 후금의 반민(叛民)을 끌어들인다고 성토하고 '조선도 정복할 수 있으면 그렇게 하라'고 강조했다.

정묘호란을 맞은 조선군은 일방적으로 밀렸다. 이괄의 난의 후유증에서 채 벗어나지 못한 상태였기 때문이다. 얼마 되지 않는 군사력을 인조를 호위하는 데 주로 투입해야 했기 때문에 후금군의 주공로(主攻路)를 제대로 방어할 여력이 없었다. 조선 조정은 강화도(江華島)로 파천했고, 모문룡은 해상으로 도주했다. 수군이 없었던 후금군은 황해도 서흥(瑞興)까지 남하한 뒤 조선에 화친을 요구했다. 원정이 길어질 경우 배후의 원숭환으로부터 역습을 받지 않을까 우려했기 때문이다. 조선도 후금의 제의를 받아들여 개시(開市)와 세폐(歲幣)를 제공하기로 약속하고 형제(兄弟) 관계의 화약(和約)을 맺었다. '광해군이 후금과 화친한 것을 응징한다'는 것을 국시로까지 내세운 상태에서 '오랑캐'와 화친하자 격렬한 비판이 쏟아졌다. 윤황(尹煌) 등 척화신(斥和臣)들은 화친은 사실상 '항복'이라고 인조를 매도했다. 조선에 어떤 도움도 주지 않았던 모문룡은 '조선이 명을 배신하고 후금과 화친했다'고 비난했다(申達道, 『晩悟先生集』 권5 「椵島奉使時聞見啓」). 안팎으로 비판에 직면한 인조 정권은 곤혹스러울 수밖에 없었다. 자칫 후금과 모문룡 사이에서 '샌드위치'로 내몰릴 위기에 직면한 것이다.

② 정묘화약의 파탄과 병자호란의 발생

후금은 조선과 화친함으로써 명과 대결할 때마다 가질 수밖에 없었던 '후고(後顧)의 우려'를 크게 덜 수 있게 되었다. 또한 조선으로부터 세폐 제공과 개시 약속을 받아냄으로써 심화되고 있던 사회경제적 위기를 극복하는 데도 적지 않은 도움이 되었다(한명기, 2009).

하지만 양국의 '형제 관계'는 곧 난관에 직면하게 된다. 조선은 정묘화약(丁卯和約)을 '종사의 위기를 늦추기 위해 오랑캐와 부득이하게 맺은 권도(權道)'로, 후금은 '완전히 정복할 수 있었음에도 조선을 살려준 은혜'로 전혀 다르게 인식했다. 이 같은 인식의 차이가 존재하는 한 정묘화약의 파탄은 '시간문제'일 뿐이었다. 무엇보다 중요한 것은 조선이 처한 한계 상황이었다. 즉, 기존의 '패권국' 명과 새로운 '군사 강국' 후금 사이에 끼여 있는 조선이 정묘호란 이후 '군부(君父)의 나라' 명과 '형의 나라' 후금과의 관계를 모두 잘 유지하려고 아무리 노력해도 한계가 있을 수밖에 없었다. 명과 후금이 계속 갈등을 빚거나 대결의 길로 가게 되면 조선은 결국 양국 가운데 한쪽 편을 들어야만 하는 처지로 내몰릴 수밖에 없었기 때문이다.

실제로 정묘화약 이후 모문룡은 조선과 후금의 관계를 계속 훼방했다. 후금 사신들이 왕래하는 길목에 병력을 매복해 놓고 사신들을 습격했다. 후금은 격앙되어 조선이 모문룡과 결탁했다고 의심하게 된다. 실제로 1629년 후금은 모문룡을 처단하기 위해 군대를 동원하여 선사포(宣沙浦)를 기습했다. 정묘화약이 얼마나 취약하고 위태로운 것인지를 잘 보여 주는 대목이다(한명기, 2009).

1629년과 1633년은 조선과 후금 관계에서 또 다른 고비가 되는 해였다. 1629년 홍타이지는 장성(長城) 외곽의 희봉구(喜峰口)를 통해 북경(北京)의 황성(皇城)을 기습했다. 비록 북경에서 원숭환에게 저지되었지만, 기보(畿輔) 지역을 초략(剿掠)하고 황성까지 직접 위협함으로써 명을 공포 속으로 몰아넣었다(염숭년, 2003). 황성이 포위되었다는 소식을 접한 조선에서는 후금에 대한 적개심이 높아지는 와중에 1630년 2월, 가도(椵島)의 명군 도독(都督) 진계성(陳繼盛) 등이 조선으로 오고 있던 후금 사신 중남(仲男) 일행을 습격하려고 시도한다. 황성이 후금에 기습당한 상황에서 가도의 존재감을 드러내기 위한 몸짓이었다. 조선은 양국 군대의 충돌을 막기 위해 중남 일행을 피신시켰는데, 이 사건을 계기로 조선은 가도와 후금 양쪽 모두로부터 의심받게 된다.

1633년 후금은 가도를 공략한다는 명분을 내세워 병선(兵船)과 수군(水軍)을 빌려 달라고 조선을 압박한다. 조선은 정묘화약의 파기까지 고려할 정도로 반발한다. 하지만 같은 해 3월, 등주에서 봉기했던 명의 반장(叛將) 공유덕(孔有德)과 경중명(耿仲明)이 병선과 수군을 이끌고 후금으로 귀순하는 사건이 일어났다. 명은 조선에 이자(移咨)하여 이들을 함께 요격하자고 요구했고, 후금은 이들을 건사하는 데 필요한 군량의 공급을 조선에 요청했다. 조선은 다시 '선택의 기로'에 서게 된다. 황성이 기습당해 포위되었음에도 '상국'이자 '부모국'인 명을 위해 아무런 역할도 하지 못했다는 자괴감이 컸던 조선은 명의 요구를 받아들인다. 수군을 동원하여 공유덕 일당을 추격했고, 압록강 부근에서는 공유덕 일당을 엄호하던 후금군과 교전까지 벌였다(한명기, 2009).

공유덕 등의 귀순으로 병선과 수군까지 보유하게 된 후금의 자신감은 높아졌다. 후금은 이제 수군을 활용해 산해관을 우회하여 명을 공격하는 것이 가능해졌다. 나아가 유사시 조선 조정이 고려하고 있던 강화도로의 파천 또한 별 의미가 없게 되었다. 그런데 공유덕 등의 귀순 과정에서 조선이 후금군과 교전까지 벌임으로써 여전히 확실한 친명(親明)의 자세를 보였지만 홍타이지는 조선과의 관계를 끊지는 않았다. 홍타이지와 후금의 버일러(貝勒, 패륵)들은 1633년 6월 전략회의를 개최했다. 병선과 수군을 확보하여 군사력 자신감이 커진 상태에서 명, 몽골, 조선 가운데 어디를 먼저 공격할지 우선순위를 정하려는 목적이었다. 결론은 '손안의 물건(掌中之物)'이자 가장 약한 조선과는 '현상을 유지하되 교역에 치중하면서 상황을 본다'는 것이었다. 당분간은 명과 몽골을 공략하는 데 집중하면서 조선과는 무역 등을 계속 유지하여 경제적 실리를 챙기겠다는 심산이었다.

1634년 후금군이 차하르(察哈爾) 몽골을 제압하고, 이어 홍타이지가 원(元)의 옥새(玉璽)까지 얻게 되자 상황은 다시 급변한다. 후금 신료들은 천명(天命)이 홍타이지와 자신들에게 돌아왔다고 여겼다. 그들은 1636년 2월 홍타이지에게 제위에 오르라고 권진(勸進)한다. 이윽고 홍타이지의 명을 받은 용골대(龍骨大) 등과 몽골 왕자들이 조선에 입국한다. 홍타이지가 제위에 오르는 데 조선도 동참시키려고 설득하려는 목적이었다. 하지만 당시까지 조선의 입장은 명확했다.

> 사대(事大)와 교린(交隣)에는 각자 그 도리가 있다. 귀국과 화친하는 것은 교린하기 때문이고, 명조를 섬기는 것은 사대하기 때문이다. 이 두 가지는 병행하되 서로 어그러지지 않는다
>
> -『청태종실록』 권13 天聰 7년 2월 甲申

1633년 2월 조선이 후금에 보낸 국서의 한 구절이다. 조선이 사대하는 나라는 오직 명이고, 후금은 교린의 대상이라는 것이다. 그런데 홍타이지가 용골대 일행을 조선에 보낸 것은 조선이 지니고 있었던 외교 원칙에 대한 도전이었다.

용골대 등의 입국 소식에 조선 조야(朝野)는 격분했다. "용골대 등의 목을 쳐서 명으로 보낸 뒤 청과 결전을 벌이자"는 초강경론이 터져 나오고 척화신들은 청과 파맹(罷盟)하는 방향으로 조정의 분위기를 몰아갔다. 최명길(崔鳴吉) 등 일부 주화신(主和臣)들이 정묘화약을 유지하기 위해 노력해야 한다고 강조했지만, 대세를 뒤집기에는 역부족이었다. 용골대 일행은 자신들을 참수해야 한다는 주장까지 나오는 험악한 분위기에 놀라 도주했다. 이어 인조는 사실상 후금과 맺은 정묘화약을 끊겠다는 내용의 교서를 반포한다. 그런데 평안도로 교서를 가져가던 금군(禁軍)이 용골대 일행에게 붙잡혀 인조의 교서는 청으로 넘어가게 된다. 도망치던 용골대 일행은 평안도에서 가도의 명군으로부터 기습까지 받는다. 교서 탈취를 통해 조선의 '본심'을 새삼 확인한 데다 명군의 공격까지 받게 되자 청은 격앙되었다. 사실상 양국의 관계가 파탄 나는 대목이었다(한명기, 2019).

1636년 4월 심양에서 홍타이지의 황제 즉위식이 열렸다. 홍타이지

가 '칸'에서 관혼인성황제(寬溫仁聖皇帝)로 등극하는 의식이었다. 하지만 춘신사와 회답사로서 식장에 참석했던 조선 사신 이확(李廓)과 나덕헌(羅德憲)은 홍타이지에게 배례를 거부했다. 만몽한(滿蒙漢) 신료들 앞에서 홍타이지의 체면이 여지없이 구겨지는 순간이었다. 나아가 조선과의 관계가 파탄이 났음이 거듭 확인되는 대목이기도 했다. 이윽고 1636년 12월 9일 청은 침략을 개시했다. 약 3만 4천의 병력을 동원한 청군은 뛰어난 기동력(機動力)을 발휘한 데다 시차를 두고 기동을 감행하여 조선의 방어망을 무력화시켰다(구범진, 2019; 허태구, 2019).

일찍이 광해군이 우려했던 대로 청군은 서울을 직격하는 작전을 펼쳤고 선봉은 5일 만에 서울로 진입했다. 남한산성으로 들어간 조선 조정은 '춥고 배고픈' 곤경을 47일간 버텼지만, 결국 1627년 1월 30일 삼전도(三田渡)에서 '성하지맹(城下之盟)'을 맺고 청에 항복한다. 인조는 이후에도 왕권을 유지했지만 전쟁의 피해는 민간인들에게 집중되었다. 청군은 십만 가까이로 추산되는 피로인(被擄人)들을 심양으로 끌고 갔다(森岡康, 1964).

성하지맹 이후 청은 인조를 살려 주고 왕위를 유지하게 해 준 것을 '재조지은(再造之恩)'이라고 강조했다. 철저하게 명을 흉내 내는 대목이었다. 청은 '인조 입조(入朝)'와 '왕위 교체' 등의 카드를 통해 인조를 압박하는 한편, 반청(反淸) 혐의가 있는 신료들을 심양으로 연행하거나 처단함으로써 조선을 '길들이려고' 했다.

인조는 항복 이후 청에 순응하여 권력을 유지하려 했다. 인조반정 당시 내세운 명분은 완전히 사라졌다. 인조의 친청(親淸) 행보에 신료들은 강하게 반발했다. 일각에서는 인조 집권의 정당성에 의문을 제기하기도 했다. 하지만 인조는 권력을 유지하기 위해 친청 행보를 멈추지 않았다(우경섭, 2018).

청은 병자호란(丙子胡亂) 이후 조선 수군과 화기수(火器手)들을 가도, 금주(錦州) 등지를 공략하는 데 이용했다. 무엇보다 명에 일편단심으로 충성했던 조선을 굴복시킨 것은 명을 완전히 고립시키는 효과를 가져왔다. 이제 청은 자신에게 끝까지 저항하려 했던 조선을 번국(藩國)으로 거느리게 되면서 만몽한을 넘어서는 제국 수립에 한 발짝 더 다가섰다(한명기, 2009). 그리고 병자호란 이후 7년 만에 청은 입관(入關)에 성공한다.

3. 파병

1) 15세기의 파병

15세기 명 조정이 조선에 공식적으로 파병을 요청한 것은 모두 세 차례였다. 1449년(세종 31) 9월, 명은 요동지휘(遼東指揮) 왕무(王武)에게 칙서를 들려 보내 조선에 원병 파견을 최초로 요구했다. 원병 파견을 요청한 것은 오이라트 몽골의 에센(也先) 등이 요동을 침략했기 때문이었다. 명은 칙서에서 몽골이 요동에 이어 조선 국경도 침범할 가능성이 있다며 '조선이 대대로 명의 번국으로 희로애락을 같이하는 나라'임을 강조하면서 정병 10여 만을 파병하여 협공하라고 요구했다. 조선은 한성부윤(漢城府尹) 김하(金何)를 북경에 보냈는데 그는 징병에 응할 수 없다는 내용을 담은 표문을 지참했다. 표문은 '조선이 일본과 여진의 위협에 동시에 시달리는 사면수적(四面受敵) 상태'라는 것, 이 때문에 '사소한 병마(兵馬)라도 국경 밖으로 보내면 왜구와 야인이 침략해 올 것'이라고 강조했다. 주목되는 것은 "조선이 왜구와 야인의 침략을 받으면 황제께 동쪽을 돌아봐야 하는 염려를 끼치게 된다"는 명분을 내세워 파병 요구를 거부했다는 사실이다(계승범, 2009; 『세종실록(世宗實錄)』 권125 세종 31년 9월 병신).

두 번째 사례는 1467년(세조 13) 9월의 일이다. 요동백호(遼東百戶) 백옹(白顒)을 통해 칙서와 요동도사의 자문을 동시에 가져왔다. 칙서는 건주삼위(建州三衛)의 동산(童山) 등을 토벌하겠다는 계획을 알리고, 명군이 공격할 때 조선이 그들의 퇴로를 차단하여 제거하라고 요구했다. 자문(咨文)의 내용 또한 조선이 여진의 퇴로를 차단하는 데 필요한 병력을 보내라는 것이었다(『세조실록』 권43 세조 13년 9월 병자). 이에 조선은 강순(康純), 어유소(魚有沼), 남이(南怡) 등이 이끄는 1만여 명의 병력을 보내 이만주(李滿住) 일당을 참살하는 작전을 벌였다. 명의 파병 요청에 별다른 이의를 제기하지 않고 병력을 파견하여 동참했던 것이다(河內良弘, 1984).

세 번째 사례는 1479년(성종 10) 윤시월, 명이 다시 칙서를 보내 건주여진 복당가(伏當加) 등을 토벌하겠다는 계획을 알리고 조선도 동참하라고 촉구했던 것이다. 명은 명군이 그들을 공격할 때 조선 국경으로 달아나는 자들을 잡아 바치고 병력을 보내라고 요구했다. 성종은 명사(明使)를 만난 자리에서 요청에 따르겠다고 하면서도, 겨울에는 파병하기 어렵고 기일이 촉박해 군사의 동원과 파견을 맞추기가 어렵다는 견해를 제시했다. 그러자 명사는 세조 연간 조선이 명의 파병 요구에 맞춰 신속하게 군대를 보냈던 전례를 들어 반박했다. 성종은 "1467년에는 칙서가 조선에 도착하기 전에 이미 관련 내용을 알려 주었는데 지금은 그렇지 못하다"고 반박하면서 까마득히 먼 건주까지 군대를 보내면 행군 도중 조선군들이 먼저 피곤해 죽을 것이라고 강조했다. 성종은 황제의 명령을 받들겠다고 하면서도 기일은 맞추기 어렵다고 반박했던 것이다. 그러면서 사신을 보내 기일을 맞추기 어렵다는 사정을 주문(奏聞)하겠다고 강조했다(『성종실록(成宗實錄)』 권110 성종 10년 윤시월 계해).

출병에 응하겠다고 하면서도 확답을 주지 않았던 성종은 같은 해 10월, 삼도체찰사(三道體察使) 어유소가 이끄는 병력을 보냈지만 그는 강을 건너기도 전에 군대를 해산해 버린다. 그러자 성종은 다시 파병하기로 결정하는데, 이번에는 신료들의 반대가 제기된다. 신료들은 명의 허락 없이 강을 건너는 것과 추위를 무릅쓰고 공격하는 것이 무리라며 명년 봄으로 연기하다고 반박했지만, 성종은 결국 윤필상(尹弼商) 휘하의 병력을 다시 파견하여 건주여진 부락에서 소규모 전투를 벌인다. 전적으로 명을 의식하여 벌어진 '작전을 위한 작전'을 폈던 것이다(계승범, 2009).

15세기에 명의 파병 요구를 놓고 벌어진 논의는 매우 흥미롭다. 조선은 1449년의 파병 요청에는 응하지 않았고, 1467년에는 별다른 이의 없이 바로 실행했고, 1479년에는 파병을 받아들이면서도 미적대다가 다시 '면피성 파병'을 하는 자세를 보인 바 있다. 조선이 명의 파병 요청에 이렇게 다양한 반응을 보였던 까닭은 무엇일까? 무엇보다 주목되는 것은 건국 이래 조선이 여진에 대해 독자적으로 정책을 펼쳐 왔던 경험과 그것에서 우러난 자신감을 들 수 있다. 실제로 조선은 15세기 여진족과 대마도 왜인들을 상대로 '상국'이자 '대국', 심지어 '부모지국'을 자처했다. 그 배경에는 여말선초(麗末鮮初) 이성계가 야인과 왜구 진압 과정에서 탁월한 전공을 세워 그들을 제압했고, 마침내 그들을 조선의 '번병(藩屛)'이자 '번리(藩籬)'로 자리매김한 것이 자리하고 있다. 군사적 승리를 통해 복속시킨 것을 바탕으로 조선을 '대국'으로 받들게 하고, 그들을 조선의 속주(屬州)처럼 여겨 경차관(敬差官)을 보내 회유할 수 있었다는 지적은 이와 관련하여 매우 흥미롭다. 여진과의 관계를 단순히 '교린'이 아니라 조선이 중심이 된 '사대'의 대상으로 다시 봐야 한다는 주장 또한 시사적이다(정다함, 2008).

이성계의 전공(戰功)을 바탕으로 애초부터 여진에 대한 우월의식을 확보할 수 있었기에 이후 조선은 여진을 상대할 때 스스로를 '대국', '상국'으로 자리매김하고 또 그들에게 은혜와 위엄을 어떻게 배분하여 활용할 것인지를 고민했다. 그리고 그 같은 인식을 바탕으로 건국 직후부터 오도리, 오랑캐(兀良哈), 우디캐(兀狄哈) 등의 종족을 '조선의 울타리'로 여겼다. 나아가 경성(鏡城)과 경원(慶源) 등지에 무역소를 열어 주고 그들에게 교역을 허용했다.

조선이 우월의식을 바탕으로 여진을 초무(招撫)하려고 시도하면서 명과 갈등을 빚을 수밖에 없었다. 특히 영락(永樂) 연간 회령에 살던 오도리의 추장 퉁밍거티무르(童猛哥帖木兒)를 둘러싼 명과의 회유 경쟁은 치열했다. 1405년 명이 그에게 건주위도지휘사(建州衛都指揮使)를 제수하자 조선은 경원의 무역소를 폐지하여 보복했다. 1423년 퉁밍거티무르가 일족을 이끌고 회령으로 다시 돌아오자 조선은 그들을 우대했는데, 1433년 우디캐가 침입하여 퉁밍거티무르 부자(父子)를 살해하자 조선은 우디캐 등을 정벌하는 정책으로 방향을 바꾸었다. 1433년과 1437년 조선은 파저강(婆猪江) 일대의 건주위 이만주를 공격하여 제거했고, 사군(四郡)과 육진(六鎭)을 설치했다(김구진, 1995; 박정민, 2015; 한성주, 2011).

일찍이 '조선이 여진을 회유한다'는 명목을 들어 조선을 질타했고, 조선과 여진의 결탁을 우려한 명이 조선에 여진을 치는 데 원병까지 요청한 것은 15세기 중반 오이라트 에센의 세력이 강성해졌던 것이 배경이 되었다. 15세기 초 오이라트의 지배자로 등장한 에센 칸(也先汗)은 명이 조공 사절단의 수를 늘려 달라는 자신의 요구에 미온적인 태도를 보이자 1449년(정통 14) 전면적인 침략을 감행했다. 이에 영종(英宗)은 50만 대군으로 친정에 나섰다가 포로가 되는 '토목(土木)의 변(變)'을 겪는다(萩原淳平, 1980). 명이 쇠퇴의 길로 들어선 것을 상징하는 사건으로 이후 여진에 대한 통제력이 약화되자 명은 태도를 바꾸어 여진에 대한 협공을 제의했던 것이다. 그럼에도 1467년(세조 13)과 1479년(성종 10)의 파병 당시 조선에 대해 주로 '퇴로를 차단해 달라'고 요청했던 것은 조선을 요동 지역으로 끌어들이는 것에 대한 명의 여전한 망설임과 부담감을 보여 주는 것이었다.

요컨대 이성계의 등장 이래 갖게 된 여진에 대한 우월의식과 자신감, 여진을 놓고 명과 줄다리기를 벌였던 경험 등을 지녔던 15세기의 조선은 명의 파병 요구에 한마디로 능란하게 대응했다. 그리고 그 과정에서 파병 여부를 결정하는 근거는 오로지 국가의 이해득실에 따랐다는 것과 그 같은 분위기가 고려시대의 중원에 대한 인식과 맥을 같이한다는 주장도 주목된다(계승범, 2009).

2) 17세기의 파병

(1) 광해군 시대의 파병

건주여진의 굴기 양상은 17세기 초에 그야말로 '괄목상대(刮目相對)'였다. 조선은 이미 임진왜란 당시 건주여진의 원병 파견 제의를 거부했지만 그들의 달라진 위력(威力)을 실감하고 그들을 회유하기 위해 애썼다. 선조가 여진인들에게 물자를 증여하라고 지시했던 것, 채삼(採蔘)을 위해 월경해 오는 여진인들을 살상하지 말라고 지시했던 것, 1595년 신충일(申忠一)을 건주여진 수도에 보내 정탐하려고 시도했던 것, 명의 위세를 빌려 그들을 제어하려는 차중지계(借重之計)를 구사했던 것 등이 대표적인 사례였다(한명기, 1999).

광해군 시대가 되면서 건주여진의 세력은 더 커졌다. 1616년(광해군 8) 후금을 건국하더니 1618년 '칠대한(七大恨)'을 내걸고 무순(撫順)을 점령했다. 경악한 명은 후금에 대한 원정을 준비하는 한편 조선에 대해서도 그들을 치는 데 동참하라고 촉구했다. 그리고 조선에 청병하는 근거는 이른바 재조지은이었다. 1618년 윤4월, 명의 호과급사중(戶科給事中) 관응진(官應震)은 왜란 당시 조선에 베푼 재조지은을 환기시켜 조선을 이용하여 후금을 공격하자고 주장했다. 그런데 주목되는 것은 관응진이 조선을 가리켜 '고분고분한 오랑캐(順夷)'라고 했던 사실이다. '순이(順夷)' 조선을 활용하자는 노골적인 이이제이책(以夷制夷策)이었다.

조선에서는 격론이 벌어졌다. 광해군과 윤휘(尹暉), 황중윤(黃中允), 조찬한(趙纘韓), 이위경(李偉卿), 임연(任兗) 등 신료들은 파병에 반대했고,

대다수 비변사 신료들은 찬성했다. 반대 측은 약하고 훈련되지 않은 조선군을 보내 봐야 도움이 되지 않는다는 것, 파병할 경우 일본의 침략이 우려된다는 것 등의 명분을 내세웠다. 찬성 측은 '부모'이자 '은인'인 명이 위기에 처한 상태에서 '재조지은'에 보답하기 위해서라도 파병해야 한다고 맞섰다. 하지만 신종의 칙서(勅書)가 내리고, 조선 사정을 잘 알았던 경략 양호의 협박에 밀리면서 조선은 결국 1만 5천의 병력을 파병했다. 광해군은 도원수 강홍립에게 "명군 지휘부에게 일방적으로 휘둘리지 말고 패하지 않는 전투가 되도록 하라"고 당부했지만, 조선군은 1619년 3월 심하(深河) 부근에서 벌어진 전투에서 참패하고 말았다. 전사자만 8~9천 명에 이르는 엄청난 인명 손실을 보았다.

그렇다면 1467년, 1479년 당시와 달리 조선이 결국 파병할 수밖에 없었던 까닭은 무엇일까? 1618년은 명의 위기의식이 이전과는 전혀 다른 것이었다. 후금이라는 독립국가가 등장하여 '칠대한'을 내걸고 무순을 점령하여 명에 정면으로 도전했던 것은 이전의 건주여진의 소소한 침구(侵寇)와는 차원이 달랐다. 1467년과 1479년의 경우, 명은 조선에 파병을 요청하면서 조선군에게 여진의 퇴로를 차단해 달라고 하는 수준이었다. 그러나 1618년에는 처음부터 명과 함께 공격에 동참하라고 요구했다(陸戰史普及硏究會, 1972).

조선 또한 명의 파병 요구를 받았을 때 느꼈던 부담감이 이전보다 훨씬 클 수밖에 없었다. 16세기를 지나면서 성리학의 명분론이 확산되고 그와 맞물린 화이의식(華夷意識)이 더 경화되는 와중에 '재조지은'까지 더해지면서 조선은 명의 파병 요구를 끝까지 거부할 수 없었다. 당시 사대부들이 임진왜란을 '재조(再造)'라고 부를 정도로 존명의식(尊明

意識)이 심화된 상태에서 명의 요구를 거부하기가 곤란했던 것이다.

심하 전투 패전 이후 후금에 투항한 강홍립은 조선의 참전이 '재조지은'에서 비롯된 부득이한 것이었음을 설명했고, 후금군 지휘부는 그를 수용했다. 하지만 패전의 후폭풍은 조선 정국을 강타했다. '폐모살제(廢母殺弟)', 토목공사 등을 계기로 광해군과 대북파(大北派)에 반감을 품은 서인(西人)들은 강홍립의 패전과 항복을 '재조지은을 배신한 패륜 행위'로 매도했다. 그것은 더 나아가 '광해군이 강홍립과 공모하여 군사 기밀을 후금에 누설하여 명의 원정을 망치고 궁극에는 요동을 상실하게 하였다'는 담론으로 확대되었다(한명기, 1999).

명은 이후에도 조선에서 다시 원병을 이끌어 내기 위해 부심했다. 광해군은 명의 요청을 거부했다. 그러면서 후금과의 관계를 원만히 유지하려 하면서 신료들과 마찰을 빚었다. 1622년 이후에는 명 사신이 가져온 칙서를 맞이하는 영칙례(迎勅禮)까지도 거부했다(계승범, 2009).

광해군은 미봉책으로 우선 후금의 침략을 피하되 자강책(自强策)과 기미책(羈縻策)을 취해야만 종사를 보전할 수 있다는 지론을 갖고 있었다. 나아가 자신이 적극 반대했음에도 신료들의 강청에 떠밀려 파병했던 원정군이 패한 것을 계기로 커진 발언권을 바탕으로 정국을 주도해 보려고 시도한다. 반대가 극심했던 궁궐 영건 사업을 밀어붙이고 '폐모 논의'를 계기로 축출했던 이귀(李貴), 이정구(李廷龜), 최명길 등 서인들도 등용했다. 궁궐 영건에 몰두하면서 민심은 돌아섰고, 이귀 등이 다시 기용되면서 훗날 인조반정을 주도하는 서인들이 조정에서 정치적 교두보를 확보하게 됐다. 파병을 둘러싸고 벌어진 파란은 결국 인조반정으로 가는 배경이자 원인(遠因)으로 떠올랐던 것이다(한명기, 1999).

(2) 인조, 효종 대의 파병

청은 병자호란 이후 조선의 군사력을 동원해 명을 공략하는 데 활용하고자 했다. 청은 일찍이 후금 시절인 1631년(천총 5) 조선에 병선과 수군을 제공해 달라고 요청한 바 있다. 당시 조선은 사안의 중대성을 인식하여 요구에 응하지 않았다. 하지만 청에 '무조건 항복'한 이상 더는 요구를 거부할 수 없었다. 홍타이지는 1637년 2월 심양으로 귀환하면서 석탁(碩託)과 공유덕(孔有德), 경중명(耿仲明) 등에게 휘하 병력과 조선 병선 50척을 이끌고 가도를 공취(攻取)하라고 지시했다(『청태종실록』 권34 숭덕 2년 2월 임신).

1637년 4월 조선은 수군과 병선 50척을 동원해 청군과 함께 가도를 공격하여 함락했다. 당시 청군 지휘관 공유덕 등은 조선 수군이 제공한 대선(大船)을 타고 가도를 공략했다. 가도에는 1만 7천의 병력이 있었지만 청군의 기습 작전에 허를 찔려 도독 심세괴(沈世魁)는 전사했고 17년 가까이 청의 배후를 견제했던 가도의 동강진(東江鎭)은 붕괴됐다(柳在城, 1986).

'오랑캐'에게 굴복하고 그들의 강압에 떠밀려 '상국'이자 '부모국'을 공격해야 했던 조선의 딜레마는 컸다. 항복 직후인 1637년 2월, 조선은 가도 공략에 동참하게 되었음을 명에 알리는 문제를 놓고 고민했다. 당시 평안감사 남선(南銑)은 연해 주민을 시켜 가도의 한인(漢人)들에게 조선의 부득이한 사정을 은밀하게 알려 주자고 건의하기도 했다. 하지만 전투가 벌어지자 상황은 또 달라졌다. 『병자록(丙子錄)』에 따르면 당시 가도를 함락시키는 데 결정적인 역할을 한 주체는 유림(柳琳)과 임경업

(林慶業)이 이끄는 조선군이었다. 임경업이 명군의 완강한 포위망을 우회하여 기습할 계책을 제시했고, 상륙한 뒤에는 조선군이 청군보다 더 심하게 한인들을 죽이고 약탈했다고 했다. 가도 함락 후 청북(淸北)의 조선 백성들 가운데서는 "한인들이 없어졌으니 살 수 있겠다"는 등의 이야기가 등장했다. 모문룡 이래 모병(毛兵)과 요민(遼民)들로부터 갖은 침학(侵虐)을 당했던 하층민들이 가도를 바라보는 시각은 다면적이었던 것이다(한명기, 2009).

『병자록』 등의 기록에 과장과 분식이 가해졌을 가능성은 있다. 하지만 조선 수군과 포수들이 가도 함락에 중요한 역할을 했던 것은 분명해 보인다. 청은 17년 동안이나 '목에 걸린 가시'처럼 여겼던 가도를 무너뜨렸다. 모문룡이 입도(入島)했던 이래 가도가 조선의 원조 없이는 지탱하기 어려웠던 사실을 고려하면, 조선이 병자호란으로 청에 굴복했던 자체가 가도의 운명도 결정했던 것이다.

한편 '오랑캐' 청의 압박에 떠밀려 가도를 치는 데 동참하여 전공을 세웠던 것은 조선 지식인들에게 부끄러운 기억이자 상처가 될 수밖에 없었다. 이후 송시열(宋時烈) 등 지식인들은 가도 공격 당시 조선군의 활약을 삭제하거나, 조선군이 명군을 피신시키고 청군을 공격했다는 식으로 기억의 변조를 시도한다. 이어 가도전투에 참여한 인물들을 추숭하고 가도전투를 명을 향해 충성을 다하려 했던 자랑스러운 기억으로 자리매김하기도 했다(서동윤, 2015).

조선이 청의 압박에 밀려 파병했던 것은 이후에도 재현됐다. 가도 참전 이후 조선은 더 이상의 참전을 회피하고자 했다. 과거의 '상국'이자 '부모국'인 명을 공격하는 것은 '도를 어기고 하늘을 거역하는 일'이었기 때문이다. 하지만 서슬 퍼런 '새로운 상국'인 청을 상대로 파병을 회피하기란 결코 쉬운 일이 아니었다. 1638년 5월 청은 조선에 5천 병력을 징발하여 심양으로 보내라고 요구했다. 신료들은 "신종(神宗)이 재조(再造)해 준 국가가 신종이 살려 준 백성을 몰아 강을 건너게 할 수 있냐?"고 통박했고, 인조는 "남한산성에서 죽지 못한 것이 한스럽다"고 통탄했다. 하지만 인조는 청의 요구에 따를 수밖에 없는 사정을 명군 도독 진홍범(陳洪範)에게 통고하도록 했다.

그런데 당시 조선군은 청이 지정했던 기한까지 심양에 도착하지 못했다. 도망병이 생기고, 장마로 압록강 물이 불어나 제때 건너지 못했기 때문이다. 청은 조선을 질책했고, 다시 조선군의 징발을 요구했다. 1639년 11월에는 수군 6천을 동원하고 공미(貢米) 1만 포를 소릉하와 대릉하 사이의 지정된 곳으로 운반하라고 강요했다. 1641년 1월에는 1,500명의 전투 병력 파견을 요구했다. 한번 기한을 맞추지 못해 청의 질책을 받은 터라 조선은 긴장할 수밖에 없었다. 병력 동원, 전마 조달, 군량 조달과 수송 등에 드는 사회경제적 부담이 극심했다. 또 파병 병력들이 이동하는 연로에서 자행하는 민폐도 심각했다.

청군의 금주(錦州) 원정은 1639~1642년까지 4년간이나 이어졌다. 이미 몽골과 조선을 굴복시킨 상황에서 금주 공략은 산해관으로 돌입하기 위한 출발점이었다. 홍타이지는 지구전을 통해 금주성을 포위하고 주변의 송산(松山), 행산(杏山)과의 연결을 차단했다. 그리고 마침내 1642년 2월 송산성을 함락시켜 명의 이부상서 홍승주(洪承疇)를 포로로 잡았다(楊海英, 2006). 당시 홍승주 휘하의 명군은 무려 13만이었다. 이들과의 전투에 투입된 조선군 화기수들의 활약은 인상적이었다. 인평대군(麟坪大君)은 훗날 "조선군의 사격술이 매우 뛰어나 당시 명군이 청군의 목에 걸었던 현상금보다 조선군에게 걸었던 현상금이 배나 많았다"고 기록한 바 있다. 투항했던 홍승주는 명군 패전의 원인을 조선군 때문으로 돌리고 조선에 대해 악감정을 드러내기도 했다. 당연히 이후 조선 지식인들은 조선군 화기수들의 활약을 안타까운 마음으로 반추했다. "사용하지 말아야 할 곳에서 화기수들을 사용했다"는 인평대군의 한탄은 대표적이다. 나아가 금주 전역 당시 명군을 살상하지 않으려고 공포(空砲)를 쏘았던 성주(星州) 출신의 사졸(士卒) 이사룡(李士龍)을 선양했던 것도 같은 맥락이었다(한명기, 2009).

청이 조선군을 활용한 것은 1654년과 1658년 이른바 나선 정벌(羅禪征伐)에서도 재현된다. 러시아가 모피 획득을 위해 시베리아를 거쳐 흑룡강 연안까지 진출해 오자 위기를 느낀 청은 그들에 대한 공략을 준비하면서 조선에 화기수의 파견을 요구했다. 이미 금주 전역에서 조선군 화기수의 활약과 위력을 보았던 청은 러시아군과의 대결에서도 조선 화기수들을 활용하려 했던 것이다. 조선은 두 차례에 걸쳐 변급(邊岌), 신유(申瀏)가 이끄는 병력을 흑룡강까지 보내 청군과 함께 합동작전을 벌였다(박태근, 1985; 서인한, 2002). 청에게 복수하기 위해 북벌(北伐)을 도모하던 효종이 청의 압력에 밀려 청을 돕기 위한 병력을 파병했던 것은 명분과 현실 사이의 괴리를 드러내는 것일 수밖에 없었다. 어쨌든 청군 휘하에서 종군한 조선군 조총수들은 러시아 군대가 두려워할 정도로 탁월한 전투력을 발휘했다. 하지만 변급과 신유 모두 전투에서는 공을 세웠지만, 나선이 구체적으로 어떤 존재인지를 명확히 파악하지 못한 채 귀국했다(김용구, 2018).

주목되는 것은 당시 조선 지식인들 가운데서 나선 정벌을 계기로 청을 공격해야 한다는 주장이 제기되었다는 점이다. 일부 지식인들은 조선에 원병을 요청한 것은 청의 국세(國勢)가 쇠퇴했다는 증거이자 '오랑캐의 운세가 백 년을 가지 못한다'는 것이 현실로 발현되는 조짐이라고 인식했다. 그러면서 조선이 병력을 동원하여 청을 공격할 수 있는 절호의 기회를 놓치지 말라고 촉구하기도 했다(閔鼎重, 『老峯集』 권5 「上同春宋先生」). 물론 당시의 국제 정세와 청의 실상을 정확히 알지 못한 데서 비롯된 오판임은 분명하지만 동시에 청에 대한 적개심이 여전히 강렬했던 지식인 사회의 분위기를 여실히 보여 주는 대목이 아닐 수 없다.

두 차례의 나선 정벌 동참과 '오랑캐' 청의 강요 때문에 수동적으로 참전해야 했던 기억은 조선 지식인들로서는 결코 달가울 수 없었다. 심각한 자괴감이 엄습했다. 하지만 그것은 훗날 숙종 대에 이르면 자괴감을 넘어서 조선이 주체적으로 '오랑캐 정벌'을 성취해 낸 사건으로 기억의 전환을 가져온다(계승범, 2009). 병자호란이 남긴 상처와 후유증이 조선 사회의 저변에 흐르는 와중에 그것을 극복하기 위한 노력의 하나였다.

청에 항복하고, 그들의 강요로 명을 치는 데 동참하면서 조선의 자괴감은 깊어졌지만 17세기 후반 이후 조선은 점차 청에 '길들어' 가고 있었다. 조선이 공순하게 가도 정벌, 금주 정벌, 나선 정벌에 응하면서 청은 조선을 '의리 있는 나라'로 인정하는 조짐을 보였다. 더욱이 조선이 인조반정을 '찬탈'이라고 규정했던 『양조종신록(兩朝從信錄)』 등 명 시절의 기록들을 수정, 변무(辨誣)해 달라고 청에 호소했던 상황에서 조선은 점차 청을 '상국'으로 받아들여 가고 있었다. 나아가 청이 조선을 인정하고 압박을 완화해 주는 흐름 속에서 운신의 폭이 넓어지면서 조선 스스로 조선 중화주의를 내세울 수 있었던 것으로 보인다(한명기, 2009).

4. 맺음말

중국과 일본 사이에 끼여 있는 한반도는 주변에서 발생하는 '힘의 교체'의 여파에 그대로 노출되는 특성을 안고 있다. 중국 내부에서 한족(漢族)과 여타 민족 사이의 세력 교체, 혹은 중국과 일본 사이의 기존 역학 관계에 변화가 생길 때 그 여파는 한반도로 밀려왔다. 그리고 그 과정에서 한반도는 중국으로부터 직접 침략을 받거나, 중국 세력과 일본 세력이 충돌하는 전장(戰場)이 되거나, 곤경에 처한 중국으로부터 파병을 요구받곤 했다. 주변의 역학 관계 변화가 한반도에 전쟁을 몰고 오거나 파병을 요구했던 사례는 조선시대에 두드러지게 나타났다.

1368년 건국된 명은 동아시아의 패권국으로서 16세기 중반까지는 우여곡절 속에서도 '중화질서'를 그럭저럭 유지했다. 하지만 국초부터 몽골과 왜구의 거듭된 도전을 받았던 데다 정치적인 난맥상까지 겹쳐지면서 16세기 중반 들어 명은 쇠락의 조짐을 보인다. 반면 대항해 시대 이후 조총과 은을 매개로 굴기의 길로 들어선 일본은 전국시대 통일과 함께 도요토미 히데요시가 정명(征明)을 표방한다. 일본은 이른바 '정명향도', '가도입명'을 내세우면서 조선을 협박했거니와 조선은 패권국 명과 신흥 강국 일본 사이에서 '선택의 기로'로 내몰린다. 급기야 조선이 명을 '선택'하면서 임진왜란이 일어난다. 오랫동안 평화를 구가하던 조선은 전쟁 준비가 제대로 되어 있지 않은 상황에서 '준비된 군대' 일본군을 막아 낼 수 없었다. 명은 번국 조선의 위기를 외면할 수 없었다. 북경을 보호하려면 요동을 지켜야 했고, 요동을 보호하려면 조선을 방치할 수 없었다. 명군은 조선에 참전한다.

하지만 명은 조선에서 일본군에게 확실한 우세를 점하지 못했다. 인적 피해가 커지고 전비(戰費) 부담이 폭증하면서 명은 조선을 감제(監制)하려고 덤빈다. '왕위 교체', '직할 통치' 등 내정간섭이 자행될 조짐을 보이면서 기존의 책봉 체제와는 전혀 다른 성격의 조·명 관계가 등장한다. 그리고 '재조지은'은 향후 양국 관계를 규정하는 가장 강력한 명분으로 등장한다. 한편 조선에서는 임진왜란을 계기로 일본에 대한 원한과 적개심이 하늘을 찔렀고, 동시에 그들에 대한 두려움도 같이 커졌다.

임진왜란을 계기로 만주의 여진족들은 새로운 기회를 잡게 된다. 명군이 조선에서 '한눈을 파는' 동안 누르하치가 건주를 통일하더니 이후 후금을 건국한다. 명은 후금에 대한 압박을 높이는 한편, 조선을 활용하려는 '이이제이'에 골몰한다. 조선은 새로운 선택의 기로로 내몰린다. 명은 특히 '반정'으로 집권한 인조를 책봉해 조선을 길들이려고 시도한다. 그 과정에서 최대 수혜자는 모문룡이었다. 조선은 모문룡에게 '코가 꿰어' 그를 적극 지원하면서 후금과의 관계는 악화되고 정묘호란이 일어난다.

정묘호란을 맞아 조선은 후금과 형제관계에 입각한 맹약을 맺어 사태를 미봉한다. 이후 조선은 명, 후금과의 관계를 모두 잘 유지하려고 했지만, 후금의 굴기와 명의 쇠퇴 속에서 조선의 외교는 설 자리가 없었다. 1636년 칭제(稱帝) 이후 조선이 파맹(罷盟)하려는 자세를 보이자 청은 병자호란을 일으킨다. 청군의 기습을 감당할 수 없었던 조선은 청에 항복한다. 조선이 항복하고 명으로부터 이탈했던 7년 뒤 청은 입관(入關)하여 망해 버린 명을 접수하고 중원을 장악하는 수순에 돌입하게 된다.

한편 조선에 대한 명과 청의 파병 요구는 1449년에 시작된 이래 1659년까지 이어졌다. 1449년 몽골의 에센이 요동을 침략했을 때 명은 조선에 원병을 보내 협공해 달라고 요구했으나 조선은 응하지 않았다. 이어 건주여진의 반항 때문에 고민하던 명은 1467년(세조 13), 1479년(성종 10) 다시 두 차례에 걸쳐 조선에 원병을 파견하라고 요구했고 조선은 군사를 보내 여진족을 토벌했다. 15세기 명으로부터 파병 요구가 왔을 때 조선은 나름대로 자기주장을 펼 수 있었다. 아직 명의 세력이 건재하여 조선에 대해 강팍하게 '요구'하지 않았고, 조선 또한 일정 수준의 군사력을 갖추고 있어서 나름대로 탄력적으로 대응할 수 있었기 때문이다.

17세기 초반 명이 후금을 치는 데 동참하라는 차원에서 파병을 요구하자 상황은 전혀 달라졌다. 후금의 강력한 도전 때문에 위기에 처한 명은 15세기의 그것과는 전혀 다른 차원으로 조선을 강하게 압박했다. 조선 또한 16세기 이후 성리학이 확산되면서 나타난 경직성과 교조주의에 입각한 극단적 존명의식(尊明意識), 임진왜란 당시 명의 원조를 계기로 확산된 '재조지은'에 대한 부담감 때문에 명의 요구를 거부하기 어려웠다. 그 결과 1619년 병력을 보내 '심하 전투'에 참전했던 것이다.

1637년 병자호란에서 항복했던 이후 조선은 또한 청의 강압에 떠밀려 가도 정벌전과 금주 공략전에 파병한다. 그것은 과거의 '상국'이자 '대국', 나아가 '부모 지국으로서 은혜를 베푼' 명을 공격해야 하는 괴로운 파병이었다. 가도와 금주로 출동했던 조선군 장졸들이 고의로 배를 파손하거나 약탈을 거부하고, 명군을 살상하지 않으려고 공포(空砲)를 발사했던 것은 조선의 고뇌를 상징하는 것이었다. 급기야 조선 지식인들은 가도 정벌전 참전과 관련된 실상과 기억을 변조, 왜곡함으로써 고민을 해결한다. 조선은 효종 대에도 두 차례에 걸쳐 나선 정벌에 동참한다. 일각에서는 청이 나선 정벌에 동참하라고 요구한 것을 청이 쇠퇴하는 조짐으로 잘못 읽어 청을 공격하자는 주장이 제기됐다. 하지만 조선은 결국 청군 휘하에 배속되어 러시아군과 싸우는 초유의 경험을 하게 된다. 그것은 16세기 말까지 조선이 '번국'으로 여겼던 여진족의 청을 조선이 '상국'으로 섬겨야 했던 냉엄한 현실을 보여 주는 사건이었다. 시간이 지나면서 오랑캐에 길들어 가던 조선의 고민이 클 수밖에 없었다.

| 참고 문헌 |

- 『선조실록(宣祖實錄)』.
- 『광해군일기(光海君日記)』.
- 『인조실록(仁祖實錄)』.
- 『명신종실록(明神宗實錄)』.
- 『청태종실록(淸太宗實錄)』.
- 『국각(國榷)』.
- 『주요석화(籌遼碩畫)』.
- 민정중(閔鼎重), 『노봉집(老峯集)』.
- 신달도(申達道), 『만오선생집(晩悟先生集)』.
- 이준(李埈), 『창석선생속집(蒼石先生續集)』.
- 정문부(鄭文孚), 『농포집(農圃集)』.
- 조익(趙翼), 『포저선생집(浦渚先生集)』.
- 최립(崔岦), 『간이집(簡易集)』.
- 황경원(黃景源), 『강한집(江漢集)』.

- 계승범(2009), 『조선시대 해외파병과 한중관계』, 푸른역사.
- 구범진(2019), 『병자호란, 홍타이지의 전쟁』, 까치.
- 김경태(2019), 『허세와 타협 -임진왜란을 둘러싼 삼국의 협상』, 동북아역사재단.
- 김용구(2018), 『러시아의 만주 · 한반도 정책사, 17~19세기』, 푸른역사.
- 김종원(1999), 『근세 동아시아관계사 연구』, 혜안.
- 박정민(2015), 『조선시대 여진인 내조 연구』, 경인문화사.
- 서인한(1987), 『임진왜란사』, 국방부전사편찬위원회.
- 서인한(2002), 『한민족 역대파병사』, 국방부군사편찬연구소.
- 유재성(1996), 『한민족전쟁통사 Ⅲ』 조선시대 전편, 국방군사연구소.
- 이민웅(2004), 『임진왜란해전사』, 청어람미디어.
- 주경철(2009), 『문명과 바다』, 서울: 산처럼.
- 최영희(1975), 『임진왜란 중의 사회동태』, 한국연구원.
- 한명기(1999), 『임진왜란과 한중관계』, 역사비평사.
- 한명기(2009), 『정묘·병자호란과 동아시아』, 푸른역사.
- 한명기(2019), 『최명길 평전』, 보리.
- 한성주(2011), 『조선전기 수직여진인 연구』, 경인문화사.
- 허태구(2019), 『병자호란과 예, 그리고 중화』, 소명출판.

- 김강식(2013), 「임진왜란 시기 경상우도의 의병운동」, 『壬辰亂7周甲紀念 壬辰亂研究叢書 2』.
- 김구진(1995), 「여진과의 관계」, 『한국사 22』, 국사편찬위원회.
- 김성우(2013), 「임진왜란 시기 관군은 왜 약했는가?」, 『역사와 현실』 87.
- 노기식(2001), 「만주의 흥기와 동아시아 질서의 변동」, 『중국사연구』 16.
- 박용옥(1964), 「丙子亂被擄人贖還考」, 『史叢』 9.
- 박태근(1985), 「조선군의 흑룡강 출병(1654~1658)」, 『한국사론』 9, 국사편찬위원회.
- 서동윤(2015), 「1637년 椵島전투를 둘러싼 기억의 전승에 관한 연구」, 『진단학보』 123.
- 송미령(2008), 「천총연간(1627~1636) 지배체제의 확립과정과 조선정책」, 『중국사연구』 54.
- 신동규(2013), 「도요토미 히데요시의 조선 침략과 유럽 관계」, 『壬辰亂7周甲紀念 壬辰亂研究叢書 1』.
- 우경섭(2018), 「병자호란 이후 조선의 대청외교, 1637~1700」, 『한국의 대외관계와 외교사』, 동북아역사재단
- 이계황(2010), 「한국과 일본 학계의 임진왜란 원인론에 대하여」, 『제2기 한일역사공동연구보고서』 3권.
- 이규철(2014), 「조선 성종대 대외정벌 정책의 한계와 국왕의 위상 약화」, 『역사와 현실』 92.
- 정다함(2008), 「조선초기 야인과 대마도에 대한 번리·번병인식의 형성과 경차관의 파견」, 『동방학지』 141.
- 정성일(1995), 「정묘호란과 조선의 무역정책」, 『사학연구』 49.
- 조원래(2013), 「임란 의병 운동의 성격과 호남의병의 특성」, 『壬辰亂7周甲紀念 壬辰亂研究叢書 2』.
- 한명기(1999), 「정유재란 시기 명 수군의 참전과 조명연합작전」, 『軍史』 38, 국방군사연구소.
- 한명기(2007), 「'재조지은'과 조선후기 정치사」, 『대동문화연구』 59.
- 한명기(2011), 「조중관계의 관점에서 본 인조반정의 역사적 의미-명의 조선에 대한 '의제적 지배력'과 관련하여」, 『남명학』 16.
- 한명기(2013), 「임진란 7주갑의 역사적 의미」, 『壬辰亂7周甲紀念 壬辰亂研究叢書 1』.
- 한명기(2016), 「이괄의 난이 인조대 초반 대내외 정책에 미친 여파」, 『전북사학』 48.
- 한명기(2017), 「명청교체 시기 조중관계의 추이」, 『동양사학연구』 140.
- 한명기(2020), 「조선시대 한중일 관계와 상호인식의 추이」, 『한국학연구』 57.
- 한일역사공동연구위원회(2010), 『제2기 한일역사공동연구보고서』 3권, 경인문화사.
- 허남린(2019), 「정유재란을 어떻게 볼 것인가」, 『처음 읽는 정유재란 1597』, 역사비평사.

- 岡本隆司(2017), 『清朝の興亡と中華のゆくえ』, 東京: 講談社.
- 久保田正志(2013), 「임진란 시기 東洋三國의 무기체계」, 『壬辰亂 7周甲紀念 壬辰亂研究叢書』.
- 陸戰史普及研究會(1972), 『明と淸の決戰』, 原書房.
- 方志遠(2001), 「明末購募西炮葡兵考」, 『明淸中央集權與地域經濟』, 北京: 中國社會科學出版社.

- 本多博之(2015),『天下統一とシルバーラッシュ』, 東京: 吉川弘文館.
- 山口啓二(2001), 김현영 역,『일본근세의 쇄국과 개국』, 서울: 혜안.
- 山本博文(2001),『島津義弘の賭け』, 東京: 中央公論社.
- 森岡康(1964),「丁卯亂後における贖還問題」,『朝鮮學報』 32.
- 桑野榮治(2010),「동아시아 세계와 文祿·慶長의 役」, 한일역사공동연구위원회,『제2기 한일역사공동연구보고서』 3권, 경인문화사.
- 石橋崇雄(2009), 홍성구 역,『대청제국 1616~1799』, 휴머니스트.
- 小野和子(1980),「明·日和平交涉をめぐる政爭」,『山根教授退休記念明代史論叢』, 燎原出版.
- 岩生成一(2005),『鎖國』, 東京: 中央公論社.
- 楊海英(2006),『洪承疇與明清易代研究』, 北京: 商務印書館.
- 閻崇年(2003),『清朝通史 太祖朝』, 北京: 紫禁城出版社.
- 閻崇年(2003),『清朝通史 太宗朝』, 北京: 紫禁城出版社.
- 閻崇年(2016),「論努爾哈赤」,『閻崇年自選集』, 北京: 九州出版社.
- 宇田川武久(2007),「鐵砲の受容と技術の定着」,『鐵砲傳來の日本史』, 東京: 吉川弘文舘.
- 張鐵牛·高曉星(1993),『中國古代海軍史』 北京: 八一出版社.
- 田川孝三(1932),『毛文龍と朝鮮との關係について』.
- 朝尾直弘(1970),「鎖國制の成立」,『講座日本史』 4, 東京大學出版會.
- 佐島顯子(1994),「辰倭亂講和の破綻をめぐって」,『年譜 朝鮮學』, 九州大 朝鮮學研究會.
- 中野等(2019),「정유재란기 도요토미 히데요시의 정세 판단과 정책」,『처음 읽는 정유재란 1597』, 푸른역사.
- 中村榮孝(1969),『日鮮關係史の研究 下』, 東京: 吉川弘文館.
- 增田義郎(1996),『大航海時代』, 東京: 講談社.
- 萩原淳平(1980),『明代蒙古史研究』, 同朋社.
- 黃仁宇(1991),「1619年的遼東戰役」,『明史研究論叢』 5輯, 江西古籍出版社.

I-3

경계와 국경

| 김형종 ■ 서울대학교 동양사학과 교수 |

1. 머리말
2. 19세기 후반 조선 빈민의 월간과 영토 분쟁의 발단
3. 제1차 조선-청 공동감계와 국경회담
4. 제1차 공동감계 이후 양국의 교섭
5. 제2차 조선-청 공동감계와 국경회담
6. 제3차 공동감계의 무산과 청의 조선 월간민 장악 시도
7. 맺음말

1. 머리말

1880년대 조선과 중국(淸) 사이에서는 두만강(豆滿江) 및 그 북쪽 건너편의 이른바 '간도(間島)'라고 불리는 지역의 영유권을 둘러싸고 분쟁이 발생하여 두 차례에 걸친 공동감계(會勘)와 회담이 이루어졌다. 1885년(고종 22, 광서 11) 9~12월에 제1차 공동감계(共同勘界: 공동 국경 조사. 1885년의 공동 조사는 '을유감계(乙酉勘界)'라고 부른다)가 이루어지고, 뒤이어 1887년(고종 24, 광서 13) 3~5월 제2차 공동감계('정해감계(丁亥勘界)'라고 부른다)가 이루어졌으며, 이를 전후하여 양측 대표 사이에 국경 설정 문제를 둘러싸고 여러 차례 담판이 이루어졌다. 이때 논의의 초점은 결국 두만강 북쪽 너머의 이른바 '간도' 지역이 어느 나라에 속하는가를 따지는 것이었는데, 이를 확인하기 위해 그 역사적 근거(백두산정계비와 압록강·두만강의 상류)를 찾아서 공동으로 조사하고, 그 결과를 확정하기 위해 여러 차례 회담이 열렸다.

1880년대의 분쟁을 이해하기 위해서는 먼저 1712년 목극등(穆克登)의 백두산 정계(定界)에서부터 시작해야 한다. 사실상 이후 벌어지는 모든 분쟁·논란의 기원은 1712년(숙종 38, 강희 51) 강희제(康熙帝)의 지시를 받아 이 지역을 답사한 만인(滿人) 관리 오라총관(烏喇總管) 목극등이 백두산 정상의 천지(天池)에서 남쪽으로 10리쯤 떨어진 분수령 위에 세운 '정계비(定界碑)'데서 비롯되기 때문이다. 이 지역 지리 조사를 위한 청 관원의 파견은 여러 차례 있었지만, 목극등을 파견한 기본 목적은 청 전역에 대한 정확한 측량 지도(『(강희)황여전람도(康熙皇輿全覽圖)』 1717년 목각판, 1719년 동각판 발행)를 작성하기 위한 지리적 조사였던 것으로 보인다. 1711년에 목극등을 파견해 이전에 조사가 이루어지지 않아 제대로 파악되지 않은 압록강 상류와 두만강 상류 사이의 지역 조사를 시도했다가 중도 포기했던 일이 있었고, 강희제는 다음 해 다시 같은 임무를 주어 목극등을 파견했다. 조선 측의 안내와 협력을 받아 백두산 정상에 오른 목극등은 동남으로 10여 리 떨어진 압록강과 토문강(土門江)의 발원지-로 생각된 곳-에 도착하여 "변경을 조사하여 여기에 이르러 살펴보니 서쪽은 압록(江)이 되고 동쪽은 토문(江)이 된다. 그러므로 강이 나뉘는 고개(分水嶺) 위에 돌을 새겨 기록한다"는 내용의 정계비를 세우게 했다.

목극등은 압록·두만강 상류 사이 지역을 분명하게 확인해 강희제가 부여한 임무를 완성한 것으로 생각했다(그는 실제로 백두산 동쪽의 물길을 따라 내려가 두만강 하구까지 가서 동해를 본 다음 귀국했다). 하지만 다음 해 돌무더기나 나무 울타리 등으로 국경 경계 표시를 세우기 위해 파견된 조선인에 의해 실제 목극등이 두만강 상류라고 지적한 물줄기가 사실상 송화강 쪽으로 이어지며, 두만강 상류(발원지)로 연결되지는 않는다는 점이 확인됐다. 그리하여 그들은 정계비에서 시작된 경계 표시를 중간에서 방향을 바꾸어 두만강 쪽으로 연결하는 공사(흙무더기 설치)를 시행해 버렸다. 하지만 이러한 사실은 이후 전승 과정에서 '정계비에서 시작되는' 토문강은 두만강 상류로 연결되지 않기 때문에 서로 다른 강이라는 오해를 낳게 되었고, 이것이 결국 1880년대의 분쟁으로 이어지게 됐다. 두만강 상류를 제대로 확인하지 못한 목극등의 실수, 그리고 그것을 확인하고도 청에 알리지 않고 덮어 버린 조선 측의 얼버무림이 낳은 오해였지만, 이러한 내막은 이후 오랜 시간이 지나면서 오히려 계속 오해와 의혹을 낳는 원인이 되었다.

2. 19세기 후반 조선 빈민의 월간과 영토 분쟁의 발단

그렇지만 이 정계비가 세워진 다음 사실상 19세기 후반에 이를 때까지는 이를 둘러싸고 양국 사이에 영토·국경 문제가 불거진 적은 없었다. 압록·두만강이라는 천연의 경계가 자리 잡고 있다는 인식에 대해 양측이 대체로 합의하고 있었고, 토문강과 두만강이 같은 강이라는 점에 대해서도 이견이 없었기 때문이다(조선에서도 대부분 '토문강'이라는 명칭을 사용해 왔다). 하지만 압록·두만강 경계 지역은 대대로 조선의 변경 거주자들이 인삼 등을 채취하고 수렵과 벌목에 종사하던 생활 무대이기도 했다. 그 때문에 이 강을 건너 들어가 수렵이나 채취(삼이나 목재 등)를 하다가 적발되거나 현지인과 충돌하는 일이 적지 않게 발생했다.

19세기 후반에 들어와, 특히 1860년대 이후 함경북도 백성이 기근과 가렴주구를 피해, 또는 생존을 위해 기존의 삼엄했던 월강(越江) 금지령을 무시하고 집단으로 두만강 상·중류 북쪽의 길림(吉林) 지역으로 탈출했다. 그들이 그곳에서 황무지를 개간하고 정착하게 되면서 점차 조선과 청의 변경 지대에서는 국경·영토 및 그 주민을 둘러싼 분쟁이 나타나기 시작했다. 하지만 대규모의 조선 백성이 두만강 중류 북안으로 월간(越墾)하고, 이주하지 않고 남은 현지 백성 또한 일시적·계절적 이동을 통한 개간을 시도하면서 이 지역 경제 전체가 '강북(江北)'에 크게 의존하는 구조를 만드는 데 결정적 계기가 된 것은 1880년 회령부사 홍남주(洪南周)라는 조선 지방관의 적극적인 월간 장려 때문이었다. '국토확척(國土廓拓)의 대공(大功)'을 염두에 둔 그가 '죽음을 무릅쓴' 독단으로 북부 지방 민생고를 해결하려는 의도에서 시작한 이 '경진개척(庚辰開拓)'은 빈민의 집단적 월강개간(越江開墾)을 승인하여 회령부 두만강 북안에 100여 정보에 달하는 평야를 순식간에 개간했다고 일컬어지는 상황을 가리킨다.

종래 금지되어 온 월간·월경이 지방관의 묵인과 권유 아래 대규모로 추진되고, 나아가 주변의 부(府)로까지 급속도로 확산된 것은 함경북도 주민의 월경·월간 역사에서 하나의 획기적 사건이 되었다. 나아가 이들을 대상으로 호적을 편성하고 각종 세금 및 잡세, 소작료를 징수한 데다가 경작 허가증을 발급하는 등 함경도 지방 당국이 실질적으로 개척지 또는 식민지적 경영을 시도하는 상황에 대해서 함경북도 안무사나 함경도 관찰사 등 함경도 상층 당국 역시 묵인하는 자세를 취했다. 그렇지만 이렇게 조선 백성의 대규모 월간이 단순히 생존 확보 차원의 범월(犯越)이 아니라 지방 당국의 비호 아래 의도적으로 집단 개척을 실행한 것이라는 점은 이후 공동감계·국경회담의 배경과 그 실제 내용을 이해하는 데 중요한 의미를 지닌다. 대규모로 월간·이주를 한 주민에 대해 호적 편성과 징세 등의 실질적 통제를 관철한 지방 당국의 이해관계가 깊숙이 관련되기 때문이다. 정부 차원이 아니라 지방 당국 차원에서 먼저 주도적으로 국경·영토 문제를 제기하는 패턴이 제1·2차 공동감계 전후, 심지어는 그 이후 20세기 초까지도 반복되는 것은 이러한 사정에 힘입은 바가 큰 것으로 보인다.

경진개척이 이루어진 바로 다음 해, 이러한 대규모 월간민의 존재를 발견한 두만강 중하류 북부에 위치한 길림 혼춘(琿春)의 지부(知府) 이금용(李金鏞)은 이 지역 개간지에 대해 조선 지방관이 증명서를 발급하였다는 점까지 알아내서 상부에 보고했다. 양측 증언으로 보아 조선 지방관이 이들을 등록하고 증명서를 발급했으며, 소작료 및 세금을 징수하는 등 실질적으로 이들에 대한 통제권을 행사했던 것은 분명한 사실로 보인다. 여기서 주목할 것은 함경도 당국이 이 문제를 단지 조선 빈민의 생계 도모를 위한 월간이라는 사소한 문제로만 간주하면서, 그것이 국경·영토에 관련된 중대한 사안이라는 점을 전혀 염두에 두지 않았다는 점이다. 이것은 그들이 이러한 문제에 대해 접근하는 틀 자체가 조선과 청의 사대(事大)·자소(字小) 관계라는 전통적인 중화질서에 크게 의존하고 있었음을 보여 준다. 길림 당국의 반응 역시 '천조상국(天朝上國)'의 '속방(屬邦)'에 대한 '일시동인(一視同仁)'이란 기존의 전통적 관행·시혜로 이 문제가 무마될 것이라는 시각을 보여 주었다. 이렇게 사대·자소 관계라는 틀에서 문제 해결을 기대하는 태도는 국경 분쟁의 본격화 이후 추진되는 공동감계·국경회담에서도 꾸준히 확인된다.

한편 이금용의 보고에 대해 청 정부는 그들 모두를 조선에서 거두어들여 안치시키라고 요구하고 기존 금지령을 재확인하는 것이 정상적인 방안이라고 보아, 그에 대한 조치를 조선에 요청했다. 그러면서도 청은 월간민을 끌어들여 이 지역의 개발을 추진하는 방안을 동시에 시행했다(이때 길림 당국이 국경 조사의 필요성을 제기했으나 청 정부의 호응이 없었다). 청 정부는 그들이 이미 중국 땅을 경작하고 있으니 중국 백성이라고 하면서 월간민을 호적에 편입하고 혼춘·돈화(敦化)현(이 무렵 혼춘에서 분리되었다)에 귀속시키라는 지시를 내린 것이다. 중국 측이 1882년 3월 초에 월간민을 쇄환(刷還)하거나 중국 호적에 편입하여 동화시키겠다는 의사를 통보하자, 조선은 반년 가까이 지난 8월이 되어서야 -그사이에 임오군란이 발생하였다- 습속이 다르고 풍토가 다를뿐더러 그들을 중국에 편입시킨다면 말썽이 생길 우려가 있다면서 이들을 거두어들여 원적지로 돌려보내겠다고 요청했다. 이때 조선 국왕이 유민의 존재를 파악하고 귀환 조치를 허용해 준 청 황제의 "작은 나라를 길러 주시고 먼 나라를 안정시켜 주시는 은혜"에 대해 사의를 표명한 것이나, 유민 수가 너무 많고 한꺼번에 쫓아낸다면 그들을 안치시킬 방법이 없다고 하여 길림 당국이 1882년 11월에 기한을 1년 연장하는 조치를 취한 것 역시 사대-자소 관계의 전형을 잘 보여 준다.

그리고 이런 조치에 따라 월간민의 쇄환이 이루어졌다면 문제는 더 이상 커지지 않았을 것이다. 하지만 기한이 지났어도 조선 유민은 쇄환되지 않았다. 당시 길림 측에서도 그들을 구축하기 위해 공문 재촉 이외에 강제력을 동원하려는 의사나 움직임을 보이지 않았다. 더구나 1년 기한이 다 차기도 전인 1883년 전반기에 조선 측에서는 이미 월간을 한 두만강(토문강) 북쪽이 중국 땅이 아니고 조선 땅이라는 국경 문제를 제기했다. 이러한 상황에 뒤이어 본격적인 국경·영토 분쟁으로 전환된 계기는 양국 사이에 맺어진 「중국조선상민수륙무역장정」 의정(議定)과 관련된 문제를 매듭짓기 위해 1883년 초 서북경략사(西北經略使)로 임명되어 함경북도를 방문한 어윤중(魚允中)이 제공하게 되었다.

어윤중은 1883년 4~7월에 함경북도에 머무르면서 길림 측 관원과 만나서 개시(開市)·통상(通商) 등과 관련된 업무를 수행했다. 이때 그는 자신들이 개간한 토지는 사실 토문강(=분계강(分界江)=해란강) 남쪽이라 조선 땅에 속하며 정계비가 그 확실한 증거가 된다는 주장을 내세우는 월간민의 주장에 동조하게 되었다. 그에 따라 이들의 명의로 중국에 탄원서를 올리고 조선 지방관이 길림 지방 당국에 조회를 보내게 했다.

조선 측의 문제 제기를 무시·회피함으로써 국경 분쟁으로 비화시킬 생각이 없었던 길림 당국도 결국 1884년 후반 이 문제에 대해 적극적인 자세를 취하게 되었다. 양측이 최초로 문제를 제기한 지 약 2년이 지나서야 공동감계에 합의하는 단계에 들어선 것이다. 이 단계에서 공동감계는 함경도 당국(조선 정부의 지시가 있었다)과 혼춘 당국(청 정부의 지시는 확인되지 않는다)이라는 지방 차원에서 이루어졌다. 양국 지방관 사이에 처음 열린 최초의 '국경회담'에서 중국 측은 공동감계를 위해 두만강(토문강)의 하류에서 상류로 거슬러 올라가는 문제를 제안했지만, 조선 측의 홍남주는 반드시 정계비를 조사해야 하고 눈이 깊어 가기 어려우니 1885년 봄으로 공동감계를 늦추자고 고집해 서로 합의를 얻지 못했다. 이렇게 두만강의 강 흐름을 조사하자는 주장과 정계비를 조사하자는 주장을 내놓고 대립하는 것은 이후의 제1·2차 공동감계에서도 꾸준히 반복된다.

그러나 시간이 지나면서 결국 양국 중앙 정부가 직접 이 문제에 개입하지 않을 수 없었다. 1884년 11월 2일 조선 정부는 중국에 동지사를 파견하면서 공동감계 요청 자문을 보냈지만, 청의 예부(禮部)에서 그 접수를 거부하였기 때문에 다시 부사직 이응준(李應俊)을 보내 예부의 대주(代奏)를 요청한 것은 1885년 5월의 일이었다. 조선의 요청에 따라 청 정부도 이해 7월 공동감계를 통해 변계 문제를 해결하라는 지시를 내렸다.

3. 제1차 조선-청 공동감계와 국경회담

이렇게 양국 정부의 개입 아래 공동감계가 확정되자, 조선에서는 1885년 7월 30일 안변부사(安邊府使) 이중하(李重夏)를 토문감계사(土們勘界使)로 임명했다. 중국 측에서는 길림장군(吉林將軍)이 선발한 진영(秦煐)과 혼춘부도통(琿春副都統)이 추천한 덕옥(德玉)·가원계(賈元桂)가 임무를 맡아 이들이 9월 28일 함경북도 회령(會寧)에 모이면서 제1차 공동감계·국경회담이 시작됐다. 공동감계·회담의 구체적인 경과는 이중하가 남긴 『감계사등록(勘界使謄錄)』 상권에 자세히 서술되어 있는데, 중국 측에서는 총리아문 원주(原奏)에 따라 감계를 진행한다는 원칙을 내세웠고, 중국에 정계비 관련 기록이 전혀 없다는 이유로 "이번 감계는 도문강변계(圖們江邊界)를 조사해서 결정하려는 것이지, 오로지 비석(정계비)만을 조사하러 온 것은 아니다"라는 입장을 강조했다. 중국의 이러한 일방적인 태도에 대해 이중하는 "비석(碑石)과 석·토퇴(石·土堆)를 한차례 확인·증명해서" 조선이 처음부터 중국 측이 주장하는 것처럼 "말을 꾸며 내거나", "교묘하게 발뺌하려는" 것이 아님을 입증하고,

"애초에 땅을 넓히는 것을 힘써 추구한 것이 아니라는 점"을 항변하려 했다. 강희제가 세운 비석이 가장 중요한 증거가 된다는 논리로 맞선 것이다. 회담이 시작되자마자 중국 측이 정계비의 증거 가치를 부인하면서 두만강 감계를 우선시하는 자세로 나오고, 조선 측이 반대로 정계비 검증을 앞세워 맞선 대립 구도는 제1·2차 공동감계 중 줄곧 양측의 기본자세를 특징짓는다.

이렇게 양측 주장은 계속 평행선을 달렸지만, 조선 측이 토문강(=분계강)으로 지목한 "해란강이 정계비 옆에서 발원한 물줄기와 이어지지 않는다"는 점에 대해서는 답사가 시작되기도 전에 이미 합의가 이루어지고 있었다. 이중하도 이미 함경도 측이 내세운 '토문강=분계강=해란강'론은 잘못된 것이라고 인정했으므로 공동감계 시작부터 주요한 논거 하나가 무너진 조선 측은 이후 크게 불리한 위치로 밀리게 되었다. 조선 측이 '실수'를 인정하면, 결국 "말을 꾸며내고", "교묘하게 발뺌한다"는 비난을 피할 수 없었기 때문이다. 그리고 10월 6일 무산(茂山)으로 옮겨 이루어진 회담에서도 이중하는 먼저 비계(碑界)를 조사하자고 요청하지만, 중국 측은 두만강 조사와 지도 작성을 먼저 한다는 주장을 바꾸지 않았다. 10월 11일의 담판에서 중국 측은 10월 6일 이후 백두산 쪽으로 가던 여정에 대해 갑자기 이의를 제기하면서 두만강의 가장 남쪽 지류인 서두수(西頭水)로 가자고 고집했다. 정계비 옆에서 발원하는 황화송구자(黃花松溝子, 조선 측에서 토문강이라 부르던 물줄기)의 하류가 송화강으로 들어가므로 토문강원이 아님이 분명하다는 것이 그 주된 이유였다.

이때 굳이 서두수 답사를 우긴 것은 제1차 공동감계 직후 이들이 서두수가 두만강의 본류라고 단정하였다는 사실과 같이 놓고 본다면, 이미 감계에 나설 때부터 이런 결론을 정했던 것으로 보아도 좋다. 이렇게 하여 두만강 북쪽으로 "영토를 늘리겠다는 조선 측의 행동을 정면으로 맞받아칠 수 있고, 나아가 도리어 두만강 '옛' 경계보다 훨씬 남쪽으로 내려가 경계를 설정하는 일종의 '보복' 차원의 대응이 될 수 있었기 때문이다. 결과가 어떻든 조선 측의 논리는 처음부터 받아들여질 여지가 거의 없었다.

10월 15일에 시작된 감계 일정은 이중하의 「백두산일기(白頭山日記)」에서만 확인할 수 있는데, 이 답사를 통해 조선 측은 '토문-두만 양강론(兩江論)'이 전혀 근거가 없는 주장이 아니라는 점을 확인시킬 수 있었다. 또한 중국 측이 집요하게 추구한 두만강 남쪽 지류 홍단수(紅端水)·서두수의 조사가 공동감계의 핵심 목표가 될 수 없다는 점도 확인했다. 하지만 정계비 옆에서 시작된 물줄기가 -중간에 복류가 있지만- 송화강 쪽으로 연결되는 점 역시 확인되었으므로 조선의 '토문강=분계강=해란강'론도 근거가 없다는 점 역시 분명해졌다. 그렇다면 남은 과제는 왜 '두만강' 발원지가 아닌 '송화강' 발원지가 되는 곳에 정계비가 세워졌는가 하는 수수께끼를 푸는 일이었다. 그 때문에 중국 측은 '정계비이설론(定界碑移設論)'을 계속 고집하면서 정계비의 '증거 능력'을 깎아내리는 방향을 선택하였다. 반면 조선 측도 토문강이 바로 송화강이라고 주장한다면 지금보다 더 큰 영토 분쟁을 제기하는 꼴이 되므로 도저히 종전 주장을 고집할 수는 없었다. 또한 '토문강=분계강'이라는 주장도 무너졌으므로 분계강 남쪽의 월간민이 거주하는 곳이 조선 땅이라는 주장 역시 마찬가지였다. 공동감계는 '양패구상(兩敗俱傷)'의 결과를 낳았지만, 월간민 안치라는 과제를 안은 조선 측에 좀 더 큰 상처가 생겼다.

제1차 공동감계에서 사전에 지리 정보를 충분히 확인하지 않은 채 성급하게 주장을 내세웠기 때문에 조선 측은 종전 주장과 다른 사실이 밝혀질 때마다 주장을 바꿔야 했다. 하지만 이중하는 회담이 끝날 때까지는 조선 측의 입장을 굽히지 않았고, 제1차 공동감계가 마무리된 다음에도 정계비의 신빙성을 재차 강조하는 조회를 보냈다. 하지만 조선이 공동감계에 나선 것은 '1만에 가까운 유민'의 문제에서 비롯되었으므로 그는 이에 대한 보완 조치를 서둘렀다. 국경회담이 진행 중이던 11월 6일 함경북도 각지에 공문을 보내 간도(間島)에서 기간(起墾)하는 모든 사람의 이름, 남녀 구성, 개간 경지 및 두만강과의 거리를 신속하게 조사·보고하라는 지시를 내린 것은 그 점을 잘 보여 준다. 이에 따라 두만강 맞은편 지역으로 이주한 개간민(월간민)이나 남쪽에 거주하면서 때때로 왕래하는 빈민(寓接貧民) 및 개간 경지에 대한 장부가 만들어져 보고되었다. 그에 따르면 가장 먼저 대규모 월간을 시작한 회령부에서 28퍼센트의 월간민이 나왔고, 가장 먼저 '변계' 문제를 제기한 종성부에서 42퍼센트의 월간민이 나왔다. 이것은 '경진개척'이 역사적인 실재임을 확인해 주는 증거가 되지만, 이 지역의 농업과 경제가 분명하게 두만강 북안의 '간도'에 심각하게 의존하는 상황을 알려 주기도 한다. 중국 측이 이들 월간민을 동화시키거나 구축하려는 태도로 나왔을 때 함경도 당국이 국경 문제를 제기하면서 결국은 월간민이 계속 북안에 머물게 하려 시도한 것은 이러한 지방의 현실이 낳은 필연이었다.

그리고 중국 측은 서두수는 대도문강(두만강), 홍단수는 소도문강이라는 논리로 두만강 경계를 본류가 아닌 훨씬 남쪽의 지류에 낮추어 잡음으로써 조선 측에 대한 '보복'의 논리를 만들어 냈다. '서두수=대도문강, 홍단수=소도문강'론은 국경회담 마지막 날에 제기하였을 뿐 공동감계 이전이나 도중에 전혀 언급된 적이 없으므로, 이것은 길림 측이 미리 준비해 온 사전 결론으로 보아도 좋다. 하지만 서두수·홍단수 유역이 조선 땅이라는 사실은 너무도 분명했다. 따라서 길림장군은 당시 경계를 정하여 비석을 세운 곳은 응당 소백산 삼급포(三汲泡) 일단의 분수령 위여야 하므로 지금 위치는 조선 백성이 몰래 옮겨 놓은 곳이라는 '소백산=분수령'론을 유지하면서도, 서두수 대신 그 북쪽의 홍단수(소백산 기슭에서 발원한다)를 두만강 본류로 지적하고, 공동감계에서 확인된 그 북쪽의 홍토산수(紅土山水, 이때 만들어진 명칭으로 조선 측에서는 두만강의 본류, 즉 대도문강으로 간주했다)를 소도문강으로 설정하는 것으로 결론을 바꾸었다.

4. 제1차 공동감계 이후 양국의 교섭

이중하는 감계 결과를 중국에 조회할 때 토문강(즉 해란강)까지의 지역이 조선 땅임을 고집하는 주장을 굽히지 않았고, 조선 국왕은 감계 결과와 기존의 조선 측 주장이 일치함을 지적하는 자문을 중국에 보냈다. 하지만 1885년 12월 6일 조선 국왕에게 올린 보고서(「을유장계(乙酉

狀啓)」)에서 그는 토문강 상류가 송화강 쪽으로 흘러들어 가므로 조선 측은 더 이상 토문강경계론을 고집할 수는 없지만, 그래도 경계를 표시한 비석과 흙·돌무더기를 두고 단지 '토문(土門)'으로 정계를 한 것만 인정하였다는 점을 확인했다. 그러나 이중하가 이후 다시 추가로 올린 비밀보고(「追後別單」)에서는 -아마도 함경북도 북병영(北兵營)의 『강희임진정계등록(康熙壬辰定界謄錄)』을 읽고 난 다음 확인할 수 있었던 사항을 보고한 것으로 보이는데- "토문강과 두만강은 같은 강이기 때문에 사실상 두만강이 양국의 경계가 된다"는 것과 목극등이 정계비를 세운 다음 "수년 동안의 공사를 거쳐 비석 동쪽에서부터 흙·돌무더기를 쌓아 동쪽으로 두만강 원류에 연결하려 하였으나 두만강 원류는 이 물길에 연결되지 않았다"는 점을 새롭게 확인했다. 왜 정계비 동쪽의 물길(토문강)이 두만강의 원류로 연결되지 않는가 하는 수수께끼는 바로 목극등의 착각에 의한 '실수' 때문이라는 점을 그는 이 시점에서야 비로소 알게 되었다.

따라서 그는 '토문강=분계강'론이 파생·와전된 것이라며, '토문강=분계강=해란강'론을 더 이상 내세워서는 안 된다는 점을 분명히 인정했다. 그는 결국 정계비에서 시작된 골짜기 옆의 돌·흙무더기 표시가 끝나고 물길이 땅속으로 숨는 평평한 언덕('삼포(杉浦)' 또는 '황화송전자(黃花松甸子)'로 불린다)에서부터 두만강 발원지로 연결되는 표시인 나무울타리·흙무더기가 설치됐지만, 이후 이 표시가 잊히고 이것을 알지 못하는 후세 사람들에 의해 토문강·두만강 국경 분쟁이 시작된 것임을 발견한 것이다. 이중하는 이를 통해 조선의 문제 제기는 더는 견지될 수 없음을 확신했다.

한편 조선 국왕은 이중하의 최초 보고를 근거로 삼아 1886년 초에 중국에 자문을 보냈는데, 그 내용은 토문강의 복류가 끝나는 점에 있는 토문자(土門子)가 분계강에 합류하므로 토문강과 이 토문자를 잇는 선이 경계가 된다는 내용이었다. 제1차 공동감계·국경회담 과정에서 토문자는 거의 거론되지 않았으므로 이 주장은 상당히 엉뚱한 것이었다. 조선 정부에서 이런 주장을 계속 고집한 것은 아마 월간민 안치 문제가 해결될 기미가 없었던 점이 크게 작용했을 것이다. 이러한 조선 측 통보에 대해 길림장군과 예부 모두 동의하기 어렵다는 뜻을 표명했고, 조선에 주재하는 원세개(袁世凱, 위안스카이)가 이후 얼마간 공동감계·국경회담에서 실질적으로 중요한 중개자 역할을 맡았다. 그는 일단 과거 문제는 덮어 두고 공동감계를 통해 일을 마무리하고, 유민 안치가 필요하다면 그들을 중국의 행정 구역에 예속시켜 달라고 황제의 은혜를 요청하면 될 것이라는 방안을 제안했다. 원세개의 요청이나 이에 동조한 이홍장의 태도에서 우리는 "작은 나라를 사랑하고 백성을 구휼하는 큰 뜻"을 체현하는 전통적 사대-자소 관계의 음영(陰影)을 엿볼 수 있다.

이러한 방안이 통보됐지만, 조선 정부는 1885년 12월 15일에 답장 조회를 보내 앞서와 같은 주장을 되풀이하며 그것을 뒷받침하는 것으로 목극등의 백두산 정계와 관련된 기록인 『승문원고실(承文院故實)』을 베껴 보냈다. 이전에도 관련 기록을 찾아내지 못한 중국 측에서는 당혹스럽지 않을 수 없었고, 결국 1886년 3월 25일 총리아문은 길림장군에게 지시하여 제2차 공동감계를 하게 해 달라고 주청(奏請)했다. 이때 총리아문은 서두수가 대도문강이라는 길림 측 주장을 부정하고 대신 홍단수를 대도문강으로 설정하는 방안을 도출해 냈다. 아울러 정계비가

'정계(定界)' 또는 '분계(分界)'의 근거가 된다는 것을 부정하면서 '정계비 이설론'을 옹호했다. 총리아문은 "반드시 도문강을 분명하게 확정해야만 경계가 분명해질 수 있다"며 '두 강 사이의 부분으로 잘 알지 못하는 땅'에 대한 자세한 측량과 지도 작성이 해결 방안이라는 결론을 내렸다.

그렇지만 중국 정부의 방침 결정에도 불구하고 실제 제2차 공동감계가 시행되는 데에는 상당한 시간이 필요했다. 이것은 1886년 3월 하순 원세개가 조선에 '차지안치(借地安置)'론을 정식으로 제안했기 때문이었다. 당시 조선 외교를 담당하던 김윤식은 이에 호응하여 '토문-두만 양강론'을 포기하고 두만강 일대가 경계로 정해져야 한다는 데 동의하였다. 월간민이 정착한 지 오래되었고 수천 가구가 넘으니 그대로 안치시켜야 한다고 제안하면서 만약 이것이 중국 뜻에 맞지 않는다면 다시 공동감계를 실행하겠다고 통보했다. 하지만 길림장군이 이를 거부하면서 제2차 공동감계 실시는 불가피한 것이 되었다.

북양대신 이홍장과 원세개, 총리아문이나 재감계의 필요성을 부정하는 조선 정부의 소극적인 반응과는 달리, 반드시 홍단수를 경계로 삼아야만 하겠다는 길림장군의 강경론이 관철된 것은 이후 제2차 공동감계의 성과에도 부정적 영향을 미쳤다. 조선 측은 10월 22일, 다음 해인 1887년 3월에 덕원부사 이중하를 파견해 공동감계를 하겠다고 통보했다. 그렇지만 길림 측의 강경 대응으로 재감계가 결정된 다음에도 1887년 2월 13일 김윤식은 다시 원세개에게 '차지안치'를 제안했다. 이에 대해 이홍장은 "만약에 조선에서 소작료를 대신 징수하고 소송 사건과 형정 사무를 관할하려 한다면, 이런 방법은 있을 수 없다"는 단호한 거부 의사를 보였다. 중국 땅을 빌려 조선 백성을 안치시키되 조선 관리가 세금이나 소작료 등을 거두고 소송 사건과 행정 사무도 아울러 관할하겠다는 제안은 사실상 분쟁 이전 상황으로 되돌아가 종래처럼 일종의 '식민지 경영'을 계속하겠다는 의사나 마찬가지였다. 물론 전통적인 '사대-자소' 관계에 기대어 조선이 청의 '시혜'를 요청하고 있었던 점은 아주 분명하지만, 조선 측의 이러한 제안은 기존의 전통 질서에 지나치게 의존하는 것이었다.

5. 제2차 조선-청 공동감계와 국경회담

다시 제2차 공동감계 임무를 맡은 이중하는 여전히 소극적인 자세를 보였지만, 결국 중국 측 공세로부터 '두만강(=홍토산수)경계론'을 지켜내는 것을 최선의 과제로 삼을 수밖에 없었다. 한편 길림 당국은 방랑(方郎)을 추가로 파견했다. 이후 실행된 제2차 공동감계의 구체적인 경과를 알려 주는 자료는 제1차처럼 이중하의 『감계사등록』 하권에만 실려 있다. 흥미로운 것은 진영(秦煐)이 사전에 이미 홍단수를 경계로 정하고자 아예 경계를 표시할 석비까지 준비하였다는 점이다(결국 이 석비는 설치되지 않았다).

이중하는 4월 5일에 회령부에 도착하여 4월 7일부터 중국 측 감계위원과 담판을 나누게 되었다. 중국 측은 먼저 서두수를 답사할 것을 주장하였고, 이중하는 '조선의 내지'인 이곳의 답사를 거부하면서 결국은 4월 22일이 돼서야 양측을 합해 모두 100여 명이 넘는 인원이 백두산 산행을 시작할 수 있었다. 사실 제1차 공동감계와 비교하면 회담·답사 경로를 놓고 서로 대치한 점에서는 거의 비슷하다. 중국 측이 처음부터 홍단수와 서두수를 도문강으로 설정하려던 점도 마찬가지다. 다만 이중하의 반발로 서두수 답사가 이루어지지 않고 대신 홍단수 답사에 중점이 두어진 것이 제2차 공동감계의 특색이었다. 감계·회담에 나선 길림 측이 초기 협상부터 총리아문이나 길림장군의 방침을 어기고 그보다 더한 강경론을 내세웠으므로 처음부터 '공정'한 협상은 어려운 일이었다.

한편 제2차 공동감계의 과정에서 진행된 회담 내용은 대단히 복잡하고, 논쟁점도 한두 가지가 아니지만, 『감계사등록』 하권에 실린 「도문강 경계 지역 공동감계 때의 회담 기록과 공문 요약(覆勘圖們界址談錄公文節略)」(1887년 5월 28일)에 잘 정리되어 있다. 진영이 국경 문제 발생 이래 조선의 주장이 여러 차례 바뀐 것에 대한 불신을 노골적으로 털어 놓으면서, "작은 나라가 큰 나라를 섬기는 도리"를 지키지 않고 은근하게 땅을 넓히려고 꾀한다는 의심을 제기하고, 나아가 이중하에게 "신하로서 군주를 섬기는 도리"를 다하지 못한다고 비난한 데서 공동재감계에 임하는 길림 측의 불만과 강압적인 태도가 잘 드러난다. 이중하의 반론은 정계비와 홍토산수가 경계가 된다는 점을 역설하는 데 있어 제1차 공동감계 때와 분명히 달라졌지만, 길림 측의 경우 거의 바뀐 것이 없었다. 정계비의 신뢰성을 어떻게 해서든 깎아내리고, 두만강 지류의 조사에만 주안점을 두는 태도는 여전하였다. 거듭된 논쟁 끝에 제2차 국경회담 역시 결국 아무런 결론을 끌어내지 못했다.

그런데 5월에 이르며 점차 중국 측에서 태도 변화가 나타나, 홍단수 대신 홍토산수의 답사 과정에서 새로 발견한 석을수(石乙水, 홍단수의 북쪽에서 발원하고 나중에 홍토산수와 합류한다)를 두만강의 원류(본류)로 지목했다. 물론 이 역시 이중하가 거부했지만, 중국 측이 이런 대안을 내놓은 것은 총리아문의 지침과도 그다지 차이가 없고, 조선 측이 주장하는 정계비 및 돌·흙무더기와 홍토수에 대한 유력한 반론이 된다고 보았기 때문일 것이다. 이러한 결과 이후의 회담은 종전에 양측이 내놓은 입장의 차이를 재확인하는 데 지나지 않았다. 5월 15일의 마지막 회담에서 방랑은 "만약 석을수로 경계를 정한다면 장파도 잃지 않을 터인데, 한결같이 굳게 고집하는 까닭이 무엇이냐?"는 질문을 던졌다. 이에 이중하는 다음과 같이 답변했다.

> 석을수와 홍토수 사이의 거리는 몇 리에 지나지 않는다. 그 사이는 사람들이 살 수 있는 곳도 아니고, 경작할 수 있는 들판도 아니다. 단지 삼나무와 골짜기뿐이라, 천년 가도 쓸모없는 땅이다. 어찌 이 땅을 얻고 잃는 것으로 따질 만한 것이 되겠는가? 하지만 국가의 강토는 한 치, 한 자의 땅이라도 몹시 중요한 것이고, 홍토수는 명명백백하게 옛 경계이다. 어찌 멋대로 다른 물줄기에 경계를 정할 수 있겠는가?

이전까지의 감계·회담 과정에서는 양측이 전통적인 사대-자소 관계라는 틀에 의존하여 문제를 해결하고자 하는 태도가 강하게 드러났지만, 이 시점에는 "경계와 국가의 강토"를 반드시 지키지 않을 수 없다는 양측의 입장이 오히려 확실하게 부각되었다. 종전과 같은 사대-자소에 기초한 '상호 인정'과 '배려', '양보', '시혜'는 더 이상 양국 관계를 규정하는 틀로서 기능하기 어려워졌다는 점을 이러한 대립이 잘 보여준다. 총리아문의 주의(奏議)가 어느 정도 융통성을 부여해 주었으므로 양보할 수도 있었지만, 길림 측은 그런 의사를 전혀 보여 주지 않았다.

1887년의 제2차 공동감계는 5월 중순 결렬되어 양측은 이후 원래의 임지로 귀환했다. 이중하는 「정해장계」를 통해 결과를 보고하면서도 따로 「[도문계]변석고증팔조([圖們界]卞晰攷證八條)」를 올려 중국 측이 제2차 공동감계의 기본 원칙으로 삼았던 총리아문의 주의와 거기서 제시한 지침에 대해 상세한 반박과 변론을 시도했다. 감계사로서의 임무를 마친 다음, 이중하는 다시 "감히 「별단」에 올릴 수 없었던 내용", 즉 이러한 모든 사태를 초래한 잘못이 사실 어윤중에게 있다는 점을 노골적으로 지적했지만, 1887년 8월 19일 조선 정부는 이중하의 「정해장계」에 기초하여 중국 측에 공동감계 결과를 통보했다. 석을수는 "소백산 동남쪽에서 나오는 두 번째 물줄기로 장백산과 매우 먼데, 이곳을 고집하여 경계를 정하는 것이 과연 타당할까요?"라는 의문을 제시하면서도, 유민을 안치하는 문제에 대한 각별한 은전(恩典)을 요청하는 내용이었다.

6. 제3차 공동감계의 무산과 청의 조선 월간민 장악 시도

한편 제2차 공동감계를 마치고 귀환한 길림 측은 분수령 훨씬 남쪽에 위치한 소백산(小白山)이 바로 분수령이고, 이 분수령 아래의 석을수 발원지를 대도문강 발원지로 본다면 조금도 억지가 없어 "서쪽은 압록이고, 동쪽은 토문이다"라는 정계비 비문과도 들어맞는다고 결론 내렸다. 나아가 그들은 "목극등이 세운 비석은 경계와 관련이 없고, 돌·흙무더기 또한 송화강 상류로 연결되는 것이므로 지금 이 비석을 파괴하지 않는다면 여전히 장래에도 의혹으로 남아 또 다른 말썽이 발생할 수도 있으며, 또한 송화강에도 방해가 된다"는 주장까지 내세웠다. 정계비가 '아킬레스건'과 같은 약점이었으므로, 제1·2차 공동감계·국경회담에서 중국 측 대응의 초점은 무엇보다도 이 정계비의 신뢰성을 무너뜨리는 데 있었던 것이다.

한편 이러한 길림 측의 보고에 동의하면서도 총리아문은 어떻게 경계비를 세울지, 어떻게 조선 측을 설득하고 유민을 안치할지 조선과 논의하여 처리하라고 지시함으로써 이러한 부담을 모두 길림장군에게 떠넘겼다. 하지만 길림장군도 독자적인 판단을 유보하면서 단지 재감계를 통해 문제를 처리하자는 무책임한 제안을 내놓았고, 누구든 최종 선택에 대해서는 아무런 결정도 내리지 않았다. 이러한 분쟁은 최종적으로는 황제나 길림장군의 '결단' 또는 '양보'가 아니면 풀릴 수 없었다.

제2차 공동감계 이후 1887년 11월 26일 길림장군이 올린 상주로 제3차 재감계가 결정되자, 1888년 2월 16일 원세개가 이를 통보했으나 조선 정부는 "길림장군이 상주한 바대로 시행"하라는 통보만을 한 것에 대해 이례적으로 동의하기 어렵다는 뜻을 드러냈다. 이에 대해 혼춘 당국의 방랑은 "석을수야말로 무산 서쪽 천연의 경계"이며, 이곳으로 경계를 나눈다면 곧 장백산이라는 청조 발상(發祥)의 근본 지역을 훼손하지 않을 것이며, 조선에도 전혀 장애가 되지 않을 것이라서, "조선이 홍토산으로 경계를 정하고자 하는 것은 본디 중국 조정에서 법외(法外)의 인자함을 베푸는 것을 기대"할 수밖에 없다는 강경론을 내세웠다. 여기서 언급한 장백산 발상의 근본은 홍토산수의 지류 가운데 하나인 원지수(元池水, 圓池水)가 발원하는 원지(元池, 圓池)를 가리킨다. 이 시점에서 혼춘 당국은 갑자기 만주족 시조 포고리옹순(布庫里雍順)이 태어난 전설의 장소인 이곳이 발상중지(發祥重地)라는 점을 강조했다.

사실 제1·2차 공동감계·국경회담에 관한 기록 어디에서도 이런 논리가 언급된 적이 없었다. 하지만 방랑이 찾아낸 이 새로운 논거는 적어도 만주족(의 청조)에게는 그야말로 무엇보다도 강력한 무기가 되었다. 청조를 세운 만주족의 발상중지라면 조금도 양보할 가능성을 설정할 수 없게 되기 때문이다. 그리고 이러한 논리가 제기된 이상 "중국 조정에서 법외(法外)의 인자함을 베푸는 것을 기대"하여 홍토산수를 경계로 설정한다는 조선의 희망 역시 완전히 물거품이 되었다. 이렇게 혼춘 당국이 '원지·홍토산수=발상중지'라는 강경론을 만들어 낸 것은 결국 양측의 국경회담을 궁극적인 파국으로 몰아넣었다. 이후 '제3차' 공동감계가 무산되어 버린 것은 아마도 조선 측의 소극적인 반응과 더불어 청 정부에서도 더 이상 조선을 '압박'할 필요성을 느끼지 않았던 것 때문으로 보인다.

그렇지만 월간민의 존재는 여전히 갈등의 기폭제 역할을 하였으므로 길림 당국의 정책 중점도 월간민 장악 쪽으로 옮겨 가게 되었다. 이것은 사실상 그들에게 증명서를 지급하고 소작료를 납부하게 함으로써 중국의 '판도'에 편입시키는 데 주안점을 두었던 초기 정책으로 복귀하는 것이었다. 1888년 7월에 부임한 길림장군 장순(長順)은 월간민 편입 정책을 적극 추진하기 시작했다. 1894년 3월의 최종 보고를 확인해 보면 1891년 3월부터 시작하여 1892년 7월까지 두만강 일대 전체 및 흑정자 등지에서 개간된 토지에 대한 편호입적 정책이 추진되었는데, 그 결과 모두 4보 39사로 개간민 4,308호를 거두어들여(남녀 인구는 총계 2만 899명), 전체를 124갑 415패로 편성했다는 사실을 알 수 있다. 이러한 적극적인 동화 정책 실행으로 가장 큰 타격을 받은 것은 함경북도 당국이었다. 생존 자원을 찾아 월경·월간을 감행한 조선 농민들로서는 편갑승과, 나아가서는 치발입적(薙髮入籍)을 받아들이기는 하였지만 일단 토지를 지급받아 안정된 삶을 누릴 기회를 얻을 수 있었다. 반면 그들에 대한 실질적인 통제를 통해 미곡이나 세금·잡세·소작료와 잡역을 징수해 왔던 함경북도 당국(이나 그와 관련된 '지주'들)은 더 이상 이러한 수입을 효과적으로 확보할 수 없었다.

따라서 2만 명이 넘는 월간민을 확실히 통제하게 된 길림 당국은 그에 따른 수입을 거두어 지방 통치 질서 장악에 한 걸음 더 다가설 수 있었을 뿐만 아니라, 조선 지방 당국의 이들에 대한 통제·수탈('식민지 경영')을 차단할 수 있었다. 길림 당국은 제1·2차 공동감계·국경회담의 직접적인 성과를 여기에서 찾을 수 있게 된 것이다. 반면 함경북도 당국은 기왕의 '식민지 경영'을 통해 얻을 수 있었던 수입에 커다란 차질이 생길 수밖에 없었고, 나아가 종래부터 강북 지역에 크게 의존해 왔던 이 지역의 농업과 경제 역시 심각한 타격을 받게 되었다. 여기서 다룰 수는 없지만, 청일전쟁을 거친 1895년 이후 지금까지 서술한 것과 같은 국경 문제와 양국 주민 사이의 분쟁이 재발하는 것은 아마 이러한 점이 크게 작용하였을 것이다. 주지하듯이 조선 백성의 이 지역에 대한 진출은 단지 시작 단계를 거친 것에 지나지 않았기 때문이다. 이후 청일전쟁에 따른 청의 국제적 위상 추락과 청-조선 관계의 재편, 의화단 사건에 따른 러시아의 등장, 한국 지배를 노린 일본의 개입으로 '간도 문제'가 본격적으로 불거지게 되었다. 국경 분쟁이 재연되고, 조선 백성의 월경·이주나 그들의 장악을 둘러싼 경쟁, 이주민의 토지소유권 및 국적 문제에 따른 갈등 등 이후에도 여전히 수많은 난제가 나타나는 것이다.

7. 맺음말

청일전쟁 이후 조선-청 관계의 재편이 이루어지면서 제1·2차 공동감계와 국경회담을 강력하게 규정하였던 '사대-자소' 관계와는 전혀 다른 만국공법에 따른 근대적 영토·국가 관념의 기초 위에서 새로운 분쟁이 재연되었다. 제1·2차 공동감계와 국경회담을 통해 양측이 자신에게 유리한 논리와 근거를 끊임없이 찾아서 제시하였던 것처럼, 이후에도 새로운 국제적 상황과 배경 속에서 계속 새로운 논리가 모색되고 만들어지는 과정을 거치면서 두만강 북안의 '간도'를 둘러싼 국경 분쟁은 이전과는 전혀 다른 새로운 양상을 맞이한 것이다.

이런 점에서 보면 이 시기 동안 줄곧 양국 사이에서 문제가 되었던 월간민의 '차지안치' 문제는 이러한 시대적 특성을 가장 잘 반영하였던 것으로 보인다. 제1차 공동감계·국경회담이 끝날 무렵 원세개가 제안한 이 방식은 "중국 땅을 빌려 조선 유민을 안치하겠다고 황상의 은혜를 간청하는" 것이었다. 이를 통해 수만에 이르는 '빈민'의 생존권을 보장하겠다는 이 논의는 그야말로 '천조상국'인 청의 '자소'라는 전통에 기대고 있었다. 불법적 월경을 문제 삼지 않고 이들을 가능한 한 끌어안아 중국으로 편입시키려는 정책을 모색하였던 길림 당국의 초기 태도 역시 그들을 '천조의 적자'로 '일시동인(一視同仁)'하여 관용의 은전(恩典)을 베풀 수 있다는 태도를 반영한 것이었다.

하지만 조선 측이 꾸준하게 모색한 차지안치 방식은 중국 영토에 안치된 월간민에 대해서 이후에도 계속 지속적인 통제를 유지하겠다는 차원의 것(물론 최후에는 그것도 포기하고 머리 모양과 옷차림만이라도 유지해 달라는 것으로 축소되었다)으로 중국 측에 받아들여졌다. 이를 통해 월간민 문제가 단순한 빈민의 생존권 차원이 아니라 그 배후에는 이들에 대한 실질적인 통제, 즉 일종의 식민지적 경영을 시도하는 조선 지방 당국이 자리 잡고 있다는 점을 점차 확신하게 되면서, 전통적인 사대-자소 관계의 틀에 기댄 차지안치론은 더 이상 중국 측이 받아들일 수 없는 것이 되어 버렸다. 이러한 요구는 전통 시대보다도 훨씬 더 강력하게 영토와 주민, 그리고 주권에 대한 배타적 독점을 요구하는 근대적 국제 질서에 어긋나는 것이었기 때문이다. 더구나 이 시기는 청이 전통적인 정책을 변경하여 조선에 대한 적극적인 통제와 '속국화' 시도로 전환한 다음이었으므로 조선 측의 요구는 더욱이 받아들여지기 어려웠다. 이러한 조선 측 요구를 월간민의 배후에서 "은근하게 영토 확장을 노리면서" 아울러 그들에 대한 실질적인 장악과 '수탈'을 유지하겠다는 의도로 받아들인 청은 '자소'의 은전을 베풀기보다는 훨씬 일방적이지만 철저하게 자국 영토에 대한 배타적인 지배를 관철하겠다는 뜻을 굳히게 되었다. 판도(版圖) 내의 주민에 대한 장악을 중요시하였던 전통 왕조의 시대와는 달리, 이제 동아시아에서 점차 우세를 확보해 나가고 있던 근대적 국제 질서는 영토와 주민, 그리고 주권에 대한 배타적인 독점을 모색하는 방향으로 치닫고 있었다. 이런 시점에서 여전히 청 황제의 은전을 기대하는 조선 측의 요구는 더는 통용될 수 없었다. 따라서 차지안치 방식의 궁극적인 '폐기'는 바로 이러한 시대적 상황의 변화를 그대로 반영해 주는 하나의 상징이었다고 할 수 있다.

| 참고 문헌 |

- 『고종실록(高宗實錄)』.
- 『국역승정원일기(國譯承政院日記)』, 고전번역원 한국고전종합 DB.
- 『대청역조실록(大淸歷朝實錄)』, 중화서국(中華書局), 국사편찬위원회 명·청실록.
- 『비변사등록(備邊司謄錄)』, 서울대학교 규장각한국학연구원.
- 『일성록(日省錄)』, 서울대학교 규장각한국학연구원.
- 『감계사등록(勘界使謄錄)』 상·하, 국립중앙도서관 소장본.
- 승문원 『各司謄錄 近代編』, 「啓下咨文冊」 11·12권, 국사편찬위원회 한국사데이터베이스.
- 승문원 『公文謄錄』(1891. 奎古5710-10. 마이크로필름 번호 43194).
- 『駐朝鮮使館檔』, 「袁世凱-僑務-韓民越界開墾滋事案」, 檔案番號全宗 01-系列 41-宗號 023-冊號 07, 「袁世凱-邊界-吉朝會勘土門江界址案」, 檔案番號 全宗 01-系列 41-宗號 018-冊號 01.
- 李重夏, 『白頭山定界碑勘界使交涉報告書』, 土門勘界使(奎26302).
- 李重夏, 『二雅堂集』(李興鍾 編, 서울).
- 李重夏, 『勘界使交涉報告書』(奎11514-2).
- 李重夏, 『勘界使問答』(奎21038).
- 李重夏, 『土門勘界』(奎21306).
- 李重夏, 『[其他官衙咸鏡道行安邊都護府使兼土門勘界使]牒呈』(高宗 22(1885)年, 奎 26677).
- 方郎, 「吉朝分界案」.
- 『珠淵集』(高宗御製文集. 40卷 20冊) 卷36 「批六」, 28a-b, 한국학중앙연구원 장서각 디지털 아카이브.

- 강석화(2000), 『조선 후기 함경도와 북방영토의식』, 경세원.
- 고구려재단 편(2004), 『조선시대 북방사 자료집』, 고구려연구재단.
- 고구려재단 편(2005), 『조·청 국경회담 자료집』, 고구려연구재단.
- 고구려재단 편(2006), 『백두산정계비 자료집』, 고구려연구재단.
- 고승제(1973), 『한국이민사연구』, 장문각.
- 고승희(2003), 『조선후기 함경도 상업연구』, 국학자료원.
- 국가청사위원회 편(2007), 『이홍장전집』 39冊, 안휘교육출판사.
- 국사편찬위원회 편(1990), 『각사등록(各司謄錄)』 42-46: 함경도편 1-5』, 국사편찬위원회.
- 국회도서관 편(1975), 『간도 영유권 관계 발췌문서』, 『일본 외무성 육해군성문서』 第1輯, 국회도서관.

• 김양수 외(2008), 『조선 후기 외교의 주인공들』, 백산자료원.
• 김윤식(2004), 『운양집(雲養集)』, 민족문화추진회.
• 김지남 외(1998), 이상태 외 옮김, 『조선시대 선비들의 백두산답사기』, 혜안.
• 김춘선(2016), 『북간도 한인사회의 형성과 민족운동』, 고려대학교 민족문화연구원.
• 김태웅(2012), 『한국근대지방재정연구-지방재정의 개편과 지방행정의 변경』, 아카넷.
• 김형종(2014), 『1880년대 조선-청 국경회담 자료선역』, 서울대출판문화원.
• 김형종(2018), 『1880년대 조선-청 공동감계와 국경회담의 연구』, 서울대출판문화원.
• 김형종·배우성 외(2012·2013·2016·2018·2020), 『(국역)청계중일한관계사료(清季中日韓關係史料)』 1-5, 동북아역사재단.
• 노계현(2006), 『간도영유권분쟁사』, 한국연구원.
• 동북아역사재단(2013), 『(역주)통감부임시간도파출소기요(統監府臨時間島派出所紀要)』, 동북아역사재단.
• 劉恩瑞·劉惠瑞(2012), 손준식 옮김, 『중국 근현대 영토문제연구』, 국방부 군사편찬연구소.
• 박 보리스 드리트리예비치(2010), 민경현 옮김, 『러시아와 한국』, 동북아역사재단.
• 배우성(1998), 『조선 후기 국토관과 천하관의 변화』, 일지사.
• 배우성(2014), 『조선과 중화: 조선이 꿈꾸고 상상한 세계와 문명』, 돌베개.
• 배우성·구범진 외(2008), 『(국역)『동문휘고(同文彙考)』 강계사료(疆界史料)』, 동북아역사재단.
• 배우성·구범진(2008~2012), 『(국역)『동문휘고(同文彙考)』 범월사료(犯越史料)』 1-4, 동북아역사재단.
• 백산학회 편(2005), 『한중 영토에 관한 연구』, 백산자료원.
• 백산학회 편(2006), 『간도 영토에 관한 연구』, 백산자료원.
• 서길수(2009), 『백두산국경연구』, 여유당.
• 시노다 지사쿠(2005), 신영길 옮김, 『간도는 조선땅이다: 백두산정계비와 국경』, 지선당.
• 양보경·이현군·문상명(2016), 『백두산 고지도집:한국 고지도 속의 백두산』, 동북아역사재단.
• 육낙현(2000), 『白頭山定界碑와 間島領有權』, 백산자료원.
• 윤병석(1991), 「윤정희 저 『간도개척사』 부 〈영신학교연혁〉 해제」, 『한국학연구』 제3집 별집 91, 인하대학교 한국학연구소.
• 윤정희(1991), 「경신개척과 간도의 명명」, 『간도개척사』, 『한국학연구』 제3집 별집, 인하대학교 한국학연구소.
• 이성무(1999), 『조선왕조실록 어떤 책인가』, 동방미디어.
• 이성환(2004), 『간도는 누구의 땅인가』, 살림.
• 이왕무 외(2008, 2010), 『(역주)감계사등록(勘界使謄錄)』 상·하, 동북아역사재단.
• 이화자(2008), 『조청국경문제연구』, 집문당.
• 이화자(2011a), 『한중국경사연구』, 혜안.

• 주성화(2007),『중국조선인이주사』, 한국학술정보.
• 현규환(1967),『한국유이민사』, 어문각.

• 姜龍范(2000),『近代中朝日三國對間島朝鮮人的政策研究』, 黑龍江朝鮮民族出版社.
• 姜龍范(2000),『近代中朝日三國對間島朝鮮人的政策研究』, 黑龍江朝鮮民族出版社.
• 經莉(2005),『國家圖書館藏 淸代孤本外交檔案續編』 20册, 國家圖書館.
• 經莉(2005),『國家圖書館藏 淸代孤本外交檔案續編』 第5册, 國家圖書館, 1846~1850쪽.
• 高永一(1989),『中國朝鮮族歷史研究參考資料彙編 第一輯 明代至辛亥革命』, 延邊大學出版社.
• 權赫秀(2013),『東亞世界的裂變與近代化』, 中國社會科學出版社.
• 金春善(2009~2016),『中國朝鮮族史料全集 歷史篇 遷入史』 1-12卷, 延邊人民出版社.
• 駱寶善·劉路生 主編(2013),『袁世凱全集』 36册, 河南大學出版社.
• 李盛煥(1991),『近代東アジアの政治力學 -間島をめぐる日中朝關係の史的展開』, 東京: 錦正社.
• 李鴻文(1987),『東北大事記』 上卷, 吉林文史出版社.
• 林明德(1970),『袁世凱與朝鮮』, 臺北: 中央研究院近代史研究所.
• 蝠池書院出版有限公司(2007),『近現代中國邊疆界務資料續編』, 香港: 蝠池書院出版有限公司.
• 蝠池書院出版有限公司(2007),『近現代中國邊疆界務資料』, 香港: 蝠池書院出版有限公司.
• 孫庫(2002),『中朝邊界的歷史演變』, 瀋陽.
• 孫春日(2009),『中國朝鮮族移民史』, 中華書局.
• 孫學雷·劉家平(2003),『國家圖書館藏 淸代孤本外交檔案』 52册, 國家圖書館.
• 沈雲龍,『近代中國史料叢刊』 三編 第二輯, 臺北: 文海出版社, 1985 影印. 天津: 學苑出版社, 1999 影印 등.
• 楊昭全·孫玉梅(1993),『中朝邊界史』, 吉林文史出版社.
• 楊昭全·孫玉梅編(1994),『中朝邊界沿革及界務交涉史料彙編』 上·下, 吉林文史出版社.
• 呂一燃(2007),『中國近代邊界史』 上·下, 四川人民出版社.
• 吳祿貞(1986),『延吉邊務報告』, 吉林師範大學古典研究所.
• 王彦成 纂輯·王亮 編(1987),『淸季外交史料』, 北京: 書目文獻出版社影印.
• 李澍田(1991),『琿春副都統衙門檔案史料選編』 上·中·下, 吉林文史出版社.
• 李澍田主編·吳祿貞等撰·朴慶輝等 標注,『延吉邊務報告, 延吉廳領土問題之解決』, 長白叢書 初集. 吉林文史出版社.
• 長順·李桂林(1986),『吉林通志』, 吉林師範學院古籍研究所 整理, 吉林文史出版社.
• 張存武(1987),『淸代中韓關係論文集』, 臺北: 商務印書館.
• 條田治策(1983),『白頭山定界碑』, 樂浪書院.
• 趙中孚·張存武·胡春惠(1988),『近代中韓關係史資料彙編(1860~1945)』 12册, 國史館.
• 中國邊疆史地研究中心(2006),『琿春副都統衙門檔』 238册, 廣西師範大學出版社.
• 中國第一歷史檔案館(1998),『淸代中朝關係檔案史料續編』, 國際文化出版公社.

- 中央硏究院近代史硏究所(1972), 『淸季中日韓關係史料』 11권, 臺北: 中央硏究院近代史硏究所.
- 陳湛綺(2008), 『淸末邊境界務檔案』 3冊, 全國圖書館文獻縮微複製中心.
- 陳湛綺(2008), 『淸末邊境界務檔案』 第1冊, 全國圖書館文獻縮微複製中心, 188~192쪽.
- 陳慧(2011), 『穆克登碑問題硏究 -淸代中朝圖們江界務考證』, 中央編譯出版社.
- 皮明休(1989), 『吳祿貞集』, 華中師範大學出版社.
- 韓國學文獻硏究所(1979), 『魚允中全集』, 亞細亞文化史.
- 韓國學文獻硏究所(1980), 『金允植全集 壹』, 亞細亞文化社.
- 韓俊光(1988), 『朝鮮族遷入史資料彙集』, 延邊人民出版社.

* 분량 관계상 관련 연구논문은 그 수량이 너무 많아 생략하였다.
자세한 목록은 김형종, 2018을 참조.

제II부
사행 · 외교

1. 명의 환관 외교와 청의 기인 외교

2. 연행록과 사조선록

3. 문서 외교와 언어 외교

Ⅱ-1

명의 환관 외교와 청의 기인 외교

| 조영헌 ■ 고려대학교 역사교육과 교수 |

1. 머리말
2. 청의 기인 외교 원칙
3. 명 전기의 환관 외교
4. 명 중엽 이후의 문신 외교
5. 환관 외교와 기인 외교의 유사점과 차이점

1. 머리말

조선시대의 한중 관계, 즉 조-명 관계와 조-청 관계를 조망함에 있어서 양국 사이에 어떤 사신(使臣)을 어떤 이유로 파견했는지는 한 나라가 다른 나라에 대해 가지고 있는 관계의 중요성 및 사안의 시급성 등을 판단할 수 있는 준거가 된다. 비록 "인신무외교(人臣無外交)"라는 중국의 오랜 외교적 전통이 존재하지만, 시기와 사안에 따라 문서 외교 외에도 사신들이 매개가 되어 외교적 현안을 처리하거나 교류가 이루어진 사례는 빈번하게 발생했다. 특히 오랜 시간 이어진 조선에 비하여 그 대상국인 중국은 한족이 지배했던 명에서 만주족이 지배했던 청으로 왕조의 성격이 일변했다. 따라서 명과 청의 왕조 변화를 염두에 두고 의례(儀禮)와 힘 모두에서 우위에 있었던 중국이 조선에 어떤 사신을 파견했는지를 살펴보고, 그 변화의 추세와 이유를 검토하는 작업은 최근 활성화된 청사에 관한 새로운 연구 경향과 관련하여 한중 관계의 중요한 측면을 보여 주는 흥미로운 주제가 될 것이다.

기존에 조선의 입장에서 중국으로 파견한 부경사신(赴京使臣)에 대해서는 밝혀진 바가 많은 편이다. 대표적으로 명에 파견하는 정·부사(正·副使)나 명 사신을 접대하는 조선 측 관원들은 모두 최고위 관원인 당상관(堂上官)의 겸직(兼職)으로 임명하는 것이 원칙이었는데, 이는 그만큼 명과의 외교 관계를 조선 왕권 강화를 위한 국가의 중대사로 간주하였음을 보여 준다(김송희, 1998; 김경록, 2000, 27~33쪽). 중국에서도 사신의 품급에 따라 대응하는 접대 규정과 의례가 달랐으며, 이에 따라 청에 파견하는 정·부사도 겸직을 통해 품급을 높이는 관행이 이어졌다(劉爲, 2002, 47~48쪽).

하지만 명과 청이 조선에 파견한 사신(=칙사(勅使), 혹은 명사(明使)와 청사(淸使))에 대한 관심은 적었고, 비교적 근래에 들어와서야 주목을 받고 있다. 이는 중국 측 사신의 빈도, 사신단의 규모, 그리고 조선 왕래 후 명과 청 왕조에 미친 영향의 정도를 고려할 때 그리 이상한 현상은 아니었다. "중국은 대체로 한국에 영향을 주는 능동적인 입장이었고, 한국은 영향을 수용하는 피동적인 입장"에 있다는 선입견이 강했기 때문일 것이다(박원호, 2005, 14쪽).

그럼에도 관계사란 일방적으로 이루어질 수 없을 뿐 아니라 조선 반도에서 중국 사신의 행위가 미친 파급 효과 등이 적지 않으므로 중국 측 사신에 대한 심도 있는 이해가 불필요한 것은 아니다. 특히 조선에서 파견한 부경사신을 대상으로 예부에서 베푸는 북경의 연회와 달리 명에서 파견한 명사(明使)에 대한 한양의 접대연(接待宴)은 의례적인 문서 전달 외에도 명사에게 협력을 요청하거나 조선의 입장을 황제에게 전달해 달라고 요청하는 등 실무적인 외교 활동이 활발하게 이루어지는 장이었다(김경록, 2000, 47~50쪽). 영조·정조 연간에는 청에서 파견한 청사(淸使)를 대청 외교 교섭의 창구로 활용하는 방안으로 청 사신과 우호를 다지면서 조선 사신으로 하여금 북경에서 이들을 방문하여 교섭을 진행하도록 했다(김창수, 2019, 94~103쪽). 이처럼 명과 청에서 조선에 파견한 사신의 접대와 관계 형성에 따라 양국 관계에 유의미한 변화가 발생했으므로, 중국에서 파견한 사신의 위상과 문화적 소양에 대한 세밀한 고찰이 필요하다.

같은 맥락에서 조선이 느끼고 인식하는 중국 사신의 위상 및 이미지와 중국이 파견자를 선정하는 과정에서 인식하는 위상 및 이미지가 늘 일치하는 것이 아니라는 사실에도 주목할 필요가 있다. 칙사 파견의 주체가 한족에서 만주족으로 교체되고 그 결과 통치 방식과 조-청 관계에도 큰 변화가 발생했으므로(홍성구, 2005) 이러한 파견자와 수용자 사이의 인식에 어떤 차이가 왜 발생하는지 확인하는 것은 양국 사이의 대외 관계 변화와 인식의 차이를 파악하는 의미 있는 작업이 될 것이다.

2. 청의 기인 외교 원칙

시대순으로는 명의 사신을 먼저 살펴보는 것이 맞지만, 명조와 청조 사이의 통치 방식과 대외 인식에 변화가 생긴다는 측면으로부터 착안점을 가지게 되었으므로 청의 사신부터 살펴보도록 한다. 이러한 문제의식 속에서 청이 조선 사행(使行) 인선(人選)에 있어 한인(漢人) 관료를 배제하는 '원칙'이 일관되게 준수되었다는 연구는 대단히 흥미롭다(구범진, 2008). 『동문휘고(同文彙考)』 보편(補編) 권9의 「조칙록(詔勅錄)」에 실려 있는 칙사 관직과 이름을 검토한 결과를 정리하면 다음과 같다.

① 입관(入關, 1646년) 이후부터 광서 7년(1881)까지 청이 조선에 파견한 사행은 모두 349명(150회)이다.

② 3품 이상의 관원을 정사(正使)와 부사(副使)로 인선했다(乾隆『欽定大淸會典』 권56).

③ 이 역시 만주(滿洲) 관원=기인(旗人) 내에서 선발했다(嘉慶『欽定大淸會典』 권31).

④ 따라서 조선 사행의 인선에는 한인이 배제됐다.

이를 통해 기존에 조명 관계의 연속선상에서 별다른 변화가 발생하지 않았으리라고 여겨졌던 조청 관계에 유의미한 변화가 생겼음을 확인할 수 있다. 지배층의 인종(민족)이 한족에서 만주족으로 변화했고, 만주족은 입관 전부터 이미 만주·몽골·한군으로 구성된 팔기(八旗) 조직을 통해 자신들의 정체성을 확보해 나갔다는 '신청사(新淸史)' 연구자들의 연구가 있었기에 가능한 변화였다(Evelyn S. Rawski, 1998; Mark C. Elliott, 2001 등). 만주족의 청조가 조선과의 책봉·조공 관계를 재설정하면서 책임 기관은 명처럼 예부(禮部)로 하였는데, 이는 실제 파견하는 인선은 청 말의 일부 예외를 제외하면 한인이 아니라 고급 기인만 선발되었기 때문이다. 청의 칙사 인선에 한인 관원이 배제되었음은 이전에도 지적된 바 있지만(劉爲, 2002, 53쪽), 이번에는 좀 더 구체적인 분석 내용을 기반으로 하였을 뿐 아니라 같은 예부가 담당했던 안남(安南) 및 유구(琉球)에 대한 인선과는 구별되는 현상이었음이 언급되었다(구범진, 2008).

하지만 이러한 현상이 장기간의 한중 관계를 해석함에 있어 역사적으로 어떤 의미가 있는지에 대해서는 쉽게 해석하기 어려운 문제가 다수 남아 있다. 가령 200년이 넘는 청의 조선 사행 인선 과정에 '3품 이상의 고급 기인(旗人) 파견'이라는 원칙이 존재했다면 왜 청조는 이에 대한 단서만 남겨 놓았을 뿐 그 원칙을 적기(摘記)하지 않았는가? 이러한 원칙이 당시 다른 나라(민족)에 대한 관계 설정에 민감한 외교 현안이 될 가능성이 있어서 의도적으로 숨겨야 할 필요성이 있었을까? 한인 관료들이 이러한 배제 원칙에 대해서 문제를 제기한 적이 있는가? 청 황실에서 3품 이상의 기인은 영향력이 있는 자리로 보일 수 있지만, 오히려 조선인들은 3품 이하라도 한인 관료를 더 원하지 않았을까? 즉, '부재(不在)' 현상에 대한 논리적 증명은 역사 해석에서 대단히 어려운 주제지만, 이러한 '부재' 현상의 발견은 그 자체뿐 아니라 명조의 환관(宦官) 외교에 대해서 재고할 여지를 확대해 주었다는 면에서 중요하다.

이와 관련해서 청이 조선에 파견한 칙사가 한인이 아니라 기인으로만 구성되었다는 사실 자체가 조선인들이 이들을 멸시하거나 적대하는 요인이 되었다는 지적이 주목된다. 이는 기인 칙사들이 조선에서 강렬하게 원했던 문화 교류에 그다지 주도적인 역할을 하지 못했다는 한계가 있었기 때문이다(Lim Jongtae, 2016, p.173). 특히 초기에 파견된 만주족 기인 칙사들은 한문을 모르거나 혹 알더라도 한족 지식인만큼 문학적 소양이 깊지 못했고, 조선 지식인들은 그들을 시조차 이해 못하는 '오랑캐의 사신'으로 경멸했다(배우성, 2010, 263쪽). 조청 사이의 문화 교류에서 조선 사신들의 적극적인 작용이나 활동과 비교할 때, 청조 사신들의 활동은 상당히 미미하고 형식적으로 보일 수밖에 없었다. 특히 청 전기의 사신 가운데는 무관이 많았는데, 이들은 조선 문사들과의 교류보다 조선의 접대 의례와 선물에만 주의를 기울이는 경향이 강했다(劉爲, 2002, 139~150쪽). 『접칙고(接勅攷)』에 수록된 청 칙사 가운데 문신(文臣) 관료의 비율을 보면, 병자호란 이후 홍타이지 시기에는 전혀 파견되지 않던 문신 관료의 비중이 순치 연간에는 41퍼센트, 강희 연간에는 46퍼센트로 증가했다. 강희제의 즉위 및 보정대신들의 집권 이후 중단되었던 문신 관료 파견은 1674년(현종 15, 강희 13) 파견된 한림원 시독학사 나사리(喇沙里)로부터 다시 뚜렷한 증가세를 보이지만, 병자호란부터는 무신 관료가 조선 칙사의 주류를 이루었다(이명제, 2019, 67~69쪽).

이러한 부조화 현상은 명조가 집권 초반에 파견한 환관 칙사가 조선에서 직면했던 현상과 유사한 측면이 있다. 크게 두 가지 점에서 그러한데, 하나는 환관과 기인 모두 중국 황실의 이해관계에 충실한 심복(心腹)이라는 점이고, 다른 하나는 칙사직을 수행하는 과정에서 중국 황실의 이해관계를 반영하면 할수록 조선 측의 부정적 반응이 강화된다는 사실이다. 대표적인 사례가 청 태종(홍타이지)이 조선 공격의 선봉으로 내세웠던 정황기(正黃旗) 소속 칙사 마부대(馬夫大, mafuta)이다. 그는 삼전도(三田渡)에 일종의 전승기념물로 한문뿐만 아니라 만주문과 몽골문까지 넣은 '거대한' 삼전도비(碑)를 세우도록 집요하게 강요하여 관철시켰다. 비각은 1639년 12월에 세워졌고, 마부대가 이를 방문한 것이 전례가 되어 이후 서울에 들어오는 청의 칙사들은 삼전도비를 방문하며 조선인을 불편하게 만드는 정치적 시위 행위를 반복했다(배우성, 2010).

거꾸로 생각해 보면, 중국 황실의 이해관계보다 명분과 의례(외교적 protocol)를 더 중시하는 인선이 이루어질수록 상대편인 조선 조정 및 문신들과의 교류가 더욱 원만하게 전개되었다는(혹은 전개될 수 있었다는) 점이 주목된다. 명 중엽 이후부터 말기가 바로 그러한 경우가 될 것이므로, 다음으로는 명 전반에 두드러지게 나타나는 환관 외교와 중엽 이후의 문신 외교를 비교해 가면서 살펴보고자 한다.

3. 명 전기의 환관 외교

명에서 조선으로 처음 사신을 파견한 것은 태조 2년(1393) 5월(『태조실록』 권3 태조 2년 5월 정묘)의 일이었다. 홍무제가 파견한 흠차내사(欽差內史) 황영기(黃永奇)와 최연(崔淵)이 홍무제의 조서를 가지고 한양에 도착했는데, 이 둘은 모두 조선(고려) 출신 환관이었다.

명에서 조선으로 파견하는 사신의 인선 원칙을 대외적으로 공포하지는 않은 듯하지만, 명에서 파견한 초기 사신의 대부분은 환관으로 구성되었다. 이후 조선에서 파악했던 명조의 사신 인선 원칙은 "우리나라(조선)의 일인 경우에는 태감(太監)이 사신으로 오지만, 중국의 일인 경우에는 문관(文官)이 온다(『중종실록』 권76, 중종 28년 10월 무인)"라는 것이었다.

여기서 '조선의 일'이란, 대부분 조선 공녀(貢女)나 화자(火者, 환관)를 데려가는 일을 지칭했다. 조선의 인력을 강제로 데려가는 부담스러운 업무를 조선(혹은 고려)에서 건너간 환관이 수행한다는 점이 아이러니였으나, 효율로 따지자면 더 효과적이었다. 종주국으로서는 위신이 잘 서지 않지만 필요한 일을 '이이제이(以夷制夷)'로 해결한다는 의미를 지니기 때문이다. 반면 '중국의 일'이란 명 황제의 즉위 조서를 반포하거나 조선 국왕의 즉위를 승인하는 칙서를 전달하는 일로, 앞선 업무에 비하면 자주 발생하는 것이 아니었다. 따라서 명 전기에는 주로 조선 출신 환관이 명의 사신으로 파견되었다(정구선, 2004, 116쪽).

흥미로운 사실은 조선에 파견하는 환관 사신 중 다수를 명이 아닌 조선(혹은 고려)에서 뽑아 낸 인력 가운데에서 선임했다는 사실이다. 원 시기에 악명 높았던 공녀와 화자의 유출이 명 전기에도 이어졌기에 인력 보충이 가능했다. 명 전기 조선(고려) 출신 환관은 사실상 조선어 통사(通事) 역할까지 담당할 수 있었고, 황제의 구술을 정확히 조선에 전달할 수 있다는 점에서 적임자라 할 수 있었다(정동훈, 2017-A, B). 조선시대에 명으로 화자를 진헌(進獻)한 사례는 태조부터 성종까지 모두 15차례 이루어졌고, 실록을 통해 확인되는 총수는 207명이었다. 태조 때 5명, 태종 때 108명, 세종 때 66명, 세조 때 9명, 성종 때 19명으로, 특히 태종 시기와 세종 시기에 집중되었음을 알 수 있다(〈표 1〉 참조). 두 조대(朝代)는 명에서도 조선으로 사신을 가장 자주 보낸 시기에 해당한다. 조선 초기에는 매년 1차례 정도가 평균이었는데, 태종 재위 18년 동안에는 사신이 50회 입국하여 매년 평균 2.8차례였고, 그다음으로 많은 세종 시기에는 재위 32년 동안 36회 사신이 파견되었다. 성종(재위 1469~1495) 이후부터는 양국 간의 외교 관계가 원활해지고 화자의 진헌이 더는 이루어지지 않아 명 환관 사신의 입국도 현저히 감소했다(조영록, 1990, 110쪽).

〈표 1〉 조선시대 명에 진헌된 화자의 수(출처: 정구선, 2004, 113~114쪽)

진헌 연도	조선 연호	화자 수
1394	태조 3년 5월	5
1403	태종 3년 11월	33
1404	태종 4년 6월	20
1405	태종 5년 7월	8
1407	태종 7년 10월	29
1408	태종 8년 11월	12
1410	태종 10년 10월	2
1417	태종 17년 8월	4

1419	세종 1년 2월	20
1423	세종 5년 9월	24
1427	세종 9년 7월	10
1428	세종 10년 10월	6
1429	세종 11년 7월	6
1456	세조 2년 8월	9
1483	성종 14년 7월	19

하지만 〈표 2〉에서 보는 것처럼 명 중기 이후에도 소수이지만 환관 사신 파견이 이루어져 명 말까지 이어졌다. 다만 조선 출신 환관은 명 정덕제의 치세 기간을 끝으로 파견이 중단되었는데, 이는 조선으로부터의 화자 진헌이 중단된 것과 관련이 있을 것이다. 이후로는 중국인 환관이 조선에 파견되었다. 명 일대에 걸쳐 조선에 출사(出使)했던 환관은 모두 137명이었는데, 그 가운데 조선 출신 환관이 83명으로 60퍼센트에 달했다(馬志興, 2011).

〈표 2〉 명대 조선으로 파견한 환관의 국적 통계(출처: 馬志興, 2011, 20쪽)

명 황제	조선적(朝鮮籍) 환관 수	중국적(中國籍) 환관 수	명 황제	조선적(朝鮮籍) 환관 수	중국적(中國籍) 환관 수
홍무제	14	1	홍치제	4	0
건문제	0	2	정덕제	4	4
영락제	24	24	가정제	0	6
홍희제	2	3	융경제	0	3
선덕제	15	12	만력제	0	4
정통제	0	1	천계제	0	2
경태제	8	0	숭정제	0	1
성화제	12	3	합계	83	54

그런데 환관 사신은 조선에만 파견된 것은 아니었다. 명 초 환관 사신의 조선 파견은 영락제(재위 1403~1424)의 독특한 권력 행사 방식과 관련이 깊다. '정난의 변(靖難之變)'이라는 쿠데타로 황제에 오른 영락제가 자신의 집권 과정에 공헌한 환관을 중용했고, 그 결과 주변 지역(혹은 외국)으로 외교 수완이 좋은 환관을 대거 사신으로 파견했음은 널리 알려진 사실이다. 재위 원년(1403)에 섬라(暹羅, 타이)로 파견된 이흥(李興)과 믈라카(Malacca)와 가지(柯枝, 인도의 코치(Kochi))로 파견된 윤경(尹慶), 1405년 이후 '서양(西洋)'으로 계속 파견되었던 정화(鄭和)와 왕경홍(王景弘), 1405년 진랍(眞臘, 캄보디아)에 파견된 왕종(王琮), 1407년 서역의 비슈발리크(bishbaliq, 別失八里)에 파견된 이달(李達), 1409년 흑룡강 유역에 노아간도사(奴兒干都司)를 설립하고 시베리아 탐검(探檢) 작업에 착수했던 이시하(亦失哈), 1413년 몽골로 파견된 해동(海童), 티베트 지역으로 파견된 후현(侯顯) 등은 그 대표적인 사례다(전순동, 2012; 조영헌, 2018; 菊池俊彦·中村和之, 2008). 영락제의 치세 기간 동안 총 75명의 환관이 사신의 자격이나 임무를 띠고 사방으로 파견되었다(Shih-shan Henry Tsai, 1996, pp.119~140).

명 초는 환관이 "중앙을 대변하고 지방과 대항할 수 있는 중요한 존재였으며, 그것을 근거로 중앙의 정책을 직접적으로 대외 교역을 관리하는 조직으로 연결"하는 황제 권력 입장에서 순기능을 수행하는 시기였다(濱下武志, 2010, 55쪽). 환관은 조신(朝臣)보다 유연하게 대외 관계를 처리하며 조공 관계를 확대할 수 있었고 황제의 측근으로 조신들이 감당하기 어려운 공녀나 화자 등의 조달 업무 등을 거침없이 수행했다.[1]

1 영락제는 황후 1명과 비(妃) 19명을 두었는데, 황비(皇妃) 19명 가운데 6명(현비 권씨, 여비 한씨, 순

이처럼 명 초의 '환관 외교(eunuch diplomacy)'[2]는 조선과 명의 외교 관계에도 그대로 적용되었다. 하지만 1460년대 이후로 조선을 제외한 다른 지역과의 외교 관계에 환관이 개입하는 경우는 사라졌으므로, 결국 환관 외교 가운데 가장 오랫동안 그리고 가장 많은 인원을 파견한 나라는 조선이었다(Shih-shan Henry Tsai, 1996, p.119; 唐輝, 2014, 47~50쪽).

문제는 조선(고려) 출신 환관 사신을 칙사로 영접해야 하는 조선의 심리적·경제적 부담과 실제 현실에서 자주 발생하는 환관 사신의 고압적인 태도였다. 대부분 고려와 조선에서 바친 환관이 사신으로 오면 조선인의 눈에는 매우 무례하고 탐욕스럽게 비추어졌다. 가령 1396년(태조 5, 홍무 29)에 사신으로 온 환관 왕례(王禮)가 말에서 떨어진 것을 탓하여 영접관을 매질하고, 이를 말리는 접반사(接伴使)까지 모욕한 일이나(『태조실록』 권10 태조 5년 11월 계해), 세종 연간 자신이 원하는 물건을 주지 않는다고 온갖 행패를 부린 창성(昌盛)이 그러했다(『세종실록』 권41 세종 10년 9월 임신, 권49 세종 12년 9월 정해). 이들을 영접하는 과정에 들어가는 경제적인 부담 역시 조선의 큰 골칫거리였다.

비 임씨, 소의 이씨, 첩여 여씨, 미인 최씨)이 조선인이었다. 이들 6명은 모두 영락제 즉위 후 조선에 파견된 환관 황엄(黃儼)이 태종 시기에 선발했던 공녀였다(서인범, 2019, 61~103쪽). 당시 영락제의 비윤리적인 조선 공녀(처녀) 차출에 대해서 명조 측의 기록은 거의 없고 『조선왕조실록』에 남겨진 기록을 통해 실상이 밝혀질 수 있었다. 후단(胡丹)은 영락제가 조선에 조선 출신 환관을 보내면서 문서가 아닌 구전(口傳)으로 전하는 성지를 자주 사용했던 것은 황제의 권위를 추락시키는 조선에서의 공녀 차출이 문자 기록으로 남는 것을 원치 않았기 때문이라고 해석한다(후단, 2019, 268쪽).

2 '환관 외교(eunuch diplomacy)'라는 표현은 Wang, Gungwu(1968), "Early Ming Relations with Southeast Asia; A Background Essay World Order", in Fairbank, J. K. ed., The Chinese World Order: Traditional China's Foreign Relations, Cambridge, Harvard University Press에서 사용된 이후 광범위하게 확산했다.

당시 조선의 금강산(金剛山)은 중국과 일본에 불교 성지로 알려졌었고, 조선에 온 명 사신 가운데에도 금강산 유람을 요청한 자들이 적지 않았다. 조선에서 금강산 유람을 요청하여 다녀온 명 사신은 총 8회에 걸친 17명인데, 그 가운데 문신인 고득(高得)과 진경(陳敬)을 제외한 15명은 모두 환관이었다. 명 사신이 요청할 경우 조선은 대부분 이견 없이 유람을 허락해 줄 수밖에 없었는데, 특히 이들의 안전을 보장해 줄 수행원을 동원하고 국빈의 격식에 맞는 경비를 부담하는 것이 줄곧 문제가 됐다(이상균, 2011, 134~136쪽).

화자 출신 사신이 오게 되면, 일종의 금의환향(錦衣還鄕)이라는 분위기가 조성되었기에 그들은 고향을 찾아 친지를 만나길 원했다. 이에 조선은 화자가 파견될 때마다 미리 8촌의 족친(族親)까지 생사를 탐문하는 것이 상례가 되었고, 이는 조선에 적지 않은 심리적 부담이자 노고로 여겨졌다. 또한 조선 출신 환관들은 자신의 고향 땅에 대한 행정 등급의 승격을 무리하게 요구하여 이를 관철하기도 했다. 가령 세종 연간 윤봉(尹鳳)의 요청으로 고향 황해도 서흥군(瑞興郡)이 도호부(都護府)로 승격되었고, 세조 원년(1455)부터 조선에 파견되었던 정동(鄭同)의 요청으로 고향 황해도 신천이 현에서 군으로 승격됐다.

명 사신의 고압적인 자세와 조선 측의 물량 공세가 이어지면서 이에 대한 조선 측의 불만이 명 조정에도 알려졌다. 명의 선덕제(宣德帝)는 1429년 조선에 '칙서에 없는 무리한 명사(明使)의 구두 요구에 대해서는 응하지 말라'는 칙서를 보내기까지 했다. 『조선왕조실록』에 기록된 칙서에 따르면, "지금 이후로 조정에서 보내는 내관(內官)과 내사(內史) 등이 왕의 나라에 이르거든, 왕은 다만 예로 대접할 것이요 물품을 주지는 마라. 조정에서 무릇 구하는 물건은 오직 어보(御寶)를 찍은 칙서에 따라 보내고, 만약 구두로 짐의 말이라고 하면서 구하거나 이치에 맞지 않게 요구하는 것은 모두 들어주지 마라. 왕의 부자(父子)가 조정을 공경히 섬긴 지 오랜 세월이 지났으며 시간이 갈수록 더욱 신실함을 짐이 잘 아는 바이기에, 좌우의 근친들이 능히 이간할 바 아니니 왕은 염려하지 말라(『세종실록』 권46, 세종 11년 12월 13일 을유)"는 내용을 담고 있다. 하지만 이러한 조칙은 종주국 명의 위신을 세우기 위한 '레토릭(rhetoric)'에 불과한 것으로, 황제가 임명한 환관 사신들에게 실질적인 영향을 주지는 못한 듯하다. 당시 칙서가 전달된 직후에도 환관 창성(昌盛)은 자신이 원하는 물건을 조선이 제공하지 않는다며 행패를 부렸다. 칙서에 담긴 공적인 외교와 환관 및 선유성지(宣諭聖旨)를 활용하는 사적인 외교 사이의 상반된 모습을 보여 준다(정동훈, 2019, 66~78쪽).

이후로도 조선 출신 환관들이 도래할 때마다 접대에 들어가는 비용이 만만치 않았다. 1521년(중종 16, 정덕 16) 조선 출신의 정사 김의(金義)와 부사 진호(陳浩)가 왔을 때도 그들의 요구는 과도했다. 이에 1533년(중종 28, 가정 12) 조선에서는 "대체로 문신이 사신으로 나오면 잡물이 매우 간소하지만, 태감(太監)이 사신으로 나오면 잡물이 매우 번다하게 됩니다(『중종실록』 권76, 중종 28년 10월 무인)"라는 말이 회자됐다. 이처럼 조선 출신 환관 사신이 요구하는 물품이나 선물이 중국인 사신이 요구하는 것보다 훨씬 많았음을 알 수 있다. 하지만 조선의 왕은 대부분 이러한 환관 사신들의 요구를 들어주었다. 이는 명 사신들에게 주는 물건은 일종의 보험성 뇌물이었으므로, 조선 조정으로서는 울며 겨자 먹기식으로 응해야 했기 때문이다(정구선, 2004, 127~130쪽).

하지만 조선 출신 환관 사신들이 모국(母國)인 조선에 폐해만 끼쳤다고 보는 것은 공정한 평가가 아닐 것이다. 그들은 때때로 위험을 무릅쓰고 조선이 필요로 하는 정보를 제공하기도 하고, 외교상의 조언을 하기도 했다. 자신들과 별다른 이해관계가 없는 한 될 수 있으면 조선의 대명 외교에 도움을 주려고 했다. 가령 윤봉(尹鳳)은 조선이 명에 바치던 금·은의 조공 면제에 결정적인 공을 세웠고, 정동(鄭同)은 여진 정벌과 관련된 군사 정보를 얻으려는 조선 사신에게 첩보 사항을 알려 주었다. 명이 조선의 부정적인 인식에도 명 초 양국 관계를 안정적으로 유지하기 위해 환관을 파견한 이유가 여기에 있었기 때문이다. 또한 그들은 거의 예외 없이 고향을 방문하여 성묘(省墓)하고 일부 자신의 고향을 승격시켜 달라고 요구했는데, 이 역시 단순히 폐해로만 평가하기에는 어려운 부분이다(정구선, 2004, 135~137쪽).

조선 출신이 아닌 환관 사신이 조선의 외교에 이바지한 사례도 있었다. '인조반정'으로 왕위에 오른 인조의 왕위 찬탈 여부를 의심하던 명 조정이 책봉 카드로 조선 조정을 제어하려고 할 때, "요동 지방이 안정되고 나서 다시 정식으로 책봉한다"는 기존의 성지가 번복되고 조속히 책봉 교섭이 이루어진 배경에는 명조가 파견한 태감 왕민정(王敏政)과 호량보(胡良輔)의 역할이 있었다. 여기에는 조선 사신의 집요한 탄원 공세도 영향을 미쳤지만, 당시 환관 위충현(魏忠賢)의 엄당(閹黨)이 명조의 내각을 장악하고 있었다는 점이 주효했다(후마 스스무, 2019, 93~100쪽). 유교적 명분과 예에는 상당히 어긋나는 일이었지만 환관 외교를 통해 조선이 원하는 책봉이 빠르게 진행될 수 있었다.

4. 명 중엽 이후의 문신 외교

문학지사(文學之士) 출신의 한인 관료가 조선에 출사(出使)한 사례로 주목받는 인물은 1450년(세종 32, 경태 1) 정월 경태제의 즉위를 알리기 위해 조선을 방문한 명의 정사 한림원시강(翰林院侍講) 예겸(倪謙)이다. 물론 그 이전에도 과거에 합격한 문신 관료가 조선에 출사한 사례는 있었다. 1402년(태종 2, 건문 4) 정사로 파견된 홍려시(鴻臚寺) 행인(行人) 반문규(潘文珪)와 1428년(세종 10, 선덕 3) 정사로 파견된 병부원외랑(兵部員外郎) 이약(李約)은 모두 진사(進士)에 3갑(甲)으로 합격한 문인이었고, 1404년(태종 4 영락 2) 부사로 파견된 홍려시 서반(序班) 오수(鄔修)는 진사에 2갑으로 합격한 문인이었다. 하지만 진사의 1갑 출신으로는 처음으로, 그것도 한림원이라는 문원부(文苑府)에서 파견된 당대의 저명한 문관이라는 점에서 예겸은 새로운 변화를 상징했다(후마 스스무, 2019, 718쪽). 명대에 조선에 파견된 1갑 진사 출신의 문관 사절은 모두 8명으로, 〈표 3〉과 같다.

〈표 3〉 조선에 다견된 1갑 진사 출신의 문관 사신(출처: 馬志興, 2011, 7쪽)

출사 시기	사신 성명	직관	직무	과거 합격 순위
1450년(세종 32, 경태 원년)	예겸(倪謙)	한림원시강	정사	탐화
1457년(세조 3, 천순 원년)	진감(陳鑑)	한림원시강	정사	방안
1488년(성종 19, 홍치 원년)	동월(董越)	한림원시강	정사	탐화
1506년(연산 12, 정덕 원년)	서목(徐穆)	한림원시강	정사	방안
1521년(중종 16, 정덕 16)	당고(唐皐)	한림원시강	정사	장원

1547년(명종 2, 가정 16)	공용경(龔用卿)	한림원시강	정사	장원
1602년(선조 35, 만력 30)	고천준(顧天峻)	한림원시강	정사	탐화
1606년(선조 39, 만력 34)	주지번(朱之蕃)	한림원시강	정사	장원

예겸은 응천부(應天府) 남경 출신으로 예악(倪岳)의 부친이기도 하다. 예겸이 여로에 지은 시부(詩賦)와 그를 영접한 조선의 원접사(遠接使)인 정인지(鄭麟趾), 신숙주(申叔舟), 성삼문(成三問) 등이 창화(唱和)한 시문을 간추려 엮은 문집이 『봉사조선창화집(奉使朝鮮倡和集)』으로, 조선과 명 사이에 창화(唱和) 외교의 물꼬를 튼 기념비적인 작품이다(倪謙 저, 김한규 역, 2012).

중국의 국내 정세가 이러한 변화에 일조했다. 당시 명은 토목보(土木堡)의 변으로 영종(英宗, 정통제)이 몽골의 포로가 된 상황에서 방계였던 경태제(景泰帝)가 황제로 즉위한 해였다. 경태제는 자신의 통치 정당성을 확보하는 수단으로서 처음으로 1갑 진사 출신의 저명한 문신 관료를 조선에 파견했다. 이는 그만큼 명 황제의 필요가 절박한 상황에서 조선의 위상을 높여 주며 우호적인 책봉·조공 관계를 확고히 한 사례로 해석된다. 즉, 중국의 필요에 따라 조선 왕과 조선 측 입장을 세심하게 고려한 인선 결과였다(김한규, 2011, 122~125쪽).

이후 명 후기까지 고위급 명사(明使) 인선에는 문장과 시문에 탁월한 문신이 먼저 선발되는 추세가 이어졌다. 이는 조선 측 왕이나 신료들이 시문을 나누고 전고(典故)를 묻는 등 인문 지식을 배경으로 한 요청에 온전히 답을 주기 위함이었다. 가령 명의 천순제(天順帝)가 조선과 여진의 관계를 주도적으로 조절하기 위해 문신 장녕(張寧)을 파견할 때 직접

친견(親見)하여 당부했던 말을 통해 확인할 수 있다. "듣기에 이유(李瑈, 세종)가 책을 읽는다는데, 혹시나 전고(典故)에 대해 묻는 경우가 있으면 이는 무관인 무충(武忠)이 답할 수 있는 바가 아니다. 네가 앉을 자리의 차례는 윗자리에 있다(張寧, 『寶顔堂訂正方洲先生奉使錄』, 김한규 역, 2012, 卷上, 「명의의 차례를 정해 주기를 청하는 題本」, 361~362쪽)." 즉, 문관직 7품의 장녕이 무관직 3품의 무충보다 직급이 높은 정사로 파견되어야 하는 이유를 황제가 알려 준 것이다. 『만력야획편(萬歷野獲編)』에도 조선의 풍속은 시문(詩文)을 숭상하기에 조선으로 파견하는 사신을 문학적 소양이 탁월한 자로 선발하지 않으면 무시당할 수 있다는 점을 분명히 밝혀 놓았다(沈德符, 「朝鮮國詩文」, 『萬歷野獲編』 권30, 中華書局, 786쪽).

성화제(成化帝, 재위 1465~1487)가 황태자를 책립(冊立)한 사실을 조선에 알리기 위해 정사와 부사를 천거하는 과정에서, 예부는 기존에 조선 국왕을 책봉할 때에 "조신(朝臣) 가운데 경험이 많아 노련하고 본디 명망이 있는 관원"들을 간택했음을 진언했다. 이에 성화제는 "앞으로 상사(賞賜)만 있을 때는 내관(內官, 환관)을 임명하여 보내고, 별도의 행례(行禮)가 있을 때는 외관(外官, 조신)을 임명해 보내라"는 성지를 내렸다(구범진, 『이문역주』(중), 2012-B, 100~105쪽). 의례와 관련된 일로 조선에 보내는 사신으로는 노련하고 명망 있는 문신을 선발하게 된 한 계기를 엿볼 수 있다.

명의 조선 외교 라인의 주축이 명 중엽 이후 환관에서 문신으로 변화하면서, 양국 사이에는 창화 외교라 불릴 만한 문화적 교류가 중시되었다. 이는 예교(禮教)와 예제(禮制)를 기반으로 한 조명 관계로 볼 수 있고, 조선이 중국과 함께 시서예악(詩書禮樂)을 향유하는 '동문동궤(同文

同軌)'의 나라로 인식되었다는 점에서 중요하다. 문화적으로 중국과 구별이 어려운 나라이자, 책봉과 조공의 예를 성실하게 나누는 명실상부한 나라로 자리매김해 나가는 변화였다. 빠르게는 1488년 조선에 파견된 정사 동월(董越)의 기록에서 조선을 '소중화(小中華)'로 인식했음을 확인할 수 있고, 16세기부터 명은 조선을 단순한 번국 차원을 넘어 중화문명의 동반자 혹은 문화적 파트너로 인식하기 시작했다(계승범, 2018, 72쪽). 이는 몽·원 시대 이래 형성된 한중 관계의 '불균형'이 명 전기의 환관 외교를 거쳐 점차 균형적인 관계성으로 변화되는 국면이라 볼 수 있다.

그렇지만 문학적 소양이 풍부한 문관 사신이라 하더라도 의례 문제에 대해서는 고압적인 태도를 견지했던 사례도 간과해서는 안 된다. 가령 의례 논쟁에서 고압적인 자세를 보였던 공용경(龔用卿)이 대표적인 사례다. 공용경은 1537년 조선에 체류하면서 명사가 가지고 온 조서(詔書)를 맞이하는 국왕과 생원의 의례 논쟁을 유발하여 결국 제 뜻을 관철시키는 등 매우 고압적인 태도를 보여 조선 조신들로부터 비난을 받았다. 하지만 명으로 귀국한 후에는 조선이 예의 바르고 높은 문화를 가진 나라라고 칭송하면서, 예부에 조선 사신에 대한 접대를 격상시켜 달라고 건의하는 등 조명 외교 관계에 적지 않은 공헌을 한 양면적인 모습을 보여 주었다(권인용, 2005; 龔用卿, 『使朝鮮錄』, 김한규 역, 『사조선록 역주 3』, 2012, 102쪽). 천계제(天啓帝)의 황태자 출생을 알리기 위한 정사로 1626년(인조 4, 천계 6) 조선을 방문한 강왈광(江曰廣)도 한양에 도착하자마자 예론(禮論)을 개진하여, 상복을 벗고 예복으로 조서를 영접하도록 강요하여 끝내 관철시켰다(姜曰廣, 『輶軒紀事』, 김한규 역, 『사조선록 역주(明使의 조선 使行錄) 4』, 소명출판, 2012, 362쪽). 이는 그들이 한 '평범'한 일개인이 아니라 '상국(上國)'인 명조를 대표하는 인물로서 위계질서를 표현하는 예의 측면을 강조했던 것이기에 조선 측은 현실적으로 수용 외에는 다른 선택이 어려웠을 것이다(권인용, 2005, 76쪽). 환관에서 문신으로 변화하는 과정에서 그들이 요구하는 주된 내용이 황제 개인의 요구 사항에서 의례 문제로 변화했다는 차이는 분명하지만, 종주국 사신으로서 지니게 되는 고압적인 자세에서 근본적인 차이를 발견하기는 쉽지 않을 것 같다.

다만 선물과 접대에 대한 조선 측의 부담은 정사와 부사 등에 고급 문신이 선발되면서 점차 줄어들었다. 가령 홍치제(弘治帝)의 즉위를 알리기 위해 조선에 정사 자격으로 파견된 한림원시강(翰林院侍講) 동월(董越)은 조선에 머무는 약 40일 동안 선물을 대부분 거절한 것으로 유명했다. 그러자 이후 명으로 파견된 조선 사신들은 한동안 동월의 안부를 물으며 이에 대한 감사의 표현을 할 정도였다(董越, 『朝鮮賦』, 김한규 역, 『사조선록 역주(明使의 조선 使行錄) 3』, 소명출판, 2012, 9쪽). 이는 이전에 조선에 온 환관 사신이 과도한 선물을 챙겨 갔음을 반증하는 것이다. 반례로 1572년(선조 5, 융경 6) 11월 만력제의 등극을 알리는 조서를 가지고 방문했던 한림원편수 한세능(韓世能)과 이과급사중 진삼모(陳三謨)가 서울에 들어온 후 물품을 과도하게 요구한 것에 대해 조선에서는 "문사(文士)가 물화를 요구한 것은 근래에 없던 일(文士之有求請, 近代所無)"이라는 비판적인 언급을 실록에 추가했다(『선조수정실록』 권6, 선조 5년 11월 1일 계미). 그만큼 환관이 아닌 문신 사신에 대한 조선의 높은 기대감을 반영한 것이다.

5. 환관 외교와 기인 외교의 유사점과 차이점

이제 명의 조선 사행 인선과 청의 조선 사행 인선의 변화와 그 의미에 대한 기존 해석을 정리해 보고자 한다. 먼저 청의 조선 사행 인선의 가장 큰 특징을 ① 기인 출신(=한인 배제)의 ② 3품 이상의 고급 관료로 정리했던 구범진은, 청에서 외국으로 파견한 사신의 특징을 크게 '조선형'과 '유구형'으로 구분했다(구범진, 2008; 구범진, 2012, 제5장). '조선형'에 해당하는 지역은 기인 출신의 3품 이상 문무 고관이 파견되는 곳으로, 주로 중국의 서쪽과 북부인 몽골과 신장까지 포함된다. '유구형'에 포함되는 지역은 안남, 유구 등 중국의 동쪽과 남쪽에 해당하며, 여기에는 만주족인지 한족인지 따지지 않고 5~7품 정도의 관원이 파견됐다. 그리고 이러한 차이는 청의 입관(入關) 이전에 동맹을 했는지로 판가름하여, 전자는 청과의 동맹 지역이고 후자는 명의 조공국을 계승한 지역이라고 분류했다. 다만 조선은 명의 대표적인 조공국이었음에도 불구하고 입관 이전에 병자호란을 통해 강제적으로 청 질서에 포섭되었다는 점에서 몽골, 신장과 함께 한인 관료가 배제되는 조공국에 포함했다.

이러한 구도는 일찍이 청의 외교적 관계를 이번원(理藩院)이 관할하는 서북 초승달 지역과 예부가 관할하는 동남 초승달 지역이라는 '이원 구조론'으로 설명했던 맨콜(Mark Mancall)의 관점을 수용하되(Mark Mancall, 1984), 조선의 특수성을 부각하여 수정한 것이다. 맨콜은 예부의 관할하에 있던 조선을 유구, 베트남 등과 함께 동남 초승달 지역에 포함했으나, 구범진은 한인 관료의 '순례권'에 포함되지 않았다는 이유로 조선을 몽골과 함께 서북 초승달 지역과 같은 범주로 분류했다. 그런데 조선과의 관계는 이번원이 아니라 예부가 관할했고, 형식 역시 명의 책봉·조공과 큰 차이가 없었다. 따라서 조선은 관할 기구라는 면에서는 동남 초승달 지역에 포함되지만 사행단의 인선이라는 면에서는 서북 초승달 지역에 포함되는 것으로, 두 개의 초승달 지역의 속성이 중첩되는 특수성을 지녔다.

맨콜의 이원구조론과 구범진의 조선형·유구형 이론에 착안한 정동훈은 명 초 사신 인선의 특징에 대하여, 해당 지역 출신자들을 파견하는 서북부 지역과 환관을 파견하는 동남부 지역으로 구분하였다. 그리고 이러한 차이는 원의 외교적 유산과 관련된 것으로 해석하여, 전자는 원의 유산이 남아 있는 곳이지만 후자는 명대에 새롭게 편입된 곳이라고 구분했다. 고려 출신 환관들이 사신으로 많이 파견되었던 고려는 이러한 두 집합이 교집합을 이루는 예외적이고 특수한 위치였다는 것이고, 이러한 특수성이 청의 조선 사행 인선과 유사하다고 해석했다. 그리고 '해당 지역 출신 환관' 파견이 가진 효율성, 즉 해당 지역의 사정과 문화에 익숙할 뿐 아니라 언어적 소통에 문제가 없기에 대외 정보 수집에 매우 효율적이라는 점이 이후 환관 외교 확산에 이바지했음을 지적했다(정동훈, 2013). 특별히 홍무제의 치세 기간부터 영락제를 거쳐 선덕제에 이르기까지 구두 명령이나 황제의 말을 곧바로 글로 옮긴 선유성지(宣諭聖旨)를 통해 황제 개인의 필요를 요구하는 일이 많았으므로 환관, 특히 양국의 언어적 소통에 문제가 없는 조선(고려) 출신 환관이 중용되었다(정동훈, 2017-A; 정동훈, 2017-B; 정동훈, 2018). 원의 외교적 유산이 명뿐 아니라 청까지 계승되는 연결 고리를 발견했다는 점에서 흥미로운 해석이다.

이러한 최근의 여러 해석을 종합해 보면, 조선에 대한 명의 환관 외교와 청의 기인 외교에서 인선의 내용은 기본적으로 명·청 중국이 조선과의 관계를 '특별하게' 중시하고 있음을 보여 준다. 즉, 명과 청은 주변의 여러 책봉국을 동등한 원칙에 따라 공평하게 대우했던 것이 결코 아니었다. 조선과 같은 책봉국의 위상을 유지했던 안남과 유구에 대해서는 다분히 황제의 자의적인 결정에 따라 '문죄(問罪)의 사(師)'를 파견하거나 예에 어긋난 책봉과 조공을 알면서도 묵인하는 일이 다반사로 발생했는데, 유사한 안건에 대해서 조선에 행한 대처는 사뭇 다르게 나타날 때가 많았다. 조선과 비교할 때 유구나 안남에 대한 중국의 책봉·조공은 '허구의 책봉'이나 '허구의 조공'이라고 불릴 정도로 일방적이거나 자의적인 경우가 많았는데, 이는 명이 강조했던 예제적 관계라는 것이 일관적인 '체제'로 기능하기보다는 상황적 논리에 따라 대단히 유연하고 자의적으로 해석 가능한 '질서'였기 때문이다. 다만 조선은 명과 청 시기에 걸쳐 비교적 일관되게 책봉의 논리에 포섭되었을 뿐 아니라 시간이 흐를수록 예를 내재화하며 오히려 명과 청에 대해 예의 체현을 요구했다는 면에서 '특수'한 관계였다고 볼 수 있다(후마 스스무, 2019, 제2장, 3장, 제5장, 보론 1). 책봉·조공의 본질적인 의미에서 예제적 질서라는 것이 무력에 의한 정복과는 달리 '자발성'에 기초한 주종(主從) 관계를 기반으로 한다는 점에서, 명이 건국되자마자 고려가 먼저 '봉표칭신(奉表稱臣)'과 '책봉'을 요청했다는 사실(정동훈, 2019)도 전혀 예상하지 못할 일은 아니었다. 한반도와 청의 관계가 무력에 의한 지배와 복속의 관계로 시작했던 것과 달리 명과의 관계는 한반도에 다분히 원의 무력적 지배로부터 '해방'되는 계기를 마련한 관계였다. 국제 정세의 변화에 민감하면서도 변혁을 도모하던 여말 개경의 귀족 지식인들은 중원의 주도적인 이념이 된 주자학을 실천 윤리로 적극 받아들이며 명과의 관계를 정립혀 나갈 수 있었고, 이는 유가 국가로 조선을 디자인하며 건국했던 신진사대부에게는 더욱 그러했다(계승범, 이 책에 실린 「III-3. 명·청 시대 조선의 중국 사상 수용 양상」).

이런 상황에서 중국으로 보내는 사신뿐 아니라 중국에서 오는 사신의 수준 및 관계에 줄곧 촉각을 곤두세우는 면에서도 조선은 다른 책봉국과 수준을 완전히 달리했다. 아무리 형식이라 하더라도 책봉·조공이라는 예적 질서의 외피를 벗어날 수 없었기에, 예제에 정통한 조공국인 조선은 다른 조공국과 달리 명과 청을 모두 중화답게 만드는 필수적 존재였다(차혜원, 이 책에 실린 「I-1. 명 질서와 청 질서」; 홍성구, 2018, 194~197쪽). 게다가 조선은 명과 청의 수도 북경과 지나치게 가까운 지정학적인 환경 속에서 명이나 청 중심의 질서에 안정과 균열을 일으킬 가능성을 모두 지니고 있었다(계승범, 2010). 따라서 조선에서 파견한 사신만큼은 아니더라도 명과 청 역시 조선에 대한 사신 인선과 파견에 '특별한' 주의를 기울이지 않을 수 없었다.

하지만 외교의 특성상 사신은 파견국의 이익을 절대시하기 마련이고, 명과 청이 '특별히' 선발했던 환관과 고위급 기인의 파견 역시 조선으로서는 양날의 칼과 같은 존재였다. 환관이나 고위급 기인과 같은 황제의 측근이나 심복을 파견하는 것이 단순히 조서를 전달하는 것을 넘어 황제의 특수한 요구 사항을 전달하거나 조선과의 협상에서 우위를 점하기 위해서일 경우, 조선은 이들을 영접하고 대응하는 과정에서 과도한 긴장과 부담을 경험하기 마련이었다.

반면 황제의 심복이 아니더라도 조선이 선호하는 사신, 대체로 문학적 교양이 풍부한 문신이 사신으로 파견될 경우, 그 품급(品級)의 고하에 상관없이 외교 절차에서 큰 문제가 발생하지 않고 오히려 문화적인 교류가 활발히 이루어지곤 했다. 가령 1537년 명이 파견한 조신 정사 공용경(龔用卿)과 중종(中宗) 사이의 지리 지식 교류는 양면성을 지니고 있지만, 순기능적 요소가 강하게 반영되었다고 볼 수 있다(손고은, 2017; 龔用卿, 『使朝鮮錄』, 김한규 역, 『사조선록 역주 3』, 2012 등). 청의 조선 사행 파견도 초기에는 정치적인 성격이 강했지만 강희 연간에 접어들면서 형식적이고 의례적인 관계의 사행이 80퍼센트 이상으로 증가했다(이명제, 2019, 66~67쪽). 특히 양국 관계가 안정기에 접어든 18세기에는 조선의 대보단 설치, 명 황제에 대한 제사, 조선 중심의 중화주의 주장 등 청초 대단히 민감했던 사안에 대해서 청조 사행은 공식적인 문제를 제기하지 않았다(정혜중, 2018, 237~239쪽).

청의 사신 가운데 정사 아극돈(阿克敦, 1685~1756)은 만주 정람기인(正藍旗人)으로 학문적 우수성과 과거 주관의 명성을 기반으로 32세에 한림원 시독학사에 발탁되어 이듬해(1717년) 처음 조선으로 파견됐다. 그는 총 4차례 조선에 사신으로 파견되었는데(1~3차는 정사, 4차는 부사 자격), 그사이 한림원 장원학사를 겸하고 『성조실록(聖祖實錄)』 부총재에 임명됐다. 아극돈은 3번째 조선에 다녀간 뒤 『동유집(東遊集)』을 편찬하고 4번째 조선을 다녀온 뒤에는 『봉사도(奉使圖)』라는 서화집을 제작했다. 『봉사도』는 아극돈이 조선 사행 기간에 조선의 화공에게 화제(畵題)를 던지고 그린 그림을 바탕으로 귀국 후 청의 화가 정여(鄭璵)에게 그리게 한 20폭의 화첩으로, 영접 의식 및 칙서 의식을 구체적으로 확인·비교할 수 있는 기록화적 가치가 풍부하다(정은주, 2012, 353~399쪽).

그가 사신으로 발탁된 배경에 대한 정보를 담고 있는 서문과 발문을 보면, 청이 조선을 중시하기에 '중신(重臣)'이자 문학적 자질이 우수한 아극돈을 선발했다는 내용이 있다. 상투적인 표현이라고 볼 수도 있으나, 분명 시서예악을 향유하는 '동문동궤'의 나라인 조선과 외교적 대화가 가능한 인물을 선정해야 할 필요가 청조에도 요청되었음을 알 수 있다.[3] 다만 『동유집』에 포함된 28수의 시 가운데 창화시를 발견할 수 없다. 이는 명과 달리 청 시대에는 시문 창화의 전통이 쇠퇴한 요인도 있겠으나, 기인 가운데 문화적 명망이 높은 인사로 선발된 사신이라 하더라도 노련한 조선의 영접 관원들을 상대로 시작(詩作)의 역량을 과시하기에는 부담스러웠던 측면도 작용했을 것이다. 또한 조서를 맞이하는 의례에 더해서 이의를 제기하며 고답적인 예론(禮論)을 청의 사신들이 남긴 기록에서는 발견할 수 없는 것도 명과의 차이점이다(김한규, 2011, 428~440쪽).[4]

3 강희제는 1678년(숙종 4, 강희 17) 한인 관료 손치미(孫致彌)를 채시관(采詩官)으로 사행단에 동참시켜 조선의 시문을 수집하여 『조선채풍록(朝鮮采風錄)』이라는 시집을 간행하게 했다. 이때를 기점으로 강희 연간 조선에 대한 시문 수집은 수차례에 걸쳐 반복되었는데, 수집 명령의 주체는 강희제에서 점차 문관 출신의 칙사들로 변화되었다(이명제, 2019, 69~70쪽). 이는 손치미가 수집하여 소개한 조선의 시문들이 한림원 학사들의 모임인 아회(雅會)에서 공유되면서 청나라 문사들의 지적 호기심을 자극하였던 것과 관련이 있다. 당시 북경의 문화 살롱과도 같았던 아회에 참여한 한림원 학사들은 고사기(高士奇), 주이존(朱彝尊) 등 대부분 당대 저명한 한인 문신들로 구성되어 있었다(정생화, 2015, 34~42쪽).

4 하지만 아극돈의 시문은 개성과 한양 등 도성에서 행해지는 사행 의례를 일목요연하게 보여 주고 있으며, 1703년(숙종 29, 강희 42) 조선에 파견되었던 규서(揆敍)의 시문에 비하면 훨씬 세밀하게 조선을 관찰하며 이전과 다른 새로운 조선에 대한 인식을 형성하는 단계로 접

1843년(헌종 9, 도광 23) 조선 효현황후(孝顯皇后) 김씨의 승하 소식에 청의 유제사(諭祭使)로 온 몽고 정람기인(正藍旗人) 백준(柏葰)이 남긴 『봉사조선역정일기(奉使朝鮮驛程日記)』에는 조선인 문사 관료들과 교환한 창화시가 다수 남아 있어 시문 창화의 전통이 사라지지 않았음을 보여 준다(柏葰, 『奉使朝鮮驛程日記』, 김한규 역, 『사조선록 역주(淸使의 조선 使行錄) 5』, 소명출판, 2012, 145~146쪽). 1866년(고종 3, 동치 5) 책봉조선국왕비정사(冊封朝鮮國王妃正使)로 조선을 방문했던 괴령(魁齡)도 다녀와서 『동사기사시략(東使紀事詩略)』이라는 사행을 산문으로 기술하고 시로 술회하는 형식의 기행 시문을 작품으로 남겼다. 그 가운데 창화시는 단 3수만 남아 있고, 이 역시 괴령이 선창한 것이 아니라 화답한 시라는 점으로 미루어 보아 창화의 전통이 상당히 쇠퇴하고 있었음을 보여 준다(김한규, 2011, 477~484쪽). 이처럼 문화적 교류라는 관점에서 보면 청의 고위급 기인은 명의 환관보다는 문신과 유사한 측면이 많았다고 볼 수 있지만, 창화시의 전통에서는 대체로 명의 문신에 미치지 못했다.

청 말 한인 출신(강소(江蘇) 단도현(丹徒縣))의 사신인 마건충(馬建忠)이 파견되었을 때, 이전에 비하여 조선의 내정에 강하게 개입했던 사례는 조청 관계에서 중국 측이 줄곧 견지했던 우월적 태도를 적나라하게 보여 준다.[5] 당시 북양대신 이홍장(李鴻章)의 막료로 양무(洋務)를 담당했

어들었다는 평가도 있다(이명제, 2019).

5 이러한 인식은 앞서 언급했던 아극돈이 『봉사도(奉使圖)』에 남긴 시문에서도 드러난다. 조선 국왕에 대해서 "동방의 땅을 하사받고 지위는 제후인데"라는 부분으로, 청 사신인 아극돈에게 조선 국왕의 지위는 청 황제에게 봉토를 하사받은 제후라는 인식이 각인되어 있었다(정은주, 2012, 392쪽).

던 마건충은 조선에 세 차례나 왕래하며 조선이 미국과 영국, 독일 등 서양 각국과 수교하는 과정에 깊이 간여하여 청조의 국익에 봉사했고, 임오군란 때는 군란의 주동자를 공격하고 대원군을 납치하여 중국으로 연행했다(馬建忠, 『東行三錄』, 김한규 역, 『사조선록 역주(淸使의 조선 使行錄) 5』, 소명출판, 2012, 365쪽). 청조가 기인을 조선에 칙사로 보낸 것은 입관 전 복속을 거부했던 피점령 지역에 대한 우월적 입장을 반영하는 것으로 볼 수도 있겠지만, 기인·한인 여부만을 가지고 청의 우월하고 고압적인 자세를 일관화하기는 어려울 듯하다. 다만 예제에 기반을 둔 명 질서 아래에서 조선과 명은 상호 예측 가능한 관계망과 관행 속에서 크게 벗어나지 않았던 것에 비하여, 청 질서 아래의 조선과 청의 관계는 명조에서 통용되던 예제의 이념에 의지할 수 없었으며 양국 관계 역시 내구성이 있거나 균질적이라고 보기는 어려웠다. 19세기 서구 열강의 공세라는 위기에 처한 청조가 입관 전의 청조처럼 소국 조선에 대해 더는 관대한 대국이 아니라 실질적인 지배권을 행사하며 군림하고자 했던 것도 장기적 맥락에서 보면 어렵지 않게 이해가 된다(김형종, 2018; 차혜원, 이 책에 실린 「I-1. 명 질서와 청 질서」).

또한 청의 기인이 칙사로 파견되었을 때 뇌물이나 각종 명목상의 재정적 탈취는 있었으나, 명에서 파견한 환관에 비하면 대체로 줄어들었던 것으로 평가된다. 이는 청조가 삼번의 난과 정씨 세력 등을 정복한 이후 취한 조선에 대한 일련의 관용 정책과 관련된 것으로, 청조 정권의 정당성을 국제사회에서 인정받기 위한 외교적 전략의 하나로 이해할 수 있다. 가령 1713년(숙종 39, 강희 52) 10월 강희제는 대학사 등에게 내린 유지(諭旨)에서, "조선 국왕은 매우 공순하고 예를 알고 있으며, 우리 조정에서 파견한 사신 또한 모두 분수를 지키고 있어 모든 선물은 일찍이 억지로 요구한 것이 없었다. 명대에는 사신을 파견하여 저 나라에 이르면 비용이 수만 냥에 이르렀으니, 이것이 먼 나라를 위무하는 도리라고 할 수 있겠는가?"라고 자부했다. 청사 아극돈도 사신으로 올 때마다 4천 냥 이상의 은자를 뇌물로 받았지만, 명에 비하면 소량에 불과했다(홍성구, 2005, 127쪽).

이상과 같은 내용으로 보면, 명의 환관 외교와 청의 기인 외교 사이에는 차별성이 보이지만 유사성 역시 발견할 수 있다. 이러한 맥락에서 다시 명의 조선 사신 인선에 대략 다음과 같은 원리가 적용되었다고 정리할 수 있겠다.

먼저 ① 명 전기에 조선 사행 인선에 있어 조선(고려) 출신 환관을 중용하는 원칙이 적용됐고, ② 이는 (한인)문신을 배제하려는 의도보다는 언어적인 문제를 쉽게 해결하면서도 조선과의 관계를 우위에서 주도하려는 대단히 실용적인 선택의 결과였으며, 원의 외교적 유산과 밀접한 관련이 있었다. 그리고 ③ 명 중기 이후 환관이 줄고 문신 파견이 증가하는 것은 명조 내부의 정치적 변화, 즉 황제의 권력 행사 방식에서 자의적인 부분이 줄어드는 반면 의례적인 부분이 증가하는 동시에 황권을 견제하는 신권(臣權)이 강화되는 현상과 맥을 같이한다. 즉, 명조 내부에서 발생한 황제권의 성격 변화와 조선으로의 인선 변화 사이에 일련의 상관관계를 포착할 수 있다.

여기서 언급한 명 전기 황제들의 자의적인 권력 행사 방식은 사냥·순행(巡幸)·대열(大閱) 등 '무예 스펙터클(martial spectacle)'을 중시했던 홍무제, 영락제, 선덕제의 특성에 주목한 것이다. 이러한 명 전기 황제권의 성격은 원의 유산으로도 볼 수 있지만, 좀 더 광범위하게는 요-금-원-명-청으로 이어지는 동유라시아 지배권의 연속성 속에서도 해석할 수 있다(David M. Robinson, 2013). 그리고 이 시기는 환관 외교의 전성기와 겹친다. 대체로 상무적이고 자의적인 명 전기의 황제권은 정덕제(재위 1506~1521)를 마지막으로 맥이 끊어지고 이후 의례적인 형태로 변화됐다(David M. Robinson, 2008, pp.365~421; 조영헌, 2020, 195~206쪽). 이는 환관에서 문신으로 사신의 주도층이 변화된 것과 추세를 같이한다는 측면에서 흥미로운 연관성을 시사하는데, 향후 이러한 관련성에 대한 추가적인 검토가 필요하다.

청 전기에 칙사단의 수행원으로 참여한 조선 통사(通事) 가운데도 귀부(歸附)하거나 피로(被擄)되었던 조선인이 대다수를 차지했던 이유는 명 전기 조선 출신 환관을 등용했던 것과 목적이 유사했다. 이들 통사 중에는 정명수(鄭命壽)나 김신달리 가문처럼 통역뿐 아니라 양국의 외교적 현안에 대한 교섭에 영향력이 컸던 이들도 적지 않았다(우경섭, 2009; 김선민, 2014). 청 전기 조청 간의 긴장감이 줄어들고 조선 사행 파견이 정치적인 성격에서 의례적인 관계로 변화하면서 조선 출신 통사의 인상적인 역할이 점차 사라지는 것도 같은 맥락에서 이해할 수 있다.

| 참고 문헌 |

- 倪謙·張寧(2012), 殷夢霞·宇浩 편, 김한규 역, 『사조선록 역주(明使의 조선 使行錄) 2』, 소명출판, 奉使朝鮮倡和集; 朝鮮紀事; 遼海編 / 倪謙. 寶顔堂訂正方洲先生奉使錄 / 張寧.
- 董越·龔用卿(2012), 殷夢霞·宇浩 편, 김한규 역, 『사조선록 역주(明使의 조선 使行錄) 3』, 소명출판, 朝鮮賦; 朝鮮雜誌 / 董越. 使朝鮮錄 / 龔用卿.
- 朱之蕃·姜曰廣(2012), 殷夢霞·宇浩 편, 김한규 역, 『사조선록 역주(明使의 조선 使行錄) 4』, 소명출판, 奉使朝鮮稿 / 朱之蕃, 輶軒紀事 / 姜曰廣.
- 阿克敦 외(2012), 殷夢霞·宇浩 편, 김한규 역, 『사조선록 역주(淸使의 조선 使行錄) 5』, 소명출판, 東游集; 奉使圖 / 阿克敦, 奉使朝鮮驛程日記 / 柏葰, 東使紀事詩略 / 魁齡, 東行三錄 / 馬建忠, 奉使朝鮮日記 / 崇禮.
- 沈德符, 「朝鮮國詩文」, 『萬歷野獲編』 권30, 中華書局.
- 『明實錄類纂: 涉外史料卷』, 武漢出版社, 1991.

- 계승범(2018), 「16세기 초중반 한중관계의 이념성과 중층성」, 동북아역사재단 북방사연구소 편, 『조선시대 한중관계사』, 동북아역사재단.
- 구범진(2008), 「청의 조선사행 인선과 '대청제국체제'」, 『인문논총』 59.
- 구범진(2012), 『이문 역주』 상중하, 세창출판사.
- 구범진(2012-A), 『청나라, 키메라의 제국』, 민음사.
- 구범진(2012-B), 『이문 역주』 (중), 세창출판사.
- 권인용(2005), 「16세기 중국사신의 조선인식-龔用卿의 『使朝鮮錄』을 중심으로」, 박원호 등, 『15~19세기 중국인의 조선인식』, 고구려연구재단.
- 김경록(2000), 「조선초기 대명외교와 외교절차」, 『한국사론』 44.
- 김경록(2006), 「조선시대 사신접대와 영접도감」, 『연행록연구총서』 6, 학고방.
- 김선민(2014), 「조선통사 굴마훈, 청역 정명수」, 『명청사연구』 41.
- 김송희(1998), 「조선초기 대명외교에 대한 일 연구-대명사신과 대명사신 영접관의 성격을 중심으로」, 『사학연구』 55·56 합집.
- 김창수(2019), 「17~18세기 조선 사신의 외교활동과 조선·청 관계 구조」, 『조선시대사학보』 88.
- 김한규(2011), 『사조선록 연구: 송·명·청 시대 조선 사행록의 사료적 가치』, 서강대학교출판부.
- 김형종(2018), 「근대 한중관계의 변용 -자주와 독립 사이」, 동북아역사재단 북방사연구소 편, 『조선시대 한중관계사』, 동북아역사재단.
- 동북아역사재단(2011-2), 『明史 外國傳 譯註1 -外國傳 상중하』, 동북아역사재단.

- 마크 C. 엘리엇(2009), 이훈·김선민 옮김, 『만주족의 청제국』, 푸른역사.
- 박원호(2005), 「導論」, 박원호 등, 『15~19세기 중국인의 조선인식』, 고구려연구재단.
- 배우성(2010), 「서울에 온 청의 칙사 馬夫大와 삼전도비」, 『서울학연구』 38.
- 濱下武志(2010), 「정화의 대항해와 해역세계」, 〈아시아 해상 실크로드와 교역항〉 (2010년 국립해양문화재연구소·국립목포대학 도서문화연구원 국제학술대회, 2010년 10월 8일).
- 서인범(2019), 『자금성의 노을 -중국 황제의 후궁이 된 조선 자매』, 역사인.
- 손고은(2017), 「16세기 전반 조명외교와 지리 지식 교류: 혼일역대국도강리지도를 중심으로」, 고려대학교 석사학위 논문.
- 송미령(2014), 「명사 강왈광의 조선 사행」, 『동국사학』 57.
- 우경섭(2009), 「17세기 전반 만주로 귀부한 조선인들 -『八旗滿洲氏族通譜』를 중심으로」, 『조선시대사학보』 48집.
- 이명제(2019), 「강희 연간 청사의 사행 기록과 조선 인식의 양상 -규서와 아극돈을 중심으로-」, 『한국문화』 88.
- 이상균(2011), 「조선전기 외국 사신들의 금강산 유람과 그에 따른 폐해 고찰」, 『사학연구』 101.
- 전순동(2009), 「명조 전기 환관 세력의 추이와 기능」, 『중국사연구』 61.
- 전순동(2012), 「명초 환관의 외교 활동 실태와 그 성격」, 『중국사연구』 77.
- 전해종(1977), 『한중관계사연구』, 일조각.
- 정구선(2004), 「鮮初 조선출신 명 사신의 행적」, 『경주사학』 23.
- 정동훈(2013), 「명초 국제 질서의 재편과 고려의 위상 -홍무 연간 명의 사신 인선을 중심으로」, 『역사와 현실』 89.
- 정동훈(2017-A), 「홍무제의 명령이 고려에 전달되는 경로 -聖旨의 문서화 과정을 중심으로-」, 『동양사학연구』 139.
- 정동훈(2017-B), 「영락제의 말과 글 -영락 연간 조선·명 관계의 두 층위-」, 『한국문화』 78.
- 정동훈(2019), 「선덕제의 말과 글 -서울과 북경에서 바라본 황제의 두 얼굴-」, 『한국문화』 87.
- 정동훈(2020), 「정통제의 등극과 조선·명 관계의 큰 변화 -조선 세종대 양국 관계 안정화의 한 배경-」 『한국문화』 90.
- 정생화(2015), 『청 강희 연간 한림학사의 조선문화 인식 연구』, 서울대학교 국문과 박사학위 논문.
- 정은주(2012), 『조선시대 사행기록화: 옛 그림으로 읽는 한중관계사』, 사회평론.
- 정혜중(2018), 「18세기 만주족 청과 조선의 교류」, 동북아역사재단 북방사연구소 편, 『조선시대 한중관계사』, 동북아역사재단.
- 조영록(1990), 「선초의 조선출신 明使考」, 『국사관논총』 14.
- 조영헌(2018), 「15세기 한중 관계: 예제적-일원적 책봉·조공의 확립」, 동북아역사재단 북방사연구소 편, 『조선시대 한중관계사』, 동북아역사재단.

• 조영헌(2020), 「1522년 북경 會同館의 대조선 門禁 조치와 그 배경」, 『중국학보』 91집.
• 최소자(1997), 『명청시대 중·한관계사 연구』, 이화여자대학교출판부.
• 한명기(1997), 「17세기초 明使의 서울 방문 연구」, 『서울학연구』 8.
• 홍성구(2005), 「18세기 조선의 중국인식: 아극돈의 조선출사와 「동유집」·「봉사도」를 통해 본 조청 관계, 그리고 그 시대적 특징」, 박원호 등, 『15~19세기 중국인의 조선인식』, 고구려연구재단.
• 홍성구(2018), 「청 질서의 성립과 조청 관계의 안정화: 1644~1700」, 동북아역사재단 북방사연구소 편, 『조선시대 한중관계사』, 동북아역사재단.
• 후단(2019), 이성희 옮김, 『명나라 후궁 비사』, 홀리데이북스.
• 후마 스스무(2019), 신로사 외 옮김, 「사유구록(使琉球錄)과 사조선록(使朝鮮錄)」, 『조선연행사와 조선통신사』, 성균관대학교출판부.

• 高艷林(2005-5), 「明代中朝使臣往来研究」, 『南開學報』.
• 唐辉(2014), 『明代宦官出使研究』, 山東師範大學碩士学位論文.
• 杜慧月(2010), 『明代文臣出使朝鮮與『皇華集』』, 人民出版社.
• 馬志興(2011), 『明朝遣往朝鮮使者身份研究』, 吉林大學碩士學位論文.
• 孟宪尧·孟小泸(2012-4), 「明代出使朝鲜使臣類型探讨」, 『长春师范学院学报』.
• 孙卫国(1994), 「论明初的宦官外交」, 『南开学报』.
• 王春瑜·杜婉言(2016), 『明朝宦官史料』, 商务印书馆.
• 王春瑜·杜婉言(2016), 『明朝宦官』, 商务印书馆.
• 劉家駒(1986), 『清朝初期的中韓關係』, 臺北: 文史哲出版社.
• 何新華(2012), 『最後的天朝: 清代朝貢制度研究』, 人民出版社.
• 胡丹 辑考(2014), 『明代宦官史料长编』, 南京: 凤凰出版社.
• 劉爲(2002), 『清代中朝使者往來研究』, 黑龍江教育出版社.
• 進藤尊信(2009), 「明代宦官の經歷と宦官集團の變化について」, 『集刊東洋學』 102.
• 菊池俊彦·中村和之(2008), 『中世の北東アジアとアイヌ: 奴兒干永寧寺碑文とアイヌの北方世界』, 東京: 高志書院.

• Lim, Jongtae(2016), "Tributary relations between the Choson and Ch'ing Courts to 1800", Willard J. Peterson ed., *The Cambridge History of China Volume 9*, Part Two" The Ch'ing Dynasty to 1800, Cambridge University Press.
• David M. Robinson(2008), "The Ming Court and the Legacy of the Yuan Mongols", *Culture, Courtiers and Competition; The Ming Court(1368-1644)*, Harvard University Press.
• David M. Robinson(2013), *Martial Spectacles of the Ming Court*, Cambridge: Harvard University Asia Center.
• Wang, Gungwu(1968), "Early Ming Relations with Southeast Asia; A Background Essay

World Order", in Fairbank, J. K. ed., *The Chinese World Order: Traditional China's Foreign Relations*, Cambridge, Harvard University Press.

- Shih-shan Henry Tsai(1996), *The Eunuchs in the Ming Dynasty*, State Univ. of New York Press.
- Mark Mancall(1984), *China at the Center: 300 Years of Foreign Policy*, Free Press.
- Evelyn S. Rawski(1998), *The Last Emperors: A Social History of the Qing Imperial Institutions*, Berkeley and Los Angeles: Univ. of California Press(이블린 S. 로스키, 구범진 옮김, 『최후의 황제들: 청 황실의 사회사』, 까치, 2010).
- Mark C. Elliott(2001), *The Manchu Way: The Eight Banners and Ethnic Identity in Late Imperial China*, Stannford, Stanford Univ. Press(마크 C. 엘리엇, 이훈·김선민 옮김, 『만주족의 청제국』, 푸른역사, 2009).

Ⅱ-2

연행록과 사조선록

| 홍성구 ■ 경북대학교 역사교육과 교수 |

1. 연행록과 사조선록의 명칭과 범주

2. 연행록과 사조선록의 자료적 가치

3. 한국 학계의 연행록 연구:
『연행록연구총서』에 수록된 연구를 중심으로

4. 중국 학계의 연행록 연구

5. 연행록과 사조선록 연구의 전망

1. 연행록과 사조선록의 명칭과 범주

일반적으로 '관계'는 우선 '사람'의 왕래를 통해 시작된다. 사람이 오고 가면서 '물품'의 교환이 이루어지고, 서로 다른 '생각'도 전달되어 상호 영향을 끼치게 된다. 역사상 무수히 많은 '관계'가 존재했겠지만, 현재 우리가 알 수 있는 것은 어떤 식으로든 흔적을 남긴 것들뿐이다. 이 흔적 중에서 그나마 가장 쉽게 접할 수 있는 것이 문자를 사용하여 남긴 '기록'이다.

한국과 중국의 '관계' 역시 그 역사는 매우 오래되었지만 '관계'의 흔적을 전해 주는 '기록'은 생각만큼 많지 않다. 그러한 점에서 국왕과 황제의 사행(使行)으로서 600년이 넘는 시간 동안 거의 같은 몇몇 경로를 통해 비슷한 목적을 가지고 왕래한 견문을 기록한 많은 종류의 사행 기록이 남아 있다는 사실은 경이로운 일이다. 이른바 '연행록(燕行錄)'과 '사조선록(使朝鮮錄)'이 그것이다.

특히 방대한 수량을 자랑하는 연행록은 일찍부터 학계에서 그 가치를 주목하여 여러 차례 자료집이 출간됐다. 그중에서 2001년 전 100책으로 출간된 『연행록전집(燕行錄全集)』(임기중 편, 이하 『전집』으로 약칭)은 비록 편집상 적지 않은 문제점이 지적되었지만 연구자가 쉽고 편리하게 접근할 수 있게 되었다는 점에서 연행록 연구의 중요한 전기가 되었다. 다음은 지금까지 출간된 연행록 자료집의 목록이다.

- 성균관대학교대동문화연구원, 『연행록선집(燕行錄選集) 上·下』(30종

수록), 1960~1962.

- 『(국역)연행록선집(國譯 燕行錄選集)』(전 12책), 민족문화추진회, 1976.
- 임기중, 『연행록전집(燕行錄全集)』(전 100책, 398종 수록), 동국대학교출판부, 2001.
- 임기중·후마 스스무(夫馬進), 『연행록전집-일본소장편』(전 3책, 별책, 37종 수록), 동국대학교 한국문학연구소, 2001.
- 임기중, 『연행록속집(燕行錄續集)』(전 50책, 170종 수록), 상문사, 2008.
- 성균관대학교대동문화연구원, 『연행록선집보유(燕行錄選集補遺)』(전 3책, 20종 수록), 2008.
- 『(신편 국역)연행록선집』(17책), 한국학술정보, 2008.
- 弘華文, 『燕行錄全編』(12책), 廣西師範大學出版社, 2010.
- 푸단대학문사연구원(復旦大學文史研究院)·성균관대학동아학술원대동문화연구원(成均館大學東亞學術院大東文化研究院), 『한국한문연행문헌선편(韓國漢文燕行文獻選編)』(30책, 33종 수록), 復旦大學出版社, 2011.

위의 자료집 중에는 일찍부터 작품성과 자료적 가치를 인정받은 연행록의 번역이 포함되어 있지만, 이후에도 적지 않은 연행록이 개별 연구자와 문중, 기관 등에 의해 번역되어 연구자가 편리하게 활용할 수 있게 됐다. 이에 대해서는 온라인을 통해서도 쉽게 검색할 수 있으므로 일일이 거론하지 않는다.

연행록은 고려 말부터 조선 말까지 600년이 넘는 시간 동안 주로 고려·조선에서 원·명·청에 파견한 사행이 그 견문과 감상을 남긴 여행기록의 통칭이다. 원·명·청과 고려·조선은 책봉과 조공의 의례를 교환함으로써 상호 간에 군주의 통치권을 승인하였고, 양측은 이러한 국제 관계의 성립·유지·발전을 위해 사행을 교환했다. 조선은 명 중심의 동아시아 질서(명 질서)에 자발적으로 참여하여 명을 천조로 받아들였고, 조선에서 명에 파견한 사행이 남긴 여행 기록을 일반적으로 '조천록(朝天錄)'이라고 불렀다. 하지만 청조의 수립을 인정하지 않다가 전쟁을 통해 강제로 청 중심의 동아시아 질서(청 질서)에 편입된 조선은 이후에도 청의 정통성을 인정하지 않는다는 내면 의식의 표현으로 청에 파견한 사행이 남긴 여행 기록을 '조천록'과 구별하여 대체로 '연행록'이라고 일컫는 경향이 있었다. 이처럼 '조천록'과 '연행록'이라는 용어에는 조선시대 지식인이 명과 청에 대해 가지고 있던 인식의 차이가 반영되어 있기도 하다(陳尙勝, 1999; 孫衛國, 2002-1). 그런데 근래에는 시대를 막론하고 '연행록'으로 통칭하는 경향이 보인다. 임기중은 명에 사행한 기록에도 '연행록'이라는 명칭이 존재한다는 점을 들어 한국인이 원·명·청 왕조에 사행하여 남긴 기행록을 포함한 사행록을 '연행록'이라고 지칭했다(임기중, 2001). 하지만 김경록은 '사행' 목적과 관련하여 외교 기록으로서의 의미, 연행록이란 명칭에 포함된 부정적인 반청(反淸) 인식과 사행 목적지의 위치가 가지는 의미를 강조하여 '연행록'이 포괄적인 범주의 이름으로 적합하지 않기 때문에 '사행 기록'이라는 명칭으로 부를 것을 제안했다(김경록, 2006). 이와 관련해 후마 스스무(夫馬進)는 구체적인 사행 목적에 따라 불리던 동지사(冬至使), 성절사(聖節使), 사은사(謝恩使) 등의 명칭은 총칭으로서 부적절하며, 부경사(赴京使), 조천사(朝天使), 사대사(事大使) 등은 특정 시대의 가치를 표현하고 있으므로 학술 용어로서 적절하지 못하다는 점을 지적하고, '연행록'이 학술 용어로 정착되어 가는 현상에 비추어 '연행사(燕行使)'라는 용어를 사용하겠다고 했다(후마 스스무, 2008). 이 밖에도 연행록의 특징을 기준으로, 단순한 여행 기록이 아니라 '사행'이라는 목적을 가지고 여행한 기록이라는 점, 그래서 당연히 조선의 수도인 서울에서 명·청 왕조의 수도인 북경을 왕복한 여행 기록이라는 점을 강조하여 이 기준을 충족하지 못하는 기록은 '연행록'에 포함할 수 없다는 견해도 있다(漆永祥, 2010-5). 『전집』이나 『한국한문연행문헌선편』 등에 수록된 최부(崔溥)의 『표해록(漂海錄)』이 그 대표적인 사례다. 추쇄경차관으로 제주도에 파견된 최부는 아버지가 돌아가셨다는 소식을 듣고 서둘러 고향인 나주로 돌아오던 길에 명의 절강성 영파 해안에 표류했다가 대운하를 통해 북경을 거쳐 요동의 사행로를 거쳐 서울로 돌아왔고, 그 직후 국왕인 성종의 명에 따라 표류 기간의 행적을 기록으로 남겼다. 그렇기 때문에 분명 사행 기록이라고 할 수는 없다. 하지만 명·청의 수도인 북경만을 왕래하던 조선의 사행이 볼 수 없었던 중국 강남 지역과 연해 일대의 사회와 문화에 관한 풍부한 정보를 제공한다는 점에서 최부의 『표해록』은 그 어느 연행록과도 비교할 수 없는 풍부한 사료적 가치를 지니고 있다. 그뿐 아니라 북경에서부터의 귀국 경로는 다른 연행록과 마찬가지로 사행로를 따라 여행한 체험을 기록한 것이기도 하다. 그러한 점을 고려하면, 연구의 목적과 필요에 따라 서로 다른 용어를 사용할 수 있겠지만, 자료를 범주화하는 목적이 수집과 정리, 활용의 편의를 위한 것이라면, '연행(燕行)'을 굳이 '조천(朝天)'과 대비하여 조선 후기의 가치를 대변하는 용어로 한정하여 개념화하지 않고, 여행의 목적과 경로, 목적지와 같은 물리적인 기준에 얽매어 분류를 지나치게 세분화하지 않으며, '원

·명·청 시기 고려·조선인이 북경 등 중국을 여행하고 남긴 견문 기록' 이라는 넓은 의미로 '연행록'을 이해하는 것도 실용적이지 않을까 생각한다.

연행록에 상대되는 것으로는 '사조선록'이 있다. 사조선록은 중국 왕조에서 한국 왕조에 파견한 황제의 사행[勅使]이 남긴 기록이다. 명·청에서 조선에 칙사를 파견한 횟수가 조선에서 파견한 연행사의 횟수에 비해 현저하게 적었기 때문에 사조선록의 수량도 당연히 연행록과는 비교할 수 없을 정도로 적다. 게다가 명대 전기에는 주로 조선 출신의 환관이 칙사로 파견되는 경우가 많아 이들이 사행의 경험과 견문을 기록으로 남긴 사례는 전무하다. 북송 말인 선화 6년(1124) 고려에 파견되었던 서긍(徐兢)의 『선화봉사고려도경(宣和奉使高麗圖經)』을 포함하여 현재까지 전해지는 명대의 사조선록은 모두 시문(詩文)의 창화(唱和)가 가능한 문학적 소양이 높은 문관이 남긴 사행 기록이다. 청대에는 조선에 파견하는 칙사는 기인(旗人) 중에서만 선발하였는데, 그래서인지 이들 가운데 조선 사행 기록을 남긴 것은 18세기의 것으로는 아극돈의 사례가 유일하고 나머지 4종의 사조선록은 모두 19세기 말의 것이다.

사조선록은 그 수량이 적고 자료집 출간이 늦어서인지 연행록과는 달리 근래까지 학계의 주목을 거의 받지 못하였다. 2003년에야 중조관계사료총간(中朝關係史料叢刊)으로 『사조선록(使朝鮮錄)』(殷夢霞·于浩, 北京圖書館出版社)이 처음 자료집으로 출간되었고, 여기에 수록된 사행 기록의 종류도 현재까지 알려진 것은 18종에 불과하다. 따라서 이에 대한 연구도 이제 시작 단계에 있다. 『사조선록』에 수록된 개별 사행 기록의 명칭은 각각 다르지만, '봉사조선(奉使朝鮮)'이라는 용어가 많이 사용되고 있고, '사조선록'이 '조선에 사행한 기록'이라는 의미를 담고 있어 16세기 명 가정(嘉靖) 시기 조선에 사행하였던 공용경(龔用卿)이 저술한 『사조선록』의 제목을 따서 총서의 제목으로 했다. 하지만 이 총서에 수록된 사행 기록 중 마건충(馬建忠)의 『동행삼록(東行三錄)』은 북양대신 이홍장(李鴻章)이 자신의 막료(幕僚)를 파견한 것으로, 청 황제가 파견한 것이 아니라는 점에서 엄밀한 의미에서는 동질의 '사조선록'이라고 보기 어렵다. 그렇지만 마건충의 사행이 가진 의미와 영향력은 다른 칙사에 비해 결코 가볍지 않다. '연행록'의 범주와 마찬가지로 '사조선록'의 범주도 '원·명·청의 인물이 고려·조선을 여행하고 남긴 견문 기록'이라는 넓은 의미로 이해하는 것이 실용적이라고 할 수 있다. 그리하면 마건충의 『동행삼록』은 '사조선록'의 범주에 포함될 뿐 아니라, 이상의 18종 외에도 '사조선록'의 범주에 포함될 여행 기록이 더 발굴될 수 있고, 또 그렇게 되어야 할 것이다.

2. 연행록과 사조선록의 자료적 가치

연행록과 사조선록은 양자 모두 대체로 책봉과 조공의 의례를 교환하는 관계 아래 국왕과 황제의 의사를 상대국에 전달하는 외교 업무와 직간접적으로 관련된 기록이라는 점에서 한중관계사 및 관련 연구의 보고(寶庫)라고 할 수 있다. 연행록의 가치에 관한 언급을 살펴보면, 왕정야오(王政堯)는 외국의 상황을 보고 듣고 느낀 그대로 기록한 진실성 있는 자료라는 점에서 그 사료적 가치를 평가하면서도 연행 사행이 방문한 시기와 견문의 범위 및 언어 소통의 장애로 인한 한계도 함께 고려해야 한다는 점을 지적했다(王政堯, 1997-3). 천상성(陳尙勝)도 조천록과 연행록의 가치는 무엇보다도 중국인이 주의하지 못한 사실을 기록하였다는 점에 있다고 강조했다. 따라서 그 내용은 원시 자료로서의 성격을 지니고 있으며, 외국 사신이 귀국 후에 중국 측으로부터 아무런 제약도 받지 않고, 보고 느낀 점을 그대로 진실하게 남긴 기록이라는 점에서 다른 무엇과도 견줄 수 없는 가치가 있다고 평가했다. 또한 일반적으로 청대의 연행록이 명대의 조천록보다는 사대(事大) 관념의 제한을 덜 받은 편이기 때문에 자료 가치라는 측면에서 더 뛰어나다고 하면서도, 명조의 폐정(弊政)과 왕조 말기의 사회상에 대한 비판이 생생하게 기록되어 있는 조천록의 가치에도 주목했다.

한국에서 『전집』이 출간되자 곧바로 중국에도 소개되어 학계의 주목을 끌기 시작했는데(山石, 水涌, 2002-1), 『전집』이 가지고 있는 편집상의 문제점에 대해 한국과 중국 학계에서 적지 않은 비판을 제기했다. 대표적으로 서인범은 『전집』의 작품 배열은 저자의 출생 연대순보다는 연행 연대순으로 편집해야 했고, 동일 저자의 작품도 연대가 뒤섞여 있으며, 저자의 이름이 잘못 표기된 경우, 작품의 명칭은 다르지만 내용이 동일한 작품이 중복되어 있으며, 권근(權近)의 『점마행록(點馬行錄)』, 허균(許筠)의 『기유서행기(己酉西行紀)』 등 연행록 범주에 포함할 수 없는 작품이 포함되어 있기도 하고, 같은 연행록을 실으면서 표점이 있는 것과 없는 것을 동시에 배열하였으며, 무엇보다도 사료의 출처를 밝히지 않은 점을 편집상의 중요한 문제점으로 지적했다(서인범, 2008). 주오장(左江)은 『전집』에 수록된 연행록의 작자, 작자의 생몰 시기, 사행 시기 등의 오류를 지적하고 이에 대한 정확한 고증을 시도했다(左江, 2008; 2010-1). 양쥔(楊軍)도 『전집』 출간의 의의를 인정하면서도, 『전집』 편자의 서문에는 수록된 연행록의 종류가 380여 종이라고 했지만 실제 헤아려 보면 246종이고 중복된 것을 포함하더라도 354종이며, 현존하는 연행록 수에 대한 추정도 막연히 500여 종이라고 하였지만 실제 발굴된 것을 조사해 보면 400종을 넘기 어렵다고 비판했다(楊軍, 2009; 金榮鎭, 2009). 또 널리 알려진 유득공(柳得恭)의 『난양록(灤陽錄)』이 빠진 것도 문제점으로 지적했다. 아울러 앞서 주오장의 비판처럼 연행록의 작자와 출사 시기에 대한 잘못된 고증, 잘못 붙여진 서명에 대한 지적도 있었다(夫馬進, 2002; 徐仁範, 2008). 하지만 이러한 비판들도 다른 한편으로는 연행록의 가치에 대한 관심을 보여 주는 것이라고 할 수 있다. 아울러 이러한 비판은 이후 『연행록총간(燕行錄叢刊)』에 상당 부분 반영됐다.

연행록에 대한 관심은 소위 '연행록학'을 전망하는 단계로까지 발전했다. 『전집』 출간 이후 숭실대학교 한국전통문예연구소에서는 "'연행록학'을 꽃피우기 위한 토양 마련이 긴요하다"는 인식하에 그동안 국내에서 발표된 연행록 관련 논저를 모아 『연행록연구총서』(10책)(조규익 등 엮음, 학고방, 2006)를 출간했다. 또 중국의 치우루이쭝(邱瑞中)도 '연행록학'을 전망하며 '연행록'을 제목으로 내세운 연구서를 출간했다(邱瑞中, 2010). 이 책은 크게 상편과 하편으로 나뉘었는데, 상편은 『소현세자심양일기(昭顯世子瀋陽日記)』, 이개(李愷)의 『설정선생조천일기(雪汀先生

朝天日記)』, 신충일(申忠一)의 『건주문견록(建州聞見錄)』, 김창업(金昌業)의 『노가재연행일기(老稼齋燕行日記)』 등 연행록을 통해 명조 가정·만력 연간의 궁정 생활, 명·청 전쟁의 상황, 만력 24년(1596) 당시의 여진 상황, 강희 51년(1712), 52년(1713) 당시의 청조 사회상 등을 살펴보는 연구 논문을 수록하여 연행록이 궁정사, 사회사, 정치사, 전쟁사, 만주사 등 다양한 역사 문제를 해명하는 데 유용한 자료임을 보여 주었다. 하편에서는 '연행록학'의 가능성을 전망하고, 연행록과 함께 조선 문헌과 문집에 담겨 있는 몽·원 관계 사료 및 청대 사료의 가치를 소개했다.

이처럼 연행록은 현재까지 발굴된 자료의 종류와 수량도 매우 많고 일찍이 여러 종류의 자료집이 출간되어 연구에 활용되었으며, 특히 조선시대 최고 수준의 문학지사(文學之士)의 작품이 많아 조선 사회에 끼친 영향도 그만큼 컸기 때문에 한국 학계를 중심으로 방대한 연구 업적을 축적하고 있는 반면, 사조선록의 경우에는 아직 발굴된 자료의 종류와 수량도 적고, 그동안에는 자료에 대한 접근 자체가 매우 어려웠기 때문에 연구의 양과 질의 면에서 아직 연행록과 비교할 수준에 미치지 못한다. 최근 김한규는 『사조선록』을 완역하고(殷夢霞·于浩, 2012), 여기에 수록된 18종의 조선 사행 기록에 대한 초보적인 연구를 진행했다(김한규, 2011). 『사조선록』의 서문을 쓴 류웨이(劉爲)는 사조선록은 예의 제도와 의식·의규를 상세히 기록한 것 외에도 여행 중 사신 개인이 느낀 감상을 기록한 것으로 그중에는 문학적 가치가 높은 시부(詩賦)가 다수 포함되어 있는데, 연행록이 조선 후기 사상과 학술에 지대한 영향을 끼친 데 비해 사조선록은 그렇지 못했기 때문에 사조선록이 연행록에 비해 주목받지 못하였다는 점을 아쉬워했다(劉爲, 2003). 김한규도 사조선록은 모두 역대 중국 국가들의 사신이 한국을 내왕한 과정에서 직접 보고 들은 견문을 서술한 자료이기 때문에 전통 시대의 한국사와 요동사 및 한중관계사와 동아시아 국제 질서를 이해하는 데 더할 수 없이 귀중한 자료이며, 한중 책봉·조공 관계의 실상에 접근하는 데 필요한 정보를 직접, 그리고 체계적으로 제공한다고 했다. 특히 사조선록에는 명·청 사신과 조선 접반사들이 외교적 현안을 해결하는 독특한 수단으로 활용한 다수의 창화시(唱和詩)가 수록되어 있어 세계 외교사에서 그 유례를 찾아보기 어려운 '창화 외교'라는 독특한 외교 양식에 접근하게 하는 자료의 보고라고 했다. 또한 사조선록을 통해서 명·청 사신들이 조선에서 사신으로 활동하면서 독특한 예론(禮論)을 개진하여 양국의 책봉·조공 관계를 단속·강화하는 일에 주력했다는 사실을 포착할 수 있는데, 창화 외교나 예론 전개 등은 바로 전형적인 책봉·조공 체제의 가장 효과적인 표현이라는 점에서 그 자료적 가치를 높이 평가했다(김한규, 2011).

이와 같이 연행록과 사조선록의 가치는 다른 자료에서는 볼 수 없는 다양한 분야에 걸친 내용이 포함되어 있다는 점에서 두드러진다. 하지만 연행록과 사조선록에 대한 연구 격차가 매우 크다는 점은 앞에서 이미 언급한 바와 같다. 특히 김한규의 『사조선록 연구』(서강대학교출판부, 2011)가 지금까지 중국과 한국 학계에서 발표된 사조선록 관련 연구 성과를 대부분 다루었으므로 구체적인 연구 성과 분석은 연행록 연구를 중심으로 살펴보도록 하겠다.

연행록 연구는 한국 학계에 방대한 연구 성과가 축적되어 있고, 중국 학계에서도 한중 수교 이후 2000년대에 들어서면서 연구가 활발해지기 시작했다. 하지만 한국 학계의 연구는 주로 문학 분야의 연구가 대부분을 차지한다. 그 이유는 앞에서도 언급했듯이, 연행록의 저자가 대체로 문학적 소양이 뛰어난 문학지사인 경우가 많아 그 작품성이 매우 뛰어났기 때문일 것이다. 그리고 역사학 분야의 연구가 상대적으로 부족한 이유는, 해방 이후 한국사학계가 식민사학 극복을 핵심 과제로 의식하면서 한국사의 내재적 발전을 설명하는 데 치중했고, 같은 시기 동양사학계에서는 주로 사회경제사를 중심으로 중국사 자체의 연구에 집중했기 때문에 역사학계 전반에 걸쳐 한중관계사에 대한 관심이 상대적으로 약했다는 점을 꼽을 수 있다. 현재에 이르기까지 한국 역사학계에서 연행록 연구에 관한 본격적인 연구사 정리가 제대로 이루어지지 못하였다는 사실 하나만으로도 이러한 상황을 잘 보여 준다고 생각된다. 그나마 숭실대학교 한국전통문예연구소에서 그동안의 국내 연행록 연구 성과를 망라하여 문학편(제1권~제5권), 역사편(제6권), 정치·경제·외교편(제7권), 사상·의식편(제8편), 복식·건축·회화·지리편(제9권, 제10권)으로 분류하여 『연행록연구총서』(조규익 등 엮음, 학고방, 2006)로 편찬하여 국내의 연구 성과를 파악하는 데 도움을 주고 있다. 한편 중국 학계에서는 2000년대 이후에야 연행록 연구가 본격화되기 시작하였음에도 불구하고 이미 여러 편의 연구사 논문이 발표됐다(裴英姬, 2009; 洪性鳩, 2011; 王政堯, 1997-3; 王廣義·許娜, 2011-5; 李學堂, 2012; 王禹浪·程功·劉加明, 2012-11; 金柄珉, 2014; 谷小溪, 2017). 이에 이 글에서는 한국 학계의 연구는 『연행록연구총서』에 수록된 연구 성과를 중심으로, 중국 학계의 연구는 이왕에 발표된 연구사 정리를 기초로 살펴보기로 한다.

3. 한국 학계의 연행록 연구:
『연행록연구총서』에 수록된 연구를 중심으로

조선과 명·청의 사행 외교에 관해 권인용의 「명 중기 조선의 입명사행」은 소세양(蘇世讓)이 황자 출생을 축하하는 진하사로서 남긴 기록을 예로 삼아 조천사절이 명에서 활동한 내용 및 그 국한성을 분석했다. 사절 외교가 일정한 외교적 목적을 달성하고, 문인 간의 문화 교류를 통해 상호 이해가 증진됐지만, 사절단의 선발과 구성은 '전문성'이 결여되었기 때문에 외교 활동의 능률성과 획득한 정보 수량에 제한을 받았다고 보았다. 박성주의 「조선 초기 견명사절 소고」는 사절단의 구성과 임직, 종류와 파견 과정, 중국에서의 활동 상황 등을 분석했고, 도표 형식으로 조선 태조 원년(1392년, 명 태조 25년)에서 조선 성종 25년(1494년, 명 효종 7년)에 이르기까지 102년간 파견된 598차례의 사절단의 명목과 인원 구성을 통계 처리했다. 김성칠의 「연행소고」는 사대사행의 무역과 문화 교류 효과에 대해 해석했고, 박제가(朴齊家)의 『북학의(北學議)』 저술 과정과 연행 사이의 관계에 대해 분석했다. 치우루이쭝과 최창원이 공저한 「『소현심양일기』와 명·청 결전」은 일기 속에 기록된 관외 청국의 몇 가지 큰 사건과 청병의 입관 전후에 대해 분석했다. 하정식의 「연행정보로서 본 태평천국의 여러 측면」은 사신이 보내온 관련 정보에 대해 분석한 것이다. 당시 조정은 적비를 토벌하는 명목이 달랐고, 승전보가 빈번하게 전해졌지만 적비는 도리어 번성하게 되었으며, 적비의 작란과 양이의 분요가 동시에 나타나게 되었고, 남비를 평정해도 우려는 여전하다는 등 당시 사신의 눈에 비친 혼란한 시국을 밝혀냈다. 진재교의 「18세기 청조 학인과의 학술교류」는 홍양호(洪良浩) 가족과 기균(紀昀) 가족 사이의 대대로 내려온 교분 관계의 전개를 다룬 연구로, 연행을 통해 청조의 최신 학술을 수입할 수 있었기에 조선은 신지식의 창구를 만들 수 있었다. 이는 조선 후기 구학문의 해체와 신학문의 생산 및 그 유통에 대해 중요한 의의를 지닌다고 보았다. 조기영의 「이흘의 『조천일기』 속에 체현된 17세기 문화양상」은 명조 말기(1629년) 이흘(李忔)이 동지사로서 황태자 탄생과 변무의 명목으로 갔던 순탄치 않았던 조천 과정의 진행을 연구했는데, 주로 조천의 노정, 해로에서의 익사자에 대한 제의, 점괘와 점몽에 초점을 맞추었고, 풍물과 문화, 문학 교류 등의 일기 내용을 심도 있게 해부했다. 그리고 김현미의 「18세기 연행록 속에 나타나는 중국 여성」은 각 시대 조선 연행사자의 눈에 비친 중국 여성의 형상을 추출하여 '이국 풍채의 여성'의 형상화 및 '미·추' 개념을 연구한 것이다(이상 『연행록연구총서6』).

조공 제도, 대청관의 변화, 조공 무역 및 그 영향에 관한 연구로는 박성주의 「고려말 여명 간 조공책봉 관계의 전개 및 그 성질」, 남궁곤의 「조선사행록으로 본 18세기 평화체제로서의 조공 관계」가 각각 조공 관계의 성립, 전개, 변화 발전의 과정 및 중화주의와 소중화사상의 생산과 조공 체제의 관계에 대해 연구했다. 박병욱의 「북학파의 연행경험과 현실인식의 변화」, 고연희의 「18세기 초 서종태의 연행 체험」, 김혈조의 「연암 박지원의 청의 현실 이해」, 엄경흠의 「정몽주와 권근의 사행시에 나타난 국제관계」, 김명호의 「1861년 열하 문안사행과 박규수」 등은 각각 개별 시대의 사절 및 북학파 인물의 연행 체험과 그들의 청에 대한 인식 변화 관계를 연구한 것이다. 이에 비해 공·사무역 관계를 연구한 논문은 상대적으로 적은데, 권내현의 「17세기 후반기에서부터 18세기 전기 평안도의 대청사행 지원」, 「18세기 후기에서 19세기 전기까지의 평안도의 대청사행 지원과 무역 수세」는 각각 양 시기 연행 노정에 위치한 조선 북방 지역의 연행사 일행에 대한 지원 조치 및 공·사무역의 수세 정책에 대해 연구한 것이다. 「문익점의 사행과 면화 전래」는 조선에 면화가 전래된 과정을 연구한 것으로 원으로 간 사신 문익점(文益漸)이 강남의 목화씨를 구해 이를 지니고 귀국하였고, 그의 장인인 정천익(鄭天益)이 이를 재배하고 면포를 짰던 것이 조선의 면화 재배와 면포 방직의 시작이라 보았다(이상 『연행록연구총서7』).

사상·의식 분야의 논문은 절대다수의 논문이 모두 북학파의 중국관과 세계 인식 분야를 고찰하는 데 집중되어 있었다. 김상조의 「박지원과 馬戛爾尼의 중국인식 비교」는 박지원의 『열하일기』와 조지 매카트니의 『중국 방문사절 일기』의 비교를 통하여 조선인과 서양인 양자 사이에 거대한 역사·문화적 차이가 있어서 청조에 대한 인식이 달랐는데 이는 양국 자체의 발전 수준이 달랐던 소치에서 비롯된 것으로 보았다. 김문식의 「이수광의 자아인식과 타자인식」과 「조선 후기 지식인의 자아인식과 타자인식」, 정훈식의 「『을병연행록』과 18세기 조선의 중국 독해」, 정응수의 「19세기 전기 지식인의 대청 위기인식과 북학론의 변화」 등 이 네 편의 논문은 사상사적 측면에서 각각 조선 중후기 대청관의 변화 과정을 연구한 것이다. 노진한의 「연행과 홍대용 사상 형성과의 관련성 소고」, 전영준의 「조선 후기 북학파 형성의 효시, 담헌 홍대용」, 박성순의 「조선 후기의 대청인식과 '북학론'의 의미」, 안재순의 「조선 후기 실학의 주체성 문제」, 김형중의 「연암 박지원의 사상체계에 대한 반성적 고찰」, 신태수의 「『열하일기』에서 읽을 수 있는 연암의 황교관과 세계인식」, 한준희의 「'장관론' 속에 나타나는 연암의 현실 인식」, 이영지의 「박지원의 종교관」 등은 실학과 북학사상의 형성 측면에서부터 각각 홍대용과 박지원의 사상 의식을 연구하였다. 안동준의 「해상 사행문학과 천비신앙」은 바닷길로 연행을 떠난 사절의 기록을 통하여 도교의 여신인 천비(天妃) 낭랑(娘娘) 신앙이 생겨난 원인과 그 내용 및 조선사신이 천비 신앙을 받아들이는 의식 층위를 분석하였다. 사상·의식 분야의 연구에서는 북학·실학사상의 형성 및 그 변화 과정을 연구하는 것을 매우 중시하며 연행을 통해 형성된 중국관과 세계관의 변화를 해석하는 것에 주력하고 있음을 알 수 있다(이상 『연행록연구총서8』).

이상에서 살펴본 한국 역사학 분야의 연행록 연구는 연행 사행이 중국에 체류하는 기간의 외교와 체험, 그중에서도 중국 문인과의 학술 및 문화 교류와 그것이 조선의 학술계와 문화계에 끼친 영향을 강조하고 있음을 알 수 있다. 이는 한국의 연행록 연구가 주로 한국학 전공의 연구자에 의해 수행된 당연한 결과라고 생각되면서도, 한편으로는 개별 연행록의 연구와 김창업, 박지원, 홍대용 등 특정 인물의 작품에 대한 연구에 치중한 결과가 아닌가 생각된다. 이는 한중관계사 연구와 사상사 혹은 학술사, 그중에서도 실학 연구나 연암 박지원 연구의 구분을 어렵게 할 정도다. '연행록학'의 성립을 전망한다면, 기존의 한중교류사나 조선학술사, 사상사 차원을 넘어서서 '연행록'의 독자적 가치를 드러내는 연구가 시도되어야 할 것이다.

4. 중국 학계의 연행록 연구

1) 명·청에 대한 인식과 화이관의 변화

연행록은 그 자료의 성격상 명·청에 대한 조선의 인식과 화이관(華夷觀)에 관한 연구가 많을 수밖에 없다. 천샹성(陳尙勝)의 연구는 이러한 시각에서 통시대적으로 명·청 두 왕조에 대한 인식의 변화를 살펴본 대표적 연구다(陳尙勝, 1999). 조선과 청의 관계를 조선의 소중화의식(小中華意識)과 존주사상(尊周思想)이라는 시각에서 살펴본 쑨웨이궈(孫衛國)의 저서도 주목받는 연구다(孫衛國, 2007). 그는 연행록뿐 아니라 중국과 일본의 자료를 대거 활용하면서 조선과 청의 정치적 관계, 종번 관계(宗藩關係)의 내재적 특성, 중국 문화를 앙모하는 조선인의 소중화의식과 그것이 정권의 정통성 확립에 이용되는 과정 등을 고찰·분석했다. 쉬둥리(徐東日)는 이요(李㴭)의 『연도기행(燕途紀行)』을 통해서 조선인이 웅장하고 장엄한 황궁(皇宮)과 신비로운 조배(朝拜)의식을 극찬하면서도 그 안에 살고 있는 만주인 통치자에 대해서는 멸시의 감정을 가지고 있었으며, 이것은 존명사대(尊明事大)를 전제로 한 소중화의식의 복잡한 심태(心態)를 반영한 것이라고 했다(徐東日, 2009-11).

조선이 청조를 바라보는 복잡 미묘한 심리에 대해서는 이미 적지 않은 연구가 발표되었다. 쓰샤오옌(施曉燕)은 가장 활발하게 연구되는 연행록인 『열하일기』를 한중교류사에서 경전(經典)에 상당하는 저작으로 평가하면서, 『열하일기』에서 보이는 사대부 간 교류를 통해서 상대방의 사상과 심리의 일단, 즉 중화의 계승자를 자처하지만 만이(蠻夷)의 땅에 살고 있는 모순적 상황에 놓여 있는 조선 사대부의 심리, 그리고 만주 통치하에 살고 있는 한인 사대부의 미묘한 입장 등을 살펴보고, 이것은 양국 사대부가 주자학과 종교를 대하는 입장과 태도에도 그대로 반영되어 있다고 했다(施曉燕, 2005). 이러한 조선인의 심리는 다른 연행록에서도 쉽게 발견할 수 있는데, 특히 청조 치하에 있는 한인의 의관을 바라보는 눈에서 이러한 인식이 극명하게 드러난다(葛兆光, 2005-10). 또 건륭·가경·도광 연간 북경을 방문했던 연행 사행 중에는 북경에서 희극이나 연극을 관람하면서 이러한 인식을 드러내는 경우도 있었다. 연행 사행은 연극 속에서도 청조 정치의 득실과 청조 문화의 성쇠를 관찰했는데, 흥미로운 것은 연극의 내용과 등장인물의 의상 등을 통해서 만주 청조가 한족의 역사와 의관(衣冠) 문화 등을 보존하고 있는 것으로 이해하기도 했다는 점이다(葛兆光, 2010-1). 또한 거자오광(葛兆光)은 조선 사신의 시문에 나타난 명조 망국에 대한 조선인의 심리 변화를 살펴보았고(葛兆光, 2006-1), 닝보얼(寧博爾)은 『열하일기』를 통해서 청대 조선인이 가지고 있던 독특한 '유민(遺民)' 정서에 대해 살펴보았다. 청조 치하의 한인이 가지고 있던 '유민' 정서가 조선에 더 오래, 더 강하게 남아 있었다는 점에서 분명 독특한 정서임에 틀림없다. 닝보얼의 논문에 따르면, 조선인이 가지고 있던 유민 정서는 명에 대한 존중과 보은(報恩) 관념, 청을 이적시(夷狄視)하는 관념, 명조의 멸망으로 인해 망국민이 되었다는 관념 등으로 표현되고 있으며, 이러한 유민 정서를 갖게 된 원인은 조선왕조 개창과 임진왜란, 그리고 병자호란 때 명조가 보여 준 의리에서 찾고 있다. 그리고 이러한 조선인의 존명반청적

(尊明反淸的) 유민 정서는 결과적으로 17세기 이후 '동아시아 문화공동체'의 해체를 가져왔다고 보았다(寧博爾, 2008-5).

'동아시아 문화공동체'에 관해서는 거자오광의 논문이 주목된다. 그는 연행록을 활용하여 조선인이 명조 문화에 대해 가진 동질성과 청조 문화에 대해 가진 멸시감 및 그 인식의 변화를 살펴보면서 '동아시아 문화공동체'의 존재를 말하고 있다. 그는 '동아시아 문화공동체'는 17세기 명·청 교체를 전후하여 조선과 일본이 각각 자신을 중심으로 하는 세계관을 발전시켜 감에 따라 해체되어 갔다고 했다. 즉, 명이 가진 중화 중심의 문화의식은 잠시 '동아시아 문화공동체'를 유지할 수 있었으나, 명·청 역대 이후 조선과 일본은 더 이상 중국에 중화 문화가 존재한다고 인정하지 않고, 자신이 중화 문화의 체현자임을 자임하기에 이르렀다는 것이다(葛兆光, 2006-1). 거자오광의 연구는 연행록 자료의 특성을 활용하여 동아시아적 시각에서 '동아시아 문화공동체'의 존재와 그 변화에 대해 논하고 있다는 점에서 의의가 있다. 거자오광은 17세기 이후 조선과 청의 문화적 차이를 정주학(程朱學)과 퇴계학(退溪學)에 대해 가진 양국 지식인의 입장 차이를 통해서도 분석하고 있다(葛兆光, 2008-3). 양위레이(楊雨蕾)도 건륭 시기 『사고전서(四庫全書)』 편찬 및 문자옥(文字獄)과 관련하여 금서(禁書)로 지정되어 훼손된 서적 중 조선에 전해져 현재까지 보존되고 있는 서적의 상황을 파악하고, 금서가 조선으로 전해지는 배경과 그 경로를 살펴보았다. 그리고 이를 통해 당시 조선의 명·청조에 대한 인식 차이와 그것이 결과적으로 문화적 보수주의를 강화하는 방향으로 작용하였음을 지적했다(楊雨蕾, 2006-2).

청조에 대한 조선의 부정적 인식은 18세기에 접어들면서 복잡 미묘하게 변화하기 시작했다. 왕전쭝(王振忠)은 18세기의 이러한 국제 관계에 대한 인식을 조선의 연행록을 비롯해 중국과 일본의 여러 자료를 활용하여 살펴보았다. 상대국에 대한 기록을 활용하여 동아시아를 단위로 하는 상호 인식의 실제를 바라보고자 하였다는 점에서 앞으로 연행록을 활용한 연구의 한 방향을 보여 주었다고 평가할 수 있다(王振忠, 2010-4).

청조에 대한 인식의 변화는 황제와 만주인의 형상에 대한 묘사에서도 나타난다. 류광밍(劉廣銘)은 『노가재연행일기(老稼齋燕行日記)』를 분석하여 김창업(金昌業)이 그린 강희제와 만주인의 형상을 이전의 그것, 서양 선교사가 그린 그것과 비교함으로써 조선이 가지고 있던 만주 청조에 대한 인식의 역사성과 관념성을 드러냈다. 그는 김창업의 의식 속에서 만주에 대한 인식 변화의 단서를 찾고 이것이 이후 조선에서 북학파에 영향을 끼치고 있음을 서술했다(劉廣銘, 2006-3; 2008-4). '형상'이라고 하는 감정적이고 주관적인 인식을 통해 만주에 대한 인식 변화의 미묘한 흐름을 포착하고자 했다는 점에서 흥미로운 연구이다. 쉬둥리도 18세기 후반 건륭제에 대한 묘사를 살펴보았다. 이 시기 연행록은 건륭제에 대해서 정사에 근면하고 화기만면(和氣滿面)의 영명한 군주로 묘사하여 그 어떤 황제보다도 높이 평가하고 있다. 그러면서도 건륭제의 전횡 독단 정치를 비판하기도 하여 비교적 객관적인 황제의 모습을 그리고 있다. 이처럼 18세기 후반부터는 만주인에 대한 묘사가 객관화되기 시작한다(徐東日, 2009-10). 또 문자옥으로 억압받는 한족 지식인의 모습도 그려지지만, 한족 지식인의 부청(附淸)·항청(降淸) 행위에 대한 멸시가 차차로 줄어들고 그들의 아결(雅潔), 유아(儒雅), 순박(純朴), 학식

연박(學識淵博)에 대한 찬사가 많아지고 있다는 사실도 포착했다(徐東日, 2010-6). 이로써 사행 시기와 경험 차이에 따라 청에 대한 이미지도 점차 변화하였음을 알 수 있다(徐東日, 2010-10). 한메이(韓梅)는 16~18세기 연행록을 대표하는 허봉(許篈)의 『조천기(朝天記)』, 김육(金堉)의 『조경일록(朝京日錄)』, 이전수(李田秀)·이만수(李晩秀)의 『입심기(入瀋記)』를 비교하여 서로 다른 세기(世紀), 서로 다른 중국의 모습과 이를 바라보는 조선인의 중국관의 변화를 살펴보고 있다(韓梅, 2010-9).

18세기에 나타난 이러한 인식 변화는 조선에서 북학파가 형성되는 배경이 되었다. 왕정야오는 『열하일기』를 상세히 분석하여 강건성세(康乾盛世)를 구가하는 청조 사회의 문물을 깊이 관찰한 박지원의 견문이 조선의 실학, 그중에서도 이용후생(利用厚生) 학파 형성에 끼친 영향을 심도 있게 살펴보았고(王政堯, 1999-3), 양위레이도 북학사상을 근대사회로 이행하는 전주(前奏)로 평가하고 북학사상 형성 배경과 북학파의 화이관에 대해 살펴보았다. 중국 학계의 다른 연구자들과는 달리 한국 학계의 연구를 많이 참고한 것은 이 글의 큰 장점이라고 하겠다(楊雨蕾, 2007-4). 이 밖에도 박지원과 『열하일기』의 실학과 북학사상에 대해서는 리얀(李巖)과 리리(李麗)의 글도 있다(李巖, 2007-1; 李麗, 2008-5).

명조에 대한 조선의 인식은 명조의 중화 문화를 존숭하면서도 명조의 현실 사회에 대해서는 부정적으로 묘사하며 실망을 드러내는 경우가 적지 않았다. 왕커핑(王克平)의 논문은 명조 문화와 경제 번영에 대한 조선 사행의 앙모·찬탄과 함께 실제로 목도한 명조 사회의 어두운 면에 대한 비판 등을 드러냈고(王克平, 2009-1), 천샹성은 이이(李珥)가 명에 출사(出使)하였을 당시 지었던 시가(詩歌)를 통해서 중국의 예의(禮義) 문화를 우러르는 다음과 함께 명조의 군사 방어에 대한 우려의 마음도 읽어 냈다. 이를 통해 16세기 조선 지식인이 명조에 대해 가진 복잡한 심태를 살펴보고자 한 것이다(陳尙勝, 2002-6). 다만, 명조를 대상으로 한 연구가 청조를 대상으로 한 연구와 비교하여 현저히 적다는 점은 아쉽다.

2) 외교 교섭과 교류

연행록은 조선과 명·청 양조의 외교 관계의 산물이었던 만큼 조선과 명 혹은 조선과 청의 외교 교섭과 교류의 양상을 살펴보는 데에도 유용하다. 현재까지 출판된 한중 관계에 관한 전저(專著)도 정도의 차이는 있지만 대부분 연행록 자료를 충분히 활용하고 있다(楊昭全·王梅, 1993; 姜龍範·劉子敏, 1999; 刁書仁, 2001; 劉爲, 2002; 白新良, 2002; 魏志江, 2006). 가오얀린(高艷林)도 명과 조선의 사신 왕래를 이전의 사례와 비교하여 그 특징을 검토하였다. 그는 명과 조선은 정치적 관계가 더욱 긴밀해져 정치적 일체화가 이루어졌고, 경제적으로는 명조 시장경제에 대한 조선의 의존도가 높아졌으며, 사상 문화적인 면에서도 영향을 받아 명조의 학술과 문화가 조선 문화의 주류로 발전했다고 하였다(高艳林, 2005-5). 그리고 천차오(陳潮)와 류웨이는 각각 명·청 교체기와 청대의 종번 관계와 사신 왕래에 대해 살펴보았다(陳潮, 1997-1; 劉爲, 2000-3).

양국 간에는 다양한 외교 문제가 존재했지만, 명대에 가장 중요한 외교 현안은 역시 종계변무(宗系辨誣) 문제였다. 얀샤오징(閻曉靜)은 1394년 제기되어 1588년에 해결될 때까지 194년간에 걸쳐 이루어졌던 조선의 종계변무 외교에 대해 실록과 연행록 등 관련 자료를 이용하여 그 경과를 자세히 분석했다(閻曉靜, 2008-5). 또 명·청 교체기에는 여진의 동향이 조선의 커다란 관심거리였다. 류빙후(劉秉虎)는 왜란을 계기로 조선을 도와 왜를 정벌하겠다는 명분을 내건 여진을 정탐하기 위해 파견된 신충일(申忠一)의 보고서인 『건주탐정기축(建州探情記軸)』을 통해서 조선과 여진의 교섭을 살펴보았다. 그의 분석에 따르면, 조선 조정은 일찍이 누르하치 세력이 이미 감당하기 어려울 정도로 성장했고 명조는 이를 통제할 능력을 상실하였다는 인식에 도달하였다고 서술했다(劉秉虎 , 2003-6). 류광밍과 쉬둥리는 신충일의 눈에 비친 여진인의 형상을 분석하기도 했다(劉廣銘·徐東日, 2006-3).

동아시아의 특징적인 외교 방식으로 필담(筆談)이 있다. 특히 시부 외교(詩賦外交)는 동아시아 외교의 독특한 방식으로 꼽힌다. 왕커핑은 명에서 조선에 파견한 사신이 남긴 기록인 '사조선록'과 조선 사행이 남긴 연행록에서 관련 사료를 검토하여 시부 외교가 양국 간의 정치 문제를 해결하고, 문화 교류를 심화하는 데 기여한 측면을 살펴보았다(王克平, 2011-2). 외교문서 전달 과정에 대해서는 『통문관지(通文館志)』, 『동문휘고(同文彙考)』 등 관찬 사료와 연행록을 활용한 리샨홍(李善洪)의 연구가 있다(李善洪, 2009-3).

청조의 조선에 대한 외교 정책에 관해서는 쑨웨이궈의 연구가 있다. 그에 따르면, 조선이 가지고 있는 전쟁으로 인한 상처를 달래고 청에 대한 적대감을 희석해 심복하게 하고자 청조는 조선을 상대로 덕화(德化) 정책을 추진했다(孫衛國, 2003-4).

청 말의 한중 관계에 관해서는 류순리(劉順利)의 『왕조간적대화(王朝

間的對話)』(寧夏人民出版社, 2006)가 주목된다. 이 책은 1881~1882년 영선사(領選使)로 천진(天津)에 파견되었던 김윤식(金允植)이 남긴 『음청사(陰晴史)』를 분석한 연구다. 『음청사』는 마지막 연행록에 해당하는 것으로, 당시 청조와 조선을 둘러싼 국제 정세와 그에 대처하는 양국의 상황을 구체적으로 보여 주고 있다. 이에 대해서는 왕신레이(王鑫磊)의 연구도 있다. 그 역시 영선사로 파견된 김윤식이 남긴 『영선일기(領選日記)』, 『음청사』, 『천진담초(天津談草)』 등의 기록을 통해 당시 청조 정부의 동아시아 정세에 대한 판단과 대응, 그리고 조선 사신의 눈에 비친 천진 기기국(天津機器局)의 실태를 살펴보았다(王鑫磊, 2010-2). 이 연구는 '주변에서 본 중국'이라는 관점이 강조된 것으로 연행록의 자료적 특성이 잘 발휘된 사례라고 하겠다. 또한 청 말의 문화 교류에 관해서도 논문이 발표되었다(吳士英, 1999; 蔡少卿·王慶德, 1999; 陳東輝, 2007).

사행의 왕래는 필연적으로 인적·물적 교류를 낳기 마련이고, 이러한 교류를 바탕으로 적지 않은 변화와 발전이 이루어진다. 연행록에도 이러한 교류를 보여 주는 풍부한 자료가 담겨 있다. 먼저 류웨이는 사신 활동 중 가장 중요한 것으로 문화·사상·문물의 교류를 꼽고, 청에 파견된 조선 사신들의 문화 교류 활동을 살펴보았다. 구체적으로는 서적과 문물의 구입, 청 황제의 상사(賞賜), 그리고 사신과 청조 사인 간의 개인적 교유(交遊) 등이 그 주요한 통로와 내용이었음을 말하고 있다(劉爲, 2001-3). 유득공(柳得恭), 이조원(李祖源) 등 연행 사행과 기윤(紀昀), 완원(阮元) 등 청조 문인 간의 개인적 교유와 그 문화 교류 사상의 의의에 대해서는 다수의 논문이 발표되었고, 이것은 연행록을 활용한 연구 중 가장 활발하게 연구되는 주제 중 하나이다(王錦民, 1994; 詹杭倫, 1994; 李敦

球, 1998-3; 祁慶富, 2001-1; 陳東輝, 2005; 王振忠, 2005-4; 廉松心, 2006-2; 黃時鑒, 1998; 廉松心, 2004; 楊雨蕾, 2005).

문인 간의 교류는 문학에도 많은 영향을 끼쳤다. 리춘지(李春姬)의 연구는 도광·함풍 연간 조선의 역관(譯官)으로 십여 차례 연행에 참가하였던 이상적(李尙迪)의 문학에 대해 살펴보고 있다. 그는 중인(中人)이라는 신분적 제약을 넘어서 연행의 기회를 빌려 북경의 문인들과 수준 높은 문학적 교류를 하였고, 그 결과 조선 문단에서도 명성을 얻게 된 인물이었다(李春姬, 2010-2). 진빙민(金柄民)은 시인 박제가(朴齊家)와 청대 문단에 대해 논했고(金柄珉, 2004), 이 밖에도 연행하였던 문인을 통해 한중 문학을 비교한 박사학위 논문도 여러 편 발표되었다(左江, 2001; 徐東日, 2002; 全美子, 2002; 韓衛星, 2006).

사행의 기회는 조선과 중국 간의 교류뿐 아니라 동아시아의 다른 나라 지식인과도 교류할 수 있는 기회를 제공했다. 퍄오렌순(朴蓮順)과 양신(楊昕)의 연구는 조선 사신이 명조에서 다른 외국 사신과 만나 교류한 사례를 보여 주고 있다. 그는 이안눌(李安訥)과 공문표(孔聞謤)의 시가수창(詩歌酬唱), 김상헌(金尙憲)과 오대빈(吳大斌)의 교류, 이수광(李晬光)과 안남사신(安南使臣) 풍극관(馮克寬), 유구사신(琉球使臣) 채견(蔡堅)과의 문학 교류를 통해서 외국 문인과의 문화 교류를 살펴보았다(朴蓮順·楊昕, 2008-12). 중국에서 만난 이국 문물 중 조선에 가장 큰 영향을 끼친 것은 두말할 것도 없이 유럽 문화였다. 17세기 초부터 조선의 연행사는 북경에서 유럽 문화를 접촉하기 시작했다. 이에 대한 호기심으로 사신들은 한역서학서(漢譯西學書)를 구입하기도 했고 북경의 천주당을 방문하여 그들과 직접 대화를 나누기도 했다. 이러한 접촉을 통해 서학이 점차 조선으로 전파되었다. 황스지엔(黃時鑒)은 일찍부터 조선 사인이 유럽 문물을 접하는 과정에 관심을 기울였고(黃時鑒, 1998; 黃時鑒, 1998), 양위레이도 서학의 전파를 살펴보면서 서학이 예수회 선교사가 아닌 연행사를 통해 전파된 것은 중국이나 일본과는 완전히 다른 전파 경로였다는 점을 지적했다(楊雨蕾, 2006-5). 거자오광은 1801년 조선에서 일어난 신유박해(辛酉迫害)의 경과를 청조에 보고한 「토사역주문(討邪逆奏文)」을 분석하여 서로 다른 민족, 국가, 종교의 접촉과 천주교에 대한 한중일 삼국의 입장 차이, 또 거기에 반영된 정치와 문화의 차이를 살펴보았다(葛兆光, 2006-2).

3) 중국 사회와 문화

중국을 여행한 견문록에 당시 사회의 모습이 풍부하게 담겨 있는 것은 너무나 당연하다 하겠다. 따라서 연행록은 중국 사회와 문화에 대한 연구에도 중요한 자료로 활용되고 있다. 특히 중국인의 눈으로는 보지 못한 여러 가지 사회 모습이 조선인의 손으로 기록되었다는 점은 연행록이 지닌 중요한 가치이기도 하다. 이러한 자료의 가치를 드러내는 연구로는 왕전중의 연구가 주목된다. 그는 유득공과 이덕무의 연행록을 통해 18세기 전성 시기의 청조 사회를 조망했다(王振忠, 2004; 王振忠, 2008-2). 퍄오롄순과 양신도 『열하일기』에 반영된 청대 강건성세(康乾盛世)의 사회상을 조감함으로써 청사 연구에서 차지하는 『열하일기』의 가치를 한껏 드러냈다(朴蓮順·楊昕, 2009-7). 리안숭신(廉松心)도 『열하일기』를 중국의 정치·경제·문화·민족·민속·종교 등 중국 사정에 대한 백과전서식 저작이라고 평가하면서 『열하일기』를 통해 청조의 민족 정책을 살펴보았다. 청조는 주자학을 존숭하고, 대규모 편찬 사업을 전개하고, 남순(南巡)을 실시함으로써 한인 사대부에 대한 기미정책(羈縻政策)을 실시하는 한편, 몽고에 대해서는 피서(避暑)라는 명목으로 남하를 저지하고, 티베트에 대해서는 장전불교(藏傳佛教, 라마교)를 활용하여 통제를 강화하였다고 평가했다(廉松心, 2007-1). 쓰춘쉰(師存勛)도 장전불교는 청대 만주인과 몽골인에게 지대한 영향을 끼친 종교였고 청조 정치에도 중요한 의미가 있었다고 하며 연행록에 담긴 장전불교에 대한 기록을 살펴보았다. 그에 따르면, 대부분의 조선 사신은 장전불교에 대해 편견과 오해를 가지고 있었다. 그 이유는 조선이 만주와 몽골에 대해 가지고 있던 멸시와 관계가 깊고 또 조선이 가지고 있던 문화적 자부심과 폐쇄성도 한 원인이 되었다(師存勛, 2010-2). 장쑤앙즈(張雙志)도 『열하일기』를 통해 청대 서강(西疆) 지역의 상황을 살펴보았다(張雙志, 2007-3).

연행록에서 중요한 내용을 차지하는 것은 사행 여정 중에 흥미롭게 관찰한 문물에 대한 기록이다. 우선 사행이 자주 찾은 곳으로는 유리창(琉璃廠)이 유명하다. 양위레이는 청대 한중관계사에서 유리창이 차지하는 역할을 살펴보았다. 유리창은 조선 정부와 개인이 필요로 하는 서적을 수집하는 장소였을 뿐 아니라, 조선 사신과 청조 문인 사이에 깊은 교류가 이루어지던 장소였다. 그는 이러한 유리창의 모습을 연행록을 통해 생생하게 그려 내려고 했다(楊雨蕾, 2004-4). 황메이쯔(黃美子)·위샹리에(禹尙烈)도 유리창이 선진 문화를 수입하는 창구 역할을 하였다는 점을 강조했다(黃美子·禹尙烈, 2004-4). 또 연행 사행이 자주 방문하던 곳으로 유명한 원명원(圓明園)이 있다. 원명원은 옹정제 이래 황제가 거처하는 행궁(行宮)으로 건륭 연간에는 매년 정월 상원절(上元節=원소절(原宵節))을 맞이하는 의례가 거행되었고 조선 사신도 해마다 이 행사에 참가했다. 건륭 55년(1790) 성절겸진하사(聖節兼進賀使)로 파견되어 건륭제의 80수(壽) 축하연에 참석했던 서호수(徐浩修)의 『연행기(燕行記)』는 예년과는 달리 늦여름 초가을 원명원의 모습을 기록하였다는 점에서 특별하다. 치칭푸(祁慶富)와 진청난(金成南)은 바로 이 서호수의 『연행기』를 활용하여 원명원의 모습을 재현했다(祁慶富·金成南, 2005-3). 이들은 또 청대 조선 사신이 머물던 조선관(朝鮮館)의 위치 변화와 그곳에서 전개된 정치인과 문인 학자들의 외교 활동, 경제 교역, 문화 교류 등을 다양한 연행록을 활용하여 살펴보았다(祁慶富·金成南, 2004-3). 주오장은 연행 사행의 숙식 문제를 고찰하기도 했다(左江, 2007-5).

연행록에는 도교와 관련된 유적에 대한 관찰도 풍부하다. 연행 사행이 통과하는 요녕(遼寧), 하북(河北) 지역은 관우(關羽) 숭배가 발달한 지역으로 일찍부터 관묘(關廟)가 많이 건립되었고, 연행 사행이 관묘를 직접 방문할 기회도 많았다. 이들의 기록 속에는 충의(忠義)와 무용(武勇)에 가득 찬 관우의 형상과 관우 숭배가 대중화되는 모습도 포함되어 있어 당시 민간 신앙의 모습을 살펴보기에 좋은 자료라고 할 수 있다(徐東日, 2008-4). 이 밖에도 북경을 여행한 사신 및 문인의 문집을 통해 북경의 유명한 도교 성지인 백운관(白雲觀)의 역사, 건물의 구조와 배치 등 경관에 관한 기록을 살펴본 연구(曹春茹, 2009-3), 중국 도교 문화를 보여주는 요양(遼陽)의 화표주(華表柱)에 대한 기록을 통해서 지금은 사라지고 없는 유적의 형상과 그것을 대하는 조선 사신의 복잡한 심리를 연구한 논문도 있다(楊昕, 2009-8).

북경 근처의 통주(通州)는 연행 사행이 북경에 이르는 경로에 위치한 주요 도시이다. 양신(楊昕)은 연행록을 통해 통주의 경제적 번영과 통주를 지나는 경항대운하(京杭大運河)의 정치적, 군사적 의미 및 명대 조운제도(漕運制度)를 살펴보았다(楊昕, 2009-4). 자오싱위안(趙興元)은 『노가재연행일기』, 『열하일기』, 『담헌기』 등에 기록된 민간 주거와 성보(城堡), 궁전이나 사묘(寺廟)의 모습을 통해서 중국 동북 지역의 주거 조건과 방어 설비, 화려하고 웅장한 궁전과 사묘의 실태를 살펴보았고(趙興元, 2008-1), 열하와 피서산장(避暑山庄)의 풍경과 이에 대한 감상을 소개한 글도 있었다(王松涛, 2007-7).

또한 연행록은 문학과 문화 연구에도 유용한 자료로 활용되고 있다. 이에 관해서는 가오원한(高文漢)과 한메이의 공저인 『동아한문학관계연구(東亞漢文學關係研究)』(中國社會科學出版社, 2009)가 대표적인 연구 성과라고 하겠다. 이 책은 한문학 발전이라는 시각에서 중일·중한의 고대 문학 관계에 주목한 연구로서, 일본학과 한국학을 융합한 중외 비교 문학 연구의 가작(佳作)으로 평가받았다. 연구 대상 시기는 한자가 한국과 일본에 수입된 시기부터 19세기 말, 20세기 초까지를 통시대적으로 다루고 있다. 동아시아 연구에서 연행록의 자료 가치를 보여 주는 또 하나의 사례일 뿐 아니라, 일본학과 한국학의 중요성, 나아가 두 학문 분야 융합의 중요성과 의미를 보여 주는 좋은 전범(典範)을 제시한 것으로 평가되고 있다(鐘放, 2010-1). 리얀은 『열하일기』에 나타난 박지원의 실학정신과 문예관을 살펴보았다(李巖, 2007-1).

연행 사신들이 북경에 체류하는 동안에는 연극을 관람할 기회도 있었다. 이러한 연극에 대한 기록은 청대 희극 연구에도 기여하고 있다(王政堯, 1997-3). 조선의 문집과 연행록을 통해서 조선 문인의 작품 속에 담겨 있는 중국 강남의 이미지를 살펴본 논문도 있다. 양위레이는 명·청 시대의 조선 문인들은 대부분 중국 강남에 대한 실제 경험이 없었으므로 그들 작품 속에 그려진 중국 강남은 대부분 당대(唐代) 이래 중국 문인의 작품 속에 나오는 이미지를 답습한 것이었지만, 여기에는 조선의 실경(實景)이 중첩됨으로써 독특한 조선 문인의 중국 강남 이미지가 만들어졌다고 하였다. 그리고 명·청 교체 이후에는 이러한 중국 강남 이미지에 경조에 대한 회상과 그리움을 담기도 했다고 지적했다(楊雨蕾, 2010-5). 쓰춘쉰은 조선 후기 저명한 문인인 신위(申緯)가 1812년(순종 12, 가경 17) 동지하세사(冬至賀歲使)의 서장관(書狀官)으로 연행했다가 돌아와 지은 『주청행권(奏請行卷)』을 분석했다. 그는 여기에 수록된 시에는 중국의 산천과 경승에 대한 애호가 담겨 있어 그가 중국 문화를 매우 긍정적으로 보고 있음을 알 수 있다고 했다(師存勛, 2011-1). 쳰룽(錢蓉)과 허샤오린(赫曉琳)은 연행록에 비친 청대 중국의 민속 문화와 그 사료적 가치에 주목했다. 그는 연행 사행의 노정에는 만주인과 한인의 문화가 복합적으로 나타나는 지역이 많으므로 이 지역의 민속에 관한 생생한 기록은 그 사료적 가치가 매우 높다고 했다(錢蓉·赫曉琳, 2010-6).

4) 동북사·만주사 연구

중국의 명청사를 연구하는 학자들에게 연행록은 중국 동북 지역 민족사와 만주사 연구의 중요 자료로 주목받고 있다. 대표적인 연구로는 장지에(張杰)의 『한국사료삼종여성경만족연구(韓國史料三種與盛京滿族研究)』(遼寧民族出版社, 2009)를 꼽을 수 있다. 그는 자료가 많지 않은 동북 지역의 역사를 연구하는 데 있어 자료 부족 문제를 해결할 수 대안으로 연행록에 주목했다. 그는 특히 이전수(李田秀)의 『입심기(入瀋記)』, 박래겸(朴來謙)의 『심사일기(瀋槎日記)』, 김종정(金鍾正)의 『심양일기(瀋陽日記)』에 주목하고, 청대 만주 지역의 역사와 만주족의 역사를 해명하는 데 활용했다. 그가 주목한 3종의 연행록은 통상 북경까지 왕래한 연행 기록이 아닌 심양까지만 왕래한 연행록이라는 특징이 있고, 하편에서는 이들 3종의 연행록에 대한 해설과 함께 교주를 수록하여 자료 활용에 편의를 도모하고자 했다. 장지에의 저서에 수록된 논문들 중에 「청대조선사단여만족고차업술론(清代朝鮮使團與滿族雇車業述論)」은 양국의 경제 교역에서 동북 지역의 고차업(雇車業)이 수행한 역할과 기능을 살펴본 것이다. 이 논문에 따르면, 조선 사신은 청대 동북 만주인들에게 생활에 필요한 물자를 제공하는 역할을 했고, 조선 사신은 현지 만주족의 저렴한 고차업을 활용함으로써 양국의 경제 교역이 지속될 수 있었다고 했다. 또 고차업은 조선 지식인들에게는 새로운 문물로 비춰져 그들이 청조 문물에 대해 배우고자 하는 의욕을 일으키는 데도 일정한 기여를 했다고 했다. 이와 관련해서는 양쥔의 논문도 흥미롭다. 그는 강희 연간 연행 사행의 화물 운송을 담당하던 청의 변경 무역상인 '란터우(攬頭)'에 주목했다. 그는 『조선왕조실록』, 『동문휘고』 등 관찬 사료 및 『노가재연행일기』, 최덕중의 『연행록』에 담긴 관련 기록을 토대로 '란터우'의 형성과 활동 및 그 폐해에 대해서 살펴보았다(楊軍, 2010-1). 또 장지에는 대대로 만주기인(滿洲旗人)과의 통혼을 통해서 동북 지역의 저명한 가문으로 성장했으며 한화(漢化)가 깊이 진행된 한군기인(漢軍旗人) 집안인 무씨(繆氏) 가문에 대해 고찰한 논문을 발표하기도 했다. 무씨 가문의 시조인 무공은(繆公恩)은 조선 사신인 박래겸과 긴밀한 교유 관계가 있었기 때문에 박래겸이 남긴 『심사일기』에는 두 사람의 교유 관계 및 무공은에 대한 풍부한 자료가 담겨 있다. 장지에는 박래겸의 『심사일기』를 통해서 과거(科擧)·교육·서화·저술 방면에서 두각을 나타낸 무공은이 문화를 중시하는 무씨 가문의 전통을 세웠음을 밝혀 동북 지역 기인(旗人) 종족(宗族) 연구에 기여했다(張杰, 2011-1). 류징(劉靜)은 박지원, 홍대용 등의 18세기 연행록에 등장하는 중국 북방 시집(市集)에 관한 서술을 통해서 외국인의 눈에 비친 중국 북방 시집의 생생한 모습을 그렸다. 아울러 북방의 시집이 청을 바라보는 조선 학자의 시각과 입장에 미친 영향, 그것이 문화 교류 장소로서 기능한 역할 등도 살펴보았다(劉靜, 2006-3).

이상의 연구들은 연행록이 한중관계사 연구를 넘어서 만주지역사 연구 자료로도 활용될 수 있는 가능성을 보여 주었다. 하지만 여전히 중국의 일부 학자들 중에는 동북 지역의 민족 관계를 연구하면서도 연행록에 주목하지 않는 경우도 있어 중국 학계에서 연행록에 대한 인식이 아직은 충분히 확산되지 못하였음을 보여 준다. 다른 한편으로는 극히 유감스러운 일이지만, 연행록을 동북 지역 역사에 대한 한국인의 잘못된 인식을 확인하고 비판하는 자료로 이용하기도 한다. 양쥔의 논문은 만주 지역에 대한 한국인의 강역(疆域) 인식이 잘못되었음을 비판하는 글이다. 그는 조선 사신이 과거 고구려와 발해에 속했던 만주 지역을 지나면서 남긴 감상은 정확한 역사적 사실에 근거하지 않았고, 이것은 단순히 역사적 사실을 잘못 기록한 것이 아니라 잘못된 역사 인식에 원인이 있다고 비판했다(楊軍, 2010-6). 연행록이 동북공정(東北工程)과도 관련되어 연구되고 있음을 알 수 있다.

또 연행록은 만주의 교통과 지리에 관한 연구에도 활용되고 있다. 장팅팅(張婷婷)은 해로(海路)에서 육로(陸路)로, 다시 해로로 변화하는 명대 사행 노정의 변화 원인을 살폈다. 그는 이러한 변화가 나타난 이유는 당시의 양국 관계 및 동아시아 지역 국가 간의 세력 관계에 있다고 지적했다(張婷婷, 2004-4). 만주 지역의 교통에 관해서는 장스쭌(張士尊)의 일련의 논문이 있다. 그는 조헌(趙憲)의 『조천일기(朝天日記)』, 이요(李㴭)의 『연도기행(燕途紀行)』 등을 활용하여 요택(遼澤)을 관통하는 교통로인 '로하(路河)'의 건설과 준설, 기능 등을 살펴보았다. '로하'는 명대 요동도사(遼東都司)가 자연 하천을 이용하여 만든 인공 운하로서 요동(遼東)과 요서(遼西)를 통하게 하는 데 크게 기여한 교통로였다고 한다(張士尊, 2008-5). 또 그는 역사상 문화적, 정치적 경계로서의 역할을 했고 이 지역의 역사 전개에 지대한 영향을 미쳤던 '요택'의 역사를 살펴보는 데에도 연행록을 활용했다(張士尊, 2009-2). 장스쭌은 또한 명대 몽골 방어 기지이자 요동과 요서를 연결하는 동창보(東昌堡)의 위치를 고증하기도 했다(張士尊, 2007-5). 장샤오밍(張曉明)은 명대 '조천록'을 활용하여 부명(赴明) 사행로상 안산역(鞍山驛)의 중요성을 강조하고, 아울러 이 지역의 성지와 산천 풍모에 대해 서술했다(張曉明, 2010-6). 이 밖에도 연행록은 홍루몽(紅樓夢) 연구와 사고전서의 편찬에 관한 학문인 사고학(四庫學) 연구에도 활용되었다(張升, 2007-1; 趙建忠, 2007-6).

5. 연행록과 사조선록 연구의 전망

연행록과 사조선록의 가장 두드러진 특징은 사행 기록이라는 점이다. 명·청과 조선 양국의 사행이 각각 이역(異域)을 여행하면서 '타자'의 시선으로 보고, 듣고, 느낀 점을 기록한 것이라는 점에 이 자료의 고유한 가치가 있다. 따라서 이 방대한 자료를 바탕으로 '연행록학'과 같은 새로운 학문의 체계를 세우려면 이러한 자료의 가치를 극대화하는 방향으로 연구가 진행되어야 할 것이다.

또한 '타자'의 시선 역시 명·청과 조선의 양국 관계에만 그쳐서는 동아시아사적 차원, 나아가 세계사적 차원의 시각을 갖는 데 장애가 될 것이다. 같은 시기 양국을 여행한 여행 기록이 연행록과 사조선록에만 그치는 것은 아닐 것이다. 조선인이 일본을 여행한 통신사행록, 일본인이 명을 여행한 입명사행록, 명·청인이 류큐를 여행한 사유구록, 베트남인이 명·청을 여행한 사행 기록, 또 영국 등 서양인이 명·청을 여행한 여행기록 역시 적지 않은 종류가 알려져 있다. 예를 들어, 같은 시기 명 혹은 청을 여행한 조선인, 일본인, 류큐인, 베트남인, 서양인의 시선이 각각 어떻게 비슷하고 다른지를 비교할 수 있다면, 지금 우리가 알고 있는 것보다는 훨씬 생생한 당시의 모습을 발견할 수 있을 것이다. 이렇게 되면 '연행록학'을 넘어서 동아시아 '사행 기록', 혹은 여행 기록에 대한 연구까지도 전망할 수 있을 것이다.

| 참고 문헌 |

- 김경록(2006),「조선시대 사행과 사행기록」,『한국문화』 38.
- 김병민(2014),「'연행록'연구사에 대한 통시적 고찰-중국에서의 '연행록'연구를 중심으로」,『동아인문학』 29, 동아인문학회.
- 김한규(2011),『사조선록 연구』, 서강대학교출판부.
- 서인범(2008),「조선전기 연행록 사료의 가치와 그 활용」,『명청사연구』 30.
- 殷夢霞·于浩(2012), 김한규 옮김,『사조선록 역주』(1~5), 소명출판.
- 이학당(2012),「연행록의 연구 현황과 전망」,『동방한문학』 50.
- 임기중(2001),「연행록과 한국학 연구」,『한국문학연구』 24.
- 전일우(2006),「한중 사행문학 연구사」,『연행록연구총서5』.
- 홍성구(2011),「중국 학계의 연행록 연구」,『대동한문학』 34, 대동한문학회.
- 후마 스스무(2008), 정태섭 외 옮김,『연행사와 통신사』, 신서원.

- 葛兆光(2005-10),「大明衣冠今何在」,『史學月刊』.
- 葛兆光(2006-1),「想象異域悲情-朝鮮使者關于季文蘭題詩的兩百年遐想」,『中國文化』.
- 葛兆光(2006-1),「從"朝天"到"燕行"-17世紀中葉後東亞文化共同體的解體」,『中華文史論叢』.
- 葛兆光(2006-2),「隣居家裏的陌生人-清中葉朝鮮使者眼中北京的西洋傳教士」,『中國文化研究』.
- 葛兆光(2008-3),「寰中誰是中華?-從17世紀以後中朝文化差異看退溪學的影響」,『天津社會科學』.
- 葛兆光(2010-1),「"不意于胡京復見漢威儀"-清代道光年間朝鮮使者對北京演戲的觀察與想象」,『北京大學學報』.
- 姜龍範·劉子敏(1999),『明代中朝關係史』, 黑龍江朝鮮民族出版社.
- 高艳林(2005-5),「明代中朝使臣往来研究」,『南开學報』.
- 谷小溪(2017),「明清時期中朝文化交流研究綜述-以『燕行錄』爲中心」,『長江叢刊·理論研究』.
- 邱瑞中(2010),『燕行錄研究』, 廣西師範大學出版社.
- 金柄珉(2004),「朝鮮詩人朴齊家與淸代文壇」, 金柄珉 主編,『朝鮮-韓國的歷史傳統與人文精神』, 延吉: 延邊大學出版社.
- 金榮鎭(2009),「夫馬進著 燕行使と通信使」,『東洋史研究』 67-4.
- 祁慶富(2001-1),「中韓文化交流的歷史見證-關于新發現的『鐵橋全集』」,『浙江大學學報』.
- 祁慶富·金成南(2004-3),「清代北京的朝鮮使館」,『清史研究』.
- 祁慶富·金成南(2005-3),「清代朝鮮使臣與圆明园」,『清史研究』.
- 寧博爾(2008-5),「明清易代後朝鮮人"遺民"情懷探究-以『熱河日記』爲中心」,『鄭州大學學報』.

- 廉松心(2004),『十八世紀中朝文化交流研究』, 中央民族大學 博士學位論文.
- 廉松心(2007-1),「『熱河日記』與清代民族政策研究」,『北華大學學報』.
- 劉秉虎(2003-6),「建州女真與朝鮮交涉之研究-以『建州探情記軸』爲中心」,『大連大學學報』.
- 劉爲(2000-3),「清代中朝宗藩關係下的通使往來」,『中國邊疆史地研究』.
- 劉爲(2001-3),「朝鮮赴清朝使團的文化交流活动」,『中國邊疆史地研究』.
- 劉爲(2002),『清代中朝使者往来研究』, 黑龙江教育出版社.
- 劉爲(2003),「『使朝鮮錄』序論」,『使朝鮮錄』(殷夢霞·于浩 編), 北京圖書館出版社.
- 李善洪(2009-3),「清代朝鮮對華外交文書的傳送」,『歷史檔案』.
- 朴蓮順·楊昕(2008-12),「從『朝天錄』看朝鮮使節與域外文人的文化交流」,『延邊大學學報』 41-6.
- 朴蓮順·楊昕(2009-7),「『熱河日記』中的康乾盛世」,『東疆學刊』.
- 裴英姬(2009),「『燕行錄』的研究史回顧(1933~2008)」,『臺大歷史學報』 43.
- 白新良(2002),『中朝關係史: 明清時代』, 世界知識出版社.
- 夫馬進(2002),「林基中·夫馬進編『燕行錄全集日本所藏編』」,『東洋史研究』 61-4.
- 師存勛(2010-2),「試論"燕行錄"中藏傳佛教消極形象產生的原因」,『青海民族研究』.
- 師存勛(2011-1),「申緯漢詩中的中國形象暨漢文化情懷」,『青海民族大學學報』 37-1.
- 山石·水涌(2002-1),「『燕行錄全集』一百卷在韓國問世」,『當代韓國』.
- 徐東日(2002),『李德懋文學研究-兼與中國文學比較』, 延邊大學 博士學位論文.
- 徐東日(2008-4),「朝鮮朝燕行使者眼中的關羽形象」,『東疆學刊』 25-2.
- 徐東日(2009-10),「朝鮮朝燕行使節眼中的乾隆皇帝形象」,『東疆學刊』 26-4.
- 徐東日(2009-11),「朝鮮朝燕行使臣筆下的"紫禁城"形象-以李宜的『燕途紀行』爲中心」,『吉林大學社會科學學報』 49-6.
- 徐東日(2010-10),「朝鮮朝燕行使臣筆下清朝中國形象的嬗變及其內因」,『東疆學刊』 27-4.
- 徐東日(2010-6),「朝鮮朝燕行使臣眼中的中國漢族士人形象——以朝鮮北學派人士的『燕行錄』爲中心的考察」,『河南師範大學學報』.
- 孫衛國(2002-1),「『朝天錄』與『燕行錄』-朝鮮使臣的中國使行紀錄」,『中國典籍與文化』.
- 孫衛國(2003-4),「試論清朝對朝鮮國王與使臣的優禮」,『當代韓國』.
- 孫衛國(2007),『大明旗号與小中華意识-朝鮮王朝尊周思明问题研究(1637~1800)』, 商务印書館.
- 施曉燕(2005),「從『熱河日記』管窺中朝士大夫交往中的思想狀況」,『韓國研究論叢』.
- 楊軍(2009),「『燕行錄全集』訂補」,『古典文獻研究』 12.
- 楊軍(2010-1),「清代中朝邊境貿易中的"攬頭"」,『清史研究』.
- 楊軍(2010-6),「試析朝鮮李朝文人疆域史觀之誤-以對安市城的認識爲中心」,『史學集刊』.
- 楊昭全·孫玉梅(1993),『中朝邊界史』, 吉林文史出版社.
- 楊雨蕾(2004-4),「朝鮮燕行錄所記的北京琉璃廠」,『中國典籍與文化』.
- 楊雨蕾(2005),『十六至十九世紀初中韓文化交流研究-以朝鮮赴京使臣爲中心』, 復旦大學 博二學位論文.

• 楊雨蕾(2006-2),「傳入朝鮮的清代禁毁書籍」,『文献』.
• 楊雨蕾(2006-5),「朝鮮燕行使臣與西方傳教士交往考述」,『世界歷史』.
• 楊雨蕾(2007-4),「18世紀朝鮮北學思想探源」,『浙江大學學報』.
• 楊雨蕾(2010-5),「明清朝鮮文人的江南意象」,『浙江大學學學報』.
• 楊昕(2009-4),「朝鮮使臣筆下的明代通州」,『延邊大學學報』 42-2.
• 楊昕(2009-8),「朝鮮使臣筆下的遼陽華表柱」,『時代文學』.
• 廉松心(2006-2),「十八世紀中韓文人學士之間的友好交流」,『北華大學學報』 7.
• 閻曉靜(2008-5),「明代朝鮮國宗系辨誣考」,『廊坊師範學院學報』.
• 吳士英(1999),「中朝友誼的記錄-朝使李承五〈燕槎日記〉之我見」, 陳尙勝 主編,『第三屆韓國傳統文化國際學術討論會論文集』.
• 王廣義·許娜(2011-5),「朝鮮"燕行錄"文獻與中國東北史研究」,『學術交流』.
• 王克平(2009-1),「朝鮮赴明使臣的中國觀-以朝鮮赴明使臣所作紀行錄爲考察中心」,『東疆學刊』 26-1.
• 王克平(2011-2),「詩賦外交在明朝與朝鮮關係史上的作用」,『延邊大學學報』 44-1.
• 王錦民(1994),「柳得恭與清朝士人的交游」,『韓國學論文集』 2.
• 王松涛(2007-7),「朝鮮學者朴趾源觀承游記谈」,『社會科學論坛』.
• 王禹浪·程功·劉加明(2012-11),「近二十年中國『燕行錄』研究綜述」,『哈爾濱學院學報』.
• 王政堯(1997-3),「『燕行錄』初探」,『清史研究』.
• 王政堯(1997-3),「略論『燕行錄』與清代戲劇文化」,『中國社會科學院研究生院學報』.
• 王政堯(1999-3),「18世紀朝鮮"利用厚生"學说與清代中國-『熱河日記』研究之一」,『清史研究』.
• 王振忠(2004),「朝鮮燕行使者所見十八世紀之盛清社會-以李德懋的〈入燕記〉爲例」,『哈佛燕京韓國館资料研究』, 漢城: 景仁文化社.
• 王振忠(2005-4),「琉璃廠徽商程嘉賢與朝鮮燕行使者的交往-以清代朝鮮漢籍史料爲中心」,『中國典籍與文化』.
• 王振忠(2008-2),「朝鮮柳得恭筆下清乾嘉時代的中國社會-以哈佛燕京圖書館所藏抄本〈泠齋詩集〉爲中心」,『中華文史論叢』.
• 王振忠(2010-4),「18世紀東亞海域國際交流中的風俗記錄-兼論日朝對盛清時代中國的重新定位及其社會反嚮」,『安徽大學學報』.
• 王鑫磊(2010-2),「帝國斜陽下的親密接觸-論朝鮮官員金允植的天津領選」,『復旦學報』.
• 魏志江(2006),『中韓關係史研究』, 中山大學出版社.
• 劉廣銘(2006-3),「『老稼齋燕行日記』中的康熙形象-兼與同時期歐洲語境中的康熙形象比較」,『解放軍外國語學院學報』 29-2.
• 劉廣銘(2008-4),「『老稼齋燕行日記』中的滿族人形象-兼與其中的漢族人形象比較」,『延邊大學學報』 41-2.
• 劉廣銘·徐東日(2006-3),「『建州聞見錄』中的女眞人形象」,『延邊大學學報』 39-1.

• 劉靜(2006-3),「從『燕行錄』看18世紀中國北方市集-兼論中朝文化交流與文化差異」,『北京社會科學』.
• 李敦球(1998-3),「論十八世紀後期朝鮮進步文人的中國外交使行」,『世界歷史』.
• 李麗(2008-5),「朴趾源『熱河日記』初探」,『廣東社會科學』.
• 李巖(2007-1),「朴趾源『熱河日記』的北學意識和實業方略」,『東疆學刊』.
• 李巖(2007-1),「朴趾源『熱河日記』的實學精神和文藝觀探析」,『延邊大學學報』.
• 李春姬(2010-2),「朝鮮詩人李尙迪與道咸文人的交游」,『外國問題硏究』196.
• 張杰(2008-1),「淸代朝鮮使團與滿族雇車業述論」,『滿族硏究』.
• 張杰(2011-1),「淸代東北科擧家族繆氏考述」,『東北史地』.
• 張士尊(2007-5),「明代遼東"東昌堡"考」,『鞍山師範學院學報』.
• 張士尊(2008-5),「明代遼東路河考」,『東北史地』.
• 張士尊(2009-2),「遼泽:影響東北南部历史的重要地理因素」,『鞍山師範學院學報』.
• 張升(2007-1),「朝鮮文獻與四庫學硏究」,『社會科學硏究』.
• 張升(2007-1),「朝鮮文獻與四庫學硏究」,『社會科學硏究』.
• 張雙志(2007-3),「18世紀朝鮮學者對淸代西疆的觀察-讀朴趾源『熱河日記』」,『中國藏學』.
• 張婷婷(2004-4),「明代朝鮮朝貢路線的演变」,『南陽師範學院學報』3-4.
• 張曉明(2010-6),「明代鞍山驛路-以朝天錄中的記載爲中心」,『鞍山師範學院學報』.
• 全美子(2002),『18世紀韓國游記文學中的中國形象-以三種'燕行錄'爲中心』, 北京大學 博士學位論文.
• 全美子(2002),『18世紀韓國游記文學中的中國形象-以三種'燕行錄'爲中心』, 北京大學 博士學位論文.
• 錢蓉·赫曉琳(2010-6),「從『燕行錄』看康乾時期中國民俗文化」,『史學月刊』.
• 趙建忠(2007-6),「新發現的程偉元佚詩及相關紅學史料的考辨」,『紅樓夢學刊』.
• 刁書仁(2001),『明淸中朝日關係史硏究』, 吉林文史出版社.
• 曹春茹(2009-3),「朝鮮文人筆下的北京白雲觀」,『中國道教』.
• 趙興元(2008-1),「康乾時期燕行使眼中的中國北方建築」,『東北史地』.
• 鐘放(2010-1),「"日本學"與"韓國學"雙璧同輝-評『東亞漢文學關係硏究』」,『外國問題硏究』195.
• 左江(2001),『許筠硏究』, 南京大學 博士學位論文.
• 左江(2007-5),「淸代朝鮮燕行使團宿食考」,『域外漢籍硏究集刊』3, 中華書局.
• 左江(2008),「〈燕行錄全集〉考訂」,『域外漢籍硏究集刊』4, 中華書局.
• 左江(2010-1),「置得關注的燕行錄文獻」,『古典文學知識』148.
• 陳東輝(2005),「阮元與朝鮮學人交往考略」, 金建人 主編,『中國江南與韓國文化交流』, 北京: 學苑出版社.
• 陳東輝(2007),「兪樾與中日韓文化交流」,『韓國硏究』8.
• 陳尙勝(1999),『朝鮮王朝(1392~1910)對華觀的演變-『朝天錄』和『燕行錄』初探』, 山東大學出版社.
• 陳尙勝(2002-6),「重陪鷺更何年?-朝鮮李珥出使明朝詩歌初探」,『山東大學學報』.
• 陳潮(1997-1),「明淸之季中韓宗藩關係探索」, 學術論壇.
• 蔡少卿·王慶德(1999),「金澤榮在華的韓國文化拯救活動述評」, 陳尙勝 主編,『第三屆韓國傳統文化國際學術討論會論文集』.
• 詹杭倫(1994),「李調元與韓國詩人交往叙論」,『四川師範大學學報』.
• 漆永祥(2010-5),「關于"燕行錄"界定及收錄範圍之我見」,『古籍整理研究學刊』.
• 韓梅(2010-9),「韓國古代文人眼中的中國-以『朝天記』『朝京日錄』『入瀋記』爲中心」,『東岳論叢』31-9.
• 韓衛星(2006),『共大容文學硏究-兼與中國文化之關聯』, 延邊大學 博士學位論文.
• 黃美子·禹尙烈(2004-4),「朝鮮燕行使與中國琉璃廠」,『東疆學刊』21-2.
• 黃時監(1998),「紀昀與西學」,『文史』46.
• 黃時監(1998),「紀昀與朝鮮學人」,『東西文化交流史論稿』, 上海古籍出版社.
• 黃時監(1998),「朝鮮'燕行錄'所記的北京天主教堂」,『東西交流史論稿』, 上海古籍出版社.

Ⅱ-3

문서 외교와 언어 외교

| 홍성구 ■ 경북대학교 역사교육과 교수 |

1. 머리말
2. 문서 외교
3. 언어 외교
4. 맺음말

1. 머리말

외교란 일반적인 사전적 정의에 따르면 국가 간 교섭과 협상을 통하여 맺는 모든 대외 관계를 일컫는다. 이러한 외교는 유럽의 30년 전쟁의 결과물인 베스트팔렌조약을 통해 등장한 '주권 국가' 간의 '평등' 의식에 기초하여 구축된 국제 질서 속에서 성립되었다. 하지만 전근대 동아시아에는 국가 간 힘의 우열을 인정하는 전제 위에서 중국과 그 주변의 국가 혹은 정치 체제 사이에 책봉과 조공의 의례를 교환하는 것으로 표현되는 계서적인 국제 질서가 형성되어 있었다. 특히 '신하는 외국과 교섭할 수 없다(人臣無外交)'는 전통 관념은 중국과 책봉·조공의 의례를 교환하는 주변 국가가 중국 외의 다른 외국과 교섭하는 행위를 원칙적으로 불허했고, 중국과의 관계에서도 군주 외의 신하가 개별적으로 중국과 교섭하는 일도 금지되었다. 이 경우 '외교'는 엄밀히 말하면 중국 왕조의 황제와 주변 국가의 군주가 맺는 개인 간 관계였고, 황제와 국왕 사이에 책봉·조공의 의례를 교환하는 것을 궁극적인 목적으로 삼았다. 이런 점에서 현재의 외교와 전근대 동아시아의 '외교'를 동일한 개념으로 이해할 수는 없다.

하지만 주권 국가 간의 관계든, 황제와 국왕 사이의 개인 간 관계든, 그것을 형성하고 유지하기 위해서는 그 과정에서 발생하는 분쟁과 갈등 등 여러 가지 문제를 조정하고 해결할 수밖에 없다. 그리고 그러한 문제를 처리하는 과정에서 설득과 타협, 강제라는 수단을 동원하여 교섭과 협상을 진행한다는 점에서 양자 사이에 큰 차이가 없다. 따라서 이 글에서 말하는 외교는 양국의 대외 관계나 그 정책, 또는 국제 질서를 가리키는 것이 아닌, 교섭과 협상을 진행하는 과정에서 표출되는 구체적인 행위를 가리키는 것으로 그 개념을 한정할 것이다.

잘 알려진 바와 같이 명·청과 조선 사이에는 책봉과 조공의 의례를 교환하는 관계가 성립되었다. 이때 의례를 수행하는 주체는 원리적으로는 황제와 국왕이다. 원 간섭기에 고려 국왕이 원 조정에 직접 들어가 조회하였던 '친조(親朝)'가 그 사례이다. 하지만 명·청과 조선 사이에는 친조의 사례가 없었고, 황제와 국왕은 자신의 대리인으로 사신을 선임하여 파견하였다. 따라서 상대국에 가서 실제 의례를 수행하고 교섭과 협상을 담당한 주체는 양국의 사신이었다. 넓게 보면, 양국의 사신이 압록강을 건너 북경과 서울을 왕래하는 긴 여정에서 겪는 모든 일상을 외교 행위의 범주 안에 넣을 수 있겠지만, 엄밀히 말하면 사신이 표방한 공식적인 목적 및 사행의 기회를 이용하여 양국 정부에서 달성하고자 했던 부수적인 목적과 직접적으로 관련된 교섭과 협상으로 그 범주를 한정할 수 있다. 그리고 외교 행위의 주체도 사행의 공식적 목적을 수행하는 대표단인 정사와 부사, 서장관(三使) 등 관료들과 이들을 보좌하며 실무 교섭과 물밑 협상을 담당한 통사(通事=역관(譯官))들로 그 범주를 좁힐 수 있다. 사행의 대표단에게 주어진 공식적인 역할은 황제와 국왕 명의로 작성된 문서를 전달하고 그 사행이 공식적으로 표방한 목적을 달성하는 것이었고, 이 과정에서 필요한 구체적인 실무 교섭과 협상은 대체로 통사가 담당했다. 물론 교섭과 협상 과정에서 대표단이 상대국의 관료들에게 황제와 국왕 명의의 문서 외에 별도의 문서(자문(咨文) 혹은 정문(呈文))를 제출하거나 직접 대면하여 대화하는 경우도 적지 않았다. 그러므로 일반적으로 대표단은 주로 문서를 통해서, 통사는 주로 언어를 수단으로 교섭과 협상을 진행했다고 할 수 있지만 그 경계가 명확한 것은 아니다. 다만 문서와 언어의 차이는 대표단의 외교 행위가 표면적이고 형식적이고 의례적이고 공식적인 것인 한편, 통사의 그것은 내면적이고 실질적이고 실무적이고 비공식적인 행위라는 특징을 반영하고 있다.

이처럼 글로 써서 전달하는 문서 외교와 말로 주고받는 언어 외교는 명·청과 조선 사이 외교의 실상을 이해할 수 있는 서로 다른 층위라고 할 수 있다. 이러한 구분을 통해서 양국 사이에 전개된 외교를 좀 더 입체적이고 구조적으로 이해할 수 있을 것으로 기대된다. 하지만 아직은 선행 연구가 이러한 작업에 충분할 정도로 축적되어 있지 못하다. 명·청과 조선 사이에 주고받은 외교문서에 대한 연구는 근래에 들어서야 활발해져 외교문서의 종류와 성격, 외교문서의 전달과 접수 및 보존 체계, 외교문서로 인해 발생한 분쟁 등에 관한 연구가 발표되었으나 아직은 당시 외교문서가 가지는 의미와 그것을 통해 구축된 외교 관계의 특질 등을 종합하는 수준에까지 이르지는 못했다. 그나마 한국 학계의 연구가 활발한 편이고 중국 학계에서는 전근대 외교문서에 대한 연구가 아직 본격화되지 못한 것으로 보인다.

한편, 언어 외교와 관련해서는 통사와 역관에 대한 연구가 일찍부터 이루어지긴 했으나, 신분제 관점에서 중인 신분으로서의 역관에 관한 연구 및 역관 양성 기구와 제도에 관한 연구가 주를 이루었다. 외교에서 통사와 역관이 수행한 역할에 관한 연구도 대체로 무역과 정보 수집에서의 역할에 한정되거나 널리 알려진 몇몇 역관 개인의 생애와 일화를 소개하는 사례 연구가 대부분이다. 또한 중국 학계에서도 통사 제도에 관한 연구와 포르투갈, 류큐, 일본과 관련한 통사 연구가 있을 뿐 통사의 역할이 외교에서 차지한 의미에 대해서는 아직 큰 관심이 미치지 못하고 있는 실정이다. 그럼에도 불구하는 이 글에서는 가능한 범위 내에서 선행 연구를 바탕으로 외교문서와 언어 외교라는 관점에서 조선과 명·청 사이에 이루어진 교섭과 협상을 재구성해 보고자 한다. 이 과정에서 확인할 수 있는 선행 연구의 한계는 향후 연구의 방향을 모색하는 데에도 도움이 될 것이다.

2. 문서 외교

근대 이전 명·청과 조선 사이에 주고받은 외교문서는 오늘날과 같이 양국의 합의 내용을 각국의 문자로 작성하고 대표자가 서명하는 조약문 혹은 합의문 형식이 아니라, 황제와 국왕 혹은 양국 조정의 관부가 각각을 발신자와 수신자로 하여 작성하여 주고받는 형식이 일반적이었다. 이러한 문서 형식은 기본적으로 중국 국내에서 통용되는 문서 체계를 그대로 따른 것이었다. 그러므로 양국 간의 문서 외교에도 중국 중심의 국제 질서가 그대로 녹아 있었다고 할 수 있다.

중국 문서 체계의 기본적인 특징은 계서적이고 의례적이라는 점이다. 발신자와 수신자의 관계에 따라 문서의 종류와 양식이 결정되었고,

문서의 내용에 따라서도 그에 맞는 성격의 문서를 생산해야만 했다. 즉, 중국 관료 체계의 질서를 반영하는 의례가 구현된 다양한 문서가 생산되어 교환되었던 것이다.

외교문서에 중국의 문서 체계를 수용한 것은 비단 조선만이 아니라 류큐, 베트남, 일본 등 중국 주변의 국가들도 마찬가지였다. 여기에는 단순히 힘의 원리에 따라 중국 중심적 국제 질서를 받아들일 수밖에 없었다는 수동적이고 부정적인 의미만 내포되어 있던 것은 아니다. '중국과 같은 문자를 사용한다'는 동문(同文) 의식은 중국의 선진적인 문명을 능동적이고 적극적으로 수용하여 당시의 글로벌 스탠더드에 해당하는 중국과 대등한 문화를 향유할 수 있다는 문화 의식이 바탕에 깔려 있는 것이다. 오늘날 우리가 서구 민주주의를 수용하여 실현하고 있는 현실을 서구 문화에 종속된 것으로 보지 않고, 선진적인 정치 문화를 구현하고 있다고 이해하는 것과 비슷할 것이다.

이러한 동문 의식은 결과적으로 근대 외교문서 작성에서 가장 어려운 문제 중 하나인 번역의 문제를 제거했다. 명과 조선 사이에는 기본적으로 외교문서의 번역 문제가 존재하지 않았다. 다만, 청은 만주어를 국어로 삼았고 조정에서 황제에게 보고하는 모든 문서에는 반드시 만주 문자를 사용하는 것이 원칙이었으므로 조선을 포함한 동아시아 각국에서 한문으로 작성된 외교문서가 제출되면 이를 내각에서 만주문으로 번역하는 절차가 더해지기도 했다. 하지만 이는 어디까지나 청 내부의 문제였지, 조선이나 외국에 대해 만주문으로 작성된 문서를 전달할 것을 요구하지는 않았다.

양국에서 외교문서를 생산하고 교환할 때 기본적으로 번역 문제가 존재하지 않았다고는 하지만, 조선의 입장에서 중국에 보내는 외교문서를 한문으로 작성하는 작업이 생각만큼 간단한 문제는 아니었다. 우선 황제와 중국 조정에 보내는 외교문서였기 때문에 그에 걸맞게 문장의 품위가 높아야 했다. 따라서 조선에서는 문장으로 유명한 문인에게 외교문서의 문장을 짓도록 의뢰하곤 했다. 그리고 당시 조선의 지식인들이 한자를 주로 사용하는 문자 생활을 영위하고 있었다고는 하지만 조선과 중국에서 사용되는 문어의 습관과 관행에는 적지 않은 차이가 있었다. 특히 중국의 문서 체계에서 사용되는 고유의 공문서식은 중국의 관료도 별도로 익혀야만 활용이 가능할 정도로 높은 장벽이었다. 이러한 중국의 공문서식을 '이문(吏文)'이라고 한다. 조선에서는 중국에 보내는 외교문서에 사용된 독특한 한문 문체를 가리켰다. 중국에 보내는 외교문서를 제대로 작성하기 위한 첫걸음은 바로 이 이문을 학습하는 것이었다.

조선에서 외교문서의 생산과 보존을 담당한 기관은 승문원(承文院)이었고, 여기에서 이문에 대한 학습과 교육이 이루어졌다. 이문 학습과 교육을 위해서는 교재가 필요했는데, 중국에서 보내온 외교문서가 가장 좋은 표본이자 참고 자료였다. 승문원에서 외교문서 보존을 목적으로 편찬한 『이문등록(吏文謄錄)』이 그 역할을 맡았을 것으로 보인다. 하지만 『이문등록』은 현재 전해지지 않는다. 또한 승문원에서는 이문 학습을 목적으로 한 교재인 『이문(吏文)』을 편찬했는데, 이것은 1478년(성종 9)까지 93건의 외교문서를 뽑아 정리한 것이다. 여기에 수록된 93건의 문서 중 고려·조선과 직접 관련된 외교문서는 47건이고, 이 문서들이 작성된 기간은 1370년(고려 공민왕 19)부터 1476년(조선 성종 7)까지다.

이 중에 고려·조선이 명으로 보낸 문서는 7건, 명이 조선에 보낸 문서는 40건이다. 그런데 47건의 문서 중 『고려사』와 『조선왕조실록』에 전문 혹은 일부 내용이 수록된 문건은 16건(34퍼센트)에 불과하고, 나머지 31건(66퍼센트)의 문서는 사서에 전혀 기록이 없기 때문에 사료적 가치도 매우 높다(김순자, 2010).

이 밖에도 승원문의 별칭을 딴 두 종류의 『괴원등록(槐院謄錄)』이 전해지고 있는데, 장서각(藏書閣)에 소장된 것에는 조선에서 보낸 문서를 표문(表文), 전문(箋文), 주문(奏文), 자문(咨文) 등 문서의 종류에 따라 구분하여 수록했다. 대략 1637년(인조 15)을 전후한 시점의 문서가 하한인 점을 미루어 병자호란 이후 명과의 관계가 단절되면서 이를 정리한 것으로 보인다(김경록, 2007; 김경록, 2007-1). 그리고 1636년(인조 14) 이후 청·일본과 주고받은 외교문서를 체계적으로 정리할 필요에 따라 『동문휘고(同文彙考)』를 편찬했다. 현재는 1788년(정조 12) 처음 출간된 초편 60책과 그 후 속간된 속편 36책이 전해진다. 대청 관계에 관해서는 외교 사안을 총 25개 항목으로 구분하였는데, 이를 통해 조선이 대청 관계에서 외교 사안을 어떻게 인식하였는지를 가늠할 수 있고, 통상적이고 의례적인 내용뿐 아니라, 시기별 외교 분쟁이나 외교활동을 상세히 보여 주는 외교문서가 수록되어 있다(김경록, 2005-1). 이처럼 『괴원등록』은 명에 보낸 문서를, 『동문휘고』는 청에 보낸 문서를 정리한 것이라고 할 수 있다. 전자가 문서의 종류에 따라 구분되어 있다는 점에서 대명 관계는 실제 외교 분쟁이라는 측면보다 의례적인 면이 강조되었다는 경향성을 발견할 수 있으며, 이에 비해 후자는 외교 사안을 중심으로 구분한 점에서 대청 관계가 외교적 사안에 더 민감하게 전개되었고 여기에는 외교 실무에 중점을 두고자 하였던 의도가 있었다고 해석된다(김경록, 2007). 또한 『이문』을 포함하여 보면, 『이문』은 시간 순서에 따라 정리하는 방식을 택하였고, 『괴원등록』은 문서의 종류에 따라 구분하는 방식을 취하였으며, 『동문휘고』의 외교 사안별로 분류한 차이를 발견할 수 있는데, 이러한 변화는 조선의 외교 체계가 보다 정밀해지는 과정을 반영한다고 한다(김경록, 2008).

조선에서 이처럼 중국의 외교문서를 보존하는 데 노력을 기울인 것은 여러 가지 이유가 있겠지만, 무엇보다도 이문을 학습하고 교육하여 적절한 외교문서를 작성하는 데 참고하기 위한 것이었다. 외교문서의 성격에 따라 그에 맞는 종류와 양식의 문서가 결정되고, 내용도 수신자의 지위와 신분에 맞춰 적절한 표현을 사용해야 했다. 만약 그렇지 못한 경우에는 심각한 외교 문제로 비화되기도 했다.

조선 국왕을 위시한 왕실에서 황제나 황태후 등 황실의 축일에 하례를 표하기 위해 제작하여 전달한 문서가 표문과 전문이고, 국왕이 황제에게 요청할 일이 있거나 의견을 표명하기 위해서는 주문(奏文)을 작성했다. 국왕 혹은 왕세자 등의 책봉을 요청할 때 주문을 작성한 것이 대표적인 사례다. 표문과 전문, 그리고 주문은 황제와 국왕의 계서적 질서를 반영한 상행(上行)문서였다. 그러므로 표문과 전문이 대개 의례적인 문장으로 구성되고 상투적인 내용을 담고 있다고 하더라도, 그만큼 높은 품위와 엄격한 형식 및 절차가 요구되었다. 이를 충족시키지 못하였거나 다른 의도가 감춰져 있다는 의심을 받는 경우에는 양국 간 갈등의 원인이 되기도 했다. 예를 들어, 명 태조 때 국호가 조선으로 변경되었음에도 표문에 발신자를 '조선국왕신이휘(朝鮮國王臣李諱)'라고 하지 않고 여전히 '권지국사신이휘(權知國事臣李諱)'라고 적은 점에 뭔가 음모가 있다는 의심을 받았고, 숙종 때는 주문에 임금의 휘(諱)를 쓰지 않고 '국왕'이라고만 한 것 등 발신자 명의가 문제가 된 경우가 있었으며, 조선 초 국호 변경 허가에 대해 제때에 사은하지 않고, 그 사은마저도 요왕(遼王)과 영왕(寧王)에게 먼저 해 황제를 무시했다는 등 문서의 발송 절차가 문제가 된 경우도 있었다. 또 문장을 쓸 때의 연서(連書)와 특서(特書), 평칙(平刦)과 산삭(刪削)이 문제가 되기도 했다. 또한 명 태조는 표문과 전문의 문장에 명을 업신여기는 언사나 경박하고 희롱하는 문구가 섞여 있다고 핑계를 잡아 문서 작성자의 압송을 요구한 사례도 있다. 이것은 명 태조의 개인적 성격과도 관련된 문자옥의 여파가 조선에까지 미친 사례이지만(박원호, 1975), 조선 측에서 표문과 전문의 서식, 회피해야 할 문자 등에 대해서 정확히 알지 못했기 때문이기도 하다. 청대에는 조선의 표문에 '하늘은 맑고 땅은 평안하다'는 의미의 "건청곤이(乾淸坤夷)"라는 표현을 쓴 것을 한인이 만주어로 번역하면서 '하늘은 청(淸)이요, 땅은 호(胡)'라고 잘못 번역하여 청(淸)을 청이(淸夷)라고 비난하는 뜻이 내포되어 있는 것으로 받아들여져 문제가 된 사례도 있었다(심재권, 2009). 이처럼 조선은 외교문서 작성 과정에서 분쟁과 갈등의 빌미를 제공하지 않기 위해 품격 있는 문장을 사용하고 표현의 전거(典據)를 제시하며, 자양(字樣) 및 봉인에 이르는 세세한 형식상의 문제까지도 엄격하게 점검하는 등 모든 역량을 동원했다(김경록, 2006).

자문은 중국 문서 체계에서 2품 이상의 고위 관부 사이에 대등하게 주고받은 문서다. 조선 국왕과 명·청의 예부 사이에 서로 주고받은 문서가 자문이었다. 최근의 연구에 따르면, 고려 충렬왕이 원에서 설치한 정동행성(征東行省)의 승상을 겸직하면서 중서성(中書省)에서 고려 국왕에게 보내는 문서에 처음 자문을 사용하기 시작했다고 한다(정동훈, 2016). 표문과 전문이 의례적인 문서이고, 주문이 국왕이 황제에게 직접 요청하는 문서라고 한다면, 자문은 외교적인 현안을 협의하고 조정하기 위해 명·청과 조선 사이에 가장 많이, 가장 빈번하게 주고받은 실질적인 외교문서라 하겠다. 예를 들어, 임진왜란 시기 양국 간에 필요한 군사 정보 교류, 군수품 조달 등에 관한 내용을 주고받을 때도 양국은 자문을 주고받으며 교섭했다. 따라서 자문에는 조공품이나 교역품의 내용과 가격, 변경 무역인 중강개시(中江開市) 등에 관한 교섭, 월경·표류 등을 포함한 국경 문제 등 명·청과 조선 사이의 군사, 무역, 사회, 문화 등 외교 사안 전반에 걸친 가장 폭넓은 내용이 담겨 있다(심재권, 2013).

조선 사행이 노정에서 접촉하는 관료와 교섭할 일이 있을 때는 정문을 제출했다. 중국 공문서 체계에서는 하급 기관에서 상급 기관에 제출하는 가장 일반적인 공문서 형식인데, 조선 사행이 도중에 직면하는 생활 문제를 해결하거나 사행의 공식·비공식적인 목적을 달성하기 위한 교섭에 가장 흔하게 사용된 문서 종류이기도 하다. 1636년 조선에서 명에 파견한 마지막 사행이 되어 버린 김육(金堉)의 『조경일록(朝京日錄)』을 사례로 살펴보면, 그는 동지성절천추진하사(冬至聖節千秋進賀使)로 파견되었기 때문에 이 사행의 공식적인 목적은 동지 및 황제와 태자의 탄신을 축하하기 위한 목적의 정규 사행이었다. 하지만 이때 그가 다루어야 할 외교 현안은 이뿐만이 아니었다. 청이 요동 지역을 차지함으로써 공도(貢道)가 해로로 변경되었을 때 비교적 안전한 산동반도의 등주로 들어갈 수 있는 노선이 납득할 수 없는 이유로 금지된 것에 불만을 품은 조선은 이 문제를 해결하기 위해 이전부터 교섭을 계속해 왔었고, 청의 위협에 대비한 군사력을 확충하는 데 필요한 화약 제조의 원료인 염초 무역 허가도 요청해야 했다. 이러한 현안들을 해결하기 위해 김육은 도독(都督), 태감(太監), 총병관(摠兵官), 상서(尙書) 등 이르는 곳마다 명의 관료들과 접촉했고 협조를 구하는 정문을 제출했다. 또한 사행 중에 필요한 교역, 조선이 청과 내통했다는 모함에 대한 해명, 조선에 필요한 무기 조달을 위한 교섭과 관련한 정문을 제출하기도 했다. 이처럼 정문은 공식·비공식적 목적을 달성하기 위해 사행의 대표단이 자율적으로 판단하여 현지에서 작성하여 제출한 외교문서였다. 그만큼 외교 현장의 생생한 분위기가 담겨 있는 문서라고 할 수 있다.

한편 명·청의 황제가 조선 국왕에게 보내는 문서에는 조유(詔諭), 칙유(勅諭), 유지(諭旨), 고명(誥命) 등이 있었다. 명·청의 공문서 체계에서 조유는 황제의 즉위나 대사면과 같은 중요한 명령을 반포할 때 내리는 문서였고, 칙우과 유지는 일상적인 군정의 사무에 관해 중앙 및 지방 관원에게 훈시를 내리는 문서였다. 그리고 고명은 1품관에서 5품관까지의 관료를 임명할 때 내리는 문서였다. 사실 왕·공·후·비를 책봉할 때 내리는 문서는 책문(册文)이다. 하지만 고려 공민왕 19년(1370) 명에서 공민왕을 책봉할 때 이미 책문이 아닌 고명을 사용했다. 이것은 명이 건국 초기부터 조선을 포함한 동아시아 국가에 대해 어떠한 이념을 적용하려 했는지를 파악할 수 있는 가늠자가 될 수 있는 사례이다. 즉, 책봉 문서에 책문이 아닌 고명을 사용한 것은 중국 국내의 관료제적 운영 원칙을 따른 것이며, 여기에는 외교 영역에서도 자국의 관료제적 운영 원리를 일원적으로 적용시키려는 이념이 투영되어 있다는 것이다(정동훈, 2016).

이러한 황제 명의의 문서가 발급되는 경우에는 칙사를 파견하여 의례를 거행하고 전달하는 것이 원칙이었다. 특히 조선의 왕·비 등을 책봉할 때는 대체로 칙사를 파견했다. 하지만 모든 문서를 칙사를 통해 전달한 것은 아니다. 칙사를 파견하지 않을 때는 보통 조선에서 파견한 사행이 돌아오는 편에 전달하는 것이 일반적이었다. 그러나 명대에는 요동도사(遼東都司)를 통해, 청대에는 성경예부(盛京禮部)를 통해 전달하는 경우도 많았다. 이 경우에는 요동도사와 성경예부에서 문서 전달과 관련하여 자문을 작성하여 보냈다. 이 밖에도 명·청에서 조선 사신에게 원본 문서를 보여 주고 이를 옮겨 적게 하여 내용만을 전달하는 경우도 있었다. 이것은 비공식적인 전달 방법에 가깝다고 하겠다(김경록, 2007). 문서의 목적이 의례적인 것이고 양국 간 중요한 현안일수록 칙사가 직접 파견되는 경향이 많았고, 실무적이고 비교적 가벼운 사안일수록 간접적으로 전달되는 경향이 강했다고 할 수 있겠다. 명·청과 조선 양측 모두에게 사행 파견은 많은 노력과 비용이 드는 행위였던 만큼 단순한 문서 전달만을 위한 사행은 가급적 피하려고 했던 것이 당연하다.

3. 언어 외교

실제로 사행이 오고 가며 양국이 접촉할 때는 외교적인 사안은 물론이고 일상생활과 관련해서도 협의해야 할 일들이 생기기 마련이다. 이러한 일체의 사무에 대한 교섭을 담당한 사람들이 통사였다. 따라서 통사는 단순히 언어 통역만을 담당한 것이 아니라, 사행의 목적을 달성하기까지 일체의 교섭과 협상을 진행한 최일선(最一線)의 전문 외교관이었다.

통사는 일반적으로 알려진 역관과는 다소 구별되는 용어다. 조선에서 역관이라고 하면, 역학생도(譯學生徒)에서부터 사역원정(司譯院正)에 이르기까지 사역원에서 역학을 전공하는 사람들을 지칭했다. 하지만 역관이 모두 통역관으로서 실무에 종사했던 것은 아니다. 즉, 통사는 사행단의 한 직책을 가리키는 것으로, 통역관으로 발탁되어 실무를 담당하는 사람을 일컫는 말이고, 넓게는 통사의 역할을 담당했던 통사 출신 전반을 의미하기도 했다(김경록, 2000).

통사는 외국과의 교류에서 꼭 필요한 존재였으므로 교류의 역사와 함께 존재해 왔다. 이미 삼국시대 및 발해와 태봉(泰封)에서도 중국·일본과의 교류를 위해 중국어와 일본어를 구사하는 역관과 이들을 양성하는 기구가 존재했고, 고려시대에는 예빈성(禮賓省), 역어도감(譯語都監), 한어도감(漢語都監), 통문관(通文館), 사역원 등이 역관 업무와 외국어(몽골어, 한어, 거란어, 일본어) 교육 기관으로 설치되었다(이미숙, 2009; 김남희, 2012). 이처럼 역대 국가들은 일찍부터 언어 통역의 중요성을 인식하고 있었다.

중국과의 교섭에서 통역이 중요했던 것은 잘못된 통역이 자칫 큰 외교적 갈등으로 비화될 우려가 있었기 때문임은 물론이고, 특히 정보를 수집하고 선진적인 문물을 도입하는 데 역관의 역할이 기대되었기 때문이다. 하지만 현실에서는 통역 자체가 제대로 이루어지지 못하는 것이 문제가 되는 경우가 많았다. 일찍이 명 태조는 고려의 귀화 통역관 설장수(偰長壽)에게 이전에 온 사신들은 중국어로 제대로 말하지 못했을 뿐만 아니라 통역을 전담하는 통사들의 중국어[漢語] 수준이 떨어지는 것에 대해 불만을 표시했다. 이에 조선에서는 명과의 외교적 관계에서 이익을 얻기 위해서는 중국어 원어민인 귀화인이 반드시 필요하다는 인식을 갖게 되었고, 명과의 교섭 중에 발생하는 언어적 문제를 해결하기 위해서 트집 잡히지 않을 만큼 중국어에 능통한 역관을 양성해야 할 필요성이 절실했다(박종연, 2016). 따라서 조선은 건국 직후부터 역관 양성에 깊은 관심을 기울이는 한편, 그것을 추진하기 위한 일련의 제도 정비도 이루어졌다.

1393년(태조 2) 사역원을 설치하여 역학 업무를 담당하도록 했고, 사역원에서는 원시(院試), 취재(取才), 고강(考講)을 통해 역학생도를 양성하고, 이들이 역관으로, 다시 북경으로 파견하는 사행이나 명의 칙사를 접대하는 통사로 선발되었다. 또한 조선 초기에는 역관들에 대한 우대책으로 역과(譯科)가 설치되어 역관들의 관직 진출을 보장했다. 세종 대에 통사를 세부적으로 구분하여 선발하는 제도가 정비되었으며, 세조 대에는 『경국대전(經國大典)』에도 기재되었다(김경록, 2000). 사역원 설치로 인해 교육·행정 업무가 단일화되었고, 역관의 관직 체계가 성립되어 정식 품관에 포함되었다. 그 외 교육 규정과 시취제(試取制)의 실시 등 역관 양성을 위한 기초적인 여건이 확립된 것도 태조 때였다. 그 뒤를 이어 태종 대는 인사 규정 보완과 역관 자질 함양 조치가 있었고, 세종은 한어·몽골어·일본어·여진어 등 4개 언어의 역관 양성을 위한 제도 정비 및 역관의 전문성 강화를 위한 제도적 장치를 마련했다. 역관직은 크게 중앙 역관, 외임 역관, 향통사(鄕通事)로 나뉘어 있었다. 중앙 역관은 사역원 관직과 군직에 제수되어 활동했고, 외임 역관은 지방에 파송된 역관이었다. 향통사는 외국과의 교류지를 중심으로 거주민을 종사케 했던 지방 통역인이었다. 중앙 역관과 외임 역관, 그리고 향통사는 상하 연결 구조 속에서 통역과 기타 외교 실무를 담당했다(백옥경, 2006).

중국어(漢語) 회화 교육은 이미 고려 말에 한방(韓昉), 이원필(李原弼), 홍즙(洪楫), 설장수(偰長壽) 등과 같은 귀화한 중국인들이 담당하기도 하였고, 세종 대에는 서사영(徐士英), 장현(張顯) 등 귀화 중국인을 한학훈도(漢學訓導)에 임명하여 역관 양성에 활용했다. 이들 귀화 중국인들은 대체로 원말명초의 혼란을 피해 조선으로 왔거나 왜구나 여진에게 포로가 되었다가 도망쳐 나와 조선에 머물면서 벼슬한 사람들이었다(박종연, 2016). 또한 조선 후기에도 숙종 8년(1682) 사역원 우어청(偶語廳)에서 중국인 문가상(文可尙)과 정선갑(鄭先甲)을 한어훈장(漢語訓長)으로 삼아 좋은 효과를 보기도 했다(양오진, 2000).

외국어로서 한어를 학습하기 위해서는 회화 교재가 필요했다. 조선에서는 역관들의 한어 교육을 위해 실용 교과서 개발에 큰 힘을 기울였다. 중국계 귀화인인 설장수가 편찬한 것으로 전해지는 『직해소학(直解

小學)』은 『소학』을 한어 구어체(백화문)로 풀이한 것으로 한어 교육과 과거시험용 교재로 널리 사용되었다. 가장 널리 사용되어 온 한어 회화 교과서로서는 『노걸대(老乞大)』와 『박통사(朴通事)』가 있다. 저자와 편찬 연대가 불명확하나, 1352년과 1368년 사이에 편찬된 것으로 추정되는 『노걸대』와 『박통사』는 원과의 교류를 목적으로 한 실용 회화 교과서로 편찬된 만큼 당시 중국의 생활 문화와 사회 풍속 및 교역 등에 관한 광범위한 내용들이 담겨 있다. 『노걸대』와 『박통사』는 처음에는 순 한어문으로 편찬되었으나 조선 성종 때 최세진(崔世珍)이 최초로 언해본(諺解本)을 편찬하면서 한글로 한자의 좌우에 이중으로 주음을 하였고 한어 원문을 한 단락씩 끊어서 한글로 뜻풀이를 했다. 이 언해본은 무엇보다도 전통 운서의 한어음을 표기한 것 외에 당시의 현실음인 16세기 중국 북방음을 별도로 표기하여 한어 회화 교과서로서 높은 가치를 지니고 있다(양오진, 2000).

1637년 청과 조선이 책봉·조공의 의례를 교환하는 관계를 맺으면서부터 여진어를 청어(淸語)라고 불렀고 여진학은 청학(淸學)으로 바뀌었다. 청이 입관한 이후에 연행한 조선의 사신들 중에는 청나라 사람들이 한어를 말할 수 있었지만 간혹 속이려 할 때에는 한어를 얘기하다가도 청어를 사용한다고 생각하기도 했다. 청과의 외교에서 만주어의 필요성은 점점 높아졌고, 이에 따라 역학 중에서 만주어를 하는 사람들이 상대적으로 늘어났다. 처음에는 청과의 교섭에 시급하게 청역(淸譯)이 필요했기 때문에 속환인(贖還人) 가운데 청어를 잘하는 사람이나 여진과의 접경 지역에 살았던 북도 출신자 중 청어에 능한 사람을 뽑아 청역으로 채용하기도 했다(김남윤, 2007).

하지만 만주어 통사를 양성하기 위해서는 만주어 교재가 필요했는데, 과거부터 사용해 온 여진학서(女眞學書)로 학습한 말은 오류가 많아 청어로 통할 수 없었다. 그리하여 당시 사역원 도제조(都提調)였던 오윤겸(吳允謙)의 발의에 따라 재간 있는 사역원 역관인 신계암(申繼黯)을 북경에 파송하는 사행에 10여 년간 계속 수행시켜 만주문을 습득하게 했다. 그 결과 신계암은 『경국대전』에 규정된 여진학서 14책 중 병란 중에 소실되지 않은 『소아론(小兒論)』·『팔세아(八歲兒)』·『거화(去化)』·『구난(九難)』·『태공상서(太公尙書)』 등 5종을 만주문으로 번역했다. '여진학'이라는 명칭도 그대로 유지하다가 1667년(현종 8)에 이르러서 '청학'으로 바뀌었다(송기중, 2000).

하지만 이 교재들은 현실어에 부합하지 않는 점이 많고 어휘도 부족하였기 때문에 1684년(숙종 10)에는 『삼역총해(三譯總解)』·『신번노걸대(新飜老乞大)』·『팔세아』·『소아론』 필사본을 편찬하였다. 회화 학습서로 가장 널리 사용된 것은 『청어노걸대(淸語老乞大)』였다. 『청어노걸대』가 처음 만들어진 것은 1683년(숙종 9)이고, 1709년(숙종 29)에는 목판본으로 간행됐다. 현전하는 『청어노걸대』는 1765년(영조 41) 김진하(金振夏)에 의해 수정되어 평양에서 중간(重刊)된 것으로 서문에는 『청어노걸대신석(淸語老乞大新釋)』이라고 적혀 있다. 이에 따르면, 『청어노걸대』는 처음에는 병자호란 후에 속환된 사람에 의해 말로 풀어서 만들었지만 처음부터 원본이 없었기 때문에 틀어지고 어긋남을 면하지 못했다고 했고, 또 처음 만든 『청어노걸대』로부터 100년이 지났다는 언급이 있으므로 초본은 대략 1660년경 전후에 형성된 것으로 보인다. 이 『청어노걸대』가 1684년(숙종 10)부터 『신번노걸대』라는 제목으로 사역원 청학

교재로 사용됐다(김은희, 2016).

조선에서는 이처럼 외국어 교육에 많은 노력을 기울였지만, 역관들의 외국어 실력은 기대에 미치지 못하는 경우가 많았던 것 같다. 조정에서는 역관들이 어학 공부에만 치중하고 경학과 사학 지식이 부족해 중국 사신의 대화 내용을 제대로 전달하지 못한다고 불만을 토로하기도 했다(양오진, 2000).

하지만 이러한 가운데서도 뛰어난 언어 실력과 교섭 능력으로 외교관으로서의 역할을 톡톡히 해낸 인물들도 적지 않았다. 대표적인 사례를 꼽아 보면, 우선 조선 전기를 대표하는 홍순언(洪純彦)은 25세의 젊은 나이로 조·명 외교에 종사한 이래 명사 영접에 7차례나 참여하고 9차례나 명에 출사하며 평생토록 조·명 외교의 제일선에 있었던 역관이다. 그의 대표적인 업적은 조선 건국 이래 200년 가까이 숙원이었던 종계변무 문제를 해결하는 데 주도적인 역할을 한 것이다. 그 공으로 그는 광국훈신(光國勳臣)에 녹훈(錄勳)되었다. 역관으로서 훈신에 오른 인물은 홍순언이 전무후무하다고 하겠다. 그는 명에 올릴 종계변무 정문의 한어 번역에 참여한 것을 시작으로, 예부에 정문을 제출하는 시기를 조절하고, 명의 관원과 교섭하는 과정에서 중요한 역할을 했다고 한다. 특히 홍순언의 공이 부각된 것은 사신의 지시에 따라 종계변무를 추진한 것이 아니라 본인의 뜻에 따라 추진하였으며, 명 관원과의 교섭에서도 사신의 말을 단순히 통역한 것이 아니라 본인의 의견을 피력함으로써 명 관원을 주도적으로 회유하고 설득했기 때문이라고 한다. 이것이 가능했던 것은 그가 오랜 외교 경험으로 구축한 개인적인 인적 네트워크(인맥)를 적절히 활용했기 때문이다. 마침 그가 이전 사행에서 친분을 맺은 허국(許國)과 한세능(韓世能) 등이 당시 명의 대외 관계를 책임지는 예부상서와 예부시랑 직위에 있었다. 이처럼 홍순언은 종계변무 문제를 사실상 종결짓는 전 과정에 참여하여 핵심적인 역할을 했다(김영숙, 2011).

조선 후기의 김지남(金指南)은 사역원과 역관의 직무를 기록한 『통문관지(通文館志)』를 편찬한 인물로 유명하다. 그는 1688년에 광동(廣東) 조주(潮州)에서 출항하여 항주로 향하다가 표류하여 제주도에 표착한 표류민의 송환 업무를 맡아 해남에 파견되어 그들을 심문하는 과정에서 대만의 정극상(鄭克爽)이 청에 귀순하였고 곧이어 해금이 해제되었다는 사실, 특히 대만에 관한 상황을 수집하여 조정에 보고했다. 또 1692년에는 북경 사행에 참여하여 화약 제조 방법을 탐문하라는 지시를 받고 관련 서적 구입을 위해 백방으로 수소문한 끝에 요동성에서 한 노인으로부터 『신전자초방(新傳煮硝方)』이라는 서적을 구했고, 후에 이를 번역하여 『신전자초방언해(新傳煮硝方諺解)』를 편찬했다. 또한 1712년에는 청에서 조선의 경계를 확정하기 위해 목극등을 파견했을 때 실제로 그와 교섭을 진행하고 결정적 역할을 담당한 것은 접반사 박권(朴權)이 아니라 역관으로 참여했던 김지남과 그의 아들 김경문(金慶門)이었다(羅樂然, 2016).

이처럼 역관은 국가적 차원의 외교 현안 해결에 직접 참여하여 주도적 역할을 담당하기도 했다. 하지만 이러한 사례는 일반적인 통사의 역할이라고 하기는 어렵고, 적어도 사역원의 관직을 받은 역관들에게나 주어질 스 있는 기회였다. 대부분의 통사들은 명·청과의 접경 지역에서, 사행 도중에, 그리고 북경 현지에서 다양한 정보원과 접촉해 각종 정보를 수집하는 데서 큰 역할을 담당했다. 이 가운데 명·청 교체의 혼란 속에서 25년 동안 만포에서 이루어진 거의 모든 교섭의 한복판에 있으면서, 특별한 외교 임무를 띠고 여러 차례 직접 누르하치를 방문하기도 하면서 외교 실무를 전담하다시피 한 대표적인 인물이 하세국(河世國)이다. 그는 앞에서 사례로 들었던 홍순언이나 김지남과는 달리 사실 역관 축에도 정식으로 들지 못하는 임시직 말단 통역원 격인 향통사였다. 그런 그가 당시 명과 후금 사이에서 양자택일을 압박받고 있던 조선 조정에 요동 정세에 대한 상세한 정보를 파악하여 보고하면서 후금과 조선의 핫라인 역할을 맡고 있었다. 그리고 후금에 조선의 입장을 이해시키기 위해 고군분투하다가 결국 후금에서 처형당하고 말았다(계승범, 2011).

한편, 중국에서는 대외 교류를 위하여 일찍이 진(秦)에서는 전객(典客)이라는 관직을 두었고 한(漢)에서는 대홍려(大鴻臚)라는 기구를 설치하여 사이(四夷)와의 교섭을 담당했다. 이것이 남북조 시기의 홍려(鴻臚), 북제의 홍려시(鴻臚寺)를 거쳐 수당으로 이어졌다. 송대에는 홍려시 외에 사방관(四方館)이 설치되어 사이(四夷)와의 교섭을 담당했고, 원대에는 몽고한림원(蒙古翰林院)과 회동관(會同館)이 설치되어 이러한 업무를 담당했다. 명대에는 사이관(四夷館)을 설치했고 청대에는 회동사역관(會同四譯館)을 설치해 이민족을 포함한 주변 나라들과의 교류를 담당했다. 청 말에 이르러 역학관(譯學館)을 설치해 비로소 근대적 의미의 외국어 교육을 실시했다(정광, 1990).

명의 사이관은 외국어 교육 기관으로, 1407년(영락 5)에 설치됐다. 처음에는 8관(八館; 달단(韃靼), 여진(女眞), 서번(西番), 서천(西天), 회회(回回), 백이

(百夷), 고창(高昌), 면전(緬甸))을 두었는데, 1511년(정덕 6) 팔백관(八百館)을 증설했고, 1579년(만력 7)에 섬라관(暹羅館)을 증설하여 10관(館)이 되었다(林杏容, 2006). 청이 입관하고 1644년(순치 1) 사이관을 사역관(四譯館)으로 바꾸고, 백이관(百夷館)을 백역관(百譯館)으로 바꾸었다. 여진어는 만주어이고, 조정의 만주인은 대부분 몽골어에 능통했기 때문에 달단관(韃靼館)과 여진관(女眞館)을 없애고 나머지 8관만 남게 되었다. 그리고 1748년(건륭 13)에 회동관과 사역관을 합해 회동사역관(會同四譯館)으로 했다(魏影, 2017).

이렇게 보면 명·청대에는 사이관에서도, 회동사역관에서도 공식적으로 조선어를 체계적으로 교육하는 시스템은 없었던 것으로 보인다. 그런데 명대에는 조선, 류큐, 안남 등의 사행 접대는 홍려시 소속 관원이 담당했고, 그 나머지 국가는 사이관에서 담당했다. 그 이유는 조선, 류큐, 안남 등은 번역이 필요 없는 한자를 사용했기 때문이다. 사이관은 주로 문서 번역을 담당하는 기관이었으므로 조선, 류큐, 안남 등을 담당하는 역관이 없었던 것은 이러한 이유 때문이라고 이해된다. 그런데 실제로 조선어 통역이 필요하지 않았던 것은 아니다. 사행이 주로 머무르는 회동관에서는 사신 접대와 교섭을 위해서 조선어 통사가 필요했다. 명 후기 『무비지(武備志)』를 보면, 13관(十三館) 통사를 설치하였다는 기록이 있고, 통사들의 외국어 학습 교재라고 할 수 있는 『화이역어(華夷譯語)』(회동관본(會同館本))에도 조선, 류큐, 안남 등이 포함되어 있는 것으로 보아(任萍, 2007-2) 명 후기에는 조선어 교육과 학습을 위한 기관이 설치되었거나 아니면 적어도 그 필요성이 상당한 정도로 공유되었음을 짐작할 수 있다.

명 전기의 조선어 통사에 관해서는 아직 충분한 연구가 이루어지지 않았지만, 명에서 조선에 파견한 사신의 활동을 통해 미루어보면, 명 전기에는 조선 출신의 환관이 사실상 조선어 통사 역할을 담당하였을 것으로 생각된다. 특히 명 태조 홍무제와 영락제는 황제를 지근거리에서 모시는 환관을 통해서 조정을 통해 공식적으로 제기하기 어려운 개인적인 요구를 조선에 전달했다. 고려·조선 출신 환관은 황제의 구술을 정확하게 조선에 전달할 수 있었다는 점에서 이러한 역할에 적임이었다. 따라서 명에서 조선에 파견한 환관은 사신이면서 동시에 통사 역할까지도 겸했다고 할 수 있다(정동훈, 2017; 정동훈, 2017-1). 명대 전기에 주로 환관이 칙사로 파견된 것은 이러한 이유도 중요하게 작용하였을 것이다.

청대에 들어와서도 회동사역관에 조선 역관이 포함되지 않은 것은 명대와 마찬가지로 조선이 한문을 사용하기 때문이다. 하지만 통사의 경우에는 순치 초부터 수도인 북경과 성경, 봉황성, 우장, 산해관 등 공도(貢道) 연변에 조선 통사 22원을 배치하였고, 1673년(강희 13)에는 북경의 회동관과 지방의 봉황성에만 조선 통사를 설치했다. 명말청초의 조선 통사는 대부분 조선 북부 출신의 월경인이나 피로인 등 여진과 밀접하게 왕래했던 조선인들이었지만, 순치 시기에는 조선 통사에 결원이 생기면 팔기(八旗) 내의 조선인 포의(包衣) 중에서 예부의 선발 시험에 합격한 자에게 관직을 수여하는 방식으로 충당했다. 하지만 팔기 내 조선인이 한화 내지는 만주족화됨에 따라 조선어 실력이 하락하여 조선인의 후예를 대상으로 한 시험 방식으로는 실력 있는 통사를 선발할 수 없게 되었다. 이에 1751년(건륭 16)에 회동사역관 내에 조선역학(朝鮮

譯學)을 설립하고 조선어 통역 인원을 전문적으로 양성하여 통관에 충당하도록 했다. 이 밖에도 조선 통사 중에는 세업 자제(世業子弟)가 비교적 많았다. 이들은 가학(家學)으로 조선어를 익힌 통사 가족의 후예로서 세업 자제 선발은 조선 통사를 충당하는 중요한 경로의 하나였다.

이들 조선 통사는 청과 조선 사이의 통역관 역할을 하고 조선 사신을 인도하거나 반송(伴送)하는 역할을 맡기도 하였고, 칙사행의 수행원으로 참여하기도 하였다. 또한 회동관 무역과 변경의 호시 무역을 감독하는 역할도 담당하였다(金錦子·李丹, 2017). 청에서 조선 출신 통사로 활약한 대표적인 사례로는 정명수(鄭命壽, 만주명 '굴마훈')를 들 수 있다. 그는 평안도 은산의 천예(賤隸) 출신으로 1627년 정묘호란 때 포로가 되어 심양에 가서 조선 사정을 고해 바쳐 한(汗)의 신임을 얻었다고 한다. 1633년부터 후금과 조선의 교섭과 교역에서 통역과 차사의 임무를 맡았고, 이후 조선과 청 사이의 거의 모든 일은 통사 정명수를 거쳐 이루어졌다. 하지만 그의 역할은 단순한 정보 제공자나 매개자에 국한되지 않았다. 정명수는 당시 청이 조선과의 관계에서 가장 중시했던 무역에서도 황제의 내부(內府)를 관리하는 관원 및 팔기의 조선 무역을 대리하는 역할을 담당하기도 했다(楊海英, 2002; 김남윤, 2007; 김선민, 2014).

이상에서 조선과 명·청의 통사에 대해 살펴보았지만, 통사 양성 기관을 좀 더 체계적으로 운영한 것은 조선이었고, 양국 간의 통사 역할을 담당한 것도 대부분 조선인이거나 조선 출신으로 명과 청에서 등용된 인물이었다. 이것 역시 계서적인 양국 관계를 반영하고 있다고 생각된다. 하지만 문서 외교와 비교해 보면, 그 의례성은 현저히 약하고, 문서 외교의 이면에서 이루어지는 현안에 대한 실무적 교섭과 협상, 나아가 해결에 이르는 외교의 실상을 그대로 드러낸다는 점에서 오늘날의 외교와 크게 다르지 않은 양상을 볼 수도 있다. 이런 점에서 문서 외교와 언어 외교는 양국 관계를 입체적으로 재구성할 수 있는 외교의 두 층위라고 할 수 있다.

4. 맺음말

이상에서 조선과 명·청의 외교를 문서(글)와 언어(말)라는 두 측면에서 살펴보았다. 문서든 언어든 그것이 양국 간 교섭의 가장 중요한 수단이라는 점은 같지만, 전자에는 양국 관계의 표면적이고 형식적이고 의례적인 측면이 반영되어 있고, 후자에는 내면적이고 실질적이고 실무적인 측면이 내포되어 있다. 따라서 이 두 가지를 함께 고려해야만 양국 관계를 입체적으로 재구성할 수 있을 것이다. 다만, 현재의 연구 수준으로는 여전히 아쉽고 부족한 부분이 많다.

우선 외교는 상대국과의 관계 속에서 이루어지는 것인데, 조선 측의 입장에서 외교문서의 생산과 발송, 접수와 보존에 대한 연구는 많은 반면, 명·청에서 조선이 보낸 문서를 어떻게 보존했는지에 대해서는 연구를 찾아볼 수 없었다. 이는 언어 외교 연구에서도 마찬가지이다. 조선의 통사 연구에 비하여 명·청의 통사 연구, 특히 조선어 통사에 관한 연구는 극히 적어 심각한 불균형을 이룬다.

둘째, 외교문서 연구라고는 하지만 그것이 실제 원본 문서냐 아니면 실록과 같은 관찬 사료에 전재된 2차 자료냐를 구별할 필요가 있다. 왜냐하면 실제 외교문서의 작성과는 달리 실록에 기록할 때는 그 문장을 문어체의 아문(雅文)으로 윤색하는 경우가 허다하기 때문이다. 따라서 여타 다른 문서 연구에서와 마찬가지로 외교문서 연구에서도 엄밀한 사료 비판이 선행되어야 하겠다.

셋째, 통사에 대한 연구가 적지 않지만 여전히 몇몇 유명한 통사의 사례 연구에 그치는 경향이 강하다. 통사의 외교적 역할에 대해서는 더 많은 사례를 발굴하고 더 깊이 의미를 천착해야만 할 것이다. 특히 변경 지역에서 활동한 향통사 등과 같은 하층 통역인들의 역할과 의미는 변경에 대한 관심과 더불어 앞으로 주목해야 할 연구 대상이 되어야 할 것이다.

넷째, 문서 외교이든 언어 외교이든 조선은 명·청만이 아니라 일본과도 외교적 교섭을 전개하였고, 명·청 역시 조선만이 아니라 그 밖의 여러 나라와 교섭했다. 이러한 다양한 관계를 서로 비교할 수 있을 때 전근대 동아시아 외교의 다양한 측면이 모습을 드러낼 것이고 조선과 명·청의 관계도 더욱 선명해질 것이라고 기대한다.

| 참고 문헌 |

- 계승범(2011),「향통사 하세국과 조선의 선택」,『만주연구』 11.
- 김경록(2000),「조선초기 통사의 활동과 위상 변화」,『한국학보』 26-4.
- 김경록(2005),「조선시대 사대문서의 종류와 성격」,『한국문화』 35.
- 김경록(2005-1),「조선시대 동문휘고의 편찬과정과 성격」,『조선시대사학보』 32.
- 김경록(2006),「조선시대 사대문서의 생산과 전달체계」,『한국사연구』 134.
- 김경록(2007),「조선시대 대중국 외교문서의 접수·보존체계」,『한국사연구』 136.
- 김경록(2007-1),「조선초기 이문의 편찬과 대명 외교문서의 성격」,『이화사학연구』 34.
- 김경록(2008),「조선의 대청관계인식과 외교체계-조선후기 외교문서의 정리를 중심으로-」,『이화사학연구』 37.
- 김경록(2009),「동문휘고를 통한 조선후기 외교사안 연구」,『명청사연구』 32.
- 김경록(2009),「조선시대 대중국 외교문서와 외교정보의 수집·보존체계」,『동북아역사논총』 25.
- 김남윤(2007),「병자호란 직후(1637~1644) 조청 관계에서 '청역'의 존재」,『한국문화』 40.
- 김남희(2012),「통역의 역사 개관-고려시대까지」,『통번역학연구』 16-1.
- 김선민(2014),「조선통사 굴마훈, 청역 정명수」,『명청사연구』 41.
- 김순자(2010),「고려·조선-명 관계 외교문서의 정리와 분석-'이문', '고려사', '조선왕조실록' 소재 문서를 중심으로-」,『한국중세사연구』 28.
- 김영숙(2011),「역관 홍순언과 조명외교」,『중국사연구』 70.
- 김은희(2016),「조선후기 청나라 만주어 수용의 정치 문화적 함의-역관교육을 중심으로-」,『호남문화연구』 60.
- 박원호(1975),「명초 문자옥과 조선표전문제」,『사학연구』 25.
- 박종연(2016),「조선 초기 귀화 중국어 통역관 연구-『조선왕조실록』의 기록을 중심으로-」,『중국어문학』 73.
- 백옥경(2006),『조선 전기 역관 연구』, 한국연구원.
- 송기중(2000),「조선시대 여진학/청학」,『알타이학보』 10.
- 심재권(2006),『朝鮮與明淸公文比交硏究』, 남경사범대학 박사학위 논문.
- 심재권(2009),「조선의 대명청문서로 인한 갈등사례 분석」,『고문서연구』 34.
- 심재권(2013),「조선과 명의 실무적 외교문서 "자문" 분석」,『고문서연구』 42.
- 양오진(2000),「한국에서의 중국어 역관 양성에 대한 역사적 고찰」,『중국언어연구』 11.
- 이미숙(2009),「고려시대 역관 연구」,『한국 사상과 문화』 46.
- 이선홍(2005),『조선시대 대중국 외교문서 연구』, 한국학중앙연구원 박사학위 논문.
- 정광(1990),『조선조 역과시권 연구』, 성균관대학교 대동문화연구원.

- 정동훈(2016), 『고려시대 외교문서 연구』, 서울대학교 대학원 박사학위 논문.
- 정동훈(2017), 「홍무제의 명령이 고려에 전달되는 경로-성지의 문서화 과정을 중심으로-」, 『동양사학연구』 139.
- 정동훈(2017-1), 「영락제의 말과 글-영락 연간 조선-명 관계의 두 층위-」, 『한국문화』 78.
- 진재교(2011), 「18·19세기 동아시아와 지식·정보의 메신저, 역관」, 『한국한문학연구』 47.
- 홍성구(2015), 「국내 소장 만문 문서 소개」, 『고문서연구』 47.

- 金錦子·李丹(2017), 「淸朝會同四譯館中的朝鮮通事考論」, 『延邊大學學報』 50-6.
- 羅樂然(2016), 「東亞文化交流視野下的朝鮮譯官角色-以譯官金指南的活動爲中心」, 『東洋學』 62.
- 林杏容(2006), 『明代通事硏究』, 暨南大學 석사 논문.
- 楊海英(2002), 「朝鮮通事古爾馬渾(鄭命壽)考」, 『民族史研究』 3.
- 魏影(2017), 『淸代前中期通事硏究』, 黑龍江大學 석사 논문.
- 任萍(2007-2), 「明四夷館中日本館譯語編撰考」, 『日本學論壇』 184.
- 中國第一歷史檔案館(2002), 『淸代文書檔案圖鑑』, 岳麓書社.

제Ⅲ부
경제 · 문화

1. 은(銀) 유통과 인삼

2. 「중조상민수륙무역장정」과 화교

3. 명 · 청 시대 조선의 중국 사상 수용 양상

Ⅲ-1

은(銀) 유통과 인삼

| 정혜중 ■ 이화여자대학교 사학과 교수 |

1. 머리말

2. 15세기 조공 무역에서의 은과 인삼

3. 16세기 중국에 유입된 조선 은, 일본 은, 스페인 은

4. 17~18세기 조선의 은과 인삼, 그리고 중국 교역

5. 맺음말: 19세기 대외 무역과 홍삼

1. 머리말

1368년 주원장(朱元璋)에 의해 명나라가 건설되고 30년도 채 되지 않은 1392년 한반도에서도 이성계가 조선(朝鮮)을 세웠다. 중국과 한반도에 세워진 두 왕조의 건국 초기에는 정치적으로 원(元)왕조의 그림자가 자못 길게 드리워져 적지 않은 영향을 미쳤다. 명나라는 해금(海禁) 정책으로 원나라의 부활을 꿈꾸며 해상과 연결되는 세력 퇴치에 만전을 기하고자 했다. 그리고 조선은 원의 영향이 깊었던 고려와의 단절을 꾀하고자 신진사대부들이 숭유배불(崇儒排佛)을 내세우며 성리학을 정치지도 이념으로 정착시켜 사회와 국가 운영의 기본 이념으로 삼게 됐다.

이 무렵 명나라를 세운 태조 주원장이 해금 정책을 실시하면서 원 제국과 고려왕조 사이에 비교적 자유롭던 교역 관계가 이후 '조공(朝貢)' 체제로 변화하여 명과 조선 양국 관계의 기본적인 공식 외교로 자리 잡게 되었다. 이에 조공에 근거한 한중 무역은 조선과 명·청의 경제적인 영역에서 주요 내용이 됐다. 이에 관해 21세기에 들어와 한국 학계에서 진행된 다양한 선행 연구(이철성, 2000; 유승주·이철성, 2002; 최광식 외, 2010; 권익현, 2011; 구도영, 2018)를 통해 비교적 구체적인 무역과 경제의 전체상이 밝혀지게 된 것은 고무적이다.

그러나 지금까지의 연구는 양국의 경제와 무역 관계에 초점이 맞추어지면서 한중 관계 혹은 은(銀)의 흐름이 세계사의 전체 흐름과는 동떨어진 관계인 것처럼 보이는 경우가 많았다. 그러한 시각을 극복한 연구로 조선의 주요 수출품인 인삼(人蔘)을 세계사적인 시각에서 규명한 연구(설혜심, 2002)는 매우 의미가 있다고 평가할 수 있다. 주지하듯이 중국은 화폐로 지폐와 동전 그리고 보충적으로 은을 사용하기도 했으나 명대에 들어 고액 거래와 납세 등 일상생활에서 은이 광범위하게 사용되었다. 이렇게 중국에 들어온 은은 16세기 중반 일본의 이와미(岩見) 광산에서 채굴된 은과 스페인의 식민지 포토시(Potosí) 광산에서 채굴된 은이 유럽 각국의 운반에 의해 세계를 돌다가 최종적으로 중국에 유입되는 것이었다(주경철, 2008; 岸本美緒, 2013). 조선에서의 은 유통에 대한 연구는 주로 임진왜란 이후 조선의 은 유통 현황을 비롯한 다양한 화폐제도 혹은 조·일(朝日) 간의 은 유통에 주목한 연구가 진행된 바 있다(한명기, 1992; 전성호, 2008; 정성일, 2012; 山本進, 2013).

이러한 연구의 시각에서 보면 한국은 세계적인 은의 유통 경제에서 소외된 양상이 보이며, 명·청과 일본의 동아시아 각국 관계에서 조선은 현물 거래 중심으로 은의 사용 맥락에 대해 주목하지 못해 왔다. 따라서 조선의 은 유통에 관한 연구들도 주로 임진왜란 후 17세기 이후의 화폐 사용에 중점을 두고 있다. 한중관계사에서 무역 및 그 결제 수단으로서의 은의 사용과 의미를 통시대적으로 살펴보는 계기가 없었던 것이다. 이 글은 이러한 문제점에 주목하여 한중무역사, 조선화폐사, 동아시아 은 유통사 대한 연구와 조·중(朝中) 양국 간의 경제에서 유통과 무역 교환에 사용되었던 은과 인삼을 중심으로 경제의 일면을 정리해 보고자 한다.

먼저 이를 위해 명과 조선 양국 간 교역에서 중요한 고리 역할을 했던 은과 인삼의 유통을 명과 조선의 초기 무역 단계, 명의 해금 이완과 임진왜란기, 그리고 임진왜란 이후 17~18세기의 세 시기로 나누어 그 특징을 살펴보고자 한다.

중국으로 유입된 은의 유통은 지리상의 발견 이후 16세기 후반부터 17세기 전반에 피크를 이루다가 조선에서의 임진왜란·병자호란의 영향, 중국에서의 해금 정책 등의 영향으로 주춤하였으나, 강희 연간(1661~1722)인 1684년에 4해관(海關)이 설치되면서 은 유통이 활발해지고 18세기 후반에 다시 피크를 맞이한 것으로 파악된다. 이때 중국으로 유입된 은 중에는 일본에서 채굴된 양이 30퍼센트 정도 되었던 것으로 보아 조선은 일본과 중국의 은 무역에서 적지 않은 역할을 했다고 할 수 있다. 그뿐만 아니라 이렇게 지리상의 발견으로 세계가 은을 매개로 하여 하나로 움직이기 이전부터 중국과 조선의 은 교역은 우여곡절을 겪으면서도 상당한 정도로 진행되었다. 이에 이 글은 중국으로 들어가는 조선의 은, 나아가 일본 은의 유통 상황과 이를 매개로 하여 교환되는 인삼 유통도 시야에 넣으면서 무역과 경제 영역에서 한중관계사의 이해를 제고하기를 기대한다.

2. 15세기 조공 무역에서의 은과 인삼

1) 해금과 조공 무역

고려와 원 사이에서는 육로를 통한 은 무역이 활발하게 진행되었고, 그에 따라 은이 과도하게 유출되면서 14세기 초반부터 고려 내에서는 은가(銀價)가 상승하는 현상도 나타났다. 결국 14세기 중반 이후 은 보유량이 부족해지자 은병(銀甁)과 오종포(五綜布)를 기반으로 한 화폐제도가 붕괴되었다. 원 말에서 명 초의 유통과 화폐 정책은 양국이 매우 흡사한 모습을 보였다. 그러나 전반적으로 고려왕조와 원은 정치적 대외 관계에 기초하여 왕실과 민간 상인에 이르기까지 교역이 활발하였다. 특히 원나라에서 면제품 등이 유입되면서 고려에서는 사치풍조가 만연하는 등 사회 문제도 적지 않게 발생하였다. 따라서 두 나라 모두 귀금속 유출에 민감한 반응을 보이며 유출을 금지하고 있었다(김영제, 2019).

원명이 교체되고 14세기에 명의 폐쇄적인 대외 정책이 강력하게 추진되었고, 고려에서도 일반인의 명과의 교역을 전면 금지하게 되었다. 고려를 대신한 조선왕조도 중국과의 통상을 급속하게 축소하였다. 이에 15세기 전반의 상품 유통은 크게 침체되었고, 각 지방의 시진(市鎭) 발달 및 유통 경제는 혼미한 상황이 되었다(『조선왕조실록』, 세종 6년 정월 임신; 『조선왕조실록』, 성종 6년 7월 갑자).

조선과 명의 관계가 시작된 주원장 홍무제(洪武帝)와 태조 이성계의 시기는 기간도 짧았으나 표전(表箋) 사건으로 인한 외교적 긴장감이 강하여 무역의 본격적인 움직임을 파악하기가 힘들다(박원호, 2002). 다만, 명조가 진행하고 있던 해금 정책하에서 조선과의 무역이 통제되었으나 15세기에 들어 영락제의 조공 체제가 자리 잡으면서 조공과 회사(回賜)의 형태로 양국 간에 조공 무역이 본격적으로 진행되었다. 조공 무역은 공무역(公貿易)과 사무역(私貿易)의 두 가지 형태였으나 15세기에는 관이 주도하는 공무역을 중심으로 교역 횟수와 양도 차츰 증가하였다.

조선은 정기적으로 보내는 정조사(正朝使), 성절사(聖節使), 천추사(千秋使)의 3차례의 정기 사행과 사은사(謝恩使), 주청사(奏請使), 진문사(奏聞使), 진하사(進賀使), 진위사(進慰使) 등의 임시 사행이 많아 명의 '삼년일공(三年一貢)'이라는 원칙을 훨씬 넘는 조공단이 북경(北京)을 방문하며 무역 내용을 풍부하게 하였다. 양국의 초기 무역에서는 관무역이 중심을 이루었고, 15세기 말 무렵에는 관원 및 상인들의 사무역 외에 불법 밀무역도 적지 않았다.

국초 조선에서 명나라에 보내는 조공품 가운데서, 금은세공(金銀歲貢)은 매우 주목할 만하다. 조선에서는 매년 금 150냥(兩), 은 700냥을 보내야 하는 것이 상당한 부담이었다. 이에 조선은 금은세공을 면제받기 위해 노력한 결과 1429년(세종 11, 선덕 4) 금은세공 대신 소, 말, 면포 등을 바치게 하는 조처가 취해져 1430년 이후 명나라로 가는 조공품 중에 금은이 없어지게 되었다.

다만 1421년(세종 3, 영락 19) 영락제가 북경으로 천도하면서 남경(南京)을 중심으로 하던 기존 질서와는 상이한 정책이 취해지며 경제에 상당한 영향을 미치게 되었다. 특히 명조는 북경 천도 후 중앙 재정을 지원하기 위해 대운하를 통해 물자를 남에서 북으로 공급하는 물류 체제를 확립하였다. 이에 운송 경비 경감과 효율적인 재화의 이송을 위해 미곡(米穀) 등을 현물로 운송하지 않고 편리한 은을 활용하는 방안이 모색되었다(大田由紀夫, 2011). 이로 인해 15세기 중엽 이후 명의 국가 재정은 점차 은을 매개로 운영되는 은의 재정화가 이루어졌고 동시에 민간에서도 은을 통화로 사용하는 현상이 확대되었다. 이러한 변화가 조선에 미친 영향도 적지 않았는데, 북경 천도와 관련한 은 유통의 계기를 보다 구체적으로 점검해 보고자 한다.

2) 수도 북경의 경제와 조선의 은

북경 천도에 의한 중앙 정부의 운영 경비 팽창과 조공 사절 대규모화에 따른 부담으로 인해 명나라 정통 연간(1436~1449)에는 주변 지역에 대한 조공 사절 파견에 점차 제한을 가하며 '삼년일공'을 모색하면서 사절 규모 제한, 조공품에 대한 회사물의 감액도 실시하였다. 이러한 변화는 관무역이 주도하는 조선에는 적은 영향을 미쳤지만, 대명 교역의 확대를 희망하는 오이라트의 불만을 야기했다. 그 결과가 1449년 오이라트군이 정통제를 포로로 삼은 토목보(土木堡)의 변이었다. 이후 붕괴된 수도 북경의 방위와 보급 체제 개편을 위한 방안이 마련될 필요가 있었다.

새로 마련된 방안으로 명 초부터 실시된 개중법(開中法: 북방의 9개 번진에 군대를 주둔시키고 상인으로 하여금 식량과 생활필수품을 운반하게 하고 그 대가로 염인(鹽引)을 지불하는 방식)으로 인해 성화 연간(1464~1487) 이후 변방으로 운반되는 식량을 은으로 납입하는 것이 가능해졌다. 나아가 15세기 말인 홍치 연간(1488~1505)에 염법과 관련하여 운사납은제(運司納銀制)가 실시되는 등 지방에서의 세금 은납화와 병행되면서 은에 대한 수요가 높아지기 시작하였다(岸本美緖, 2013).

이로 인해 명 조정에서는 무엇보다 은 공급 문제 해결이 시급하였다. 명 초에는 조공 관계 이외의 무역은 허락되지 않았던 상황을 고려한다면, 이제는 조공국을 통한 은의 공급이 절실하게 되었다. 이러한 상황은 조선과의 관계에서도 뚜렷이 보인다. 앞에서 설명한 것처럼 조선과 명의 외교 관계 초기에 조선은 매년 세공으로 금 150냥과 은 700냥을 납입하여야 했다. 조선에서는 700냥의 은을 조달하기 위해 은 채굴에 노력하다가 1429년 이후부터는 금은세공을 물품으로 대체하면서 은 채굴에 대한 부담을 줄일 수 있었다. 하지만 현실은 이와 달랐다.

1470년 북경의 경제 성장에 동반하여 각지에서의 유통이 활발해지면서 북경으로부터 다양한 상품의 유입이 용이해졌다. 고려시대 이후 중국 물건에 대한 잠재적인 수요가 높았던 조선도 북경을 통해 중국 상품을 손에 넣을 수 있는 기회가 증가하였다. 명의 경제 성장으로 각 지역에서 소비재의 생산과 유통이 확대되자 여기에 호응하는 조명 간 사행 무역도 활발해졌다. 그 결과 대명 교역을 확대하는 수단으로 조선의 은이 각광받게 되었고, 대명 교역이 확대되자 한양에서도 시장이 급속히 확대되었다.

그러나 무역 확대의 배경에는 세조 초기에 공납 부담자의 희망에 따라 대납이 공인되면서 이후 방납이 일반화되어 서울의 상품 유통이 활발해진 사실도 존재한다. 그뿐만 아니라 일본과의 교역도 활성화된 사실을 주목해야 한다. 특히 1460년 이후 대마도 종씨(對馬宗氏)를 중심으로 조선견사(朝鮮遣使)의 붐이 일었고, 왜인(倭人)들이 삼포(제포, 염포, 부산포)를 방문하여 교역을 왕성하게 전개하면서 조선의 면포(綿布)와 면주(綿紬)를 일본의 동(銅) 및 동남아시아의 소목(蘇木)과 후추로 교환하였다. 이것이 한양에 사는 부유층의 소비로 이어지면서 대명 무역의 활성화로 이어지게 된 것이다(大田由紀夫, 2011).

이로 인해 15세기 전반에는 저조했던 지방 경제도 후반에 오면 농촌 정기시장 및 상품 유통의 활성화가 시작되면서 16세기 초반에는 전국적인 유통 경제가 활성화되었다. 원나라에서 전래된 면포가 남부 지방에서 재배되면서 15세기 조선 경제에서는 면포 생산 및 유통이 전국으로 확대되어 법정 통화(法定通貨)였던 마포(麻布)를 대신하여 면포가 국폐(國幣)로 사용되었다. 이렇게 성장한 면업은 일본과의 무역에도 영향을 미쳐 일본에서도 수요가 창출되기 시작하였다. 일본과의 교역 확대는 왜인의 조선 방문으로 이어지면서 15세기 말에는 도항선이 100척이나 되었고, 이렇게 확대된 일본과의 교역은 조선 상품의 수요 확대로 이어지면서 조선 전역 시장의 움직임도 활발하였다.

이러한 시장 활성화의 이면에는 15세기 조공 무역과 공무역 중심의 무역 체제가 사무역 중심 체제로 전환된 사실도 한몫하였다. 사무역의 발달은 조선 상품 시장의 활성화와 밀접한 관련이 있다. 즉, 면포 등 상품 작물로 인한 잉여 창출에 기반하여 상인들이 조선의 은을 주고 중국 상품을 유입하는 사무역 활동을 활발히 전개하면서 막대한 이득을 올릴 수 있었다. 이때 상인들의 결제 수단으로 휴대가 간편한 은이 주로 사용되면서 명나라에서도 증가하는 은 수요와 맞물려 위험한 행위지만 은을 매개로 한 대중 사무역 및 밀무역이 확장돼 갔다. 그런데 은과 함께 대외 무역에 이용된 중요한 상품으로 인삼도 주목해 볼 필요가 있다.

3) 명에 보내는 공납품, 인삼

중국의 역대 왕조는 산서성(山西省)의 인삼을 선호하였으나 명대에 이르러 산서성에서 인삼 생산이 불가능하게 되자 명나라 황실용 인삼은 주로 조선에서 들여왔다(양정필·여인석, 2004). 이에 조선에서는 정기·비정기 사행에서 명 황실에 보내는 진헌용 삼과 조선에 온 명나라 사행에게 사여하는 답례품으로 인삼을 주었다. 그뿐만 아니라 일본의 왕실 및 귀족사회의 인삼 수요도 적지 않았다. 인삼은 외교 관계에서 의례용품으로 적절히 활용되는 등 실로 동아시아 무역의 핵심 상품이었다.

중국으로 들어간 인삼의 정확한 양을 계산하기는 어렵지만, 1430년(세종 12, 선덕 5) 조선의 금은세공에 대한 면제 요청이 받아들여진 후 진헌 세공인 인삼의 양을 기존의 50근에서 80근으로 늘렸다. 정조사(正朝使), 성절사(聖節使), 천추사(千秋使)가 각각 90근, 50근, 40근의 인삼을 가져가는 것이 조선 전기 내내 유지되었다(박평직, 2018).

조선 초기 불안하던 대명 관계가 이후 안정세를 찾게 되면서 비정기 사행의 파견 횟수가 15세기 중반을 고비로 점차 줄어들었다. 이러한 사실을 감안하여 정기·비정기 사행을 망라한 대명 사행의 연간 진헌 인삼 총액을 정리하면 800여 근 전후였다가 15세기 중반 성종 연간에 이르면 대명 관계의 안정과 더불어 그 총액이 대략 연간 300여 근을 약간 상회하는 수준으로 감소하였다(박원호, 2002; 박평직, 2018).

이처럼 국초 이래 사대와 교린의 국제 관계 체제에서 조선 전기에는 외교 관계에 따른 진헌과 회사 또는 하사의 형식을 통해 조선 인삼을 동아시아 주변 국가에 유통시켰다. 일본과는 국초 국왕사와 대마도 번주에게 각각 100근과 30~50근의 인삼을 보내다가 15세기 후반에 들어서는 번주에 대한 하사 액수가 10근 이하의 의례적인 수준으로 극감하였다.

이러한 공무역 이외에도 명나라로 유통된 조선 인삼의 대부분은 부경사행(赴京使行)에 따르는 사무역과 밀무역을 통해 전해졌다. 조선에서는 대외 무역, 특히 대중국 무역에 대한 국가의 통제를 제고하면서, 사무역과 밀무역을 일절 금지하고 관련자의 중형 처벌을 강화하였으며 사행 일원의 소지 가능 품목의 종류와 수량을 엄격히 규제하였다.

조선 전기 인삼을 활용한 부경 사무역의 실질적인 주체는 상인, 특히 부상대고(富商大賈)였다. 15세기 후반 성종조 이후 특히 16세기에 들어 부경사행을 활용한 인삼 무역은 이 시기 은을 매개로 확대 추세에 있던 동아시아 삼국 사이의 국제 교역 환경을 배경으로 하여 더욱 확대되었다. 그런데 상인들의 인삼 사무역 활동의 한편에서 주로 양계 지방의 수령들이 남징(濫徵)한 인삼을 부경사행의 역관을 통해 처분하는 불법적인 무역 활동도 문제가 되었다. 사행을 활용한 인삼 사무역은 부경사행만이 아니라 조선에 오는 명나라 사신 일행과의 거래를 통해서도 일찍부터 이루어졌다.

조선 전기 인삼의 동아시아 유통은 이상에서 살펴본 것처럼 사대교인의 외교 관계에 따른 진헌, 회사, 증여 등의 의례물 형태와 사행의 왕래에 부수하여 허용된 사행 사무역의 경로 이외에도 국초 이래 국가에서 허용하지 않았던 불법적인 사무역과 밀무역 형태로도 이루어졌다. 이와 관련하여 조선 정부는 민간의 사무역을 국법으로 엄금하고 있었다. 고려와는 달리 조선에서는 사행 사무역을 제외한 민간 차원의 대중 사무역을 금지하면서 관련자의 무역품과 가산을 전부 몰관(沒官)하는 원칙도 수립되어 있었다.

3. 16세기 중국에 유입된 조선 은, 일본 은, 스페인 은

1) 공무역과 사무역에서의 은

당시 조선의 최대 은 생산지는 단천(端川)이었다. 단천에서의 은 채굴은 결국 중종 시기(1506~1544)에 오면 중국에 제공할 은을 충분히 생산하고도 남아 그 이상은 중국으로 유출될 것을 우려해 채굴을 금하기도 하였다. 하지만 조선 은의 유출은 그치지 않았다. 명조에서 이미 단천 은을 고품질로 인식하고 있었기에 단천을 목적으로 명조의 물화(物貨)가 이곳으로 몰려들어 거래된 은이 다시 명조로 들어가는 구도였다. 결국 일본 은을 이용한 사무역이 활기를 띠게 되면서 조선에서는 사치풍조가 일어나게 되었다. 그러한 사례를 단적으로 보여 주는 것이 다음의 『중종실록』 기사이다.

> 대간이 아뢰기를 … 근래 사치가 날로 심해지고 이익이 생기는 근원이 날로 열려서 혼사에 이르기까지 다른 나라의 물건이 아니면 혼례를 치를 수 없을 정도입니다. 경·사대부가 다투어 사치를 일삼고 노복·하

천까지도 중국 물건을 씁니다. 더구나 왜 은이 유포되어 시전을 가득 채우고 있습니다. 북경에 가는 사람들은 공공연히 은을 싣고 가는데, 한 사람이 3,000냥 이상을 가져갑니다. … 하였다.

-『중종실록』 권93, 35년 7월 25일

위의 1540년의 기사를 보면 조선에서 유통되는 사치품은 명나라의 것이고, 시전에 유통되는 은은 일본 은이다. 15세기 이후 16세기까지 조선에서 유통되는 은은 조선의 은으로 이미 개발되었던 단천의 은이 중국과 일본으로 유통되고 있었다.

한편 동남아시아에서도 중국과의 조공이 제한되자 절강, 복건 등 동남 연해에서 밀무역이 활발해지면서 후추, 침향(沈香)이 면제품과 도자기 등의 중국 상품과 교역되기 시작하였다. 이는 명나라의 경제 발전을 촉진하는 또 다른 동력이 되었다. 주지하듯이 중국에서는 화폐로 동전을 주로 사용했으나 명대에 들어 고액 거래와 납세 등 일상생활에 은이 광범위하게 사용되었다. 명 초 주요한 세금인 토지세는 곡물 등 현물로 납입하였으나, 몽골과 오이라트 등 북방 유목민과의 전쟁에서 곡물을 북방으로 운반하는 것보다 은으로 징수하고 현지에서 사는 쪽이 더 편리하다는 이유로 15세기 후반 이후 점차 은납화가 진행된 것으로 알려져 있다.

이렇게 명대에 사용된 은은 명조 내부에서 연간 수십만 냥에서 백만 냥(1냥은 37g) 정도 생산되었으나 차차 은광 고갈과 치안 문제 등의 이유로 은광 개발에 적극적이지 않았다. 그리하여 명대 중반 이후로는 중국 내에서 은이 거의 생산되지 못하는 실정이었다. 16세기 초 조선에서는 은이 적지 않게 산출되었으나 조선 내에서 은의 시가가 뛴 것은 은이 명으로 유출되고 있기 때문이었다. 16세기 초 은 산지인 단천에 왕래하는 자들이 많아져 평안도부터 단천까지 큰길이 나고, 단천에 모이는 중국 물화가 서울과 다름없었다. 함경도에 들어가는 부대상고는 은을 캐는 것을 업으로 하였다.

16세기 동아시아의 은 생산과 관련하여 새로운 국면 전환이 일어난다. 종래 조선의 유통 시장에서 은이 활성화된 계기로는 임진왜란을 언급하였다. 즉, 은은 임진왜란 때 명군이 은을 병향(兵餉)으로 사용하면서 유통되었으나 한성 이외의 지역에서는 화폐로서의 기능을 획득하지 못하였다. 임진왜란 이후 은은 주로 중국이나 일본과의 무역에만 활성화되었을 뿐, 국내에서는 한성을 제외하고 거의 유통되지 않았다. 조선 정부도 일찍이 명으로부터 은의 공납을 면제받은 경위가 있었기에 은광 개발이나 은화 유통에는 소극적이었다(한명기, 1992).

은은 16세기 초 사무역의 주요 수출품이 되었고, 공무역에서도 통사를 통해 암암리에 수출되었다. 은이 16세기 사무역의 주요 수출품이 된 것은 국내 사무역 규제하에서 수익을 개선하면서 명의 세제 변화에 능동적으로 대응하며 이루어진 것이다. 조선의 대명 사무역은 통제 대상으로, 사행원 한 사람당 무역 가능 수량은 포 10필, 인삼 10근으로 제한하였는데 상업 목적이 충분하지 않았기에 규정된 범위를 초과해야 했고 은밀하게 행해졌다. 은은 포와는 달리 부피가 적기에 국경을 통과할 때의 검사에서도 유리한 측면이 있었다. 이러한 상황에서 16세기 초반 은이 수출품으로 부각되기 시작하였다. 많은 물품 중에서 특히 은이 선택된 이유로는 첫째, 대외적으로는 15세기 중후반 명이 중앙 재정 일부를 은으로 운용하기 시작하여 세금의 은납화가 진행되면서 명에서 은의 수요가 증가한 것이다. 이로 인해 금과 은의 가치 차이에도 변화(8:1에서 6:1)가 생겨 은의 가치가 상승하면서 명과 교역하는 나라에서는 은을 몰래 숨겨 가기도 했다.

둘째, 연산군 9년(1503)에 제련기술이 개발되어 은의 확보가 용이해졌다. 고려시대는 시기에 따라 조금 다르지만, 쌀(米)과 포(布) 중심의 물품 화폐와 금속 화폐인 은병, 칭량 화폐인 은, 원 간섭기에 외부에서 유입된 원의 보초(寶鈔) 등 다양한 화폐가 공존하며 유통되던 시기였다. 화폐 유통의 변화 과정은 크게 세 시기로 나눌 수 있다. 첫 번째는 철전과 동전이 주조되던 시기로, 이들 금속 화폐의 실패는 당시 물가 산정에 포와 쌀이 기준이 되는 것으로 확인되었다. 반면 금속 화폐의 일종인 은병은 유통이 지속되어 오랜 기간 물가 산정의 기준이 되었다. 그리고 이 기간에는 은병을 중심으로 은과 물품 화폐가 같이 화폐 역할을 했다. 반면 고려 말 혼란기에는 기존 고려의 화폐 제도가 무너져 새로운 화폐 제도를 논의하였지만 실패했는데, 이는 당시 물가 산정 방식에서도 쌀과 포가 기준이 되는 것을 통해 확인할 수 있다.

1500년(연산군 6)의 사행에서 은을 가지고 간 경우도 있었다. 1509년(중종 4)에는 은의 산지가 강계, 풍천 등 여러 곳인데도 사행원이 은을 명으로 가져가기 때문에 국가 사용량도 부족하다고 언급하였다. 1537년(중종 32)에는 은 수출은 당연한 사회 현상으로, 북경으로 가는 통사의 짐이 단지 한 바리뿐인데 무역해 온 비단은 100여 필인 것은 은을 밀무역하기 때문이라고 하였다(구도영, 2018).

16세기 중반 조선의 은 제련기술이 일본으로 전해져 일본의 은광 개발 시대를 열었고, 이 은이 조선으로 수입되었다. 은광 개발이 법적으로 금지되어 비밀리에 은을 캐야 했던 조선과는 달리 전국시대의 일본은 은 개발을 장려하였다. 일본에서 대량 채굴되어 제련된 은이 조선과 명 등지로 수출되어 조선은 저렴한 일본 은을 수입하여 대명 사무역 수출품으로 적극 활용할 수 있었다. 당시의 은산지로는 함경도 단천(端川), 평안도 강계(江界), 황해도 풍천(豊川), 강원도 홍천(洪川), 회양(淮陽), 금화(金化), 금성(金城) 등 여러 곳이 있었다. 선조 대에 들어서면서 조선 조정은 기강을 바로세우고 은의 불법 유통에 대한 인식을 쇄신하였다. 관료들의 사무역과 은의 유통에 대해 관대해진 모습도 보였다.

1574년(선조 7, 만력 2) 성절사의 질정관 조헌(趙憲)은 자신의 조천록(朝天錄)에 은을 유통시키고 있는 통사의 이름을 거론하면서 "사행원들 간에 서로 은을 빌려 쓰는 것이 얼마나 되는지 모를 지경"이라고 하였다. 통사가 은을 소지하면 바로 서장관에게 고발하여 처벌해야 했고, 그러면 통사는 사형에 처해졌다. 그러나 조헌은 통사를 고발하지 않고 그 기록을 자신의 문집에 남긴 것이나, 16세기 후반 관료 류희춘(柳希春)도 서적 구입에 은을 사용하고 있는 것을 보면, 16세기를 거쳐 은의 유통이 지속되면서 심리적으로 불법이라는 의미가 퇴색된 사회 현실이 반영된 것으로도 평가된다(구도영, 2018).

2) 조선의 인삼

인삼은 대명 관계에서 주요 진헌 물품이어서 엄격한 관리 체계하에 조달이 이루어지는 시스템이었다. 1469년(예종 원년) 7월 조선 조정은 진헌 인삼의 위람(僞濫)이 문제임을 확인하고 수령으로 하여금 몸소 생삼(生蔘)을 간택하여 그 제조 과정을 감독하게 하였다. 이후 제용람(濟用濫)에서도 관리와 감찰들이 조공 인삼을 직접 물에 담가 위람 여부를 확인한 후에 수납하는 조처를 취했다. 이는 수령들의 관리 책임을 강화하는 조치로, 본색(本色)의 공물을 군현 공리들이 중앙의 해당 관서에 직접 수납하던 당시 공납제 일반의 체계에서, 공삼에 대해서는 수령과 감사들의 상납 책임을 더함으로써 원활한 수납과 양질의 인삼 확보를 도모한 것이다. 이때의 공삼은 자연 채취 인삼이 아니고 그것을 가공, 제조한 인삼이었다(박평식b, 2008).

조선 초에 전국 각 도의 군현에서 상납하던 공삼은 자연산 채취 형태의 생삼이 아니라 이를 일정한 방법으로 햇볕에 말려 가공한 건정인삼(乾正人蔘, 건삼)이었다. 인삼은 수분 함량이 많아 건삼으로 가공하는 것이 필수적이었다. 대명 관계 안정에 진력하고 있던 조선 정부의 중요한 진헌 품목인 인삼의 안정적인 확보는 매우 중요한 문제였다. 또한 인삼은 원기를 보양해 주는 삼차의 형태로 궁중과 지배층에서 널리 복용되는 등 왕실 소용의 약재이기에 확보와 관리가 절실한 문제였다.

대명 관계, 왕실의 수요 물자로서 수요가 있었던 인삼에 대한 수취와 관리 방침은 다른 공물보다 체계적이었다. 인삼의 안정적인 확보를 위해 노력하는 과정에서 다른 공물들은 사정에 따라 견감 조치가 있었으나 인삼은 면제를 불허하는 조치가 반복되었다.

민간에서 유통되는 인삼의 전모를 알 수 있는 사료는 극히 제한적이다. 여러 연구 사례를 보면 인삼 보유와 증여의 주체는 대군가(大君家)를 비롯한 왕실의 일원이거나 관인들 사이, 특히 인삼이 생산되는 지방관의 증여 형식에 의한 것이었다. 이를 통해 인삼 유통은 상인과 시장을 매개로 하는 민간 유통의 일반 형태와는 거리가 있음을 알 수 있다. 예컨대 왕실을 비롯한 관인 지배층 사이의 증답 형식으로 유통되었던 것이다. 자연산 채취에 국한된 생산 여건과 인삼이 고가의 극사치품이던 상황에서 인삼의 순수한 민간 유통은 이처럼 제한적일 수밖에 없었다.

16세기 말의 임진왜란은 인삼의 민간 교역 발단에 있어 일대 전기가 되었다. 조선 정부는 진헌 인삼 마련에 어려움을 겪었다. 이는 중국과 조선을 왕래하는 사행의 숫자가 격증하고 조선에 파견된 명장들에 대한 답례와 하사용 인삼의 수요가 급증하고 있던 추세에 기인하며 인삼 방납의 폐단과도 관련된 문제였다. 선조는 "하나의 풀뿌리에 불과한 인삼이 큰 걱정을 야기하고 있다"며 탄식하기도 했다. 임진왜란 이후 국가의 인삼 정책이 전반적으로 동요했고, 공삼의 수급이 극도로 어려워졌다. 중국과의 사무역 확대에 따른 결과, 공삼 수취 체제의 동요에 따라 상공 인삼의 시중 조절이 불가피해지면서, 조선 정부는 민간의 인삼 유통을 좌우하는 삼상(蔘商)에 대한 통제 방침 또한 새롭게 마련하게 되었다.

1537년 평안도 각 고을에서 공납을 빙자하여 백성들에게 인삼을 초과 징수한 뒤, 그 인삼을 북경 통사에게 보내 무역 자금으로 활용하였다. 인삼은 수선 사행원이 소지할 수 있는 물품으로 지정되어 인삼이 사무역 자금으로도 이용된 것이다. 다만 국초부터 명 황제에게 보내는 방물, 명 관료에게 주는 예물 등으로 꾸준히 유통되었으나 상거래를 위한 공·사무역의 수출품으로는 그 비중이 크지 않았다.

명에 인삼 10근을 가져가는 것은 정부가 공인하였으므로 사행원의 사행 경비나 사무역을 위해 인삼을 가지고 갈 수는 있었다. 그러나 이 규정만으로 조선 사행원이 인삼을 반드시 가져갔을 것이라고 단정해서는 안 된다. 그것은 어디까지나 선택으로, 필수 사항은 아니었다. 실록이나 사행록 등에서 실제 사행원이 사무역을 위해 인삼을 가져간 경우는 그것이 합법적인 일임에도 불구하고 그 비중이 현저히 적다. 그런데 16세기 무렵 명으로의 인삼 수출이 대두되는 정황은 정확히 확인된다.

15세기 중반 이후 일본 상인이 인삼 50근을 몰래 사 가는 것이 발각되어 삼포에서의 사무역이 엄금되기도 하였다. 1606년에는 명과의 교역에서 인삼이 매우 귀해졌기에 사무역을 엄금하는 양상이 지속되었다. 명조와의 접경 지역에는 관원을 배치하여 경비 단속에 노력하였으나 인삼을 둘러싼 범월과 사무역이 심각한 상황이었다. 1538년 요동 군사로부터 동북 인삼이 들어왔는데, 연간 800근에 달하였다. 1598년에는 여진인 10여 명이 압록강을 건너 마전암(痲田岩) 부근에서 채삼하는 등 접경 지대에서의 인삼을 둘러싼 범월 문제도 빈번했다. 임진왜란 직후인 1600년에는 40~50여 명의 명나라 사람들이 삭주 지방에 와서 인삼을 채취하는 등의 문제도 심각하였다. 이에 1606년에는 평안도 삼산지에 가는 상인은 누구나 할 것 없이 증명서 없이는 인삼 거래를 못하도록 하였으며, 2년 후에는 여진에서 인삼의 무역을 요청하는 등 채삼 분쟁이 끊이지 않았다.

3) 일본과 스페인 은의 중국 유입

1526년 일본 하카다(博多)의 상인 가미야 주테이(神谷壽禎)가 현재 일본 시마네현에 위치한 이와미 은광(石見銀鑛)을 발견하고 채굴을 위해 노력하다가 1533년 종단(宗丹)과 계수(桂壽)라는 기술자가 조선에서 전래된 회취법(灰吹法)의 정련법을 도입하면서 은 생산량이 비약적으로 증가하였다. 그 생산의 효과는 1538년이 되면서 뚜렷해졌는데, 조선으로 수출하는 품목 중 이와미 은광에서 채굴한 은이 조선의 시전에까지 등장한 것을 통해 알 수 있다. 일본 은이 1538년부터 본격적으로 조선으로 들어와 유통되면서 1540년에는 조선 시전에 일본 은이 가득 찼고, 사행 무역에 참가하는 이들이 1인당 3,000냥 이상의 은을 휴대하는 것도 가능하게 되었음을 조선 조정에서 걱정하기도 하였다.

조선 초에는 은 유통이 공식적으로는 금지되었으나 15~16세기에 명조로부터 사치품을 구입하는 데 쓰이거나 실제 대명 무역에서 자금으로 사용되는 일도 많았음을 알 수 있다. 이렇게 시장에 깔리게 된 일본 은을 수입하는 대가로 조선에서 수출한 것은 면포였다. 그런데 주지하듯이 이와미 은광의 은은 조선뿐 아니라 명조로도 흘러들어 갔다. 이후 명조뿐 아니라 요동으로도 들어가게 되면서 요동 경제도 활황을 이루었다(村井章介, 2012). 이렇게 일본에서 유출되는 은의 양이 상당히 많아 곧 조선 국내에서의 은 채굴 필요성이 사라지게 되었고 일본의 은이 지속적으로 조선에 들어왔다. 일본 은이 명조로 유입되는 과정에서는 1540년경 명나라 휘주부 출신 왕직(王直)의 활동을 주목해 볼 수 있다. 또한 포르투갈 상인 등을 통한 (밀)무역으로 다량의 은이 명나라로 유입되었다. 이러한 현상은 임진왜란 이전까지 지속되었다. 17세기 중반 이와미 은광의 연간 은 채굴량은 90만~100만 냥이었다. 이는 전 세계 은 채굴량의 1/3에 해당하는 양으로, 이것이 조선을 통해 간접적으로 혹은 (밀)무역상을 통해 직접적으로 명조에 유입되었다.

임진왜란 직전인 1580년대의 명조로의 은 유입은 상당히 증가하여 지정은제(地丁銀制)가 전국적으로 시행되었다. 당시 명조의 은 유통을 정리해 보면 스페인이 미국에서 필리핀을 경유하여 명조로 들여간 은은 연간 50톤(135만 냥) 정도로 추산된다. 그것은 아메리카 대륙에서 스페인으로 들어간 은의 약 20퍼센트에 해당한다. 또 당시는 일본의 수출도 최성기로, 연간 50톤 이상(135만 냥)의 은이 중국으로 들어갔다. 그 외에 유럽에서 인도양을 경유하여 유입된 부분이 있는데, 이를 250만 냥(100톤)으로 볼 때 전 세계 은이 모두 중국으로 들어간 것은 아니나, 확실히 중국으로 들어간 은은 블랙홀처럼 다시 해외로 나오지는 않았다. 1570년대의 시점에서 명대의 경상수지는 400만 냥으로, 그중 북방 변경으로 보낸 것은 200만 냥(74톤)이나 이들은 다시 내지로 돌아왔다. 그러나 북방과의 호시가 열린 후 국경 무역을 통해 변경에 보내진 은은 해마다 이민족의 수중으로 들어가 다시는 돌아오지 않음에 주목해 볼 수 있다. 이 양이 1600년경에는 400만 냥으로 증대한다. 은은 해외에서 끊임없이 들어옴에도 불구하고 은 부족을 겪게 된 것이다.

중국은 몽골에서 말 등을 사고, 몽골은 중국에서 포, 잡화 등을 구입하였기에 은 유출은 거의 없었을 것으로 보이며, 북방에 운반된 은은 오직 관료와 군인, 특권 상인의 사복(私腹)을 채우기 위한 것이 많았을 것으로 여겨진다. 어찌 되었건 이렇게 명조로 유통된 은량 중에는 조선

초에 생산된 은이 적지 않게 기여하였고, 16세기 중반부터는 일본의 은이 조선을 통해 혹은 명조의 해역을 통해 유입되는 형태로 들어가면서 동아시아 은 유통 체제가 완성되었다.

4. 17~18세기 조선의 은과 인삼, 그리고 중국 교역

임진왜란이 일어나자 일본 은의 유입이 잠시 주춤하였으나 당시 명이 임진왜란 중 조선에서 은 900만 냥을 사용하였는데, 이 중에는 조선에 유통된 양도 있을 것이다. 전쟁 중에는 명의 은도 들어오고 쓰시마를 경유해서 들어오는 일본 은의 양도 상당히 많았다. 임진왜란을 계기로 국내 일상의 소비에서 은이 사용되기는 하였지만 최대의 유출 통로는 중국이었다. 은을 통한 삼국의 교역은 16세기에 이미 성장하였지만 정부가 이를 공식적으로 인정하지 않아 불안정하고 유동적인 상태로 유지되었다. 그러다가 임진왜란이 일어나면서 중단되었으나, 전쟁 직후 조선 은의 교역이 아니라 명나라 사신들에 의해 착취되는 형태로도 유통이 이어졌다. 일례로 명 사신이 조선을 방문해 한 차례 거두어들인 은은 여러 지역에서 7~8만 냥을 넘었고, 때로는 서울에서만 10만 냥을 지출하였다(권내현, 2014).

16세기 후반에 명조가 직면한 적은 몽골이었으나 17세기에 직면한 적은 만주인이었다. 이들은 조선 인삼과 모피와의 교역에서 이득을 취하며 세력을 확대하고 명에 대항하게 되었다. 이들이 중국을 지배하게 되자 명조를 괴롭히던 북방비의 압박이 사라졌다. 대신 반청 세력인 정성공이 청조에 반항하자 이들의 재원을 차단하기 위해 1650년경 무렵부터 엄격한 해상 무역 금지 정책을 취했고, 이로 인해 은 유입이 대폭 감소하였다. 그 결과 청의 전 지역이 심각한 불경기 상태에 빠졌다. 그런데 아메리카 대륙에서 유럽을 통해 들어온 은과 수출품들이 인도의 무굴제국으로 보내져 그곳에서 제품 혹은 은으로 교역되어 1683년 정성공이 퇴치되기까지 중국을 대신하여 은의 종착지가 되었다(岸本美緒, 2013).

호란 이후 청의 사신들에게 들어간 은은 명보다 적었다. 청 사신이 1645년 두 차례 방문했을 때 조선에서 지출한 은은 모두 2만 1,440여 냥으로 한 번에 1만 냥 수준이었다. 이들이 요구한 것은 아니고 조선에서 이들과의 관계를 안정시키기 위해 자구책으로 준 것이다. 명 사신에 비해 청 사신에게 지출한 은의 규모가 줄어든 것은 청 왕조 초기 조선에서 파견한 사신들에 대한 청조의 통제와 관련되었고, 공식적인 예물 전달 체계가 확립되어 청 사신이 사적, 자의적으로 수탈하기 어려운 상황이었음을 짐작해 볼 수 있다(권내현, 2014).

조선과 일본의 무역은 임진왜란 이후 국교가 정상화되면서 17세기 중반부터 사무역이 확대되어 후반에는 대규모로 거래되었고, 조선과 청의 관계로 이후 조금씩 안정화되면서 17세기 후반에는 무역이 활기를 띠게 되었다. 일본은 1612~1641년까지 쇄국 체계를 확립하고, 1640년대에 은 유출을 크게 줄여 나갔다. 현종 시기에는 은 유출을 금하는 구례의 법규가 있었음에도 불구하고 대청사행이 공공연하게 은을 실어 갔다. 이 시기 은이 대규모로 유통되었기에 은의 해외 유출 금지책은 사문화되었고, 17세기 후반에서 18세기 초에 동아시아 삼국의 교역이 활발해졌다.

청대에는 1646년에 중강개시(中江開市)가 다시 개설되어 연 2회 양국 감시하에 교역하면서, 인삼과 모마(牡馬) 등의 무역은 금지하고 사상(私商) 왕래도 금지하였으나 사상의 거래는 끊이지 않았고 이후 약 50년간 중강후시(中江後市)로 크게 번영하였다.

임진왜란을 거치면서 인삼 수요가 크게 증가하였고 거리(巨利)를 얻으려는 이들에 의해 인삼 교역은 명조 때도 계속되었다. 임진왜란 직후 인삼 유통의 특징은 명 사신들에 의한 인삼의 대량 유출이었다. 명 사신은 명 말기 정치 기강의 문란, 조선을 구원해 주었다는 명분 등을 배경으로 조선에 오면 거리낌 없이 은과 인삼을 징색하였다. 1625년(인조 3)의 명 사신 태감 왕민정(王敏政)과 호양보(胡良輔) 역시 가혹한 징색으로 악명이 높았다. 조정에서는 이들이 온다는 소식만으로도 크게 걱정하였다. 왜냐하면 당시 그들이 사신으로 파견되기 위해 수만 냥의 은화를 뇌물로 사용하였고, 또 바다를 건너는 위험도 무릅쓰고 만 리나 되는 길을 오는 것은 오직 은과 인삼을 얻기 위해서라는 풍문이 있었기 때문이다. 주지하듯이 명 사신에 의해 다량의 인삼이 유출되는 상황이 전개되는 속에서도 인삼 유통에 주도적인 역할을 한 것은 조선인 삼상(蔘商)과 역관이었다.

임진왜란 이후 또 하나의 변화는 월경채삼(越境採蔘)에 대한 기록이 많아진 것이다. 국경을 넘어가서까지 인삼을 캐는 사실에서 짐작할 수 있듯이 인삼 무역이 이루어진 것은 틀림없는 사실이다. 당시 삼상의 활동은 여러 문제를 야기하고 있었고 정부는 1680년대 이후 여러 차례

삼상을 단속하기 위한 대책을 마련하였다. 정부의 인삼 금수(禁輸) 조치는 인삼으로 인한 폐단을 막는 데 효과가 있었으나 그로 인해 다른 문제가 발생하였다. 강계 등 강변 지역 채삼인들의 생계 유지가 곤란해진 것이다.

대청 무역에서는 1700년대까지 금삼(禁蔘) 조치가 시행되었다. 그러나 잠상(潛商)의 활동을 막을 수는 없었다. 예컨대 1701년(숙종 27) 박필명은 절사의서장관으로 들어갔는데, 강을 건널 때 의주부윤을 입회시켜 금물을 검색하다 적발한 인삼이 70근에 이르렀다. 그리고 중국에 들어가서 보니 인삼 매매에는 큰 이익이 있어서 상인들이 죽음을 무릅쓰고 금법을 범하고 있었다. 1702년 동지사 일행 중에서 잠상이 발각된 일도 있었다. 당시 잠상이 갖고 있던 인삼 76근 7냥과 초피 268장은 의주부에 속공되었다. 삼상은 금령에도 불구하고 다양한 방법을 통해 강계 등지의 산삼처(産蔘處)에서 인삼을 독점 구입하고 이를 북경 등으로 보내 몰래 수출하고 있었다. 그 결과 국내에서는 인삼을 구하기가 매우 어려워지고 가격이 폭등하는 현상이 나타났다. "북경에서 나는 약은 모두 사다가 쓰면서 우리가 가지고 있는 인삼은 쓸 수 없게" 되면서 조정에서 문제가 되어 1707년 삼금(蔘禁)도 해제되기에 이른다. 인삼은 18세기에 들어서는 조선과 청과의 관계보다는 일본 쪽으로의 수출이 많아졌고 이때 등장하는 것이 조선의 홍삼(紅蔘)이다(설혜심, 2020).

조선과 중국 및 일본을 잇는 무역의 발전은 임진왜란과 병자호란을 거친 17세기 중반 이후부터 본격적으로 이루어졌다. 17세기 중반부터 18세기 중반까지 약 1세기 동안 동북아시아의 경제적 흐름은 조선이 재개하고 있었다. 조선은 일본과의 무역에서 '왜은-인삼'과 '왜은-중국 비단' 무역을 근간으로 재부를 축적했다. 그리고 이를 다시 중국과의 무역으로 연결시켜 '중국 물화-인삼·잡화'와 '중국 물화-왜은'이 교환되는 무역 구도를 형성하여 이른바 조선의 중개 무역이 발전해 갔다.

그러나 17세기 후반 청나라와 일본이 국교를 수립하고 나가사키 상관이 설치되면서 동북아시아 무역의 흐름에 변화의 요소가 잉태하였다. 즉, 청일 간의 국교가 수립되자 중국의 비단이 중국 또는 네덜란드 선박에 의해 직접 나가사키항으로 들어가게 되었다. 일본에서의 폭발적인 수요를 누려 왔던 조선 인삼도 도쿠가와 막부의 무력으로 인삼이 자체 생산되면서 왜상들의 조선 인삼에 대한 구매 욕구가 현저히 떨어졌다. 자연히 중개 무역을 통해 이익을 보았던 조선 상인들은 큰 타격을 입게 되었다. 18세기에 조선 상인들은 홍삼이라는 새로운 상품으로 침체된 국제 무역의 돌파구를 찾았다. 홍삼은 1797년에 처음으로 중국과의 공식 무역을 통해 120근이 수출된 것을 시작으로 그 후 50년 만에 4만 근의 수요로 폭발적으로 증가하였다.

19세기 중국 책문에는 조선에서 올라오는 홍삼을 처리하기 위한 고려인삼국이 설치되었고, 개성 지역에서는 상당한 규모의 삼포(蔘圃)가 상인이나 상인으로부터 전업한 농업 자본가에 의해 경영되고 있었다. 18세기 인삼 재배와 홍삼 가공 그리고 그 판로의 확대는 조선 상업계가 상업 자본의 단계에서 산업 자본의 단계로 진입하는 변화된 모습이었다.

17세기 이후 조선에서 외국과의 무역이 활발하게 일어난 배경에는 대규모 전쟁으로 황폐화한 농촌에서 살길을 잃은 농민들이 도시로 모여들어 상업 인구로 전환되었고, 그것이 민간 해외 무역의 발전과 맞물리면서 국내 상업에 활기를 불어넣은 것과도 관련이 있다. 국내 상업과 해외 무역을 이끈 상인 세력에도 변화가 나타났다. 종래의 시전 상인 이외에 난전 상인이 증가하면서 시전 상인의 금난전권(禁亂廛權)이 강화되어 갔고 대동법의 실시로 또 하나의 특권 상인인 공인(貢人)이 등장하였다.

기존의 인삼 무역 관련 연구에서는 조선의 사무역에서 인삼이 수출된 시기를 임진왜란 이후로 보고 있다. 전쟁으로 중국 관료 및 군 병력, 산인들이 대거 조선으로 유입되면서 인삼의 효용성이 명에 널리 확산되었고, 이를 계기로 조선의 인삼 수출이 증가한 것으로 본다. 그러나 최소 임진왜란 발발 20여 년 전부터 인삼 수입을 확대하고 있었으며 조선 역시 이러한 분위기에 편승하였음을 앞서 다룬 사료들을 통해서도 알 수 있다. 즉 조선의 대명 인삼 수출이 임진왜란을 기회로 급증한 것은 분명하지만 이미 16세기 중반 무렵부터 수출 증가 추세에 있었던 것이다.

인삼이 과연 언제, 어느 지역에서 누구에 의해 생산 단계로 접어들었는지, 그리고 인삼의 채취 단계로부터 생산 단계로의 전환은 과연 어떠한 의미를 지니는지에 대한 구체적인 기록은 찾아보기 어렵다. 그렇지만 대체로 인삼 재배는 17세기 말에서 18세기 초부터 시작되어 18세기 중반 이후에는 전국적으로 진행되었으며, 18세기 말 무렵에는 강계 지방에도 삼포가 권장될 정도가 되었다(유승주·이철성, 2002).

인삼업과 관련된 제도는 청대에 들어 처음 정비되었다(김선민). 이때 최고 사령관인 성경장군과 길림장군이 국가의 인삼 행정에 적극 참여하여 관할 지역에 초소를 설치해 출입을 통제하였다. 팔기 병사를 정기적으로 파견하여 순찰하며 불법 채삼인을 체포하였다. 1657년 길림 지역에 설립된 부트라 울하(打生烏納)와 길림에서 수렵과 채집 업무를 총괄하던 기구인 총관아문(總管衙門)은 황실 업무를 관장하는 내무부에 직속되어 황실에서 사용하는 각종 물품의 공급을 전담했다. 성경에 주둔한 팔기도 사람을 파견하여 인삼을 채취하였고, 성경 상삼기(上三旗)는 황제의 요구가 있을 때마다 수시로 인삼을 바쳐야 했다. 황실 귀족들도 인삼을 채취할 수 있는 권한이 있었으나 황실 귀족들에게는 각각의 지위에 따라 파견할 수 있는 인원과 채취할 수 있는 인삼의 수량이 정해져 있었다. 그런데 황실의 단속에도 불구하고 귀족들이 너무 많은 채삼인을 파견하여 불법 채삼과 다를 바 없는 남채가 벌어지자 결국 1699년 귀족의 채삼이 완전히 중지되었다.

조선에서의 인삼 교역 변화는 임진왜란 때 명의 상인이 조선에서 활동하면서 인삼에 관심을 두고 자국으로 인삼을 반출하고, 중강개시가 허용되면서 "전쟁이라는 비상 상황에서 요동 지방에서 식량을 조달하기 위해 허용한 예외적인 조치"였다. 이 교역에서 명이 관심을 가졌던 것은 은과 인삼이었다. 중국 개시는 향후 중국과의 무역에 따라 중요한 역할을 하게 되어 명의 멸망 후에도 새로 들어선 청의 요청에 따라 1647년(인조 25)에 다시 중강개시가 열리기 시작한 후 거의 1년 내내 양국 상인들의 교역이 일상적으로 이루어졌다.

명 사신들은 광해군에서 인조 대까지 인삼을 대량으로 반출하였다. 이는 임진왜란 당시 조선에 진출해 인삼 무역에 종사하던 명 상인들의 인삼 반품이 변형된 형태로 계속되었던 것이다. 명 말기에는 조선 인삼에 대한 요구가 더욱 커져 조선 정부는 인삼 수급에 어려움을 겪었다. 선조 전기까지 방문한 명 사절은 탐욕스럽지는 않았지만 명 말기에 이르러서는 그들이 나날이 탐욕스러워져 국고가 바닥날 정도였는데, 특히 인삼에 주목하였다. 이런 상황에서 공식적인 명 사절에게 증품한 인삼 이외에도 삼상과 역관들이 인삼 산지에서 인삼을 사들여 사행을 이용해 중국으로 수출하는 일이 매우 잦아졌다. 이 삼상의 핵심 세력이 바로 개성상인(開城商人)이었다(양정필, 2017).

명청 교체기에 조선과 중국의 인삼 무역은 이전과는 다른 양상으로 전개된다. 가장 큰 변화는 후금에서 조선으로 향하는 인삼 유통 구조가 생겨난 것이다. 후금 사신들은 만주에서 인삼을 가져와 자신들에게 필요한 물품과 바꾸어 줄 것을 요구했다. 처음으로 조선이 인삼을 수입하는 입장에 놓인 셈이었다. 하지만 이렇게 들어온 만주 인삼이 조선의 인삼 시장에 큰 영향을 끼치지는 못했던 것으로 보인다. 인삼의 수요는 항상 초과여서 시장을 흔들지 못했고 같은 맥락에서 삼상의 활동이 위축되지도 않았다. 하지만 청이 조선과의 인삼 교역 금지령을 선포하면서 조선의 인삼 무역은 방향성이라는 측면에서 큰 전기를 맞았다(설혜심, 2020).

인삼 무역의 경제적 가치를 고려할 때, 정부는 중국과 일본 양쪽 모두 무역을 금지할 수 없다고 판단했고, 결국 조선 정부는 일본과의 무역은 계속하되 대청 인삼 수출은 금하게 되었다(양정필, 2017). 중국과의 인삼 무역은 위험 부담이 컸기 때문이다. 그러나 청나라와의 인삼 수출은 밀무역 형태로 계속 이어졌다. 심지어 1702년 동지사 일행 중에 잠상이 발각되는 일이 있을 정도로 밀무역이 잦아지면서 청나라로의 인삼 수출 금지 조치는 1707년에 완전히 해체되었다.

18세기 초 일본에서는 조선의 인삼을 유입하기 위해 '인삼대왕고은(人蔘代往古銀)'이라 불린 특주은(特鑄銀)을 만들었다. 그 이전까지 특히 은이 풍부했던 17세기 일본은 인삼 대금을 결제하는 데 비교적 순도 높은 은을 사용했고, 18세기 이후 은 생산이 감소하면서 순도가 낮은 은이 유통되기 시작하였다. 1710년 무렵에는 일본에서 가장 질이 낮은 은화가 유통되었고, 1711년에는 순도 20퍼센트에 불과한 저질 은화를 발행할 정도였다. 동래부사를 비롯한 조선 상인들은 그런 저질 은화를 받고 인삼을 팔 수 없다며 거래를 강하게 거부하였다(주경철, 2008).

조선의 사절은 은을 실어 나르는 대표적인 전달자였다. 조선에 들어온 은이 중국으로 가고 또 중국 상품이 다시 대마도로 전해지는 것은 조선의 사절이 담당했다(설혜심, 2020). 동지사의 경우 공식 인원은 35명이지만 상인들을 포함하면 전체 인원이 300명 정도로 공식 수행원은 사무역용으로 인삼을 가져갈 수 있었고, 나중에는 1인당 2,000~3,000테일의 은을 지닐 수 있었다. 그러므로 35명의 공식 수행원만으로도 이 사절단은 최고 7만 4,000테일(2.8톤)의 은을 수송할 수 있었다.

5. 맺음말: 19세기 대외 무역과 홍삼

17세기 이전부터 인삼을 끓여서 가공하는 방식이 널리 알려졌다. 그런데 인공 재배가 시작되면서 끓여 말리는 방식에서 증조(蒸造) 방식으로 가공법이 바뀌었는데, 그렇게 가공한 인삼이 홍삼이다.

조선 정부가 인삼 수출을 금지하였던 탓에 홍삼은 밀무역 형태로 소량이 수출되었다. 홍삼은 사행 경비를 조달하기 위한 중요한 품목으로,

조선은 북경으로 가는 사절 일행에게 은 대신 인삼 여덟 꾸러미를 휴대해서 일부는 소요 비용으로 사용하고 나머지는 매매할 권리를 주었다. 역관들은 특히 팔포 무역에 적극적이어서 상역(商譯)이라 불릴 정도였다. 조선 정부가 홍삼 무역을 공인한 후 50년 사이에 무역량이 120근에서 4만 근까지 늘어났다. 19세기 초 홍삼 1근의 공식 가격은 천은 100냥으로, 공식 쌀값으로 보면 60~80석인데 이것이 중국으로 넘어가면 350냥에서 700냥까지 치솟았다.

이러한 홍삼 무역은 역관과 한양 상인들이 주도하였다. 홍삼을 제조하는 증포소가 한양에 세워졌으나 19세기 초반 개성으로 옮겨지고 1824년 사역원의 개입 등이 반복되다가 최종적으로 한양에 설치되었다. 19세기 조선에서 홍삼 교역의 주도권은 홍삼 제도를 장악하고 있던 개성상인과 수출을 책임진 역관이 장악하였다. 대청 무역권을 가진 의주상인은 이 구도에서 협력자 역할을 하였고 1850년대 이후 개성상인들은 중국에 연간 2만 근의 홍삼을 수출하게 되었다.

고종은 1895년에 내장원(內藏院)을 설치하고, 내장원 산하에 인삼과 홍삼을 관리하는 삼정과(蔘政課)를 설치하였다. 이전 청나라에 대한 조공 사행이 폐지되어 사역원의 업무와 달리 삼정과는 인삼세 징수와 홍삼 제조 및 판매에 집중하였다. 이로 인해 홍삼 판매는 국영사업이 되었고, 조정에 홍삼을 납품하여 자본을 축적해 가던 개성의 삼업인들에게 이런 변화는 낯선 것이었다. 게다가 자신들의 인삼을 내정원에서 거두어 가고 그 대가로 기대에 미치지 못하는 배상금을 받자 반발하였다. 1894년 일본이 홍삼 제조를 시도하고, 개성 홍삼 탈취 행각 등을 벌이자 개성 삼업인들이 집단행동을 벌이기도 하였다. 하지만 1900년에 일본의 압력으로 수출용 홍삼 전량을 미쓰이물산이 독점하였고, 미쓰이물산이 불하 받은 인삼은 1910년대에 2,600여 근 정도에서 1929년에는 6만여 근으로 증가하였다. 주로 중국 시장에서 한 근당 150원 정도로 가장 비싼 가격에 판매되었다.

19세기에 들어서면서 중국의 은은 아편 수입으로 대량 유출되었다. 20세기 초기까지 은괴, 은화, 동전, 동화, 각종 지폐 등 잡다한 화폐가 유통되었으나 세계 대공황의 시기에 중국의 은이 대량 유통되어 1935년 폐제개혁으로 정부계 은행의 은행권이 법정 통화로 현은 사용을 금지하게 되면서 중국에서 은 유통의 역사가 종언되었다.

청대 조선의 무역 관계에서 주목해야 하는 것이 일본 은인 것처럼, 이때 고려해야 하는 것이 또한 인삼이다. 조선의 인삼은 명청 및 일본과 밀접하게 연결되어 있었는데, 이 때문에 17세기 중엽부터 18세기 중엽까지 약 100년간의 한중일 중계 무역이 강조되곤 한다. 임진왜란 이후 일본이 필요로 하는 물건은 쓰시마번을 통해 일본으로 갔으나 이런 구조 속에서 조선 상인이 중국에서 수입한 비단을 왜관에서 일본 상인에게 넘길 경우 약 2.7배의 이익이 남았다. 이때 비단과 함께 넘긴 것이 조선의 인삼이었다(설혜심, 2020).

일본은 임진왜란 이후 조선 인삼의 효능에 대해 한층 깊이 이해하여 인삼에 대한 수요가 폭발적으로 증가하였다. 당시에는 어떤 병이든 인삼을 쓰면 효과적이라고 하여 서울에서 70냥으로 구입할 수 있는 인삼이 에도로 들어가면 300여 냥에 팔 수 있었다. 따라서 무역을 막으면 죽을 각오로 다투었다는 일본의 요구에 조선도 교역을 허락하였다는 성호 이익의 지적은 인삼의 중요성이 얼마나 일본에 절실하였는지 짐작하게 해 준다. 이에 일본에서는 조선 인삼을 사들이기 위해 인삼대왕고은이라는 순은 80퍼센트의 특주은을 만들어 순도가 낮은 은을 거부하는 조선 상인들과 거래하고자 노력하였다. 이렇게 일본에서 들어온 왜은(특주은)이 한 해에 11만 톤에 달하였다고 하는 것을 보면 조선 인삼에 대한 일본의 수요가 얼마나 높았는지 알 수 있다. 이렇게 인삼과 은은 조선, 중국, 일본을 하나로 연결하면서 조선의 중요 수출품 역할을 하였다.

| 참고 문헌 |

- 구도영(2018), 『16세기 한중무역 연구』, 태학사.
- 권인혁(2011), 『조선시대 화폐유통과 사회경제』, 경인문화사.
- 박원호(2002), 『명초 조선관계사 연구』, 일조각.
- 박평직(2018), 『조선 전기의 대외무역과 화폐연구』, 지식산업사.
- 설혜심(2020), 『인삼의 세계사: 서양이 은폐한 '세계상품' 인삼을 찾아서』, 휴머니스트출판그룹.
- 유승주·이철성(2002), 『조선후기 중국과의 무역사』, 경인문화사.
- 이철성(2000), 『조선후기 대청무역사연구』, 국학연구원.
- 주경철(2008), 『대항해시대-해상 팽창과 근대 세계의 형성』, 서울대학교출판부.
- 최광식 외(2010), 『한국무역의 역사』, 청아출판사.
- 加藤忠懿(1938), 『著和漢人蔘考』, 京城 朝鮮總督府.
- 今村鞆(1936), 『人蔘史』 7권, 조선총독부(이마무라 토모, 고승태 옮김, 『인삼사』, 동양대학교, 2015).
- 遼寧省檔案館(2003), 『盛京蔘務檔案史料』, 遼海出版社.
- 王鐵生(2001), 『朝鮮人蔘』, 遼寧科學技術出版社.
- 蔣竹山(2015), 『人蔘帝國: 淸代人蔘的生産消費與醫療』, 浙江大學出版社.
- 村井章介(2012), 『世界史のなかの戦国日本』, 築摩書房.

- 권내현(2014), 「17~18세기 조선에서의 은유통」, 『역사학보』 221.
- 권내현(2019), 「조선후기 은광 개발 억제의 배경과 실상」, 『한국사연구』 184.
- 김선민(2008), 「인삼과 강역 : 후금~청의 강역인식과 대외관계의 변화」, 『명청사연구』 30.
- 김선민(2015), 「17~18세기 청대 인삼정책의 변화」, 『중국학보』 74.
- 김선민(2019), 「만주족과 인삼」, 『인삼문화』 창간호.
- 문경호(2009), 「은의 유통경로를 통해 본 17~18세기 동아시아의 국제교류」, 『역사와역사교육』 19.
- 박평식a(2008), 「宣祖朝의 대명 인삼무역과 인삼상인」, 『역사교육』 104.
- 박평식a(2008), 「宣祖朝의 대명 인삼무역과 인삼상인」, 『역사교육』 108, 127~158쪽.
- 박평식b(2008), 「조선전기의 인삼정책과 인삼유통」, 『한국사연구』 143.
- 양정필(2017), 「17~18세기 전반 인삼 무역의 변동과 개성상인의 활동」, 『탐라문화』 55.
- 양정필·여인석(2004), 「조선인삼의 기원에 대하여」, 『의사학』 13(1).
- 유승주(1989), 「조선전기 대명무역이 국내산업에 미친 영향-15세기 대명금은조공과 국내금은광업을 중심으로」, 『아세아연구』 32(2).

- 이헌창(1999), 「1678~1865년간 화폐량과 화폐가치의 추이」, 『경제사학』 27.
- 이헌창(2004), 「한국 전근대 무역의 유형과 그 변동에 관한 연구」, 『경제사학』 36, 83~122쪽.
- 전성호(2008), 「임진왜란과 세계화 기원과의 관계-한국의 은유통을 중심으로」, 『이순신연구논총』 10.
- 정성일(2012), 「조선과 일본의 은 유통 교섭(1697~1711)」, 『한일관계사연구』 42.
- 차수정(1989), 「조선후기 인삼무역의 전개과정-18세기 초 삼상의 성장과 그 영향을 중심으로-」, 『북악사론』 1.
- 한명기(1992), 「17세기초 銀의 유통과 그 영향」, 『규장각』.
- 大田由紀夫(2011), 「15～16世紀の東アジア経済と貨幣流通 (特集 明·清代東アジアの国際秩序とトランスナショナル·ヒストリ—)」, 『新しい歴史学のために』 279.
- 鈴木 康子(2001), 「オランダ東インド会社と日本銀」, 『花園史学』 22.
- 山本進(2013), 「朝鮮後期銀流通」, 『明清史研究』 39, 213~283쪽.
- 岸本美緒(2013), 「銀のゆくえ: 近世の広域的銀流通と中国」, 『アジア遊学』 166.
- 岸本美緒(2014), 홍성화 옮김, 「동아시아·동남아시아 전통사회의 형성」, 『역사와 세계』 45.
- 王佩環(1982-4), 「清代東北采蔘業的興衰」, 『社會科學戰線』.

Ⅲ-2

「중조상민수륙무역장정」과 화교

| 김형종 ■ 서울대학교 동양사학과 교수 |

1. 머리말

2. 「무역장정」의 성립 배경

3. 「무역장정」의 의정(議定) 과정

4. 「무역장정」의 반포와 '속방' 규정

5. 「무역장정」의 내용과 불평등성

6. 후속 「무역장정」의 성립과 화교의 형성

7. 맺음말

1. 머리말

1894년 동학농민운동이 발생하여 조선 정부가 청의 도움을 요청하자, 청과 더불어 조선에 출병한 일본은 '속방을 보호하는 오랜 관례(舊例)'라는 청의 출병 명분에 대해 문제를 제기하였다. 이것이 "조선은 자주국(自主之邦)으로서 일본과 평등한 권리를 보유한다"고 규정한 「조일수호조규」의 제1조와 충돌한다는 이유였다. 뒤이어 일본은 공동으로 조선의 내정을 개혁하자는 더욱 강경한 방침을 내놓아 새로운 도발의 구실로 삼았다. 청과 조선 정부가 이를 거부하자, 이미 전쟁을 결심했던 일본은 단독 개혁의 방침을 강압적으로 시행했다. 7월 20일 조선 정부에 조선의 자주독립을 이유로 청군의 철수를 7월 22일까지 회답하도록 요구하고, 아울러 전통적인 조·청 관계를 청산하고 「중국·조선상민수륙무역장정(中國朝鮮商民水陸貿易章程)」(이하 「무역장정」으로 약칭) 등 기존 통상 장정을 모두 폐기하도록 요구한 것이다.

이렇게 조·청 관계의 폐기를 요구하는 최후통첩의 기한을 넘긴 바로 다음 날인 7월 23일, 일본은 2개 대대 병력을 동원하여 조선군의 저항을 진압하고 경복궁을 점령했다. 청일전쟁은 이처럼 일본의 조선에 대한 전쟁(조일전쟁)으로부터 시작됐지만, 일본의 승리로 맺어진 시모노세키조약으로 전통적인 조·청의 책봉·조공 질서(사대질서)가 붕괴되고, 「무역장정」 폐기도 이를 통해 확정됐다. 후술하듯이 「무역장정」은 청 황제의 반포로 그 효력이 확정됐고, 조선 측에서는 다만 그것을 받아들일 수 있었을 뿐이었다. 장정의 폐기나 비준에 관한 조항 자체도 없고 그 개정조차 청의 일방적 의지에 따라 이루어질 정도로 불평등성이 뚜렷했던 것이다. 그만큼 조선에서의 청과의 경쟁을 꾀하는 일본에는 이것이 아마 가장 큰 장벽으로 여겨졌을 것이다. 물론 「무역장정」은 조선에 대해서도 '조선의 근대화를 막은' 것이라는 평가가 주어지기도 한다(구선희, 2002).

하지만 「무역장정」은 1882년 10월에 가서야 의정(議定)되었던 만큼, 사실 수백 년에 걸친 전통적인 조선과 청의 관계를 대표할 만한 것은 아니었다. 오히려 이것은 청이 주변부의 상실에 대한 우려로 조선에 대한 적극 개입을 시도하게 된 1880년대라는 시대적 변화를 그대로 반영하는 것이었고, 그야말로 이후 십여 년이라는 청과 조선 양국 관계의 아주 짧은 시기만을 규정하는 역할밖에 할 수 없었다. 하지만 동시에 그 이전과는 아주 달라진 양국 관계-특히 경제적 관계-를 반영하는 것이었던 만큼 이 「무역장정」은 1880년대 초반에서 1894년까지 이루어진 청의 대(對)조선 정책 및 그 이전 정책과의 대비, 즉 근대 조선-청 관계의 변용을 그야말로 상징적으로 보여 주는 존재가 된다(「무역장정」에 대한 개괄적인 분석은 김종원, 1999; 秋月望, 1991; 具仙姬, 2003; 權赫秀, 2010; 崔蘭英, 2013 등이 대표적인 연구이다).

2. 「무역장정」의 성립 배경

이 「무역장정」의 성립 배경을 알아보기 위해서는 우선 그 이전 단계에 속하는 시기의 조선-청 사이의 '전통적' 경제 관계를 살펴보아야 한다. 하지만 이에 대해서는 「Ⅲ-1. 은 유통과 인삼」 부분에서도 다루고 있어, 여기서는 양국 간의 무역 관계에 대해서만 간단히 살펴보고자 한다. 조선과 청의 무역은 보통 조공 무역(燕行貿易)과 변경 무역(邊境貿易: 변경에서의 개시, 호시)으로 이루어졌다고 설명된다. 전자는 조·청의 사대질서 테두리 안에서 이루어진 교역으로 조공 사행의 내왕과 관련되어 이루어지는 무역이었고, 후자는 이와는 상관없이 조·청 관계 성립 이래 청의 일방적 요구에 따라 평안도·함경북도의 국경에서 이루어진 무역이었다.

매년 조선의 조공 의례 수행과 더불어 이루어지는 방물(方物)·세폐(歲幣)의 공납(貢納) 및 이에 대해 청 황제가 답례로서 내려주는 회사(回賜)는 경제적인 교역의 의미보다는 정치적 의례의 성격이 강한 것이었으며, 이것이 조선에 막대한 재정적 부담과 손실을 가져다주었음은 이미 잘 알려져 있다(全海宗, 1970). 따라서 조선의 조공 무역은 역관(譯官)에게 은이나 인삼 등을 휴대하게 하고 그들의 교역 활동을 통해 이러한 사행 경비를 마련함과 동시에 정부의 재정적 손실을 보충하려는 성격이 강한 것이 될 수밖에 없었다. 조공 사절이 북경에 도착한 다음 숙소인 회동관(會同館)에서 치른 회동관 무역, 방물 및 세폐의 심양(瀋陽)으로의 운반(및 거기에 필요한 수레와 말의 동원)과 관련하여 이루어진 단련사후시(團練使後市) 및 연복 무역(延卜貿易), 그리고 조공 사절이 청에 입국하는 지점인 압록강 맞은편의 봉황성(鳳凰城) 책문(柵門)에서 활발하게 이루어진 책문후시(柵門後市)로 이루어진 조공 무역의 전개는 그 점을 잘 보여 준다. 이러한 조공 무역의 주체인 역관과 이후 그 경쟁 상대로 등장하게 된 의주상인(灣商)이나 개성상인(松商) 등 사상(私商) 사이의 경제적 이해관계의 대립, 그리고 거기에서 비롯된 조선 정부의 관련 정책 변화나 은·비단·인삼·모자·홍삼 등 주요 무역 상품의 변천은 조공 무역의 변화를 이해하는 데 중심축을 차지한다. 그것은 동시에 평안도·황해도 지역 상업·상인의 발전이나 중앙과 해당 지방 정부의 재정적·경제적 수지 문제와도 아주 긴밀한 관계를 맺기도 한다(張存武, 1978, 77~215쪽; 김종원, 1999, 217~289쪽; 유승주·이철성, 2002).

한편 양국의 국경 지대에서 이루어진 변경 무역은 청의 요구로 시작된 조선 평안도의 의주(義州)와 함경북도의 회령(會寧)·경원(慶源)에서의 개시(開市)를 말한다. 의주에서는 1년에 두 차례(2월과 8월), 회령에서는 1년에 1회, 경원에서는 2년에 1회 개시가 이루어졌고, 교역 기간은 원칙적으로는 20일로 한정되어 있었다. 여기에는 청의 봉황성·영고탑(寧古塔)·혼춘(琿春) 및 고이객(庫爾喀) 지방의 기인(旗人)이 와서 참여했으며, 청과 조선에서는 무역 감독관을 파견하여 무역 품목과 시기를 통제했다. 변경 무역은 청의 일방적 요구로 시작됐다. 초기에는 전쟁 수행에 필요한 군사적 물품 조달이라는 성격이 강하였고, 청의 입관 이후에는 여전히 만주에 잔류하고 있는 기인(旗人)들의 생필품을 조달하는 차원의 교역으로 성격이 변화했지만, 조선 측으로서는 거의 얻은 것이 없이 일방적인 피해를 강요당했다는 점은 다름없었다. 군마(軍馬) 등의 구입이라는 국가적 수요를 제외한다면 민간의 경제적 이익 확보를 위한 교역이라는 의미는 거의 없었던 셈이다.

더구나 조선 측으로서는 청 측 관원이나 상인의 숙식비 등 체류·접대 비용 및 일정한 거리까지의 상품 운송까지도 모두 책임져야 하는 부담이 아주 컸던 만큼, 평안도·함경도 지방 당국에는 이 개시 비용의 지출이 줄곧 엄청난 재정적 부담이었다. 「무역장정」에 관해 논의하는 과정에서 어윤중(魚允中)이 중국 측에 제시한 평가에 따르면, 사대사행(事大事行)의 경우 조선은 1년에 전(錢) 20만 냥 이상, 청의 칙사(勅使)가 파견된 경우는 40만 냥 정도의 부담을 져야 했다. 고종 때 중앙 관서의 세입이 은 30만 냥(전(錢)으로 환산하면 150만 냥 정도)이었다는 점을 고려하면 그야말로 막중한 부담이었다. 변경 무역의 경우 함경도 개시만 하더라도 청 측 관·상 350여 명이 670여 필의 말과 소를 끌고 왔는데 이들의 숙식 비용과 접대 비용 및 사룟값을 포함한 비용은 5만 냥(단시(單市)의 경우)에서 9만 냥(회령·경원 모두 개시하는 양시(兩市)의 경우) 정도로 함경도 세입의 절반에 해당하는 비중이었으므로, 함경북도 주민의 생활고에 미치는 영향이 적지 않았다(김종원, 1999, 301~303쪽; 김형종 등 역, 2016, 332~333쪽). 1860년대 이후 이 지역 주민의 범월(犯越)이 크게 늘어나는 등 지방 사회의 불안이 가중된 데에는 이러한 점도 작용했다.

따라서 전통적 교역 관계가 변통되어 「무역장정」이 출현하게 되는 배경에는 당시 심각한 재정난을 맞이하여 이러한 무역이 가져다주는 막대한 경제적 부담을 경감시켜 보려는 조선 측의 의도가 아주 깊숙이 작용할 수밖에 없었다(문명기, 2017). 그것은 동시에 이러한 변통이 기본적으로는 1880년대 초반의 상황 속에서 조선 측이 먼저 제기하여 시도된 것임을 분명하게 확인해 준다.

3. 「무역장정」의 의정(議定) 과정

그렇다면 이러한 조공·변경 무역의 부담이라는 배경 속에서 1882년에 양국 관계의 새로운 변화를 드러내는 「무역장정」이 의정(議定)되기에 이르는 구체적 과정은 어떠한 것이었을까? 조선은 1876년 일본과의 「조일수호조규」를 체결한 후 일본의 경제적 진출과 관세 징수 등 새로운 통상·무역의 문제에 부딪혔다. 또한 1880년 무렵에는 문호 개방으로 전환하여 미국과의 조약을 체결하기로 하는 등 본격적인 개화 정책 추진에 나서게 됐다. 특히 1880년 5월 말 제2차 수신사로 일본에 파견된 김홍집(金弘集)이 주일공사관을 방문해 주일공사 하여장(何如璋)의 지시로 참찬 황준헌(黃遵憲)이 쓴 『조선책략(朝鮮策略)』을 받아 왔고, '친중국(親中國)·결일본(結日本)·연미국(聯美國)'의 정책을 제안한 『조선책략』이 조선을 개방 정책으로 전환하게 한 것은 아주 잘 알려진 사실이다. 그리고 이러한 과정에서 중국과의 무역 관계 역시 새롭게 조절할 필요성을 느끼게 됐다. 마침 『조선책략』에서도 "봉황청 무역을 확장하고 중국 상인으로 하여금 부산·원산·인천 등 각 항구에 가서 통상하게 할 것을 주청(奏請)함으로써 일본 상인들의 농간을 막을 수 있다"고 제안한 적이 있었다. 일본과의 무역 마찰로 고심하던 조선 측에서는 중국 측에서 이러한 통상 무역의 개편을 받아들일 것이라고 보아 조미조약을 준비하는 과정에서 이홍장과 접촉하여 이 문제를 함께 처리하려 했다. 청의 입장에서도 이러한 통상 무역을 중심으로 한 양국 관계의 개편은 「조일수호조규」 이후 조선에서 일본에 빼앗긴 선제권을 되찾고, 러시아의 진출을 견제할 수 있다는 점에서 결코 놓칠 수 없는 기회가 됐다. 1882년 조미조약 체결 과정에서 중국 측이 초상국원(招商局員) 5명을 파견하여 조선의 상무에 대한 기초 조사를 수행한 것은 그 점을 잘 보여 준다.

1881년 2월 말 이홍장을 방문한 이용숙(李容肅)은 「청시절략(請示節畧)」을 통해 조선의 문호 개방 결정을 공식적으로 알렸다. 이때 수신사 김홍집이 하여장에게 보낸 서신을 동봉하여 조선의 개항장에 중국 상인이 진출하여 일본 상인을 견제하기를 희망하며, 아울러 『조선책략』에서 언급한 봉황청 변경 무역을 확대하고자 한다는 요청을 올렸다(「朝鮮中樞府知事李容肅帶呈節略」·「修信使金宏集致何侍講書」, 光緖7年 2月 3日, 『淸季中日韓關係史料』 제2권, 462~465쪽; 『近代韓國外交文書』 제4권, 2009, 310~315쪽). 뒤이어 1881년 가을 조사시찰단(朝士視察團)의 일원으로 일본을 방문한 다음 중국에 건너간 어윤중이 이홍장 및 그의 부하로 실무를 맡은 천진해관도(天津海關道) 주복(周馥)과 이 문제를 계속 논의하게 되었고, 다음 해 4월 어윤중·이조연(李祖淵)이 다시 문의관(問議官)으로 천진에 파견되어 이홍장 및 주복과 수륙 무역의 개편 문제를 논의하였다.

이때 조선 측은 외교 사절 파견과 북경 주재('派使駐京')의 문제를 함께 제기해, '주사(駐使)'를 시행하면 하사(賀謝)·진주(陳奏) 사무를 위한 별도의 사신 파견이 불필요하며, 사신(使臣)의 이동 비용과 식량에 대한 상국(上國)의 지원도 폐지되어야 한다는 점(事大使行의 폐지)을 지적했다. 물론 어윤중은 회령·경원 개시의 혁파(청 측 관·상에 대한 공궤의 폐지 포함)와 해금(海禁) 폐지와 해로(海路) 무역의 개시 문제도 함께 제안했다(「朝鮮國王咨北洋大臣文」, 光緖8年 4月 22日 『淸季中日韓關係史料』 第2卷, 597쪽; 『近代韓

國外交文書』 제6권, 2013, 555쪽. 이때도 자문을 올렸다. 「朝鮮國王咨文」(禮部文稿), 김형종 등 역, 『(국역)청계중일한관계사료』 제3권, 321쪽, 334~335쪽 참조). 이러한 '주사' 및 그와 관련된 문제는 『조선책략』에서도 언급된 바 있지만, 실제로 '속국자주'의 전통을 지키고자 하였던 고종이나 어윤중에게 사실상 그러한 의도가 있었다고 보기는 어렵다. 따라서 통상과 주사가 바로 조선의 자주독립과 사대질서의 부정으로 해석되기도 어렵다는 지적은(秋月望, 1990; 崔蘭英, 2013) 상당한 타당성이 있다. 이 문제에 대한 조선의 입장을 가장 잘 보여 주는 것은 어윤중을 파견할 때 내린 다음과 같은 고종의 전교다.

> 사대(事大)의 의절은 또한 마땅히 성의껏 삼가 지켜야 하지만 기존의 형식에 구애되어 백성과 나라에 해를 끼치는 것은 구례(舊例)에 안주해서는 안 되며, 사신 파견 중지의 문제와 북도(北道) 호시(互市) 문제는 일일이 총리각국사무아문(總理各國事務衙門)과 통상대신(通商大臣)에게 나아가 의논하여 편할 수 있게 하도록 힘써라.
>
> –『고종실록』 19권, 고종 19년 2월 17일 계유 1번째 기사

여기서 고종은 사대 관계는 삼가 지켜야 하지만 시대 상황의 변화에 따라 폐해가 되는 조공 사절 파견과 변경 호시는 총리아문·북양대신과 논의하여 폐지할 수 있도록 하라고 지시했다. 조심스럽기는 하지만 이러한 시도에는 물론 기존의 책봉·조공 질서 자체를 무너뜨리고 나아가 자칫하면 조·청 사대질서를 부정할 수 있는 잠재적 위험성이 내포되어 있었던 것을 사실 부정하기 어렵다. 그리고 실제 청 정부로서도

이것은 쉽사리 받아들이기 어려운 문제이기도 했다. 고종의 지침 때문에 어윤중은 애써 예부를 피하고 대신 북양대신 이홍장과의 접촉을 통해 담판하고자 했지만, 마침 모친상으로 정우(丁憂) 중이라 자리를 비운 이홍장을 대신한 서리북양대신 장수성(張樹聲)의 지시로 어윤중과의 교섭은 주복(周馥)이 맡게 되었다. 그는 '파사주경'의 문제는 가볍게 개정을 논의하기는 어렵다고 지적하고, 아울러 중국과의 관계에서 최혜국대우 조항을 적용하는 것에 대해서도 거부 의사를 밝혔지만, 변경 무역의 혁파나 수륙 무역의 변통에 대해서는 긍정적인 반응을 보였다(「海關道周馥與朝鮮魚允中等筆談節略)」, 김형종 등 역, 『(국역)청계중일한관계사료』 제3권, 316~319쪽, 326~332쪽; 어윤중과 주복의 교섭에 대해서는 崔蘭英, 2013 참조). 하지만 사대사행 폐지 문제는 북양대신·총리아문만으로 처리할 수 있는 문제가 아니었으므로, 4월 13일 장수성은 이 문제를 조선과의 조공 사무를 담당해 왔던 예부에도 직접 다시 알리도록 요청했고, 어윤중 등은 1882년 6월 9일 예부에도 자문을 제출했다(「朝鮮國王咨請在已開口岸交易幷派使駐京文」 光緒8年 4月 29日, 『清光緒朝中日交涉史料』 卷3, 16b; 『近代韓國外交文書』 제6권, 2013, 556쪽).

하지만 주복의 예상대로 이러한 조선의 자발적인 통상과 외교 사절 주재 요구는 기존 사대질서의 변동을 원하지 않았던 청 정부(특히 예부)로부터 당연히 속방의 주제넘은 요구라고 간주하는 부정적인 반응을 초래하였다. 같은 날 예부시랑 보정(寶廷)은 즉각 다음과 같은 반응을 보였다.

지금 와서 통상과 주사(駐使)를 청하는 것은 언사가 비록 여전히 공순하지만 이미 우리를 경시하는 기미를 엿볼 수 있으며, 거절하면 그 마음은 더욱 멀어질 것입니다. 또한 각 원이(遠夷)는 이익에 관련된 일에 대해서는 모두 일률적으로 균점하게 되는데 속국에만 인색하다면 공평함을 밝히기 어렵습니다. … 허락하면 각국과 마찬가지로 경사에 주재하면서 마치 다른 나라들과 같은 형세를 보일 터인데, 지금은 갑작스레 우리에게 맞서지는 못할지라도 나중에 점차 부강을 이루면 야랑자대(夜郎自大)를 하지 않는다고 보장하기 어렵습니다(「禮部侍郎寶廷奏陳與朝鮮通商管見摺」 光緒8年 4月 29日, 『淸光緒朝中日交涉史料』 卷3, 17b-18a; 『近代韓國外交文書』 제6권, 2013, 557쪽).

그의 대안은 통상·주사의 문제를 거절할 수 없으므로 허락하려면 우선 총리아문에 이 문제의 관리를 맡겨서는 안 되고 예부가 맡아야 하며, 조선이 북경에 따로 공서(公署)를 짓게 해서는 안 된다고 하는 것이었다. 이 점은 1881년 초부터 조공 사무 외에는 조선 관련 사무를 총리아문과 북양대신에게 넘겨준 예부의 권한 회복 주장이 반영된 것이었다. 같은 날 내려진 청 황제의 상유는 예부의 요청을 받아들이지 않았지만 동시에 조선의 '견사주경(遣使駐京)' 문제에 대해서도 단호한 거부 의사를 보였다.

조선은 오랫동안 번봉(藩封)의 대열에 속해 있고 관련된 전례는 모두 정해진 제도가 있다. 다만 상민의 화물은 각처에서 사사로이 교역하지 못하게 해 왔는데, 현재 각국은 이미 통상을 하고 있으니 응당 변통하여 모두 서로 자유롭게 무역할 수 있도록 해야 할 것이다. 장정은 장수성(張樹聲)과 이홍장이 마련해서 구주(具奏)하라. 앞으로 조선과의 무역 문제는 총리아문에서 검토·처리하고, 조공·진주(陳奏) 등은 여전히 종래 정례에 따라 예부에서 처리함으로써 옛 제도에 맞추라. 조선에서 요청한 견사주경(遣使駐京)의 문제는 장애가 되는 바가 많으니 허락하지 않는다(「軍機處寄禮部等上諭」 光緒8年 4月 29日, 『清光緒朝中日交涉史料』 卷3, 18b; 『近代韓國外交文書』 제6권, 2013, 558쪽).

청은 이미 다른 나라와의 사이에 허용하고 있는 무역 통상을 조선에도 허락했지만, 외교 사절의 북경 주재(이것은 종래 조공 질서의 해체로 직결되는 것이기도 하다)로 상징되는 근대적 외교 관계로의 전환은 분명하게 거부했다. 외교 사절의 북경 주재를 요구하는 조선이 청을 경시하는 마음을 가졌다고 보고, 아예 종전의 상하 관계에 대한 변통을 모색하는 움직임을 처음부터 단호하게 배제하겠다는 뜻이었다. 청으로서는 조선을 만국공법상의 동등한 주권 국가로 간주한다는 것은 아마 당시로서는 상상조차 불가능한 일이었겠지만, 동시에 이때 취해진 옛 제도의 변통은 조·청의 관계를 예부와 북양대신·총리아문 세 방면의 기구가 사안별로 나누어 관리하는 복잡한 변화를 수반하게 됐다. 이러한 변화에는 당연히 조선에 대한 보다 강력한 통제와 개입 의도가 담겨 있었다.

4. 「무역장정」의 반포와 '속방' 규정

여하튼 이러한 결정으로 조선과의 무역을 중심으로 한 여러 문제가 논의되어야 할 시점에서 발생한 1882년 6월 9일(음력)의 임오군란 때문에 어윤중과 주복·마건충(馬建忠)이 마련한 이른바 전문 8조로 구성된 「[중국·조선]상민수륙무역장정([中國·朝鮮]商民水陸貿易章程)」(『近代韓國外交文書』 제6권, 583~586쪽)은 그 혼란이 수습된 10월이 되어서야 반포될 수 있었다. 8월 12일 어윤중이 재차 문의관에 임명되어 진주사(陳奏使) 조영하(趙寧夏) 일행과 함께 천진을 다시 방문했고, 실질적으로는 어윤중이 마건충·주복과 더불어 「무역장정」을 논의하여 마무리했던 것이다. 「무역장정」 초안이 의정(議定)된 것은 8월 23일이었으므로(이후 청 황제의 반포까지는 또한 상당한 시간이 필요했다) 이전부터 청 측의 준비가 있었다고는 하지만 조선 측에서 실제 장정에 대해 논의할 수 있는 시간은 아주 짧았다.

이때 어윤중은 청 측이 마련한 초안에 대해 네 가지 문제를 제기하였는데, 그것은 ① 청 측이 각국과의 조약과는 다른 점은 양국 간의 체제 때문이라고 하지만 각국이 최혜국 대우의 조항을 빌려 이것을 원용(援用)할 우려가 있다, ② 죄범(罪犯)에 대해 청의 상무위원과 조선의 지방관이 재판하는 문제에 대해 치외법권·영사재판권의 편파적인 적용은 평등하지 못하므로 바꾸어야 한다, ③ 황해 어로 작업의 허용은 포경(捕鯨)문제로 동해안 조업을 요구하는 일본이 구실로 삼게 될 것이라 아주 곤란하다, ④ 한성(漢城)에서의 청 상인의 상업 활동, 즉 개잔(開棧)

의 허용이나 내지에서의 물품 구매(內地採販) 허용은 한성 상인의 곤란과 외국·일본의 원용을 가져올지도 몰라 아주 우려스럽다는 점이었다(『近代韓國外交文書』 제6권, 2013, 587~588쪽의 「照錄朝鮮侍講魚允中節略」 및 「照錄津海關周道候選馬道覆魚允中節略」).

하지만 이에 대해 주복은 만국공법상의 '속국' 조항을 들어 다른 나라에서는 원용할 수 있는 것이 아니라고 하면서 조선은 일본만 두려워할 뿐 조·청의 사대질서에 대해 성의를 보이지 않는다고 반박했다. 상무위원의 재판권에 대해서도 만국공법과 『대청회전(大淸會典)』을 근거로 내세우고 조선의 형벌이 중국보다 무거운 데다가 하물며 상국-속방 관계라는 점을 들어 어윤중의 문제 제기를 묵살했다. 어선의 왕래(어업 허용)나 한성 개잔 및 내지채판의 문제에 대해서도 이러한 태도는 마찬가지로 적용됐다. 결국 "이번에 정한 「무역장정」은 실로 평행하는 각 여국(與國)과의 조약과는 다르며, 만약 반드시 다른 나라가 원용하여 요구할 것이 두렵다면 조선은 중국의 속방이고, 의정한 「수륙무역장정」은 중국이 속방을 우대하는 뜻에서 한 것이니 각 여국이 함께 균등하게 혜택을 누릴 수 있는 것이 아니라는 조항을 첨가하면 될 것"이라고 답변했다. 청에 일방적으로 유리한 장정의 내용을 조선과 조약을 맺은 외국이 원용할 것을 두려워하는 조선 측의 입장을 전면적으로 부정하고, 양국 관계의 특수성을 들어 일방적인 청의 이익을 추구하는 방향을 분명하게 드러낸 것이다(『近代韓國外交文書』 제6권, 2013, 588~589쪽의 「照錄津海關周道候選馬道覆魚允中節略」).

「무역장정」 초안에는 들어 있지 않았던 이러한 속방(屬邦) 조항이 삽입된 것은 사실상 어윤중의 개정 요구와 그 논거를 막기 위한 것이었다고 하는 평가는 여기에서 나왔다(秋月望, 1991, 111~117쪽). 실제 이홍장은 8월 29일 「무역장정」 초안을 상주하면서, "뒤이어 어윤중이 보내온 절략을 받았는데, 초안의 구절을 바꾸고자 하였으므로 신이 자세하게 짐작(斟酌)하여 대략 장정 앞부분을 바꾸어 이번 조약은 중국이 속방을 우대하는 뜻으로, 각국이 모두 그 혜택을 균점하는 데 사례에 해당되지 않는다고 밝힘으로써 명분을 바르게 정하고 여국(與國)끼리 서로 체결하는 약장과는 분명히 다름을 밝히고자 했다"고 인정했다(「妥議朝鮮通商章程摺」, 『近代韓國外交文書』 제6권, 2013, 584쪽).

이후 반포된 「무역장정」에는 주복이 제안한 내용이 그대로 들어가 있는 것처럼, 청 측의 일방적 의도가 이렇게 관철될 수 있었던 것은 임오군란으로 청이 조선에 오장경(吳長慶)이 이끄는 회군(淮軍) 3천 명의 군대를 파견해 놓은 상황이었기 때문에 「무역장정」이 준비되던 시기와 양국 관계가 크게 달라졌다는 점도 크게 작용했던 것으로 보인다. 따라서 「무역장정」은 그 명칭이 의미하는 것처럼 당연히 청이 이전보다 훨씬 더 일방적으로 주도권을 장악할 수 있었던 그 무렵의 양국 관계를 반영하여, 이전과는 달라진 청의 조선 정책을 그대로 드러내게 됐다. 이를테면 "다른 나라와 맺은 조약(條約)은 반드시 그 나라의 비준을 기다려서야 행해지지만, 지금 정한 장정(章程)은 [청]조정이 특별히 윤허하는 바이다. 하나는 서로 간에 체결한 약장(約章)이고 하나는 상하 간에 정한 조규(條規)이므로, 그 이름도 다르고 따라서 그 실질도 같지 않다"는 주복과 후보도(候補道) 마건충의 설명은 -조약·약장·장정·조규라는 명칭의 혼용은 그 설득력을 크게 감소시킨다- 그 점을 잘 보여준다(「照錄[津海關周道 · 候補道馬道]覆魚允中節略」, 『淸季中日韓關係史料』 卷3, 984

쪽;『近代韓國外交文書』제6권, 2013, 588쪽).

따라서 국제법상의 조약과는 달리 8월 29일 이홍장의 상주와 9월 12일 총리아문의 동의 이후 곧바로 청 황제의 일방적인 승인과 반포에 의해 「무역장정」은 그 효력이 발생했다(이 때문에 무역장정의 '체결'이란 표현은 적절한 것이 아니다). 앞서 이홍장의 상주에 대해 청 황제는 다음과 같은 주비(硃批)를 내렸다.

> 조선은 우리 속국으로 동이의 지역에 치우쳐 있는데, 국세가 빈약하고 일본과 러시아가 침을 흘려 온 지 오래다. 만약 영·미 각국과 일률적으로 통상하도록 허용한다면, 러시아와 일본은 감히 멋대로 병탄하지 못할 터이니 이것 또한 속국을 보전하는 길이다. 각 조항의 폐단 유무에 대해서는 해당 아문[총리아문]에서 세심하고 적절하게 논의하여 구주(具奏)하라. 해금(海禁)을 푸는 일과 시역(市易)을 정지하는 이 두 가지 일이 가장 중요한데, 주청한 바에 따라 실행하라(中國第一歷史檔案館編, 1996, 247쪽).

이후 총리아문의 의주(議奏)가 올라온 다음, 이를 승인하는 상유가 내려짐으로써 정식으로 효력이 발생한 「무역장정」에 대해 -따라서 원래 「중국·조선상민수륙무역장정」이란 한문본만 존재했고 한글본·영어본은 이후 중국 해관에 의해 임의로 번역된 것이다- 조선에서는 결국 "삼가 그에 따라 처리(欽遵辦理)"한다고 답할 수밖에 없었다.

따라서 이러한 의정·반포의 과정에서는 근대적 조약의 형식만을 빌려 -이것은 청의 은전(恩典)에 의해 주어진 것이었으므로 근대적 조약 체결이나 그에 의한 권리 부여와는 실제 거리가 있었다- 전통적 상국·속방 관계를 그 전문(前文)에서 '명문화(明文化)'하면서 근대적 불평등 관계로 재편하려는 성격이 강하게 드러났다.

이렇게 조약 체제의 힘을 빌려서 조공 체제를 유지하려던 청의 정책을 "하나의 외교, 두 개의 체제(一個外交, 兩種體制. One diplomacy Two Systems)"라고 명명한 권혁수(權赫秀, 2009)의 지적은 그 점을 제대로 드러내 준다. 「무역장정」의 전문(前文)에서 "조선은 오랫동안의 제후국으로서 전례(典禮)에 관한 것에 정해진 제도가 있다는 것은 다시 의논할 여지가 없다"고 밝힌 점은 조·청 사이의 기존 관계를 간단히 요약한 것처럼 보이지만, 사실 기존의 책봉·조공 관계 및 거기에 관한 전례라는 관행은 이후로도 계속 지켜져야 한다고 규정하면서, '장정'이라는 이름의 '조약'을 통해 그것을 명문화하여 국내외에 선언한 것이기 때문이다.

또한 전문(前文)에서 "이번에 제정한 「수륙무역장정」은 중국이 속방을 우대하는 뜻이며, 각국과 일체 같은 이득을 보도록 하는 데 있지 않다"고 선언하여 다른 나라의 최혜국 대우 문제를 배제하면서 조선의 우려를 물리치고 청의 독자적인 특권·특혜를 일방적으로 확보하려 한 것도 청의 정책적 지향을 잘 보여 준다. 이러한 선언은 이후의 양국 관계에 그대로 적용될 수밖에 없었으므로 1870년대까지 속국의 '자주'를 인정해 왔던 청이 이제는 '자주'보다는 '속국'이라는 측면을 더 중시하는 정책적 전환을 실행하게 됨을 의미한다(荒木敏夫, 1987). '속국'의 그림자는 짙어지고 '자주'의 겉모습은 흐릿해진 것이다.

5. 「무역장정」의 내용과 불평등성

이렇게 「무역장정」은 전통적 조공 관계의 유지와 근대적 통상 관계의 허용이라는 과도기적인 정·경 분리(政·經分離)의 특성을 잘 보여 준다고 평가된다(權赫秀, 2010). 조공 관계와 조약 관계가 동시에 인정되는 이중 외교 관계가 성립되게 하였다고 평가되기도 한다(崔蘭英, 2002). 「무역장정」의 제1조는 중국은 북양대신이 상무위원(商務委員)을 조선의 개항장에 파견하여 조선 관원과 대등하게 왕래하면서 중국 상인을 관할하고, 조선에서는 국왕이 고위 관원을 천진(북경이 아니다)에 파견하여 주재시킨다고 규정했다. 양국 관계가 대등한 것이 아니라는 점을 밝히는 동시에, 교묘한 구실로 외교 사절의 북경 주재도 거부하고 있는 불평등성이 뚜렷한 것이다. 당초 만국공법의 질서에 능동적으로 대처하기 위한 시도는 특히 임오군란을 거치면서 이홍장과 청이 주도하는 국면으로 전환되면서 도리어 조선의 자주를 제약하는 멍에가 되어 버렸다는 평가는 여기에서 나온다(김종원, 1999, 335~349쪽; 김용구, 2001, 101~112쪽; 具仙姬, 2003, 317~330쪽; 구선희, 2005, 161~166쪽; 權赫秀, 2000, 92~141쪽; 權赫秀, 2010, 255~279쪽).

이후 1883년 10월 진수당(陳樹棠)이 총판조선각구상무위원(總辦朝鮮各口商務委員)으로 파견됐지만, 진수당의 역할은 정식 '외교관'이 아닌 상무위원이었으므로 조선 정부나 조선 주재 각국 공사와의 교섭에 상당한 차질을 빚게 되었다. 그러자 진수당은 1884년 10월 13일 북양대신 이홍장의 허락을 받아 그 직함을 총판조선각구교섭상무위원(總辦

朝鮮各口交涉商務委員)으로 개칭하였다고 조선 정부에 통보하였고, 청 정부도 이를 공식 확인하였다(權赫秀, 2006). 상무위원의 직인을 바꿈으로써 청은 정식 '외교관'이 아닌 상무위원을 사실상의 총영사(나 공사) 급의 외교관으로 바꿔치웠는데, 이것이 이홍장의 독단만으로 결정되었다는 점은 「무역장정」이 지닌 일방성과 비대칭성을 잘 보여 준다. 청이 「무역장정」 반포 이후 마련한 「파원판리조선상무장정(派員辦理朝鮮商務章程)」에서도 이 점이 확인된다(이은자, 2008, 360~364쪽; 酒井裕美, 2016, 125~128쪽). 그리고 이는 1885년 11월 조선에 부임한 원세개(袁世凱)가 주찰조선총리교섭통상사의(駐紮朝鮮總理通商交涉事宜)로 임명·파견된 경우에도 그대로 적용된다. 원세개가 사실상 조선의 내정에까지 적극적으로 개입해 '감국(監國)'이나 마찬가지의 역할을 맡아 조선 정부 위에 군림하여 개화 정책과 독립 자주의 노선을 사실상 저지·파괴하는 역할을 떠맡았다는 점은 물론 잘 알려져 있다(林明德, 1970; Lew, Young Ick, 1984; 이양자, 2002). 따라서 「무역장정」은 이후 단순한 양국 간 경제적 관계의 변화뿐만 아니라 정치·외교·군사적 관계의 변화까지 포함하는 보다 광범위하고 전반적인 영향력을 가지게 되었다고 평가해야 할 것이다.

한편 조선에서도 「무역장정」에 따라 천진(天津)에 「주진독리공서(駐津督理公署)」를 설치하였다. 진수당이 부임한 후 11월에 김선근(金善根)이 주진대원(駐津大員)으로 임명되었지만, 추운 겨울이라는 이유로 다음 해로 파견이 지연되는 가운데 김선근이 병이 들어 대신 남정철(南廷哲)이 1885년 4월 파견되었다. 이후 그의 후임으로는 1886년 박제순(朴齊純)이 임용되었고, 그 명칭도 주진독리통상사무(駐津督理通商事務)로 바뀌었다. 이후 1887년에는 김명규(金明圭)가 임용되었다. 이들은 조공 관련 업무뿐만 아니라 근대적 통상 관계에 관련된 업무, 이를테면 여권(護照) 발급과 인삼 밀매 등을 관장하였지만, 청과 조선의 외교적 '교섭' 사무도 떠맡게 되었으므로, 사실상 진수당처럼 외교관, 즉 '영사'로서의 역할을 일부 담당하였다고 해도 좋다(김수암, 2000, 169~171쪽; 한철호, 2007; 權赫秀, 2007, 311~334쪽).

이렇게 「무역장정」이 반포되고 그에 따라 양국이 사실상의 '외교관'을 파견하게 된 것은 실제 그다지 주목받지 못했지만, 진수당의 파견과 주재, 그리고 주진독리의 파견은 근대 조·청 관계에서 아주 중대한 의미를 지니는 외교 체제의 변동이었다. 천조 체제의 상국과 속방이라는 전통적 관계가 이제는 속방에 사실상의 외교관을 파견하는(속방에서 상국에 외교관을 파견하는 것은 아니었다) 만국공법에 기초한 '근대'적 외교 관계로 전환하는 것이었기 때문이다. 그럼에도 양국 사이에 따로 '조약'이 체결되지는 않았다. 따라서 정식 조약의 '체결' 없이 사실상의 '외교관' 파견이 북양대신의 일방적인 판단과 통보에 따라 이루어지고, 이것을 조선이 받아들일 수밖에 없었던 점은 그야말로 「무역장정」의 비대칭성을 상징해 준다고 하겠다. 「무역장정」은 사실상 외교관의 파견까지 '규정'하는 역할을 함으로써 사실상 조약 아닌 조약, 불평등조약으로서 실질적인 역할을 맡았다고 보아야 한다.

한편 「무역장정」의 제2조에서는 조선 내에서 청 상무위원의 치외법권과 영사재판권을 인정했고(앞서 지적했듯이 어윤중은 교섭 과정에서 만국공법을 근거로 반대했지만 청은 받아들이지 않았다), 제3조에서는 조난 구호, 황해·발해 연안에서의 어로 작업 허용을 규정했다. 그리고 제4조에서는 북경과 한성에서의 개잔무역(開棧貿易)을 허용하되, 양국 상인의 내지에서의 상업 활동을 금지하였고, 내지에서의 물품 구매(採販)는 상무위원과 지방관의 허가증을 신청하도록 규정했다. 그리고 제5조에서는 과거 양국 변계의 의주(義州)·회령(會寧)·경원(慶源) 등지에서 열렸던 호시(互市)를 폐지하고 압록강 건너편의 책문(柵門)과 의주(義州), 그리고 두만강 건너편의 혼춘(琿春)과 회령 두 곳을 정하여 변경 백성들이 수시로 왕래하며 교역하도록 한다고 규정했다. 이것은 원래 조선 측에서 교역관계의 변통을 통해 중앙·지방의 재정적 부담을 경감시키려던 의도에 들어맞는 결과였으므로, 이 점에서는 기대했던 만큼의 성과를 거둔 것으로 평가할 수 있다(崔蘭英, 2013; 酒井裕美, 2016, 101~141쪽). 「무역장정」의 의정에 대해 고종이 상당히 만족했던 점을 고려하면, 「무역장정」이 만들어지는 과정에서 수행했던 어윤중의 역할이나 「무역장정」의 성과에 대한 기존의 부정적인 평가(김종원, 1999)도 역시 충분한 재론의 여지가 있는 것이다(秋月望, 1990; 秋月望, 1991).

그리고 제6조에서는 19세기 중반 이후 조선의 대청 무역에서 핵심적인 비중을 차지하게 되었던 홍삼(紅蔘) 무역과 그에 관한 세칙(稅則)이 규정되었고, 제7조에서는 초상국(招商局) 윤선(輪船)의 정기 운행과 청 군함의 조선 연해 왕래와 정박이 허용되었는데, 이 점은 지금까지 주목받지 못했지만 이후 양국 관계의 변화라는 측면에서는 충분히 강조할 만한 여지가 있다. 실제 1885년 이후 청군이 조선에서 철수한 다음에도 조선에 대해 여전히 강력한 영향력을 미칠 수 있었던 것은 갑신정변 직후 청이 조선에 차관을 제공하여 가설하기 시작한 전선(의주-인천)이 1885년 8월 개통되어 봉황성(鳳凰城)-여순(旅順)으로 이어진 청의 전신망에 조선을 통합시키면서 유사시에 북양 해군과 만주의 청군이 신속하게 투입될 수 있었기 때문이었다(뒤이어 한성-인천 간의 전선과 경부·원산선도 청에 의해 설립·완공·운영되었다). 이 전신망을 통해 전보가 교환되면서 몇 달씩 걸리던 전통적인 자문(咨文)의 왕래보다 양국 간의 의사소통이 훨씬 신속해졌고, 나아가 진수당(혹은 이후의 원세개)과 같은 관료의 한성 주재로 청의 입장을 조선 정부에 훨씬 더 강력하게 관철할 수 있었으므로 상국 청의 존재감은 종전과는 비교할 수 없을 정도로 커졌다. 이를 통해 조선 군대의 강화 및 근대화에 대한 지원을 사실상 포기하였음에도 불구하고 청은 조선에 대한 '제국주의적' 정책의 추진·장악을 아주 효율적인 것으로 바꿀 수 있었다. 청의 북양함대(北洋艦隊)나 윤선 운항에 대한 각종 특권의 확보 역시 황해를 사실상 중국의 내해로 바꾸어 놓았다.

이를테면 이홍장이 오장경군(吳長慶軍)의 철수를 늦춰 달라는 조선의 요청에 대해 "비록 잠시 육군을 철수시키더라도 여전히 군함을 파견하여 번갈아 인천에 가서 순항하게 함으로써 진압에 보탬이 되고 성원을 키울 수 있으며, 장래 만일 다른 사변이 있더라도 다시 육군을 파견하여 윤선을 통해 조선으로 향하게 하면 아침에 떠나 저녁에 도달할 수 있으니 늦거나 그르치지 않을 수 있다"는 자신감을 보인 것은 이런 형세 때문이었다(李鴻章, 「覆朝鮮國王」 光緖11年 6月 5日, 『李鴻章全集』 第33卷 信函 05, 509쪽; 김형종, 2017, 243~244쪽). 전보와 군함을 통해 청이 이후 청일전쟁에 이르기까지 일본의 진출을 억제하는 한편, 조선에 대해 강력한 보호와 간섭의 권한을 확보할 수 있었던 것은 바로 이러한 「무역장정」의 조항에서 그 단서를 찾을 수 있다.

한편 이 「무역장정」은 양국 간의 해상·육상 무역을 일정한 범위에서 개방하기는 했지만, 이 밖에도 개항장이 아닌 수도 한성에서의 청국 상인의 상업 행위(開設行棧) 및 내지채판 등 청의 일방적이고도 예외적인 경제적 이익만을 강조하는 양국 관계의 불평등성을 현저하게 드러냈다. 이 점에 대해 조선과 대등한 관계의 수호조약을 맺은 각국이 그대로 넘어갈 리 없었다. 결국 이것은 청의 주장과는 달리 각국과 맺은 조약의 최혜국 대우 조항으로 다른 국가도 모두 청과 같은 특권을 균점하는 상황을 낳아 오히려 청이 다국적 제국주의의 형성에 앞장서면서 거기에 동참하는 국면을 낳게 되었다. 이것은 1883년 6월 22일 일본이 「조일통상장정(朝日通商章程)」을 체결하여 최혜국 대우를 규정함으로써 청의 특권을 균점한 데다가, 영국·독일이 10월 27일 조선과의 조약을 체결하면서 양국 상인의 내지 통상, 즉 내지채판을 허용받는 것으로 실현됐다. 열강은 청과 대등한 특권을 인정받음으로써 조선과 청의 관계를 묵인하고 「무역장정」을 용인하게 되는 결과로 이어진 것이다.

이에 따라 1884년 2월 이홍장은 청의 상인도 조선에서의 내지채판을 허용받기 위해 「무역장정」의 제4조를 개정해야 한다고 상주했다. 「무역장정」 제8조에서 장정의 수정은 북양대신과 조선 국왕의 자문을 통한 협의 이후 청 황제의 결정을 기다린다고 규정한 것에 따라 조선 국왕이 2월 9일 거기에 동의하는 자문을 보내면서 개정이 확정되었다(김종원, 1999, 344~347쪽). 사실상 비슷한 무렵 일본 및 서양 각국과 조약을 맺은 조선으로서는 이러한 일방적인 청 측 의사의 관철이 반드시 만족스러운 것일 수는 없었지만(장정의 폐기나 비준 조항은 존재하지 않았다), 양국 간의 조약이 아닌 '상하 간의 조규(條規)'로 간주하는 청의 강압을 당시의 조선은 물리치기 어려웠다. 물론 서양 각국의 반응도 결코 청에 호의적이지는 않았다(申基碩, 1967, 87~95쪽).

6. 후속 「무역장정」의 성립과 화교의 형성

한편 이 「무역장정」 이후 1883년 4월과 7월에 「무역장정」에서 논의되지 않은 육로 무역 측면을 보완하기 위해 서북경략사(西北經略使)로 어윤중이 파견되어 「봉천여조선변민교역장정(奉天與朝鮮邊民交易章程)」(1883년 3월 12일. 「중강무역장정(中江貿易章程)」이라고도 불린다) · 「길림 · 조선상민수시무역지방장정(吉林·朝鮮商民隨時貿易地方章程)」(1883년 6월 6일. 「회령무역장정(會寧貿易章程)」이라고도 불린다)을 의정했다. 이를 통해 기존의 제한된 변경 무역이 폐지되고 육로 통상이 활성화되는 계기가 확보됐다.

하지만 이 과정은 결코 순탄하지 않았다. 「무역장정」의 의정 과정에서 배제된 봉천 지역의 지방관, 즉 성경장군(盛京將軍) 숭기(崇綺)와 봉천부윤(奉天府尹) 송림(松林) 등이 「무역장정」이 청 황제의 명의로 반포된 이후 연명상주(聯名上奏)로 불만을 토로하였기 때문이다. 이들은 종래의 사대질서에 따른 상국-속방 관계를 강조하면서 청의 지방관이 비록 무역 문제라고 하더라도 조선 배신(陪臣)과 평행 상대하는 것은 받아들이기 곤란하다는 이유를 내세웠다. 결국 총리아문과 이홍장은 이 조선 지방관과의 평행 문제가 체제에 어긋나는 것이 아님을 설득하면서도,

이후 후속 장정의 의정 과정에서 만주 지역의 주도권과 참여를 인정하도록 타협하지 않을 수 없었다(『近代韓國外交文書』 제6권, 2013, 599~607쪽). 그 결과 후속 장정은 「무역장정」보다 훨씬 더 조·청의 상국-속방 관계를 강조하는 내용을 포함하게 되었고, 육로 무역의 개방성도 더욱 축소되는 결과로 이어질 수밖에 없었다. 「무역장정」에서 규정된 책문·의주 무역이 중강(中江) 무역으로 한정되는 일방적인 결정이 내려지고, 조선이 청을 상국 또는 천조(天朝)라고 호칭하고 청에서는 조선을 귀국(貴國)이라고 부른다는 규정이 삽입되는 등 「무역장정」에 나타난 불평등성이 더욱 뚜렷해진 것은(酒井裕美, 2016, 142~164쪽) 사실상 변경 무역의 폐지와 새로운 육로 무역의 개시라는 조선의 의도를 크게 제한하는 결과가 되었다.

이러한 과정을 통해 양국 사이의 경제적 관계가 상당한 개편을 거치게 되었고, 이 점은 당시의 시점에서 본다면 최선의 선택이었다고 볼 수도 있지만, 「무역장정」의 실행 이후 이홍장은 1883년 10월 진수당을 총판조선각구상무위원으로 파견하여 윤선의 왕래 및 조계(租界)의 확보 등 조선에 대한 청의 경제적 진출 기반을 크게 확대하는 역할을 맡겼다. 이후 2년 동안 진수당은 청의 상인(이하 '화상'으로 약칭) 및 화교 사회의 형성을 크게 촉진하여 청이나 일본에서 조선에 진출하는 화상의 숫자를 크게 늘려 놓았고, 조선에서의 경쟁에서 청이 점차 일본에 대해 우세를 확보할 수 있게 만들었다. 그는 부임 직후 묄렌도르프(P.G. von Mölendorff, 穆麟德)와 함께 윤선이 상해·조선을 왕래하는 장정을 체결해 초상국 윤선의 조선 운항의 길을 열었으며(1883년 11월에 개시된 윤선의 운행은 초상국의 경영난으로 3회 만에 중단되었지만, 이후 원세개가 청 정부에 요청하여

1883년 3월 상해-인천 항로를 재개시켰다), 다음 해에는 민영목(閔永穆)과 「인천구화상지계장정(仁川口華商地界章程)」을 체결하여 인천의 청국 조계를 개설했다. 이것은 인천에 조선 최대의 차이나타운이 형성되는 계기를 만들었고, 뒤이어 후임 원세개의 교섭으로 완결되었다. 또한 부산(1887년)·원산(1889년)에서도 마찬가지로 청국 조계가 개설됐다(權赫秀, 2006; 이옥련, 2008, 53~60쪽).

이리하여 1884년 초 진수당의 보고에 의하면 한성·마포·인천 등에는 이미 화상 136명(점포 28가, 양행 1가, 선박 1척 및 고용인 26명)이 있었지만, 1885년 5월 무렵이면 조선을 왕래하며 무역하는 화상의 수가 753명으로 늘어나는 등 화상의 진출과 화교 사회의 형성이 급속도로 진척되었다(權赫秀, 2006). 또 다른 통계는 1883년 112명, 1884년 666명, 1885년 264명, 1886년 468명, 1891년 1,489명, 1892년 1,895명, 1893년 2,182명이라는 숫자를 보여 주기도 한다(왕언메이, 2013, 61쪽). 이를 통해 화상의 수나 그 경제적 실력은 앞서 진출한 일본의 그것을 곧장 따라잡게 되었다. 또한 진수당은 부임 이후 화교의 상업 활동을 증진하기 위해 주요 도시에 상무공서(한성, 1883년 9월)나 분소(인천, 1883년 11월. 부산과 원산, 1884년 5월)를 설치하여 인천·부산·원산 등지에도 청국의 상무분판위원을 파견하여 '영사'와 같은 역할을 맡게 하는 등 청의 경제적 진출을 촉진했다(秦裕光, 1983, 13~16쪽; 權赫秀, 2006; 왕언메이, 2013).

이를테면 부산(1876년)·원산(1880년)에 뒤이어 1883년 개항된 인천에서는 1884년 5명의 청국인이 세관 뒤편에 집을 짓고 식료품 및 잡화류의 수입과 해산물 수출입에 종사하면서 외국 함선에 식료품과 식수를 공급하는 활동을 시작한 것이 청국 조계의 입지 선정과 무역 활동의 토대가 됐다. 뒤이어 1884년의 「인천구화상지계장정」에 의한 청국 조계(4천여 평) 설치는 화상의 본격적인 진출을 가져오는 계기가 되었다. 이 조계 지역이 포화 상태가 되자 1887년 청국인들은 새로운 거주지(三里寨居留地)를 만들어 사실상 제2의 조계로 삼을 정도로 급속한 팽창 양상을 보여 주었다. 이렇게 인천 감리와 청국 위원 사이에 맺은 「화상확충조계조약(華商擴充租界條約)」 또는 「삼리채청상확충조계장정(三里寨淸商擴充租界章程)」을 통해 청국인들이 매입·점유한 삼리채 거류지는 이후 인천 청국인의 60퍼센트가 여기에 거주할 정도였다. 이러한 화상의 급속한 확장은 대부분 산동성 출신인 상인과 노동자의 진출 덕분이었지만, 이들이 먼저 진출하고 있던 일본 상인을 능가하는 경제력을 확보할 수 있었던 것은 구미 상품의 중계 무역에 머물던 그들과는 달리 직접 상해에서 구미·중국의 상품을 수입하고 조선의 해산물·약재를 수출함과 동시에 외국 함대에 식료품을 공급하였던 것, 그리고 한성과 인천 사이의 화물운송업을 장악하거나, 인천·한성 주변 지역의 소채(蔬菜) 재배와 공급을 사실상 독점할 정도였던 데서 그 원인을 찾을 수 있다. 이 점은 1890년부터는 수입 무역에서 일본 상인을 능가하였던 데서 잘 나타난다(이상 인천 화교에 대해서는 이하 이현주, 2002; 김영신, 2003을 주로 참고).

물론 오늘날 한국 화교의 비조(鼻祖)는 1884년 사거 이후 한성에 사당이 세워진 오장경으로 간주되고 있어, 임오군란을 통한 청군의 파견과 그에 따른 화상의 진출이 화교 사회의 출발점(모태)을 이루는 것으로 여겨지기도 한다(秦裕光, 1983, 11~12쪽; 박현규, 2011; 김희신, 2015). 오장경의 부대를 실은 군함 3척은 상인 40여 명을 실은 상선 두 척과 함께 왔기 때문에 기록상 이들이 한국 화교의 개시를 알리는 것이다. 하지만 이들은 기본적으로 청군에 각종 생필품 등의 물자를 제공하는 군역상인(軍役商人, 兵商)이었고, 이후 화교의 주류를 산동 출신이 차지하게 되는 것과는 달리 대부분 광동 등 남방 출신이었다. 이들은 1885년 4월 이홍장과 이토 히로부미 사이에 천진조약이 체결된 다음 청군의 귀국과 동시에 돌아갔다(이옥련, 2008, 44~46쪽, 73~86쪽). 따라서 화교 사회의 형성이라는 점에서 오장경 최초의 '공헌'을 부정하기는 어렵지만, 진수당의 파견 이후 「두역장정」의 실행을 통한 조·청 무역의 활성화, 인천 등 각지 조계의 설치가 실제로는 화교 사회의 본격적인 발전에 보다 큰 계기가 되었다고 보아야 할 것이다.

이러한 화교 진출의 사례는 해외 화교사에서는 찾아볼 수 없는 조선(한국) 화교 사회만의 특징이다(이옥련, 2008, 50쪽). 진유광(秦裕光)의 추산에 따르면(앞서 진수당의 보고와는 다르다), 1883년 한국 화교는 한성(마포 포함)·인천·부산·원산 등지에 모두 210명 정도가 분포하고 있었으며, 한성의 화상은 22호 82명(기타 청의 관리 111명), 인천의 화상은 8호(청의 관리 48명)로 당시 4천여 명이 넘었던 일본 상인과 비교하면 아주 적었다. 하지만 1년 전에 겨우 40여 명의 화상이 진출한 것과 비교하면 그 발전 속도가 아주 빨랐다. 인천 화교는 1883년에는 4명이었던 것이, 1884년에는 235명으로, 그리고 1890년에는 약 1천 명으로 크게 늘어났다. 1884년에는 서울에 최초로 화상 단체인 중화회관(中華會館)이 건립되고, 각종 친목·지연 조직인 북방(北幇)·남방(南幇)·광동(廣東) 회관(會館)도 만들어지는 등 그 조직화도 점차 시작됐다(秦裕光, 1983, 3~19쪽).

실제 화상의 경제적인 진출과 그 성과라는 측면만을 보아도 1883년에서 1894년 사이 중국의 대조선 무역이 수출은 386배, 수입은 38배

증가했고, 수출입 규모가 96배 팽창한 것은 중국 측의 무역수지 흑자의 확대뿐만 아니라 화교의 진출을 촉진했으며, 이것은 결국 1882년의 「무역장정」 반포가 미친 영향이라는 점을 쉽사리 추측할 수 있다(송규진, 2008). 인천항에서의 청·일 무역을 비교해 보아도 1885~1894년의 통계는 중국이 수출입 무역거래액에서 1890년 이후에는 일본을 능가하게 되었음을 알 수 있다(김영신, 2003, 10쪽). 조선 전체에서의 대청·대일 수입 무역액도 1885년의 18.53퍼센트(청)와 81.47퍼센트(일본)에서 각기 44.58퍼센트와 55.42퍼센트로 바뀐 것을 보면(왕언메이, 2013, 66쪽) 청의 경제적 진출이 급속도로 일본을 따라잡게 되었음을 확인해 준다. 물론 상국으로서의 청의 정치·외교·군사적 특권과 그에 대한 조선의 저항을 마다하지 않는 진수당(그리고 이후 원세개)의 철저한 이익 추구와 위압이라는 보호·지원 정책이 그 뒤에 자리 잡고 있다는 점 역시 부정하기 어렵다.

흥미로운 것은 청일전쟁 이후 조선이 청과 맺은 기존 장정이 모두 폐지되고 청의 상무 공서 및 분서가 폐쇄되어 외교 관계가 완전히 단절되고, 화상의 조선에서의 경쟁력이 일시적으로 후퇴하기는 하였지만 이후 여전히 쇠퇴하지 않고 상당히 부활하였다는 점, 즉 무역업을 중심으로 한 화교 경제는 별다른 타격을 받지 않았다는 점이다(河明生, 1994; 송승석, 2010). 조선 정부가 1895년 「보호청상규칙세칙」을 제정하여 실행했지만, 청국 대신 화상의 보호 업무를 인계받은 영국 측의 노력으로 화상은 조·영조약의 적용을 받아 이 「세칙」의 통제를 벗어났던 점도 여기에 작용했다. 이런 점을 근거로 하여 「무역장정」이 제공한 특권·특혜 덕분이라기보다는 이것을 포함한 다국적 제국주의가 도입한 조약항 체제(Treaty-Port system)의 각종 권리를 이용하면서 조선에 진출한 화교 상인의 상업적 조직(동향 조직이나 금융네트워크 등)과 역량 덕분이 더 크다는 지적도 존재한다(Kirk W. Larsen, 2008). 앞서 다룬 인천 삼리채 거류지의 경우, 청일전쟁 이후 청과의 국교가 무너지고 기존 장정 등이 모두 폐기되기는 하였지만, 청의 상무위원 대신 화상의 보호를 떠맡은 영국 공사의 노력으로 1897년 이후 여기 진출한 조선인 150가구의 가옥을 모두 철거하라는 압력이 가해지고, 결국 1899년 이 일대가 다시 청의 손으로 넘어가는 굴욕을 조선 정부가 감당해야 했던 사실은(이현주, 2002, 8~14쪽) 이러한 점을 여실히 입증해 주는 사례가 된다.

여하튼 「무역장정」의 실행 이후 청이 조선과의 무역액에서 거의 일본을 따라잡을 수 있을 정도로까지 경쟁력을 확보하게 되었음은 부정할 수 없는 사실이다. 이를테면 1876년 개항 이후 일본으로부터의 수입품에서는 면제품이 압도적이었는데, 일본 상인이 상해에서 수입하여 나가사키를 거쳐 조선에 수출하는 면제품 무역이 「무역장정」 개통 이후 화상에 의한 상해-인천 수입 루트가 개척되면서 화상과의 경쟁을 이기지 못하고 쇠퇴에 접어들었던 사례(왕언메이, 2013, 61~68쪽)가 그 단적인 증거다. 이 글의 첫 부분에서 서술하였듯이 일본이 청일전쟁 직전 조선의 내정개혁을 강요하면서 아울러 조선에서의 청국인의 특권을 일본도 균점하겠다는 의사를 보인 것 역시 이러한 청국의 우위가 일본의 진출에 큰 장애가 되었음을 시사해 준다. 「무역장정」이 경제적 측면에서뿐만 아니라 정치·외교·군사적 측면에서도 청에 대한 조선의 '종속'을 더욱 강화시키는 '불평등조약'으로서의 역할을 충분히 떠맡았다는 점은 그 점을 확실히 뒷받침해 준다. 진수당이나 원세개가 화상의 경제적 특권(내지에서의 상업 활동을 위한 증명서의 남발)이나 금·인삼 등의 밀수 등을 비호하기 위해 상국으로서의 특권을 전반적으로 강행하였던 점도 마찬가지다.

그 때문에 이후 「무역장정」의 시행 과정에서 화상의 진출과 더불어 급격히 확산되는 화상과 조선 상인의 마찰과 갈등, 소송의 빈발이나 거기에서 뚜렷하게 부각되는 청의 특권과 일방통행을 저지하려는 조선 측의 노력도 계속 반복될 수밖에 없었다(이옥련, 2008, 60~67쪽; 김희신, 2010; 권인용, 2014; 박은숙, 2015; 김형근, 2016; 酒井裕美, 2016, 165~259쪽). 아울러 청일전쟁 이후에도 여전함을 보여 주었던 화상의 경제적 역량은 청의 정치적 비호가 사라진 가운데 상업네트워크의 변화와 더불어 점차 쇠퇴의 경향을 보이지 않을 수 없었고, 물론 화교 사회도 그에 따른 변동과 위축을 벗어나기는 쉽지 않았다(이옥련, 2008, 90~100쪽; 왕언메이, 2013, 75~88쪽). 결국 조선에서 일본의 지위가 현저히 강화되는 러일전쟁 이후가 되면 화상은 그 경쟁력이 급속히 약화되는 운명을 피할 수 없었다(전우용, 2003; 김영신, 2003; 송규진, 2008).

7. 맺음말

「무역장정」의 실행 이후 실제로 청은 사대질서 속의 속방을 이제 만국공법 질서 속의 속국으로 치환하려는 노력을 더욱 강화했다. 이러한 청의 존재가 조선을 보호해 줄 수 있을 것이라는 기대가 존재하였던 것이 동시에 이러한 문제점의 인식을 제한했을 가능성도 적지 않은데(具仙姬, 1999, 83~87쪽), 이후 「무역장정」은 양국 관계를 전반적으로 규정하는 역할을 떠맡았다. 이홍장은 또한 1882년 말 조선의 요청에 따라 서양 각국과의 교섭을 돕고 일본의 진출을 저지하려는 의도에서 묄렌도르프를 외교 고문으로 추천했다(고병익, 1970b; Lee Yur-bok, 1988). 묄렌도르프는 통리아문의 참의(參議, 이후 統理交涉通商衙門의 協辦)로 근무하면서 외교 고문 역할을 담당하였을 뿐 아니라 조선해관(朝鮮海關)을 개설하고 총세무사로 취임하여 그 업무를 장악했다. 그와 함께 파견된 마건상(馬建常: 마상백(馬相伯), 즉 마건충의 형) 역시 의정부 찬의(贊議) 겸 회판통상교섭사(會辦通商交涉事務)로 근무하게 됐다. 이후 1885년 원세개의 파견은 그러한 노력의 연장이자 강화로도 평가받을 수 있는데, 그것은 바로 조선에 대한 '속국화'를 실질적으로 추진하기 위한 것이었다. 원세개는 조선에 주재하는 동안 철저하게 고압적인 태도로 조선의 내정과 외교에 개입하면서 조선이 중국의 '속국'(즉 만국공법상의 진공국(tributary state)이 아닌 봉신국(vassal state))임을 끊임없이 확인하는 동시에 조선에서의 중국의 이익을 최대한 노골적으로 확보하고자 노력했다(김형종, 2017). 전례없는 다양한 통제의 강화를 통해 조선의 자주성을 부정함으로써 사실상 청의 속국 내지는 보호국으로 만들려는 지향이 뚜렷해진 것은 -비록 청일전쟁에서의 패배로 성공하지는 못하였지만- 바로 「무역장정」이 그 출발점을 이룬다고 해도 과언이 아닐 것이다.

| 참고 문헌 |

- 『大淸歷朝實錄』, 中華書局, 1987.
- 『淸史稿』.
- 故宮博物院(1932), 『淸光緖朝中日交涉史料』, 北京: 文海出版社(1970影印再版).
- 國家淸史委員會(2007), 『李鴻章全集』 39卷, 安徽教育出版社.
- 근대한국외교문서편찬위원회 편(2009), 『근대한국외교문서』 제1-5권 제너럴셔먼호 사건·병인양요(1), 오페르트사건·신미양요(2), 조일수호조규(3), 조미수호통상조약(4), 조영수호통상조약(5), 동북아역사재단.
- 근대한국외교문서편찬위원회 편(2013), 『근대한국외교문서』 제6-7권 임오군란 I·II, 서울대학교출판문화원.
- 근대한국외교문서편찬위원회 편(2015), 『근대한국외교문서』 제8-11권 갑신정변 I-IV, 서울대학교출판문화원.
- 김형종 외 역(2012·2013·2016·2018·2020), 『(국역)청계중일한관계사료』 1-5, 동북아역사재단.
- 묄렌도르프(1999), 신복룡·김운경 역주, 『묄렌도르프自傳(外)』, 집문당.
- 劉憶江(2015), 『李鴻章年譜長編』, 河北大學出版社.
- 中國第一歷史檔案館編(1996), 『光緖朝硃批奏摺』, 中華書局, 第112輯 外交「中朝」.
- 中央硏究院近代史硏究所編(1972), 『淸季中日韓關係史料』, 全11卷, 臺北: 中央硏究院近代史硏究所.
- 何嗣焜編(1968), 『張靖達公(樹聲)奏議』, 近代中國史料叢刊 第23輯 0222, 臺北: 文海出版社.

- 岡本隆司(2009), 강진아 옮김, 『미완의 기획, 조선의 독립』, 소와당.
- 고병익(1970), 『동아교섭사의 연구』, 서울대학교출판부.
- 구선희(1999), 『한국 근대 대청 정책사 연구』, 혜안.
- 국사편찬위원회(2003(2013)), 『한국사 37 서세동점과 문호개방』, 탐구당.
- 국사편찬위원회(2003(2013)), 『한국사 38 개화와 수구의 갈등』, 탐구당.
- 권석봉(1986), 『청말 대조선 정책사 연구』, 일조각.
- 권석봉(2007), 『청말 대조선 정책사 연구 속』 上·下, 도서출판 한모임.
- 권혁수(2000), 『19세기말 한중관계사 연구 -이홍장의 조선인식과 정책을 중심으로』, 백산자료원.
- 권혁수(2007), 『근대한중관계사의 재조명』, 혜안.
- 김기혁(2007), 『근대 한·중·일관계사』, 연세대학교출판부.
- 김용구(2004), 『임오군란과 갑신정변: 사대질서의 변형과 한국외교사』, 도서출판 원.

- 김원모(2003), 『개화기 한미교섭관계사』, 단국대학교출판부.
- 김종원(1999), 『근세 동아시아관계사연구 -조청교섭과 동아삼국교역을 중심으로-』, 혜안.
- 김종학(2013·2016), 『근대 일선관계의 연구』 상·하, 일조각(田保橋潔(1940), 『近代日鮮關係の硏究』, 朝鮮總督府 朝鮮史編修會).
- 김태웅(2016), 『이주노동자, 그들은 우리에게 어떻게 다가왔나 -일제강점기 중국인노동자와 한국인』, 아카넷.
- 김택중 외(2001), 『근대한중무역사』, 교문사(張存武(1978), 『淸韓宗藩貿易』, 臺北:中央硏究院近代史硏究所).
- 송병기(1985), 『근대한중관계사연구 -19세기 말의 聯美論과 朝淸交涉』, 단국대학교출판부.
- 송병기(2005), 『한국, 미국과의 첫 만남 -대미개국사론-』, 고즈윈.
- 신기석(1967), 『한말외교사연구 -청한종속관계를 중심으로-』, 일조각.
- 왕언메이(2013), 송승석 옮김, 『(동아시아 현대사 속의)한국화교: 냉전체제와 조국 의식』, 학고방.
- 유승주·이철성(2002), 『조선후기중국과의 무역사』, 경인문화사.
- 이옥련(2008), 『인천 화교 사회의 형성과 전개』, 인천: 인천문화재단.
- 이익주 외(2010), 『동아시아 국제 질서 속의 한중관계사 -제언과 모색』, 동북아역사재단.
- 전해종(1970), 『한중관계사 연구』, 서울: 일조각(全善姬譯(1997), 『中韓關係史論集』, 中國社會科學出版社).
- 최덕수(2004), 『개항과 조일관계: 상호인식과 정책』, 고려대학교출판부.
- 한철호(2009), 『한국 근대 개화파와 통치기구 연구』, 선인.
- 황준헌(1977), 조일문 역주, 『조선책략』, 건국대학교출판부.

- 權赫秀(2013), 『東亞世界的裂變與近代化』, 中國社會科學出版社.
- 廖敏淑(2013), 『淸代中國: 對外關係新論』, 臺北: 政大出版社.
- 林明德(1970), 『袁世凱與朝鮮』, 臺北: 中央硏究院近代史硏究所.
- 宋慧娟(2007), 『淸代中朝宗藩關係嬗變硏究』, 吉林大學出版社.
- 王明星(1998), 『韓國近代外交與中國(1861~1910)』, 中國社會科學出版社.
- 伊原澤周(2008), 『近代朝鮮的開港: 以中美日三國關係爲中心』, 社會科學文獻出版社.
- 張禮恒(2012), 『在傳統與現代性之間: 1626~1894年間的中朝關係』, 社會科學文獻出版社.
- 張存武(1978), 『淸韓宗藩貿易』, 臺北: 中央硏究院近代史硏究所(김택중 외 옮김, 2001, 『근대한중무역사』, 교문사).
- 張存武(1987), 『淸代中韓關係論文集』, 臺北: 商務印書館.
- 秦裕光(1983), 『旅韓六十年見聞錄:韓國華僑史話』, 台北: 中華民國韓國硏究學會, 民國72年.
- 蔡建(2008), 『晚淸與大韓帝國的外交關係(1897~1910)』, 上海辭書出版社.
- 岡本隆司(2004), 『属国と自主のあいだ -近代清韓関係と東アジアの命運』, 名古屋大学出版会.
- 岡本隆司(2011a), 『李鴻章-東アジアの近代』, 岩波書店.

- 岡本隆司(2014), 『宗主權の世界史: 東西アジアの近代と飜譯概念』, 名古屋大学出版会.
- 岡本隆司(2017), 『中國の誕生-東アジアの近代外交と國家形成』, 名古屋大学出版会.
- 鈴木智夫(1992), 『洋務運動の研究-一九世紀後半の中国における工業化と外交の革新についての考察』, 汲古書院.
- 岩井茂樹 等(2010), 『岩波講座 東アジア近現代通史 1 東アジア世界の近代』, 岩波書店.
- 酒井裕美(2016), 『開港期の朝鮮戰略的外交 1882~1884』, 大阪大學出版會.
- 和田春樹 等編(2010), 『岩波講座 東アジア近現代通史 1 東アジア世界の近代』, 岩波書店.

- Key-Hiuk Kim(1980), *The Last Phase of the East Asian World Order:Korea, Japan, and the Chinese Empire, 1860-1882*, University of California Press.
- Kirk W. Larsen(2008), *Tradition, Treaties, and Trade:Qing Imperialism and Chosŏn Korea, 1850-1910*, Harvard University Press.
- Lee Yur-bok(1988), *West Goes East:Paul Georg von Mölendorff and Great Power Imperialism in late Yi Korea*, University of Hawaii Press.
- Martina Deuchler(1977), *Confucian Gentlemen and Barbarian Envoys:The Opening of Korea, 1875-1885*, University of Washington Press.
- Robert R. Swartout(1980), *Mandarins, gunboats, and power politics:Owen Nickerson Denny and the international rivalries in Korea*, Honolulu: University Press of Hawaii(申福龍·姜錫燦 옮김, 1988, 『데니의 생애와 활동: 韓末 外交 顧問制度의 한 硏究』, 평민사).

- 고병익(1970b), 「穆麟德의 雇聘과 그 背景」, 『東亞交涉史의 硏究』, 서울대학교출판부.
- 고병익(1970c), 「朝鮮海關과 淸國海關과의 關係의 變動 -메릴과 하트를 중심으로」, 『東亞交涉史의 硏究』, 서울대학교출판부.
- 구선희(2002), 「조선의 근대화를 막은 「조청상민수륙무역장정」, 『내일을 여는 역사』 9.
- 구선희(2003), 「조선중국상민수륙무역장정과 조·청관계의 변질」, 국사편찬위원회(2003 (2013)), 『한국사 38 개화와 수구의 갈등』, 탐구당.
- 구선희(2005), 「19세기 후반 조선사회와 전통적 조공 관계의 성격」, 『사학연구』 80.
- 구선희(2006), 「청일전쟁의 의미-조·청 '속방'관계를 중심으로」, 『한국근현대사연구』 37.
- 구선희(2011), 「고종의 서구 근대 국제법적 대외관계 수용 과정 분석」, 『동북아역사논총』 32.
- 권인용(2014), 「1884년 '李範晉사건'의 재조명」, 『명청사연구』 42.
- 권혁수(2010), 「조공 관계체제 속의 근대적 통상관계 -『중국조선상민수륙무역장정』 연구」, 『동북아역사논총』 28.
- 김경국 외(2003), 「한국의 화교연구 배경 및 동향분석」, 『중국인문과학』 26.
- 김영신(2003), 「개항기(1883~1910) 인천항의 대외교역과 화교의 역할」, 『인천학연구』 2-1.
- 김정기(1976), 「조선정부의 청차관 도입(1882~1894)」, 『한국사론』 3.
- 김정기(1985), 「청의 조선에 대한 군사정책과 종주권(1878~1894)」, 『邊太燮博士華甲紀念

史學論叢』, 삼영사.
• 김종원(1999), 『근세 동아시아관계사연구 -조청교섭과 동아삼국교역을 중심으로-』, 혜안.
• 김종원(2009), 「조청상민수륙무역장정의 체결과 그 영향」, 김종원·이양자(2009), 『조선후기 대외관계연구』, 한울, 124~168쪽.
• 김형근(2016), 「조청상민수륙무역장정 제4조의 개정 배경과 의미(1883~1884)」, 『아세아연구』 59-4.
• 김형종(2017), 「19세기 근대 한·중 관계의 변용 -자주와 독립의 사이-」, 『동양사학연구』 140.
• 김희신(2010), 「'漢城 開設行棧 조항 개정' 교섭과 중국의 대응」, 『동양사학연구』 113.
• 김희신(2011), 「근대 한중관계의 변화와 외교당안의 형성 -「淸季駐韓使館保存檔」을 중심으로-」, 『중국근현대사연구』 50.
• 김희신(2015), 「吳武壯公祀의 유래와 韓國社會에서의 位相」, 『중국학보』 74.
• 문명기(2017), 「財政史의 각도에서 다시 보는 한중관계 -「조청상민수륙무역장정」의 재검토 -」, 『19세기 동아시아를 읽는 눈』, 너머북스.
• 박은숙(2015), 「'장정체제'에 대한 조선 정부의 저항과 만국공법」, 『역사학보』 226.
• 박현규(2011), 「서울 吳武壯公祀의 歷史와 現況 고찰」, 『중국사연구』 74.
• 송규진(2008), 「근대조선과 중국의 무역」, 홍성구 등, 『근대중국대외무역을 통해 본 동아시아』, 동북아역사재단.
• 송병기(1984), 「김윤식·이홍장의 保定·天津會談(上·下) -조미조약 체결(1882)을 위한 조청교섭-」, 『동방학지』 44, 45.
• 송병기(2003a), 「개항 초기의 조청관계」, 국사편찬위원회(2003(2013)), 『한국사 37 서세동점과 문호개방』, 탐구당.
• 송병기(2003b), 「조미조약의 체결」, 국사편찬위원회(2003(2013)), 『한국사 37 서세동점과 문호개방』, 탐구당.
• 송승석(2010), 「'한국화교' 연구의 현황과 미래 -동아시아 구역 내 '한국화교' 연구를 중심으로」, 『중국현대문학』 55.
• 이광린(1987), 「통리기무아문의 조직과 기능」, 『대한민국학술원논문집』 26.
• 이현주(2002), 「한말 인천의 화교유입과 하와이 이민」, 『한국독립운동사연구』 18.
• 전미란(1989), 「통리교섭통상아문에 관한 연구」, 『이대사원』 24·25.
• 전우용(2003), 「한국 근대의 화교 문제」, 『한국사학보』 15.
• 전해종(1962), 「통리기무아문 설치의 경위에 대하여」, 『역사학보』 17·18.
• 조병한(2004), 「해방 체제와 1870년대 이홍장의 양무운동」, 『동양사학연구』 88.
• 조성윤(2003), 「임오군란」, 국사편찬위원회(2003(2013)), 『한국사 38 개화와 수구의 갈등』, 탐구당.
• 한철호, 2007, 「한국 근대 주진대원의 파견과 운영(1883~1894)」, 『동학연구』 23.

• 權赫秀(2003), 「馬相伯在朝鮮的顧問活動(1882年 11月-1884年 4月)」, 『近代史研究』 2003-1.

• 權赫秀(2006),「陳樹棠在朝鮮的商務領事活動與近代中朝關係」,『社會科學研究』 2006-1.
• 金基赫(1995),「李鴻章對日本和朝鮮政策的目的, 1870~1882年」, 劉廣京 等編, 陳絳 譯校, 『李鴻章-中國近代化的起始』, 上海古籍出版社.
• 岡本隆司(2010),「屬國/保護と自主-琉球·ベトナム·朝鮮」,『岩波講座 東アジア近現代通史 1 東アジア世界の近代』, 岩波書店.
• 鈴木智夫(1974),「中國における國權主義的外交論の成立」,『歴史學研究』 404(鈴木智夫(1992),『洋務運動の研究-一九世紀後半の中国における工業化と外交の革新についての考察』, 汲古書院. 第5編「洋務派の外交政策」).
• 岩井茂樹(2010),「朝貢と互市」,『岩波講座 東アジア近現代通史 1 東アジア世界の近代』, 岩波書店.
• 崔蘭英(2002),「近代朝鮮外交政策の一側面-「朝貢關係」と「條約關係」」,『朝鮮學報』 184.
• 崔蘭英(2013),「1880年代初における朝鮮對淸交涉-「中國朝鮮商民水陸貿易章程」の締結を中心に」,『朝鮮學報』 226.
• 秋月望(1990),「魚允中における'自主'と'獨立'」,『年報朝鮮學』 創刊號.
• 秋月望(1991),「朝中間の三貿易章程の締結經緯」,『朝鮮學報』 115.
• 河明生(1994),「韓國華僑商業- 1882年~1897年のソウルを中心として」,『神奈川大學大學院經濟研究科研究論集』 第23號.
• 荒木敏夫(1987),「李鴻章の屬國支配觀」,『中國 社會と文化』 2.

• Lew, Young Ick(1984), "Yan Shih-k'ai's Residensy and the Korean Enlightenment Movement(1885~1894)", *Journal of Korean Studies*, Volume 5.
• Mary C. Wright(1958), "The Adaptability of Ch'ing Diplomacy", *Journal of Asian Studies*, Vol.17, No.3.

Ⅲ-3

명 · 청 시대 조선의 중국 사상 수용 양상

| 계승범 ▪ 서강대학교 사학과 교수 |

1. 머리말
2. 14~15세기 주자학 적극 수용
3. 16세기 양명학 배척
4. 17~19세기 고증학의 일부 수용과 배격
5. 17~19세기 천주학(교) 수용과 배척
6. 맺음말

1. 머리말

동아시아 문명의 전개 과정을 볼 때, 한국 문명은 문물이나 제도를 거의 다 중국에서 수입해 내재화했다. 한반도라는 공간은 중세 유럽 각국에 비하면 절대 작지 않았다. 하지만 동아시아에는 중원에 뿌리를 내린 거대 제국이 줄곧 존재했다. 특히 원(元)을 시작으로 북경에 도읍을 둔 제국이 이어지던 14~19세기에는 조선 문명의 규모가 상대적으로 매우 작아 보일 수밖에 없었다. 실제로 14세기 후반에 발생한 중원 제국의 교체는 단순히 몽골에서 한족이라는 지배 종족의 교체 차원을 넘어, 불교에서 유교(신유학, 특히 주자학)라는 사상적 전환을 수반한 대전환이었다. 거의 같은 시기에 조선에서도 불교에서 유교라는 사상적 전환이 왕조 교체와 함께 발생한 점에 주목할 필요가 있다. 이는 한중관계사를 논하면서 그동안 대개 국가 대 국가의 관계에만, 다른 말로 정치·외교적 관계에만 치중한 전통적 연구 시각에 대한 좋은 도전이자 보완일 수 있다.

명·청 시대(15~19세기)를 통시적으로 조망하면, 중원에서 조선으로 넘어간 사상이 14~15세기의 주자학 외에도 더 있었다. 16세기에는 명을 강타한 양명학이 조선으로 들어왔으며, 17~18세기에는 천주학이 청의 북경을 통해 조선으로 스며들었다. 그런가 하면 18~19세기에는 청의 고증학도 조선 지식인들 사이에서 일부 유통되었다. 이런 추세는 문명 간 사상 교류에도 상하와 고저가 있다는 근대 초기 지식인들의 믿음이 그다지 틀리지 않음을 시사한다. 사상 차원의 '선진' 지역인 중원에서 상대적으로 '후진' 지역인 조선으로 이동하는 방향성은 언제나 같았기 때문이다.

그런데 조선의 지배 엘리트가 중원의 사상을 맹목적으로 받아들이지는 않았다. 양명학에 대한 전면적 배척이나, 중원을 통해 들어온 천주학에 대한 국가 권력과 지식인 사회의 거센 반감과 탄압은 그 좋은 예이다. 고증학의 본질보다는 고증이라는 방법론을 일부 지식인이 채용하는 선에서 그치는 등 고증학의 수용에도 그다지 적극적이지 않았다. 이로써 보면, 중국발 사유 체계를 적극적으로 대폭 수용한 사례는 신유학뿐이라 해도 지나치지 않다. 그마저도 주자학에 대해서만 적극적으로 수용했을 뿐, 사공학 같은 신유학은 처음부터 배척했다. 정치·이념적으로 철저하게 중화·중국을 흠모하고 사대하던 조선의 지배 엘리트층은 주자학 수용 이후로는 왜 중국발 후속 사상들을 수용하는 데 미온적이었을까?

이 글에서는 관계사를 논할 때 굳이 국가 대 국가의 관계에만 주목하던 기존 연구 틀을 벗어나고자 한다. 오히려 제도나 관습 및 사상 철학과 같은 비정치적 교류에도 주목해야 관계사를 폭넓고도 다양하게, 그래서 종합적이자 입체적으로 파악할 수 있다는 문제의식을 실험하려 한다. 이에 따라 여기서는 명·청 시대 중원에서 조선으로 들어온 굵직한 사상 체계를 주자학, 양명학, 고증학, 서학(천주교) 등 네 가지로 나누어 살핀다. 특히 각 사조가 조선으로 들어올 당시의 역사적 상황에 대한 이해에 중점을 두고 조선인의 취사선택 태도와 그 이유를 파악하고자 한다. 한중관계사와 관련하여 이런 작업은 국내외 학계에서 아직 본격적으로 이루어진 바 없는데, 이 글을 통해 조금이나마 이해의 지평을 넓히기를 희망한다.

2. 14~15세기 주자학 적극 수용

고려는 흔히 불교 사회로 알려졌지만, 동시에 유교 사회이기도 했다. 고려 초 광종(949~975) 때 실시한 과거제도가 당·송 시대만큼 세습적 문벌귀족의 해체에 기여하지는 못했으나, 그래도 그 과거시험을 통과하기 위해서는 유교 경전에 기초한 지식과 문장력이 필수적이었다. 마치 당의 각료들이 등청해서는 유학자인 양했지만 퇴청해서는 도교나 불교 신자로 살았던 것처럼, 고려의 엘리트 귀족도 불교 신자이면서 동시에 유학자로서의 소양을 갖추었다. 신유학 열풍이 일던 송의 경우처럼 불교 사회 고려에서도 신유학을 적극적으로 수용할 여건은 이미 갖춰져 있었다고 할 수 있다. 다만 송에서는 다양한 신유학 학파 사이의 논쟁을 거쳐 점차 주자학으로 수렴한 데 비해, 고려는 그런 과정을 거치지 않은 상태에서 중국의 '완제품' 주자학을 그대로 수용하여 추종한 큰 차이가 있다. 어떤 학(學)의 형성 과정보다는 그 학의 가치를 그대로 수용하여 절대화하는 주변부의 특성을 보인다는 것이다.

주자학은 대개 13세기에 원을 통해 고려로 들어왔다. 1290년 안향(安珦, 1243~1306)이 원에서 돌아올 때 주자서를 필사해 온 것을 계기로, 백이정(白頤正, 1247~1323), 권부(權溥, 1262~1346), 우탁(禹倬, 1262~1342) 등 최고의 문벌 엘리트 사이에서 주자학이 유행하기 시작하였다. 특히 백이정은 자신도 직접 원에 가서 주자학을 접하고 관련 서적을 구해 귀국하는 열정을 보였다. 귀국 후에는 이제현(李齊賢, 1287~1367)과 박충좌(朴忠佐, 1287~1349) 등에게 주자학을 가르침으로써 주자학이 고려 사회에 본격적으로 뿌리를 내리기 시작했다(고혜령, 2001, 53~64쪽).

이런 분위기에서 1344년 고려 조정은 주자학에서 규정한 4서를 고려의 과거시험 정식 과목으로 채택했다. 이 점은 고려의 귀족 지식인 사이에서 주자학이 차지하는 비중과 중요성이 커졌을 뿐 아니라, 국가가 주자학을 과거시험을 통해 공인했다는 점에서 그 의미가 지대하다. 이런 추세에 힘입어 공민왕(1351~1374) 때 고려의 지배 엘리트들은 이제현 등을 중심으로 이미 주자학을 매개로 한 학문적·정치적 동류 집단을 형성할 정도로 그 세가 확산일로에 있었다(이숙경, 1989).

그렇다면 고려 후기에 어떤 사람들이 왜 주자학 수용을 주도했으며, 그런 시도는 어떻게 성공할 수 있었을까? 유입 초기의 주자학은 대개 개경의 귀족 지식인들이 평소의 사회적 네트워크를 통하여 주도했다. 고려 후기에 주자학의 소개와 발전에 기여한 핵심 인물 16인을 조사한 연구에 따르면, 증조부 이전부터 중앙의 벼슬을 역임한 중앙 귀족 출신은 백이정, 민지(閔漬, 1248~1326), 권부, 최문도(崔文度, 1292~1345) 등 네 명(25퍼센트)이었다. 조부나 부친 때부터 중앙의 벼슬을 역임함으로써 중앙 귀족에 새롭게 합류한 사례로는 안향, 이제현, 최해(崔瀣, 1287~1340), 백문보(白文寶, 1303~1374), 이색(李穡, 1328~1396), 박충좌, 이인복(李仁復, 1308~1374), 윤택(尹澤, 1289~1370) 등 여덟 명(50퍼센트)을 꼽을 수 있다. 이에 비해 본인 당대에 중앙의 벼슬을 시작한 경우는 우탁, 이곡(李穀, 1298~1351), 안축(安軸, 1287~1348)과 안보(安輔, 1302~1357) 형제 등 네 명(25퍼센트)이었다(고혜령, 2001, 64~86쪽).

이런 통계는 고려 후기 주자학에 심취한 지식인들의 출신을 지방에서 중앙으로 올라온 이른바 '신진사대부'로 보려는 의도의 산물이라 할 수 있다. 그렇지만 새롭게 개경에 진출한 '신진 세력'의 기준을 어디에 두는가에 따라 이들 16인의 출신 배경에 대한 해석은 얼마든지 달라질 수 있다. 고혜령은 증조부 이전부터 중앙의 벼슬을 역임한 경우를 '귀족'으로 분류하고, 조부 이후에 벼슬을 역임한 경우는 '신진'으로 분류했다. 그러나 귀족과 신진의 구분 기준을 왜 직계 존속 2대에서 끊어야 하는지는 구체적으로 설명하지 않았다. 아마도 기존의 신진사대부 학설을 염두에 둔 구분인 것 같은데, 타당한 근거는 전혀 없다.[1]

부계 조상의 벼슬살이에 힘입어 어떤 식으로든 개경에 기반을 잡은 집안 출신이라면, 전통 귀족이든 신진 귀족이든 간에 이미 출세를 위한 학습을 개경에서 받았기 때문에 중앙에 일정한 기반을 닦아 놓은 중앙 귀족으로 보아도 무리는 없다. 또한 본인 당대에 비로소 과거에 붙어 개경에 올라왔을지라도 자신의 주요 활동 무대가 개경을 중심으로 한 중앙이었음은 당연하다. 요컨대 고려 후기 주자학의 수용과 보급 과정에서 그 핵심 공간으로 기능한 곳은 바로 중앙, 곧 개경이었고 핵심 인물들 역시 거의 다 중앙에서 공부하고 급제하여 관계에 들어선 자들이었다.

이런 상황에서 개경의 문벌 귀족 시니어(senior)들은 왜 주자학 수용에 반대하지 않았을까? 주자학 공부에 대한 탄압은커녕 오히려 자식이

1 참고로 신진사대부 학설은 이미 국내외 학계에서 고사했다고 해도 과언이 아니다. 신진사대부 학설에 대한 비판으로는 김당택, 1998; 김광철, 2015; John Duncan, 2013, pp.146~172, pp.214~216 참조. 이렇게 허술한 학설이 해방 후 탄생하고 마치 정설처럼 번성할 수 있었던 사학사적 의미에 대해서는 계승범, 2014 참조. 고려-조선왕조 교체를 단절보다는 연속성으로 프리즘을 살핀 최근 연구로는 정요근 외 2019 참조.

주자학을 공부하도록 지원한 이유는 무엇일까? 여기서는 먼저 14세기 조선 안팎의 상황과 관련하여 가설적 해석을 제시하고자 한다.

고려 사회 내부적으로 볼 때, 주자학은 불교의 세속화와 몽골 지배의 후유증으로 인한 정치·사회적 혼란의 와중에서 변화의 필요성을 느끼던 엘리트 지식인들이 현실 비판을 위한 하나의 대안으로 수용했다고 볼 수 있다. 사실, 고려의 지식인들은 애초부터 주자학의 우주론과 같은 철학적 관심보다는 유교적 가치의 실천 여부에 큰 관심을 두었고, 고려의 주자학은 그 출발부터 철학적인 면보다는 사회·윤리적 실천을 강조하는 성향을 보였다. 국가에서 가묘 설립을 강조하고, 『가례』의 보급에 힘쓴 것도 결국은 실천과 깊은 관련이 있었다. 실제로 고려 후기의 유학자들은 형이상학적이고도 사변적인 철학 논쟁보다는 사회 윤리나 정치 이념 중심의 현실적 사안에 훨씬 더 관심을 기울였다. 이를테면 불교 비판이나 토지 제도 개혁과 같은 현실 문제에 관심을 기울였다. 또한 이기론 같은 철학적 사변보다는 삼강오륜에 바탕을 둔 충·효·제 및 의리와 명분 등 윤리적인 가치를 훨씬 더 중시했다(최영성, 1994, 353~365쪽).

한 예로, 원 간섭 아래 고려의 왕들은 몽골 제국 내부의 정세에 따라 즉위·폐위·복위를 거듭했고, 그 과정에서 귀족 관료들도 국왕에 대한 의리나 충성을 고수하기보다는 상황에 따라 이합집산을 반복했다. 국가 운영상의 일정한 원칙이나 조정의 위계질서가 제대로 작동하지 않던 당시의 정치 현실에서 의리와 명분을 바탕으로 윤리 원칙을 세우자는 소수의 주장은 역설적으로 많은 공감대를 형성했고, 당시 정치 현실에 대한 비판적 경향으로 나타났다(변동명, 1995, 87~92쪽). 정도의 차이는 있더라도 대체로 당시 정치 현실의 문제점에 공감한, 다른 말로 현실에 대한 비판적·혁신적 생각을 품은 사람들에게 주자학은 하나의 돌파구이자 대안이었다.

다만, 현실 비판적이라 해도 그 대응 양식이 모두 똑같지는 않았다. 이는 단순히 개인의 기질이나 국내의 환경 문제를 넘어 그들이 받아들인 성리학의 성향이 서로 달랐기 때문일 수도 있다. 고려 후기만 해도 지식인들이 중국의 신유학 열풍을 단지 주자학 중심으로만 수용하지는 않았다. 이를테면, 덕치와 덕행의 실천을 강조한 허형(許衡, 1209~1281) 계열의 주자학을(정인재, 1979) 주로 접한 안향·백이정·이제현·이색으로 이어지는 무리가 한 그룹을 구성했다. 그런가 하면, 대개 명의 도읍인 남경에 다녀온 경험을 토대로 강남 지역 금화학파의 남송 주자학을 수용한 정도전(鄭道傳, 1342~1398)과 조준(趙浚, 1346~1405)으로 이어지는 그룹도 있었다(지부일, 1995). 이들 사이에는 학문적 성향의 차이가 일정 부분 존재했을 개연성이 높다. 이에 대한 논증은 아직 확실치 않으나, 그래도 고려·조선왕조 교체에 즈음하여 고려 유학자들이 보인 정치 노선의 차이를 단순히 그들의 기질이나 성향을 넘어 그들이 수용한 성리학의 성격과 관련해 이해할 필요는 분명하다(정재훈, 2005, 37~45쪽).

고려 말기의 유학자들은 특정 그룹에 관계없이 대체로 수기(修己)를 하되 그 목적을 자기 자신의 심성 함양보다는 정치·사회적 적용, 곧 치인(治人)에 먼저 둠으로써 철학보다는 경세를 위한 정치 이념으로 주자학을 이해하려는 성향을 보였다. 그래서인지 수신에 중점을 둔 『소학』이 별다른 관심을 받지 못했다. 반면에 치인에 중점을 둔 『대학』 공부가 유행했다. 또 주희의 유교적 정통 사관을 금지옥엽으로 중시하되,

주자학적 가치인 의리와 명분이라는 가치를 자기 자신에게 먼저 적용하기보다는 고려의 역사와 정치 상황을 비판적으로 재조명하는 데 주로 활용했다(변동명, 1995, 85~86쪽; 최봉준, 2013, 23~35쪽).

실제로 고려 말의 대표적 주자학자인 이색, 정몽주(鄭夢周, 1337~1392), 길재(吉再, 1353~1419) 등도 주자학적 가치, 곧 의리와 윤리의 실천을 우선적으로 강조했다. 비록 정몽주가 후에 조선 성리학의 시조로 추대받기는 했으나 그것이 반드시 그의 주자학 이해의 수준이 특별히 높았다거나 경세 차원의 적용을 위한 이론화에 공이 컸음을 뜻하지는 않는다. 물론 정몽주는 성균관 박사로서 『주자집주(朱子集註)』를 강의했고 동방이학의 원조라는 칭송을 들었다(『고려사』 권117, 열전 30 「정몽주」). 그렇지만 주자학의 우주론이나 인성론과 관련하여 본인의 철학적 글이 거의 남아 있지 않은(또는 글을 남기지 않은) 탓에 그의 주자학 이해 수준을 가늠하기는 쉽지 않다.

오히려 16세기 후반 이이(李珥, 1536~1584)는 정몽주를 가리켜 사직을 편안하게 한 충신일 뿐이지 유학자는 아니라고까지 깎아내렸다(『율곡전서』 권31 「어록 상」 59左). 이런 비판은 이색도 피할 수 없었다. 이색은 원의 연경을 직접 방문하여 국자감에서 수학하고 원에서 실시하는 과거의 제과에도 합격하였을 뿐만 아니라 『대학』의 공부론과 성학론을 익히며 성인 군주를 지향하는 인간관을 지향하는 등 주자학 수용에 큰 족적을 남겼다. 그렇지만 후대의 이황(李滉, 1501~1570)은 그를 가리켜 불교에 빠진 자라고 혹평했다(『퇴계집』 권2, 4左).

이렇듯 고려 후기 지식인들이 주자학을 공자의 전통을 잇는 학문으로 굳게 믿었지만, 정작 그들의 주자학 이해 수준이 높았던 것 같지는 않다. 주자학 수용 초기만 해도 주자학을 그저 유학의 새 학풍으로 받아들였지, 이 신학문이 기존의 유학과 확연히 다르다는 인식은 강하지 않았다(고혜령, 2001, 79쪽). 고려 말기에도 지배 엘리트들은 이미 『소학』, 『사서집주』, 『근사록』, 『대학연의』, 『자치통감강목』, 『주자가례』 등의 주자서를 읽으며 주자학의 기초적 교양을 익히고 그 학문 체계를 터득해 갔으나(도현철, 1999, 20~31쪽), 그것이 과연 학문의 궤도에 본격적으로 진입했음을 의미하는지는 유보적 입장을 취하는 편이 안전할 것이다.

그렇다면 고려 후기 지식인들은 자기들이 제대로 이해하지도 못한 주자학을 왜 그렇게도 적극적으로 수용했을까? 이런 문제는 한국의 정치·지성사를 유학의 진화 과정과 관련하여 연구할 때 늘 따라붙는 고민인데, 여기서는 국제 정세의 변화에 민감할 수밖에 없었던 조선 지배세력의 현실적 선택이었다는 점에 주목하고자 한다.

14세기 동북아 정세(외부 환경)로 볼 때, 당시 고려 지식인들의 주자학 경도 현상은 이상하다기보다는 지극히 자연스러운 행보였다. 이는 주자학을 철학적으로 완벽하게 이해했는지와는 관련이 없다. 국내의 정치사상에 변화가 온다는 것은 내부 요인만이라기보다는 외부 요인이라는 변수도 매우 컸기 때문이다. 고려 말의 상황도 원·명 교체라는 국제 지형의 변화와 밀접한 관련이 있었다. (라마)불교에서 (신)유학으로 사상사·지성사의 주류가 바뀌는 즈음에, 한반도의 지배 엘리트라면 누구라도 그런 흐름에 편승하려는 사람이 시간이 흐를수록 급증할 수밖에 없었을 것이기 때문이다. 다른 말로, 고려 말 주자학에 대한 관심은 철학적 이해에 기초한 학문적 성숙의 결과라기보다는 신유학이 불교를 대체하던 당시의 국제 조류를 따랐기 때문이다. 또한 주자학 자체에 심취했다기보다는 불교에 눌려 있던 유학의 부흥이라는 일반적인 차원에서 주자학에 관심을 둔 점도 무시할 수 없다. 실제로 고려 후기에 이기(理氣)나 성리(性理) 관련 논평이나 자기 생각을 체계적으로 정리해 글로 남긴 학자는 거의 없었다. 학문에 대한 이해보다는 제국의 중심에서 일고 있는 사조를 그대로 따르고, 그 지식의 이해를 위해 경주하고 결론을 그대로 수용해 점유하는 것이 조선에서는 권위의 원천으로 작동하고 있었다.

물론 이런 경향이 고려 후기 유학자들의 주자학 이해 수준이 짧았음을 의미하지는 않는다. 주희가 집주한 4서를 주요 시험 과목으로 채택한 원의 과거에 고려인이 적지 않게 합격한 사실이나(주채혁, 1986, 214~225쪽; 고혜령, 2001, 94~102쪽; 배숙희, 2008), 고려의 학자들이 만권당(萬卷堂)에서 원의 학자들과 교류한 사실은 좋은 예이다. 또한 박충좌, 이제현, 최해, 안축 등이 주자학의 이기론과 심성론의 발전에 지대한 영향을 끼친 『주역』과 『중용』에 대하여 나름대로 주희와 비슷한 논평을 시도한 점도 비슷한 예이다(변동명, 1995, 13~14쪽, 67~70쪽). 다만, 현재 구체적인 글이 별로 남아 있지 않은 점 및 이후 조선 초기(15세기)에 활약한 유학자들이 남긴 글도 그다지 많지 않은 점으로 미루어 볼 때, 고려 말기 주자학 이해의 수준이 저급하지도, 꽤 높지도 않은 수준이었다고 해석하는 편이 적절해 보인다.

철학적 사유보다 절의와 같은 윤리의 실천에 무게중심을 둔 고려 말기 유학의 특징은 후에 정몽주의 뒤를 이어 조선 주자학의 정통 계보로 공인된 길재, 김숙자(金叔滋, 1389~1456), 김종직(金宗直, 1431~1492), 김굉필(金宏弼, 1454~1504), 정여창(鄭汝昌, 1450~1504), 조광조(趙光祖, 1482~1519)

등 조선 전기의 지식인에게까지 거의 그대로 이어졌다. 그런데 이들 가운데 누구도 주자학의 이기론적 우주론이나 심성론에 대한 심도 있는 철학적 논평을 남기지 않았다. 성종 대 사림의 종장으로 부상한 김종직도 도학보다는 시문에 더 큰 관심을 두었으며, 후에 이황이 그의 서원 설립을 칭찬한(『퇴계선생문집』 권35, 「答裵汝友」) 이유도 그의 학문적 성취보다는 유교적 덕목을 따르고자 한 실천적 삶 때문이었다. 김종직의 학문적 성취에 대한 이황의 평을 종합적으로 보아도 그다지 후한 편은 아니다(정석태, 2013, 153~163쪽).

김종직의 제자 김굉필이 이일분수설(理一分數說)에 입각한 주자학적 우주론을 피력하기는 했으나, 아직은 기초 수준에 올라선 정도였다. 다만 『소학』 정신을 강조하며 그것을 '실천'한 것으로 더 이름을 날렸다(『연려실기술』 권6, 「김굉필」; 설석규, 2009, 38~49쪽). 김종직, 문도인, 정여창도 「이기론」 같은 글을 남기기는 했으나, 글 자체가 짧고 내용도 모호하며 수준도 높지 않다. 실제로 정여창 역시 효행과 같은 의리의 '실천'에 중점을 둔 삶에 주력하였고, 그것이 바로 그가 명성을 얻을 수 있었던 핵심 이유였다(조남욱, 2003, 196~200쪽). 무엇보다도 김종직과 그 제자들이 강조하고 추구한 실천의 기준 지침 또한 주자학의 요체를 잘 정리한 입문서 격인 『소학』이었고(김용헌, 2011), 어떤 인물에 대한 평가 기준 또한 『소학』의 실천 여부였다. 요컨대, 16세기가 무르익도록 조선 사회에서 유학자로 칭송받는지 여부는 『소학』의 실천 여부와 직결되어 있었다(윤인숙, 2016).

그런가 하면, 김굉필의 제자이자 조선 주자학의 표상으로 추앙받은 조광조도 철학적 저술을 남기지 않은 탓에 그의 주자학 이해 수준을 가늠하기가 쉽지 않다. 다만 『소학』에서 한 걸음 더 나아가 『근사록』을 강조함으로써 주자학에 대한 철학적 이해에 좀 더 다가갔을 뿐, 여전히 철학보다는 의리 문제에 더 큰 관심을 기울였다(최영성, 1995, 173~184쪽). 이런 실정은 조선의 건국 이후 100년이 지나 16세기에 들어선 후에도, 심지어 이황이 만든 조선 유학의 도통 계보에 포함된 인물들조차도 주자학에 대한 철학적 이해가 아직 정상 궤도에 올라서지 못했음을 시사한다.

역설적이게도, 조선 건국을 전후한 시기의 주자학은 16세기 후반에 만들어진 조선 유학의 정통 계보에서 제외된 인물들이 주도했다. 그들은 대개 조선의 건국 과정이나 새 문물 정비 과정에 적극 참여한 이들이었는데, 대표적으로는 정도전과 권근(權近, 1352~1409)을 꼽을 수 있다. 새 왕조의 건국 세력은 불교를 배척하고 유교를 새 국가 이념으로 정립하는 과정에서 불교보다 유교가 우월하다는 것을 이론적·철학적으로 증명할 필요가 있었다. 또한 국책 담당자로서 유교 이념을 현실 정치에 적용하기 위한 다양한 연구도 절실했다. 따라서 주자학에 대한 철학적 이해와 그 가치의 현실 적용 문제에 깊은 관심을 보인 쪽은 바로 이들, 이른바 관학파 유학자들이었다.

좋은 예로, 불교 국가 고려를 유교 국가 조선으로 새롭게 디자인한 장본인이 정도전임은 이미 잘 알려졌다. 처음에 이색의 제자였던 그는 『심기리편(心氣理篇)』과 『불씨잡변』 등의 저술을 통해 불교의 모순과 유교의 합리성을 현실적·철학적으로 검증하고자 했다. 또 조선의 국가 정치 조직의 요체를 담은 『경제문감』 및 『경국대전』의 모체가 되는 『조선경국전』을 완성함으로써 유교 국가의 새 기틀을 세우는 데 결정적으로 기여했다(한영우, 1983, 51~102쪽; 정대환, 1992, 3~43쪽; 금장태, 1997, 109~150쪽; 도현철, 1999, 156~173쪽; 도현철, 2013, 172~193쪽; 최봉준, 2013, 111~115쪽). 이렇듯, 정도전은 정치·제도적 차원에서 왕조 교체 시기 성리학의 발전에 커다란 족적을 남겼다.

권근도 이색의 제자였지만, 스승이 왕조 교체에 승복하지 않고 낙향한 데 비해 자신은 뒤에 조선왕조에 적극 동참했다. 그가 새 왕조에 참여하기 전에 유배지에서 지은 『입학도설』은 『대학』과 『중용』을 학습하려는 학생들의 이해를 돕기 위해 그림을 곁들여 설명한 책이다. 그는 이 책에서 수기의 핵심인 심(心)의 중요성을 강조하고 사단칠정을 논할 정도로 주자학에 대한 철학적 이해 수준이 남달랐다. 그래도 그의 사단칠정론이 송대의 통설을 뛰어넘는 수준까지는 아니었다. 그 때문인지는 몰라도, 16세기 후반 이이는 권근의 『입학도설』에는 맞지 않는 면이 있다며 비판했다(『율곡전서』 권31 「어록 상」 59左). 그러나 이보다 조금 앞서 이황은 『입학도설』을 들어 권근의 학술이 깊고 넓다고 평가했다(『퇴계집』 권2, 4左~5右). 한 연구에 따르면, 이황 본인의 이기이원론도 권근의 이론과 일맥상통하는 바가 있었다(윤병석, 1974, 166~168쪽). 또한 권근은 주자학의 기본 경전인 5경에 대하여 체계적으로 논평한 『오경천의록(五經淺見錄)』을 지음으로써 성리학에 대한 이해를 심화하는 데도 공헌하는 등 그의 성리철학은 수준이 높았으며 그 폭도 넓었다(Kalton, 1985, pp.89~123; 도광순, 1989, 231~270쪽; 정대환, 1992, 45~67쪽; 금장태, 1997, 151~192쪽; 강문식, 2008).

그런가 하면 세종 때 집현전에서 수행한 광범위한 유학 연구는 개인 차원에서는 도저히 엄두조차 낼 수 없을 만큼 방대하였고, 그 수준도 당시로서는 조선 8도 안에서 가장 높았다. 집현전에서 주자학만 연구한 것은 아니었지만, 폭넓은 유학·역사 연구 수행을 제외하고 조선의 유학 발전을 논하기는 어렵다(최승희, 1966; 김항수, 1981; 유영옥, 1994).

집현전은 비록 세조 초에 폐지됐지만, 집현전 학사 출신 중 일부는 세조의 왕위 찬탈에 참여해 공신이 되었고, 조선의 유교적 통치 체제가 세종 대부터 성종 대에 걸쳐 모습을 갖추는 과정에서 주요 역할을 담당했다. 한 연구에 따르면, 집현전 학사 출신으로 세조 즉위 이후까지 생존이 확인되는 인물은 모두 30명이다. 이 가운데 21명이 세조 재위 기간과 성종 재위 초기 약 20년 동안 다섯 차례에 걸쳐 책봉된 공신에 한 번 이상 올랐으며, 이들은 당시 권력의 최고 실세였다. 대표적 인물로는 정인지(鄭麟趾, 1396~1478), 정창손(鄭昌孫, 1402~1487), 이계전(李季甸, 1404~1459), 이사철(李思哲, 1405~1456), 최항(崔恒, 1409~1474), 양성지(梁誠之, 1415~1482), 신숙주(申叔舟, 1417~1475), 서거정(徐居正, 1420~1488), 강희맹(姜希孟, 1424~1483), 노사신(盧思愼, 1427~1498), 김수녕(金壽寧, 1436~1473) 등을 꼽을 수 있다(정두희, 1980). 이들이 유교 국가 건설에 필요한 학문적 소양을 집현전에서 근무할 때 쌓았음은 두말할 나위 없다.

이렇듯 건국 이후부터 국가 주도로 꾸준히 추진한 유교화 정책은 조선 주자학(성리학)의 발전과 그 가치의 사회적 확산을 결정적으로 추동하였다. 유교를 새 국가 이념으로 천명한 이상 조선왕조는 유교의 보급과 교육에 적극적이지 않을 수 없었고, 유교화란 곧 유교적 가치를 정치 분야는 물론 사회생활 전반에 걸쳐 적용해 가는 과정을 의미했다. 따라서 유교화 작업이 100년을 지나는 동안 조선의 지식인·유생·관료들 사이에서 주자학적 가치는 개인의 삶과 정치 현실에서 반드시 추구해야 할 최고의 덕목으로 자리 잡았다. 설사 개인적으로는 주자학적 가치를 그대로 실천하고 싶지 않을지라도 실천을 강조하는 논의에 대해 공식 석상에서 반대 의사를 표명하기 어려운 분위기가 계속 무르익어 갔다(계승범, 2014).

결국 조선의 지식인은 13세기에 원을 통해 주자학을 수용한 이래 장기간에 걸쳐 주자학적 유교 사회를 건설하기 위해 경주했다. 그렇지만 주자학의 본질을 철학적으로 충분히 이해하는 데에는 훨씬 더 많은 시간이 걸렸다. 13~14세기뿐만 아니라 유교를 표방하고 등장한 조선왕조가 100년이 지나 15세기가 무르익도록 주자학의 이기론적 우주론이나 성정론(性情論)적 인간론을 제대로 이해한 지식인은 별로 없었다. 그러다 보니 주자학적 지식의 높고 낮음보다는 충이나 효와 같은 보편적 유교 윤리의 실천 여부로 사람을 평가하는 경향이 지배적이었다. 주자학의 본질조차 제대로 이해하지도 못한 상태에서 그들은 주자학적 의리의 실천을 절대 가치로 이념화한 것이다.

따라서 엄밀히 말하자면, 고려 후기 지식인 사이에서 유행한 유학은 주자학 그 자체라기보다는 불교를 넘어서며 새롭게 탄생한, 넓은 의미의 신유학(Neo-Confucianism)으로 봐야 할 것이다. 또한 그런 사상적 전환이 바로 당시 동아시아 세계의 확연한 흐름이었기에 조선의 지배 엘리트들도 그런 추세에 적극적으로 참여했다고 보는 것이 당시 상황에 가장 들어맞는 해석일 것이다. 외부 정세를 무시한 채 국내의 요소만으로 주자학 수용의 이유를 설명하기는 솔직히 불가능하기 때문이다. 중원과 한반도 모두에서 국가 권력의 압제는커녕 오히려 국가의 전폭적인 지원을 받은 주자학은 고려-조선의 왕조 교체 전환기에 중원에서 조선으로 쇄도해 들어왔다. 더 나아가 그 주자학이 바로 새로 등장한 조선왕조의 건국 이념이자 통치 이념으로 작동하면서 장기적으로 조선 문명이 유교 사회로 탈바꿈하는 '거대한 전환(great transformation)'의 막을 올린 것이다.

3. 16세기 양명학 배척

조선 지식인이 주자학을 제대로 이해하기 시작한 때는 16세기 중후반 무렵이었다. 주자학의 체득화에 이바지한 대표적 핵심 인물은 단연 이황과 이이였다. 이 두 사람이 모두 대한민국 화폐에 등장하는 점은 식민지와 근대화·산업화를 겪은 현대 한국 사회에서도 그들의 위상이 여전함을 잘 보여 준다. 이이가 경세에 더 중점을 둔 데 비해, 당대에 철학적 사유로 이황을 능가할 만한 인물은 없었다. 이처럼 16세기는 한국 문명이 철저하게 유교 사회로, 더 정확히 말하자면 주자학 근본주의(Zhu Xi fundamentalist) 사회로 진화하는 데 결정적 전환의 시기였다. 주자학의 철학 세계를 완벽하게 이해하고 그것을 '조선화'하는 단계로 접어든 때도 바로 16세기였다.

바로 이런 타이밍에 중원으로부터 또 다른 사상 체계가 조선에 들어왔으니, 바로 양명학이었다. 그런데 선학들이 주자학 수용에 매우 적극적이던 것과는 달리, 16세기 조선 지식인들은 양명학을 노자나 묵자 같은 제자백가 부류의 이단으로 몰아 배격했다. 맹렬한 비판을 받은 양명학은 결국 설 자리를 잃었고, 이후 조선이 멸망할 때까지 불교와 같은 이단으로 취급당했다. 일부 주변부 지식인 사회를 제외하고는 공식적으로 장려한 이가 별로 없을 정도로 주변화했다. 양명학의 진짜 '봄날'은 근대와 함께 찾아왔다. 주자학을 조선 멸망의 한 원인으로 지목한 20세기 식민지 조선의 지식인들이 양명학에 관심을 둠으로써 양명학을 공개적으로 재조명하기 시작했다고 해도 과언이 아니다(송석준, 2007). 양명학의 부흥은 의외로 근대의 산물이었던 것이다.

그렇다면 16세기 조선의 지식인들은 왜 양명학을 배척하였을까? 이황 같은 대학자가 공개적으로 양명학을 배척한 것이 표면적으로는 결정적 이유이겠으나, 이황이 죽은 후에도 양명학이 조선에 발을 붙이지 못한 이유는 이황 개인의 문제를 넘어 조선의 유학자 지식인 전체의 태도와 관련해 살필 필요가 있다. 이를 위해서는 16세기 조선의 지배 시스템이 어떻게 작동하고 있었는지에 대한 이해가 필요하다. 어떤 외래 사상의 수용 여부는 단순히 지식인 사회의 지적 충동뿐 아니라, 그들 지식인이 누리던 구조적 기득권이라는 이해관계와 매우 밀접한 관련이 있기 때문이다.

양명학 배척 이유에 대해서는 국내 학계에 크게 두 가지 견해가 있다. 하나는 이황을 포함한 당시 조선 지식인들의 양명학 이해가 부족했기 때문이라는 견해다(금장태, 1998; 임온규, 1999; 김용재, 1999). 다른 하나는 때마침 첨예하게 대립하던 유·불 갈등 상황의 영향으로 양명학을 선학으로 규정해 이단으로 취급했다는 입장이다(오성종, 1989; 김용재, 1999; 송석준, 2007). 그런데 이들 학설은 어느 쪽에 무게중심을 두는가에 따른 차이일 뿐, 두 가지 요인을 모두 인정하는 것이 학계의 통설이다.

그러나 이런 두 학설을 모두 부정하는 소수 의견도 있다. 16세기 조선의 유학자들이 양명학을 비판한 것은 그것을 배제하려는 취지가 아니라, 양명학의 문제의식을 주자학의 체계 안으로 포섭해 소화하려는 노력의 결과였다. 단순히 양명학에 무지했거나 불교를 배격하기 위한 목적에서 양명학을 비판했다기보다는 양명학이 제기한 문제의식에 조선 유학자들도 공감했고, 이를 주자학적 논리에서 비판적으로 계승하려 했다는 것이다(김태년, 2002).

그런데 국내 관련 학계의 이러한 설명은 너무 철학적이며, 논변마저도 충분하거나 종합적이지 않다. 철학 분야의 연구야 역사적 흐름을 별로 중시하지 않으니 차치하더라도, 역사학자들의 연구마저도 철학 쪽으로 심하게 경도된 현실은 양명학 관련 연구에서도 예외가 아니다. 과연 이황은 '무식하여' 양명학을 배격했을까? 15세기를 지나면서 이미 불교를 확실하게 제압한 16세기 조선의 지식인들이 과연 불교와 '싸우기' 위해 양명학을 배척했을까? 혹은 양명학의 논리를 주자학적으로 '계승하기' 위해 양명학을 이단으로 낙인찍고 비난하였을까? 이런 기본적인 질문에 제대로 답을 해야 기존 통설이 그나마 설 자리가 있을 것이다.

그렇다면 16세기 조선의 유학자들은 맹자의 성선설에 기초한 양명학을 왜 그다지도 배격했을까? 이에 대해서는 철학적 사유에만 몰두한 국내 학계의 진부한 연구보다는 영어권 학자의 연구에 주목할 필요가 있다. 그 견해에 대한 동의 여부를 넘어, 조선 지식인의 양명학 배척 이유를 정치·사회적 맥락에서 고찰한 거의 유일한 연구이기 때문이다.

16세기는 조선 지식인들이 주자학을 전체적으로 이해하고 그것을 조선식으로 자기화하던 때였다. 당시 조선은 주자학적 지식으로 무장한 최고 엘리트들이 독점적으로 지배할 수 있는 신분 사회 구조를 이미 거의 완벽하게 구축한 상태였다. 국왕조차도 이들 유학자 전문가 계층의 조언에 귀를 기울여야 하는 구조였다. 그런데 양명학은 그런 객관적 지식보다는 인간의 본성을 강조했고, 더 나아가 지식이나 신분과는 무관하게 누구라도 선한 양심에 따라 행동하기만 하면 성인(sage)이 될 수 있다고 설파했다. 따라서 이런 양명학이 주도하는 사회에서는 전문 유학자 계층(Confucian scholars class)이 별도로 필요하지 않았다. 이런 양명학이 조선에 들어온 타이밍이 공교롭게도 주자학이 만개하던 16세기였던 것이 문제였다. 조선의 유학자 엘리트들은 유교 전문가라는 신분적·정치적·지식적 기득권을 유지하기 위해 양명학을 배척했다는 것이다(Deuchler, 1985).

물론 이런 해석을 뒷받침할 직접 증거는 튼튼하지 않다. 설사 그런 이유에서 양명학을 배척할 생각을 품었을지라도, 그것을 공개적인 글로 남길 사람은 아무도 없었기 때문이다. 따라서 현재로서는 그랬을 것이라는 개연성에 높은 점수를 주어 수용하는 길 외에는 다른 선택의 여지가 별로 없다. 이 정도의 정치·사회적 해석에 대해 거의 생각해 보지도 않은 탓에 관련 연구가 없다시피 한 국내 학계의 현실을 고려하면 시각의 전환이라는 면에서만 보더라도 매우 참신하고 참고할 만하다.

16세기 명과 조선 사이의 한중 관계를 자세히 들여다보면, 군부·신자 관계가 정치적·이념적 성격을 강하게 보이면서 일방적으로 작동했던 데 반해, 사상 차원에서는 반드시 그렇지는 않았음을 알 수 있다. 오히려 명에서 크게 유행하던 양명학을 조선 내부의 필요에 따라 강력하게 배척했다는 새로운 해석을 시도할 수 있다. 요컨대, 양명학에 대한 조선 지식인의 반발은 16세기 한중 관계가 다분히 중층적으로 복잡하게 형성되어 있었음을 보여 주는 좋은 예라 할 수 있다(계승범, 2017).

양명학을 배척한 데서 알 수 있듯이, 16세기 조선은 주자학(성리학) 지상주의로 본격 진입하던 사회였다. 정치에서 문화에 이르기까지, 한 개인의 의식 구조에서 생활풍습에 이르기까지 주자학적 가치는 곧 절대 가치로 작동했고, 이에 대한 이의 제기나 비판에 대한 관용은 점차 줄어들었다. 16세기는 조선의 지배 엘리트들이 유교적으로 자기만족 단계에 접어들던 시기였다고도 할 수 있다. 이보다 더 중요한 것은 조선의 최고 지식인 엘리트들이 생각한 유학의 본연이 명나라에 있지 않았다는 점이다. 그것은 어디까지나 고대의 유학, 곧 삼대의 문물과 신유학이었다. 더 정확히 말하자면 주나라의 예제와 남송의 주자학이었다. 조선의 건국 주체 세력이 새로운 왕조의 청사진을 그릴 때 주로 참고한 것도 주례였고, 국초부터 각종 학교에서 가르친 것도 주자학 경전이었다. 조선왕조의 이런 태생적 속성은 조선의 지식인들이 유교적 예법의 기준을 현세의 명나라에 두고 있지 않았음을 의미한다(계승범 2017).

16세기에 비록 조선이 명을 군부의 나라라며 이념적으로 절대시하였지만, 그렇다고 해서 명의 문물을 무조건 수용하지는 않았다. 유학 본연의 예법에 맞아야만 인정하는, 일종의 주자학 근본주의 태도가 강해지던 때가 바로 16세기였다. 이런 점을 인정해야 명에 대한 사대 의리가 이론적 틀을 완성하던 16세기에 오히려 명에서 만들어 낸 양명학을 배척해 버린 조선 지배 엘리트의 태도를 제대로 이해할 수 있다. 그들의 잣대는 정치적 대국 명이 아니라 이념적 주자학이었다. 또한 그 기저에서는 조선 유학자들의 현실적 이해관계가 강하게 복류(伏流)하고 있었던 것이다.

4. 17~19세기 고증학의 일부 수용과 배격

주자학 지상주의가 강고하던 조선의 지식인 사회는 경전에 대한 해석에서 주희(朱熹, 1127~1200)와 조금이라도 다르면 이단시하는 풍조가 만연하였다. 이런 추세는 주자학의 형이상학적 우주론과 심성론을 완전히 이해하고 조선화한 16세기 중엽부터 나타났고, 17세기를 지나면서는 거의 절대화하기에 이르렀다. 특히 주-한-당-송-명으로 이어진 한족 중심의 유교적 중화 문명을 '보편 문화'로 절대시한 중세적 화이관이 워낙 강고했다. 이에 더해 삼전도 항복(1637)과 명·청 교체(1644)라는 충격은 조선의 지배 엘리트들에게는 말 그대로 하늘이 무너져 내린 천붕(天崩)이었다. 단순히 강대국 명의 몰락 차원을 넘어 주나라 이후 면면히 내려오던 문명 자체의 붕괴로 받아들였기 때문이다. 물론 조선은 명·청 교체 후에도 외부적으로는 청과 새로운 군신 관계에 기초한 책봉·조공 관계를 유지했다. 그러나 내부적으로는 청을 이적시하여 멸시하고, 이미 망해 사라진 명에 한족의 중화 문명을 투영하며 계속 침잠해 들어갔다. 이런 바탕에 한족이라는 종족을 중시한 주자학의 철저한 화이관이 자리하고 있었음은 이를 나위도 없다(계승범 2019).

이런 분위기는 조선 후기(17~19세기) 내내 조선이 중국(청)의 새로운 사상 체계를 수용하는 데 걸림돌로 작용했다. 청은 조선과의 정치적 군신 관계를 이어갔고, 망하기는커녕 17세기 후반부터 미증유의 전성기를 100년이 넘도록 구가했다. 그렇다 보니 내부적으로 아무리 청을 이적시하고 배척할지라도 연행사를 통한 청의 문물 유입 자체를 막을 수는 없었다. 따라서 18~19세기 조선의 중국 문물 수용은 개방도 아니고 폐쇄도 아닌, 마지못해 문을 조금 열어 놓은 상태(ajar)라 할 수 있다. 이런 상황에서 청을 통해 들어온 새로운 사유 체계는 크게 고증학과 서학(천주교) 두 개를 꼽을 수 있다. 천주교는 중국에서 발생한 사유 체계는 아니다. 그래도 청의 북경을 통하지 않고는 접하기 힘든 외래 사조였으므로 살필 가치가 있다. 여기서는 먼저 고증학을 살피고 나서 서학의 한 부분인 천주교를 부연하려 한다.

결론부터 말하자면, 17세기 후반부터 19세기 초에 걸쳐 근 200년 동안 청의 지식인 사회를 강타한 고증학이 조선에서는 이렇다 할 꽃을 피우지 못했다. 16세기 양명학처럼 집중포화를 받지는 않았지만, 주자학 지상주의가 워낙 강한 탓에 결과는 미미할 수밖에 없었다.

주지하듯이 중원에서 고증학의 대두는 명·청 교체의 부산물이었다. 중원을 장악한 청이 한족을 통제하면서 강학을 금지하고 문자옥(文字獄)을 일으킨 데 따른 한족 지식인의 자구책으로 볼 수 있기 때문이다. 특히 심성만 공리공담처럼 논하고 강학을 우후죽순처럼 열던 양명학에 대한 비판의 산물이기도 하다. 실제로 고증학은 고염무(顧炎武,

1615~1682)와 황종희(黃宗羲, 1609~1695)의 양명학 비판과 함께 옛 경전을 통해 경세이민(經世利民)을 이루기 위한 실용적 학문, 곧 경세학으로 등장했다(游芯歆, 1987). 그렇지만 경세이민 자체가 곧 정치였는데 만주 지배하에서 정치를 대놓고 논하기 힘들다 보니 문헌 고증을 통한 경전의 자구 해석 쪽으로 침잠해 들어갔다. 청대 고증학은 이처럼 도구적 학문에서 벗어나 문헌학적 실증이나 귀납에 지나치게 몰두하면서 경세와는 거리가 멀어졌다(정재훈 2002; 금장태 2014, 189~193쪽).

고증학의 융성기는 건륭제~가경제 시기(1736~1820)로, 청의 전성기와 꽤 일치한다. 학계에서 흔히 사용하는 건가고증학이라는 표현은 이런 추이를 잘 보여 준다. 그런데 이 시기 청의 지식인 사이에는 일종의 지식주의가 팽배했다. 훈고(訓詁)적 지식이 중요해지면서 본래 경세학의 한 수단이던 고증학이 독립하여 학문 사조 전반을 지배했다. 이런 흐름은 『사고전서』와 같은 문화 통합을 계기로 절정을 이루었는데, 한학(漢學, 훈고학)과 송학(宋學, 주자학)을 절충하는, 다른 말로 주자학의 절대성을 부정하고 상대화하는 형태로 나타났다. 한 연구에 따르면, 이런 추이를 통시적으로 보면 주자학의 도덕경세에서 고염무·황종희 등의 정치경세로, 다시 고증학자들의 학문경세로 진화했다(조병한 2011). 하지만 현실의 삶과 함께 호흡하지 못한 채 지식을 위한, 지식에 몰두한 고증학에 굳이 경세라는 개념을 덧붙일 필요가 있는지 의문이다. 사실 건가고증학은 경세와 멀어졌다는 것이 학계의 통설이다.

솔직히 19세기 초까지만 해도 북경에서 고증학의 대세는 금석문이었다. 이런 실정이다 보니 의리를 외면한 채 고증에만 치중하는 고증학에 대한 비판도 만만치 않았다. 심지어 금석문 비판으로 불똥이 튀기도 했다. 이런 추세의 전환점은 1840년대였다. 이미 누적된 국내 문제에 아편전쟁의 참패까지 겪으면서 청의 지식인 사회는 고증학에서 경세학으로 다시 눈을 돌리기 시작했다. 이렇듯 문헌 고증이 19세기 중반에 이르러 '발등에 떨어진' 경세로 대거 전환하면서 고증학은 이제 북경에서조차 쇠락의 길로 확실하게 접어들었다. 그러나 북경의 문인들은 현실 감각을 상실한 채 친목과 문예적 교유에 머물렀다(손성욱, 2012). 이런 추세이다 보니 북경을 통해서만 청과 교류하던 19세기 조선에서 고증학이 꽃을 피우기는커녕 제대로 뿌리를 내리기조차 쉽지 않았다.

다만 의리학(義理學)이라는 사유 체계로 보자면, 건가고증학에 주목할 필요가 있다. 건가 시대 고증학은 단지 방법론 차원을 넘어 독립적 학문 체계를 갖춘, 그래서 고증학적 방법론과 그 독자적인 이치(理致, 사물의 정당한 조리 또는 도리에 맞는 취지)를 함께 고민한 신의리학(新義理學)이기도 했기 때문이다. 실제로 이런 부류의 고증학자들은 정밀한 고증을 통해 몇 개의 유교 핵심어를 재해석함으로써 송대 주자성리학의 권위를 해체하고 자신의 독자적인 이치 체계 구성을 시도했다. 이들은 대체로 한대 한학(漢學)의 정수를 계승했다고 자부하면서 정주 계통의 성리학만을 옹호하는 송학(宋學)자들과 치열한 논쟁을 벌였다(丁晨楠, 2015).

한학과 송학의 이런 문제는 고증학이 조선에서 얼마나 유통될 수 있을지 가늠해 볼 수 있을 정도의 중요한 핵심 사안이다. 왜냐하면 그 둘의 관계를 어떻게 설정하는지에 따라 주자학 지상주의 조선의 지식인 사회에 거대한 지각 변동이 발생할 수도, 아니면 고증학(청학)을 배격하고 주자학(송학) 절대주의가 더 강해질 수도 있는 사안이었기 때문이다. 그렇다면 조선 후기 지식인들은 과연 어떤 태도를 보였을까?

조선에서 고증학의 영향은 경학의 방법론에서 처음 나타났다. 경전에 대한 해석에서 훈고학적 고증을 통해 주희와는 다른 해석의 가능성을 타진한 움직임이 바로 그것인데, 이런 모습은 17세기 후반에 처음 나타나 18세기로 이어졌다. 대표적 인물은 윤휴(尹鑴, 1617~1680), 박세당(朴世堂, 1629~1730), 이익(李瀷, 1681~1763) 등으로, 주요 경전 해석에서 고증학적 문제의식과 훈고학적 검증 태도를 내비쳤다(강경원, 2002; 김만일, 2007). 다만 피의 정쟁이 난무하던 당시 정세로 인해 윤휴와 박세당이 사문난적(斯文亂賊)으로 몰린 사실은 당시 조선에서 정치권력과 결탁한 주자학의 권위가 거의 절대적이었음을 잘 보여 준다.

조선에서 고증학이 문제가 된 것은 이렇듯 유교 경전에 대한 문헌 고증을 통해 주희의 해석을 상대화하는 특성 때문이었다. 중국에서는 주자학이 한때 일세를 풍미하기는 했어도 절대적 지위에 오르지는 못했다. 원에서 주자학의 경전인 4서를 시험 과목으로 채택하였어도, 주자학을 국가에서 인정한 것일 뿐이지 유일한 절대 사상은 전혀 아니었다. 이는 명에서도 마찬가지였다. 심지어 16세기에는 양명학이 크게 융성하면서 주자학은 문인이나 예비 관료군의 학문 범주를 크게 벗어나지 못했다. 고증학이 융성한 청대에도 주자학은 유교의 한 학파(school)로만 존재했으며, 그 세력도 크게 꺾였다.

그런데 조선의 상황은 달랐다. 16세기를 지나면서 조선은 사실상 주자학 일원주의로 진화했으며, 주희의 해석에 이견을 달면 이단으로 몰리기 일쑤였다. 앞 소절에서 살핀 양명학의 운명은 그 단적인 예이다. 이런 조선에 주자학을 상대화(절충)하는 고증학이 들어올 때 일어날 결과는 예상하기 어렵지 않다. 약간의 논쟁은 있을지언정 주자학을 상대화하는 방향으로 나아가는 데까지는 높은 장벽이 겹겹이 존재했기 때문이다. 또한 고증학의 근거라 할 수 있는 한대 유학(漢代儒學, 한학, 훈고학)을 고증학과 분리해 인식함으로써 결과적으로 고증학을 비판하는 흐름이 주를 이루었다.

실제로 다수의 조선 지식인은 건가고증학과 한학을 엄격하게 구분하였다. 한학의 경전 전승과 정확한 주석 등은 긍정적으로 평가하되, 건가고증학에 대해서는 현실과의 괴리 및 문헌적 명물훈고(名物訓詁)에만 주력한다면서 비판적이었다. 더 나아가 건가고증학에 눌려 주자 성리학이 절대 권위를 유지할 수 없는 청의 상황을 '학술의 쇠락'으로 간주하고 우려할 정도였다. 청의 신의리학파에서 나타나던 반(反)주자 의도를 간파하고 극심하게 경계한 것이다. 그런 문헌 고증의 결과가 주자학의 절대 권위를 흔들 수 있었기 때문이다. 한·송 절충과 분리 사이에 걸쳐 있던 정약용(丁若鏞, 1762~1836)조차도 건가고증학을 사실상 수용하지 않았는데, 그것은 고증학이 바로 성리학의 근본 이치를 부정하였기 때문이다(丁晨楠, 2015).

사정이 이렇다 보니 정약용보다 한 세대 아래 홍석주(洪奭周, 1774~1842)와 홍길주(洪吉周, 1786~1841) 형제 같은 이들이 고증학을 배격한 것은 차라리 자연스러웠다. 당색이나 세대의 구분을 넘어 경학으로서의 고증학에 매우 적극적으로 다가간 조선 지식인은 솔직히 거의 없었다. 절충을 위한 조심스러운 접근은 가능했어도 송학(주자학) 자체를 부정한 이는 아무도 없었다. 물론 성해응(成海應, 1760~1839)을 비롯하여 적지 않은 지식인이 한·송 절충을 시도했으며, 유교적 경세정신을 부활시키기 위해 건가고증학을 겸용하려는 시도도 있었다. 그럴지라도 대세는 절충

내지는 고증이라는 방법론으로 인정했을 뿐이다. 다른 말로, 조선 지식인들에게 한학과 건가고증학은 하나의 학문적 수단에 지나지 않았으며, 송학(주자학)은 학문의 근본 목적을 다루는 이치의 정통으로 여전히 군림하였다(丁晨楠, 2015).

이런 전체 흐름에서 그나마 한·송 절충론이 다소 득세한 때는 18세기 후반 정조 대였다. 이 시기는 청이 중화의 유풍을 계승했으니 청의 문물을 도입하여 조선의 낙후성을 타개하자는 이른바 북학 움직임이 활발하던 때였다. 본래 고증학이 내포하던 경세치용, 이용후생, 실사구시 등의 학문적 특성에 관심을 갖고 수용하자는 목소리가 높던 때였다. 조선 후기의 실학 붐을 그 대표적 사례로 볼 수 있다. 국내 학계에서는 대체로 실학의 여러 갈래 가운데 국가·사회 제도의 개혁에 치중하면 경세치용으로, 상공업 발전과 각종 기술의 도입에 주력하면 이용후생으로, 주희의 해석을 넘어 공맹의 본뜻을 직접 고증하여 고찰하려 노력하면(한·송 절충을 시도하면) 실사구시로 분류한다.

그렇지만 정조 대의 고증학 수용은 대개 북학의 일환으로 반짝 나타났을 뿐이다. 정조 사후 19세기부터 고증학은 전체적으로 쇠퇴하여 대개 금석학이나 명물학(名物學)에 머물렀다(정재훈, 2002). 각종 제도적 개혁을 외친 경세치용의 실학은 어느 것 하나 제대로 성과를 내지 못한 채 문집에서나 존재하는 '찻잔 속의 외침'에 가까웠다. 이용후생을 강조한 북학론도 청의 문물을 목도하면서 조선의 낙후성을 피부로 느낀 일부 지식인의 '외로운 커밍아웃'에 가까울 뿐이지 그들의 주장은 당시 조선 사회에서 거의 수용되지 않았다. 실사구시의 경전 연구도 잠시 한·송 절충 움직임이 나오고 그에 따른 논쟁이 일기도 했으나, 전체적으로 보면 이렇다 할 큰 파장 없이 지나가 버렸다. 주자학 일변도의 당시 조선 사상계에 유의미한 지각변동을 일으키기에는 너무나 역부족이었다.

국내 학계에서 관심을 갖는 한·송 절충론의 대표적 인물은 정약용, 성해응, 김정희 등이다. 정약용과 성해응이 거의 동년배인 데 비해 김정희는 이들보다 한 세대 정도 후학이라 할 수 있다. 먼저 정약용은 경전에 입각해 한학의 훈고학적 방법과 송학의 심성론적 과제를 비판적으로 수용하여 종합·지향한 대표적 인물이다(금장태, 2014, 189~193쪽). 특히 그는 주희의 주석에 얽매이지 않고 경전의 본래 정신을 재발견하는 데 주력했다. 그는 공자와 맹자의 경전 정신에서 벗어난 해석은 주자학이라도 비판했다. 당시 절대적 권위를 누리던 주자학의 형이상학적 의리론적 경전 해석을 벗어나서 선진 시대의 경전 정신으로 돌아갈 필요성을 강조했다. "훈고에 밝지 않으면 의리도 따라서 어두워진다"라고 하며 경전을 공부할 때 훈고를 급선무로 삼아야 한다고 역설했다(이호형, 1990, 273~299쪽; 금장태, 2001, 20~25쪽).

이렇듯 정약용은 고증학적 학문방법인 합리적·실증적 태도를 수용하는 데 주저하지 않았다. 한 예로, 그는 『논어고금주(論語古今註)』를 주석하면서 한대의 훈고학, 송대 성리학적 제설, 청대의 고증학적 경전 주석 태도 등을 비판적으로 수용했다. 청대 고증학의 과학적 방법론에는 찬성하면서도 그 학문적 성과에는 비판적 입장을 견지했다. 경전의 본뜻에 부합하는 청대 고증학자들의 주석은 취하면서도 어긋나는 주석은 분별하여 배척했다(권문봉, 2011). 그렇다 보니 결과적으로 정약용은 건가고증학을 사실상 수용하지 않았는데, 그것은 고증학을 긍정적으로 참고할지언정 주자학의 근본 이치를 고수했기 때문이다(丁晨楠,

2015). 정약용의 이런 '온건한' 절충론조차도 정조 사후에 유배 생활을 오래 하는 등 당시 주류 사회에서는 벗어난 신세였다. 따라서 그의 새로운 경전 연구가 당시 조선 사회에 즉각적으로 사상적 영향을 주기에는 역부족이었다.

한·송 절충론의 또 다른 인물은 성해응이다. 홍석주와의 논쟁으로도 유명한 그는 궁리(窮理)와 변증(辨證)을 통해 한학과 송학을 함께 고찰해야지 분리해서는 안 된다고 주장했다. 전자가 모든 학문의 뿌리라면, 후자는 그 정미한 모습이므로 분리가 불가하다고 역설했다. 고증을 통해 이른바 박문약체(博文約禮)의 학문을 주장한 것이다. 이런 태도는 청의 옹방강(翁方綱, 1733~1818)과 매우 유사한데, 성해응은 "한학(考訂)과 송학(義理)은 결국 큰길에서 만난다"라고 말한 옹방강의 말을 신봉했다. 다만 한·송 절충이 필요함은 역설하면서도 그 일이 시급하지는 않다고 하여 다소 유보적인 모습을 보이기도 했다(이경요, 1982). 성해응의 이런 태도 또한 매우 온건한 절충론이며, 이런 점에서는 정약용과도 흡사하다.

이들보다 한 세대 늦은 김정희도 한·송 절충론에서 빼놓을 수 없는 주요 인물이다. 한대 유학의 훈고학 방법을 중시하면서도 송대 도학에 대한 긍정적 이해의 입장에서 절충하는 태도를 보였기 때문이다(금장태, 2014, 189~193쪽). 특히 김정희는 옹방강에게서 직접 학문적 지도까지 받았는데, 주지하듯이 옹방강은 경(經)으로써 경을 해석하는 경학방법론을 강조하되 경전 너머 현실로 나아가는 것은 경계한 인물이다. 그에게서 경전 연구란 현실보다는 의리로 나아가는 길이었으며, 이는 바로 주자학의 의리와도 깊은 관련이 있었고, 옹방강의 이런 한·송 절충론을 김정희도 거의 그대로 수용하였다(정혜린, 2019, 100쪽).

한 예로, 실사구시의 실천에 열심이던 김정희는 『논어』의 하학(下學)·상학(上學) 방법과 『중용』의 박학(博學)·독행(篤行) 방법을 강조했다. 이는 훈고를 거쳐 격물치지에 이르는 단계를 중시한 것으로, 관찰과 사유를 통해 격물치지에 이른다는 주자학의 입장과 달랐다. 그는 학문 방법으로 한대의 훈고학을 중시했고, 특히 정현(鄭玄, 127~200)의 주석에 신뢰를 보냈다. 그의 금석학 연구도 바로 이런 학문적 토대 위에서 자연스레 꽃을 피웠는데, 진흥왕순수비를 판독한 「진흥이비고(眞興二碑攷)」는 그 좋은 사례이다(서근식, 2016).

다만 그가 활동하던 19세기 전반 조선의 정치 상황과 그에 따른 유배 생활 등으로 인해 김정희의 한·송 절충 태도는 일관된 성과를 내지 못한 채, 대체로 금석고증학이나 학예일치(學藝一致)의 서예 분야로 제한된 면이 강하다(정재훈, 2002). 실제로 김정희의 학문은 조선 후기 실학의 실용주의적 경세치용과는 무관했다. 정약용 등이 추구한 경세치용적 고증학과도 성격을 달리했고, 이용후생의 북학과도 거리가 있었다(안외순, 2004). 김정희가 비록 홍대용·박지원 등 북학파의 영향을 받았지만 학문의 목적에서는 사뭇 달랐던 것이다(고재욱, 1993).

한·송 절충론이 18~19세기 조선에서 싹을 틔우기는 했어도 제대로 꽃을 피우지 못한 데에는 국내 정세 탓도 있지만, 무엇보다도 주자학을 절대시하고 청을 이적시하는 배타적 사조가 워낙 강했기 때문이다. 연행사라는 이름으로 몸은 청의 북경을 문턱이 닳도록 오가면서도 마음속으로는 청을 멸시하고 무시하는 풍조는 여전했다. 고증학의 영향을 받은 북학론이나 한·송 절충론은 오히려 극소수이자 아웃사이더일 뿐이었다.

이런 주류 흐름의 일면을 보여 주는 인물로 홍석주를 꼽을 수 있다.

정약용·성해응 등과 거의 동년배인 홍석주는 성해응과 주고받은 논쟁으로 유명하다. 그는 문헌 고증을 통한 한·송 절충 움직임에 대해 "오늘날 고증을 말하는 자는 의리를 경시하고 박학도 정치하지 않다"라고 하여, 고증학을 배척하고 송학의 의리적 학풍을 강조했다(이경요, 1982). 그는 고증학의 학문 경향, 실용성, 학문 태도 등에 대해 줄곧 비판했는데, 이는 물론 주자(성리)학을 지키기 위함이었다. 주자학을 '바른' 학문으로 설정한 대전제 위에서 고증학을 비판한 것이기에 학문적 논쟁이라기보다는 절대 이념의 수호에 가까웠다(김새미오, 2011).

홍석주가 고증학을 맹공한 핵심 이유는 고증학에서 주자학을 상대화했기 때문이다. 주희에 대한 비판은 주자학에 기초한 조선 성리학의 근간을 흔드는 위험한 일이었다. 청에 벼슬하지 않았을 뿐만 아니라 송대 유학자를 함부로 비판하지도 않은 고염무(顧炎武, 1613~1682)의 의리를 인정하고, 고증학자들이 모두 고염무만 같다면 고증학을 비판하지 않겠다고 말한 것도 홍석주가 주자학적 가치를 얼마나 절대시하였는지 여실히 보여 준다. 또한 고증학의 발생이 양명학에서 비롯했다고 이해한 것도 홍석주가 고증학을 비판한 주요 이유 가운데 하나인데, 이는 중국의 동림학파와 비슷한 태도였다. 그런데 홍석주가 보인 이런 비판적 태도는 조선 후기를 관통하는 대체적 양상이었다(김새미오, 2011).

고증학을 강도 높게 배척한 윤행임(尹行恁, 1762~1801)의 태도도 마찬가지였다. 방법론적 고증학을 취하되 주자학에 위해를 가하지 않은 고염무는 긍정적으로 평가하면서도, 주자학의 본질에 조금이라도 위해를 가하는 주장을 하면 누구를 막론하고 비판하고 배척했다. 윤행임의 모기령(毛奇齡, 1623~1716) 비판도 그 한 사례이다(남윤덕, 2013).

요컨대, 조선 후기 조선 지식인의 고증학 비판의 본질은 주자학의 수호를 위한 방어적 공세로 이해할 수 있다. 어떤 사조가 조선에 들어오면 어떤 성격의 사조인지 지켜보다가도 그것이 기존의 주자학 절대주의에 위해를 가할 가능성이 있다면 가차 없이 비판하고 배격한 것이다. 오랑캐의 이단으로부터 조선의 정통을 지킨다는 투지가 주류 지식인 사회를 장악하고 있었던 것이다. 사정이 이렇다 보니 비판의 합리적 논리보다는 상대를 무조건 배격하는 일종의 이념 투쟁 내지는 탄압의 성격을 띠기도 했다.

그 결과 조선의 고증학은 본격적인 주자학 비판으로는 나아가지 못한 채 연구 방법 차원에서 비정치적·비유교적 분야로 파편화하며 진화했다. 청의 『사고전서』 편찬에서 영향을 받은 유서학(類書學)의 발전이나(游芯歆, 1987; 진재교, 2018; 정혜린, 2019) 동물을 대상으로 한 명물고증학의 유행은(노상호, 2013) 그 좋은 예이다. 천문학을 연구하면서 남병철(南秉哲, 1817~1863)이 과학과 이념을 분리하는 등 고증학적 태도를 보인 것도 마찬가지다(전용훈, 2017, 295~302쪽). 역사 고증에서는 김정희 외에도 유득공(柳得恭, 1748~1807)이나 홍경모(洪敬謨, 1774~1851) 등이 기여했다(이군선, 2004; 이경수, 2007). 19세기에 개인이 제작한 지도가 연이어 나온 것도 고증학적 방법론이라는 큰 자장 안에서 이해할 수 있다. 그렇지만 이런 다양한 움직임이 한데 모여 시너지 효과를 내며 나라를 개혁하고 지성사의 흐름을 바꾸는 데까지는 전혀 나아가지 못했다.

5. 17~19세기 천주학(교) 수용과 배척

조선 후기에 서학이라 하면, 크게 한역서학서(漢譯西學書)에 대한 학문적 관심과 탐구를 말한다. 명 말에서 청 초에 걸쳐 중국에서 한문으로 번역한 저서들의 주제는 광범위한데, 크게 두 가지로 분류할 수 있다. 하나는 천문·역산·지리·지도·과학·기술 등과 같은 실용적 학문 분과를 들 수 있다. 다른 하나는 천주교와 같은 종교 분야를 들 수 있다. 이런 한역서학서는 중원에만 머물지 않고, 조선·일본·몽골·베트남 등의 주변 국가로 퍼져 나갔다.

이렇듯 서학이라는 용어는 어떤 특정 사유 체계에 갇힌 개념은 아니다. 그저 특정 시기에 중국을 통해 들어온 서양 학문이라는 일반적 의미가 강하다. 따라서 이 소절에서 굳이 서학을 전체적으로 다룰 필요는 없다. 여기서는 서학 중에서도 중국을 통해 조선에 들어와 큰 논쟁과 충돌을 불러일으킨 사례로 천주학(교)에 주목하고자 한다. 하지만 박해와 순교로 대변할 수 있는 교회사에는 관심이 없다. 이 소절에서 다룰 주요 내용은 청을 통해 들어온 천주학에 대한 조선 지식인 사회의 반응이다. 특히 앞 소절에서 다룬 주자학, 양명학, 고증학의 특성과 관련하여 천주교 수용 논리와 배척 논리를 일람하고자 한다.

주자학과 양명학 사례와는 달리, 천주학은 독특한 면이 있었다.[2] 조

2 여기서 '천주학'은 아직 종교로 화하기 전의 사유 체계를, '천주교'는 조선 내부에서 자생적으로 모습을 갖춘 종교의 의미로 구분해 사용한다.

선왕조의 역사에서 특정 사유 체계가 종교로 바뀐 거의 유일한 사례일 뿐만 아니라,[3] 특정 신념에 대한 국가 차원의 전 방위적 탄압도 전례 없이 혹독하였다. 어려서부터 주자학적 가치와 규범으로 무장한 조선 후기 유학자가 왜 천주교에 목숨까지 걸었을까? 법가를 비난하고 솔선수범을 통한 교화를 중시하던 조선왕조는 왜 천주교에 심취한 양반 지식인에게 교화의 기회조차 주지 않고 가혹하게 처형했을까? 어릴 때부터 같은 주자학 서적을 함께 암송한 유학자인데 왜 누구는 천주교로 개종하고 누구는 천주교를 사교(邪敎)로 몰아 신랄하게 비난했을까? 무엇이 이런 극명한 차이를 만들었을까?

이런 일련의 물음에 제대로 답하기 위해서는 천주교 수용 이전 엘리트 지식인들의 주자학적 사유 체계를 먼저 검토할 필요가 있다. 앞에서 살폈듯이, 천주교보다 약 150년 전에 조선에 들어온 양명학이 주류 지식인 사회에서 이단으로 낙인찍힌 정황도 사유 체계의 결정적 차이에 기인한 점이 컸다. 여기서는 주자학과 양명학 그리고 천주교에 원천적으로 내재하던 '학문'과 '존재론'적 차이에 주목하여 논의를 전개하려 한다. 수용과 거부를 결정하는 핵심 기준과 관련이 있기 때문이다.

주자학에서 규정한 학문의 단계는 『대학』에서 제시한 격물(格物)-치지(致知)-성의(誠意)-정심(正心)-수신(修身)-제가(齊家)-치국(治國)-평천하(平天下)이다. 이에 비해, 양명학은 만인양지(萬人良知)와 지행합일(知行合一)을 내세웠다. 주목할 점은 양명학에서는 주자학의 격물치지 단계

3 물론 유학이 유교로 교조화하면서 사실상 종교화한 면도 있으나, 유교에는 내세를 위해 현세의 언행을 규제한 규범이 없다. 그래서 유교를 종교로 보지 않는 학자도 적지 않다. 여기서는 일단 유교를 제외했다.

를 무시한 죄이다. 격물치지야말로 개인의 지속적인 지적 성취였고, 그래서 주자학 사회에서는 지식을 갖춘 학자층(scholar class)이 군주를 옹위하듯이 둘러싸 하늘의 뜻을 해석해 전달하는 '천(天)과 도(道) 전문가' 집단이 필요했다. 이에 비해 양명학에서는 그런 특정 지식인 계층이 필요 없었다. 지식과 실천을 구분해 파악한 주자학은 오히려 양지(良知)를 저해하는 걸림돌일 뿐이었다. 천주학이 조선에서 당한 경험도 이와 별로 다르지 않았다. 유교 사회에서 꼭 필요한 학자계층(elite scholars)을 무시하기는 매한가지였기 때문이다. 천주학을 공부하다가 전격적으로 개종한 권철신(權哲身, 1736~1801)을 비롯하여 천주교로 개종한 양반 지식인들이 대개 양명학에도 조예가 있었거나 그다지 배타적이지 않았던(김태영, 2018) 공통적 성향은 바로 이 때문이다.

이에 더하여, 애초부터 배타적·규범적 성격이 강하던 주자학은 17세기 전반 삼전도항복(1637년)과 명·청 교체(1644년)라는 천붕(天崩) 사태를 현실로 인정하지 않으려던 조선 지식인 사회의 '이념 투쟁'을 통해 더욱 더 교조화의 길로 나아갔다. 문명적·인종적 화이(華夷) 외에도 시비(是非)와 정사(正邪) 분별을 병적으로 강조한 주자학 사회에서 천주교가 설 자리는 입추의 여지조차 없어 보였다. 그렇다면 주자학을 절대시한 조선에 역시 보편적이지만 배타적 유일신을 핵심으로 한 천주학이 들어올 때 어떤 일이 벌어질까? 인류 역사상 가장 강력한 유교 사회이던 조선에서 천주를 위한 순교자가 많이 나온 점은 세계사 차원에서도 매우 흥미롭고 중요한 연구 대상인데, 그 독특한 배경은 무엇이었을까?

천주학에 대한 조선 지식인의 인식과 태도를 시기별로 일견하면, 박해와 순교라는 극단으로 치달린 과정을 통시적 맥락에서 파악할 수 있다. 천주학은 서학의 한 부분으로 이미 17세기 초반에 조선에 소개되었다. 이후 18세기 전반 이른바 성호학파에서 새로운 사유 체계이자 우주론으로 관심을 기울이기 시작했다. 18세기 중후반에 이르면 『천주실의(天主實義)』를 읽고 선교사도 없이 자생적으로 천주교로 개종하는 움직임이 분명했다. 이에 따라 지식인 사회의 거센 비판과 함께 국가 권력의 탄압이 뒤를 이었다. 19세기에 들어서면서는 국가에서 대규모 박해를 연이어 일으키며 천주교를 가혹하게 짓밟았다. 그 결과 조선 사회는 천주교를 놓고 탄압과 순교라는 양극단으로 치달았다. 그렇다면 조선의 일부 주자학자는 어떻게 천주교로 경도되었으며, 한때 그들과 동학하던 다른 주자학자는 어떤 이유로 천주교를 사교로 몰아붙였을까?

17세기 전반 명의 북경에서 돌아온 이수광(李睟光, 1563~1628)이 마테오 리치(Matteo Ricci, 1552~1610)의 『천주실의』를 조선에 처음 소개할 때만 해도 천주교는 호기심의 대상이었을 뿐 큰 관심을 끌지는 못했다. 『지봉유설(芝峯類說)』에서 그는 『천주실의』 내용을 천지 창조, 영혼 불멸, 천당과 지옥 등에 중점을 두어 소개했다. 불교와 유사하면서도 윤회설을 부정하는 점과 교황 사후에는 어진 이를 새 교황으로 추대하는 특이한 제도 등에 대해서도 언급했다. 또한 자신의 견해를 간략하게 덧붙이면서 황제가 임재하는 세상의 중심이 북경이 아닌 다른 곳에도 존재할 가능성을 인정하기도 하였다(정두희, 1999, 7~14쪽). 하지만 아직은 그동안 잘 모르던 이역의 문물을, 그것도 꽤 수준이 있는 문물을 접할 때 흔히 나타나는 일반적 호기심 수준에 머물렀다.

그래도 '가랑비에 옷 젖듯이' 이런 추세가 이어지면서 18세기 전반에는 서학(과학·기술)에 관심을 둔 학자들 가운데 천주학에도 관심을 기울인 이들이 등장했다. 이익(李瀷, 1681~1763)이 바로 그 대표적 인물이다. 그는 서양 과학 기술의 우수성을 인정했으며, 서양의 윤리적 의식도 유교와 소통 가능한 면이 있다고 긍정했다. 다만, 천주교 교리는 대체로 비합리적이고 환상적이라는 이유로 비판함으로써 천주교를 포함한 서학 전체에 대하여 수용과 비판이라는 양면성을 보였다(금장태, 2014, 118쪽). 이는 이익이 천주교(신앙)에는 미온적이었으나 천주학(윤리·우주론)에는 개방적이었음을 의미한다.

이익의 이런 양면적 학문 성향은 그의 문하에서 천주교를 공격하는 공서파(攻西派)와 천주교로 개종하는 신서파(信西派)가 모두 나오는 주요 토대를 제공했다. 공서파로는 신후담(愼後聃, 1702~1761)과 안정복(安鼎福, 1712~1791)을 대표적 인물로 꼽을 수 있다. 이들은 영혼 불멸, 최후 심판, 천당과 지옥 등의 설을 들어 천주교를 불교와 다를 바 없는 이단으로 규정하고 강하게 배척했다. 특히 신후담은 1724년 『서학변(西學辨)』을 써서 천주교를 체계적으로 비판했는데, 이는 천주학이 천주교로 바뀌는 조짐이 싹트던 18세기 전반에 천주교를 이론적으로 비판한 선도적 의미가 있었다. 안정복은 1785년 『천학고(天學考)』와 『천학문답(天學問答)』을 지어 천주교를 맹렬히 비판했는데, 이는 이미 천주교 개종자가 늘어나던 추세에 대한 엄중한 경고이자, 이단을 배격하고 주자학(도학)을 수호하려는 방어적 배척 심리의 발로라 할 수 있다(금장태, 2014, 124쪽). 서학에도 개방적이던 스승 이익과는 달리, 공서파는 주자학의 본질을 결코 양보하거나 절충할 수 없다는 근본주의 태도를 견지한 것이다.

이런 비판 논리를 유교적 사유 체계와 대조해 보면, 공서파의 핵심 논리는 유교(주자학)가 의(義)를 추구하는 데 비해 천주교는 개인의 이(利)를 추구하고, 천주교의 천주(天主)는 본질적으로 유교의 상제(上帝)일 수 없으며, 서양에만 강생한 천주는 결코 보편적 존재일 수 없다는 것이다. 특히 천주교와 유교의 유사성을 강조한 마테오 리치의 보유론(補儒論)에 반발하여 유교와 천주교의 차이를 논리적으로 증명하는 데 주력했다(정두희, 1999, 15~26쪽).

이에 비해 신서파는 스승의 열린 마음에서 더 나아가 천주교 교리를 긍정적으로 이해하고 그것을 개인의 신앙으로 수용했다. 권철신(權哲身, 1736~1801)과 이가환(李家煥, 1742~1801) 등이 대표적인데, 이들은 한두 세대 젊은 이벽(李檗, 1754~1785), 이승훈(李承薰, 1756~1801), 정약전(丁若銓, 1758~1816), 정약용 등을 신앙으로 이끌었다. 이들은 서학에 대한 스승 이익의 우호적 인식을 받아들여 서양의 과학 기술에도 긍정적이었으며, 더 나아가 천주학을 수용하고 마침내 천주교 신자로 개종했다(금장태, 2014, 142~126쪽).

그렇다면 주자학자로서 개종까지 할 수 있었던 사상적·이론적 바탕은 무엇이었을까? 다른 말로, 같은 주자학자였을지라도 신서파와 공서파 사이에 놓여 있던 결정적 차이는 무엇이었을까? 그들이 공유한 유교의 어떤 지점에서 미세한 차이가 발생하여 결국에는 피차 '돌아올 수 없는 다리'를 건넜을까? 요컨대, 신서파가 마테오 리치의 보유론(補儒論)적 설명을 타당하다고 여겨 개종까지 단행한 데 비해, 공서파가 보유론을 강하게 비판하며 유교와 천주교를 섞일 수 없는 물과 기름으로 차별화한 논리적 근거는 무엇일까?

주지하듯이 성리학의 우주론은 이기이원론에 뿌리를 두었다. 우주에서 가장 기본이 되는 불변의 본질이 리(理)이지만, 리는 스스로 움직일 수 없는 존재였다.[4] 물질적 에너지라 할 수 있는 가변적인 기(氣)와 결합해야만 발현할 수 있었다. 곧 리와 기가 결합하여 만물을 생성하고 주재한다는 것이다. 하지만 모든 것의 본질인 리에 인격성은 없었다.

그런가 하면, 고대 유학에서는 천이나 상제 개념을 활용하여 주재자(主宰者)의 인격성을 드러내기도 했는데, 주희도 주재로서의 천을 인격적으로 표현했다. 인격적 절대 존재 자체는 부정하면서도 현실에서는 사실상 모종의 인격적 주재가 이루어지고 있음을 부정할 수는 없다고 했다. 그럴지라도 주희에게 상제는 실질적 존재가 아니라 이법(理法)적 존재였다(김선희, 2016). 요컨대, 주희는 리나 천 또는 상제의 인격성을 논리적으로는 일부 인정하면서도 실존적으로는 부정한 셈이다.

주자학자인 이익을 비롯하여 공서파의 주요 인물인 신후담이나 안정복도 주희의 해석에서 벗어나지는 않았다. 다만 이익은 마테오 리치의 보유론을 수용하여 서학의 천주가 유가의 상제일 가능성을 인정했다. 리가 주재하는 측면을 상제라는 용어로 표현함으로써 리의 주재성과 인격성을 모두 인정할 수 있는 여지를 놓은 것이다. 이익이 이렇다 보니, 그 제자인 신후담과 안정복도 서양인이 말하는 천주를 『시경』과

4 이기(理氣)는 중국 발음으로 리치(li-qi)다. 그런데 한글에서는 두음법칙을 적용하여 대개 '이'로 발음한다. 하지만 여기에서는 두음법칙을 무시하고 이(理)에 대해서는 '리'로 발음하여 적는다. 한글 문장에서는 지시대명사를 사용한 '이는'이라는 표현이 적지 않으므로, 혹시 모를 오해의 소지를 최대한 없애기 위함이다.

『서경』에 나오는 상제와 같은 존재로 볼 수도 있음을 인정했다. 상제는 곧 하늘의 주재이므로, 그것을 천주라고 불러도 무방하다는 호칭 차원에서 인정한 것으로, '천주=상제' 및 '천과 상제의 인격성'을 부정하지는 않았다. 이런 학문적 태도는 당시 정치적으로 쇠락해 있던 기호 남인 내부에서는 꽤 지지를 받았다(김선희, 2016).

그러나 주자학 절대주의가 훨씬 강하던 영남 남인은 이에 대해 매우 비판적이었다. 한 예로, 남한조(南漢朝, 1744~1809)는 천주는 감정이나 의도를 가졌으므로 그 자체로 변하는 존재로서 기의 영신(靈神)에 지나지 않으며 온갖 변화의 근본이 될 수 없다고 단언했다. 이에 비해 유가의 상제는 리의 다른 표현이며, 리는 만물에 내재한 필연적 법칙의 본질이라고 확언했다(김선희, 2016). 이는 마테오 리치가 설파한 '천주=상제'론에 어느 정도 개방적 태도를 보인 기호 남인과는 달리, 천주를 감정도 이성도 없는 리(상제)의 아래에 자리하는 하나의 감성적 귀신 정도로 격하함으로써 천주교를 이단이자 악으로 규정한 셈이다. 영남 남인을 넘어 당시 지식인 절대다수의 견해도 이와 같았다.

이로써 보면 이익의 문하에서 신서파가 등장한 점도 어렵지 않게 이해할 수 있다. 어려서부터 주자학으로 무장했지만 인격성이 매우 강한 천주교의 천주를 유가의 리나 천 또는 상제와 유사하거나 같은 존재로 여긴 상태에서 『천주실의』를 탐독한다면, 이지적으로 이학(理學) 탐구에 전념하던 주자학자 중에서도 신앙 차원에서 천주를 믿는 자가 나올 여지는 충분히 가능했다는 것이다. 이런 점에 주목할 때, 세계에서 유일하게 외국 신부의 선교 없이 자생적으로 조선에서 천주교가 발생한 지적 배경을 다소나마 이해할 수 있을 것이다.

그렇다면 천주가 곧 상제일 가능성을 부정하지 않은 신후담이나 안정복 같은 이들은 왜 공서파가 되어 천주교를 신랄하게 비판하는 데 앞장섰을까? 그것은 그들이 주희와 마찬가지로 유가의 리나 천 또는 상제를 존재론적 차원에서 인격성을 갖춘 실존으로 보지 않았기 때문이었다. 이익이 천주와 상제를 같다고 본 것도 천주학과 유학에서 각기 최고의 본질적 존재로 보는 대상이므로 유비할 수 있다는 의미였지, 그 둘이 실존적으로 동일한 존재라는 인식은 아니었다.

요컨대, 우주 만물을 주재하는 최고 존재는 하나일 수밖에 없는데, 유가의 리나 천 또는 상제에 천주와 같은 인격성을 부여하면 철저한 주자학자라 할지라도 천주교를 수용하고 개종하는 일이 의외로 쉬울 수도 있었다. 이에 비해 유가의 최고 존재인 리나 천 또는 상제를 법칙에 따른 이법(理法)적 존재로만 본다면, 천주에게 4단과 7정을 겸비한 인격성을 부여한 천주교는 주자학의 본질에서 벗어난 이단일 수밖에 없었던 것이다.

그래도 공서파와 신서파의 대립은 어디까지나 학문적 논쟁이었다. 당시 남인은 대개 중앙 정치 무대에서 설 자리를 잃은 지식인 군으로, 상대방에 대한 물리적 공격이 쉽지 않았다. 그러나 국가 권력은 바로 천주교를 탄압했다. 당장 현실에서 조선왕조 통치 질서의 근간이 되는 충(君)과 효(父)를 한 '귀신'을 숭상하기 위해 저버리는 행위를 묵과할 수 없었기 때문이다. 임금과 부모보다 더 상위의 존재로 천주를 수용하는 자들을 공식적으로 허용할 길은 없었던 것이다.

유교의 의(義)는 인간관계의 기본 윤리였다. 가정에서 의를 실천해야 할 최고 존재는 부모인데, 그것이 바로 효라는 의리였다. 국가 사회에서 의를 실천해야 할 최고 대상은 군주인데, 그것이 바로 충이라는 의리였다. 다른 여러 사람과의 관계도 대개 여기에서 파생했다. 삼강오륜의 두 핵심 기둥도 바로 이 충과 효라는 기본 의리였다. 이런 유교 사회 조선에서 충과 효보다 더 상위의 가치, 곧 천주에 대한 순종을 우선하는 행위를 그대로 방치한다면 유교적 통지 질서의 근간이 허물어질 것이었다. 따라서 공권력을 투입한 강력한 탄압이 불가피했던 것이다.

우리는 흔히 주자학 지상주의 조선 사회에 천주교가 발붙일 곳은 없다는 식으로만 이해하지만, 오히려 주자학 지상주의였기 때문에 자생적 천주교가 세계에서 유일하게 등장할 수 있었다고도 할 수 있다. 유가에서 만물을 주재하는 최고 존재인 리나 천 또는 상제가 서양인들이 부르는 천주와 동일한 존재일 수 있음을 인정만 하면 천주교로 개종하는 일이 의외로 간단할 수 있었기 때문이다. 따라서 천주교에 대한 국가 권력의 지속적이고도 가혹한 탄압을 형이상학적 사유 체계 때문으로 보기는 어렵다. 조선왕조의 기본 질서에 심각한 위해를 가할 수 있는 현실적 문제가 탄압의 핵심 이유였다. 이후 전개된 천주교 박해 양상도 바로 이런 연장선상에 있었다.

여기서 한 가지 부연하자면, 천주교로 개종한 조선 지식인의 청나라 인식이 동시대 주자학자들과 사뭇 달랐던 점에 주목할 필요가 있다. 주지하듯이 청의 입관(1644년)부터 조선의 개항(1876년)까지 17~19세기 거의 내내 조선의 유교 지식인들, 곧 주자학자들은 청을 야만의 이적으로 치부하여 마음속으로 멸시했다. 그러나 천주교를 수용한 유교 지식인들은 청을 현실의 엄연한 제국으로 인정했을 뿐만 아니라, 「황사영백서(黃嗣永帛書)」 사례에서 보듯이 오히려 조선 내부의 가혹한 탄압을 중지하도록 청에 도움을 청하기까지 했다. 이는 외부 문물에 대한 그들의 상대적 개방성에도 기인했겠지만, 자신들의 개종에 결정적 역할을 한 『천주실의』 등의 교리서가 모두 북경을 통해 조선에 들어왔을 뿐만 아니라 그들이 희구하던 서양인 선교사가 모두 중국(청)에 거주하던 현실의 영향도 컸을 것으로 보인다.

6. 맺음말

명·청에 대한 정치적 사대에 최선을 다하던 조선이었기에 중국에서 발생한 사유 체계의 수용에도 조선이 꽤 적극적이었을 것 같은 생각이 편만한 편이다. 하지만 이런 식의 일반화는 위험하다. 왜냐하면 여말선초에 수용한 주자학 정도를 제외하고는 이후 어느 것 하나 제대로 수용하지 않았고, 때에 따라서는 오히려 이단으로 낙인찍어 핍박했기 때문이다. 16세기에 명에서 들어온 양명학이나 17~18세기에 걸쳐 청에서 들어온 고증학이나 천주학은 그 좋은 예이다. 전체적으로 볼 때 오히려 중국발 사상의 수용에 미온적이었다고 해야 사실에 더 부합할 것이다. 이는 같은 한중관계사를 논할지라도 어떤 층위의 관계사인지에 따라 기존과는 전혀 다른 이야기가 얼마든지 가능함을 의미한다. 이 글은 그동안 대개 국가 대 국가의 관계에만, 다른 말로 정치·외교적 관계에만 치중한 전통적 한중관계사 연구 시각에 대한 보완으로 마련했다.

여기서는 지금까지 명·청 시대(14~19세기)에 중국에서 조선으로 들어온 몇몇 사유 체계에 대한 조선 지식인의 태도를 수용과 배척이라는 프리즘을 통해 통시적으로 조망했다. 이 시기에 중원에서 조선으로 넘어간 사상으로는 크게 네 가지를 꼽을 수 있다. 14~15세기의 주자(성리)학, 16세기의 양명학, 17~19세기의 고증학, 그리고 같은 시기의 천주학이 바로 그것이다. 이들에 대해 본론에서 다룬 내용을 여기서 다시 요약하여 재탕할 것까지는 없다. 다만 주자학 외의 다른 세 가지를 배척한 핵심 이유로 조선 사회가 16세기를 지나면서 주자학 근본주의로 진화하고 있었음은 간략하게 재론할 필요가 있다. 양명학·고증학·천주학이 조선에서 배척당한 이유가 모두 주자학 절대주의 사조와 불가분의 관계에 있었기 때문이다.

주자학 지상주의가 강고하던 조선의 지식인 사회는 경전에 대한 해석에서 주희와 조금이라도 다르면 이단시하는 풍조가 만연했다. 이런 추세는 주자학의 형이상학적 우주론과 심성론을 완전히 이해하고 조선화한 16세기 중엽부터 분명했다. 마침 16세기에 조선에 들어온 양명학이 곧바로 주자학을 위협하는 이단으로 낙인찍혀 주변화한 것은 그 좋은 사례이다. 이런 사조가 17세기를 지나면서는 거의 절대화하기에 이르렀다. 특히 주-한-당-송-명으로 이어진 한족 중심의 유교적 중화 문명을 보편 문화로 절대시한 중세적 화이관이 워낙 강고했다.

이에 더해, 삼전도 항복(1637년)과 명·청 교체(1644년)라는 충격은 조선의 지배 엘리트들에게는 말 그대로 하늘이 무너져 내린 천붕(天崩)이였다. 단순히 강대국 명의 몰락 차원을 넘어 주나라 이후 면면히 내려오던 문명 자체의 붕괴로 받아들였기 때문이다. 물론 조선은 명·청 교체 후에도 외부적으로는 청과 새로운 군신 의리에 기초한 책봉·조공 관계를 최선을 다해 유지했다. 그러나 내부적으로는 청을 이적시하여 멸시하고, 이미 망해 사라진 명에 한족의 중화 문명을 투영하는 일종의 '자기 의식화'로 계속 침잠해 들어갔다. 이런 바탕에 한족이라는 종족을 중시한 주자학의 철저한 화이관이 자리하고 있었음은 두말할 나위 없다. 주자학의 본래 화이관에 한족 이외의 종족을 차별한 현실적 화이관이 겹치면서 17세기 이후 조선은 기존의 주자학 지상주의에 더해 외부 세계에 대한 배타적 고립주의가 매우 강고했다.

이런 분위기는 조선 후기(17~19세기) 내내 조선이 중국(청)의 새로운 사유 체계를 수용하는 데 걸림돌로 작용했다. 다만, 청과 조선의 정치적 군신 관계가 현실에서 엄연했고, 청은 17세기 후반부터 미증유의 전성기를 100년이 넘도록 구가했다. 그렇다 보니 내부적으로 아무리 청을 이적시하고 배척할지라도 연행사를 통한 청의 문물 유입 자체를 막을 수는 없었다. 따라서 18~19세기 조선의 중국 문물 수용은 개방도 아니고 폐쇄도 아닌, 마지못해 문을 조금 열어 놓은 상태(ajar)였다.

고증학과 서학(과학 기술 및 천주학)은 바로 이런 '약간 열린 문'을 통해 조선으로 흘러들었다. 하지만 배타적 화이관이 워낙 강하던 조선에서 제대로 뿌리를 내리지는 못했다. 경학 분야의 고증학은 주자학을 상대화하거나 다소 절충하는 것조차 위협으로 여기던 주류 지식인 사회의 완고함 때문에 한·송 절충조차 쉽지 않았다. 천주학도 마찬가지였다. 천주교의 천주와 유가의 상제를 비슷한 존재로 유비하는 것은 천주교 버전의 '절충론'이라 할 수 있는데, 절대다수의 지식인은 어떤 절충도 거부했고, 심지어 국가 공권력을 통해 가혹한 탄압으로 이어졌다.

이로써 보면 명·청 시대 조선이 사대한 대상은 정치적 제국으로서의 명·청이었을 뿐이며, 사유 체계에 대해서는 그 절대적 가치 기준을 남송에서 발생하여 원의 북경을 통해 조선에 들어온 주자학(성리학)에 두었음을 알 수 있다. 곧 이 시기 정치적 한중 관계는 북경과 한양이라는 국가 사이의 관계였지만, 그 기저에서는 남송 이래 중국 성리학자와 조선 성리학자 사이의 절대적 학문 관계가 강하게 복류(伏流)하고 있었던 것이다. 이런 점을 인정하고 향후 한중관계사의 주제와 영역을 더 확장할 필요가 있다.

| 참고 문헌 |

- 강경원(2002), 『이익: 인간소외 극복의 실학자』, 성균관대학교출판부,
- 계승범(2014), 『중종의 시대: 조선의 유교화와 사림운동』, 역사비평사.
- 고혜령(2001), 『고려후기 사대부와 성리학 수용』, 일조각.
- 금장태(1997), 『조선전기의 유학사상』, 서울대학교출판부.
- 금장태(2001), 『다산 실학 탐구』, 태학사.
- 금장태(2014), 『한국유교의 정신』, 세창출판사.
- 금장태(2014), 『성호와 성호학파』, 서울대학교출판문화원.
- 김당택(1998), 『원 간섭하의 고려정치사』, 일조각.
- 김만일(2007), 『조선 17~18세기 '尙書' 해석의 경향』, 경인문화사.
- 도광순 편(1989), 『권양촌사상의 연구』, 교문사.
- 도현철(1999), 『고려말 사대부의 정치사상 연구』, 일조각.
- 도현철(2013), 『조선전기 정치사상사』, 태학사.
- 변동명(1995), 『고려후기 성리학수용 연구』, 일조각.
- 설석규(2009), 『조선중기 사림의 도학과 정치철학』, 경북대학교출판부.
- 윤인숙(2016), 『조선 전기의 사림과 〈소학〉』, 역사비평사.
- 전용훈(2017), 『한국 천문학사』, 들녘.
- 정대환(1992), 『조선조 성리학 연구』, 강원대학교출판부.
- 정두희(1999), 『신앙의 역사를 찾아서: 한국 천주교회사 이야기』. 바오로 딸.
- 정요근 외(2018), (고려에서 조선으로: 여말선초, 단절인가 계승인가』, 역사비평사.
- 정재훈(2005), 『조선전기 유교 정치사상 연구』, 태학사.
- 정혜린(2019), 『추사 김정희의 한중일 학술 교류』, 신구문화사.
- 조남욱(2003), 『정여창: 조선초 실천유학의 선구자』, 성균관대학교출판부.
- 주채혁(1986), 『원조 관인층 연구』, 정음사.
- 최영성(1994), 『한국유학사상사 I: 고대 · 고려편』, 아세아문화사.
- 한영우(1983), 『정도전사상의 연구』, 서울대학교출판부.

- 강문식(2008), 「태종~세종대 許稠의 예제 정비와 예 인식」, 『진단학보』 105.
- 계승범(2017), 「16세기 초중반 한중관계의 이념성과 중층성」, 『동양사학연구』 140.
- 계승범(2019), 「삼전도항복과 조선왕조의 국가정체성 문제」, 『조선시대사학보』 91.
- 고재욱(1993), 「김정희의 실학사상과 청대 고증학」, 『태동고전연구』 10.
- 권문봉(201[illegible]), 「다산 '논어' 주석의 고증적 성향 고찰 - '論語古今註'를 중심으로 -」, 『원불교사상과 종교문화』 48.

• 금장태(1998),「퇴계문하의 양명학 이해와 비판」,『양명학』 2.
• 김광철(2015),「복고풍 신진사대부의 재현: 현행 중학교 역사 교과서의 '신진사대부' 서술 검토」,『석당논총』 62.
• 김새미오(2011),「연천 홍석주의 고증학 비판 양상과 그 의미」,『한문학논집』 32.
• 김선희(2016),「서학(천주학) 비판: 영남학파의 서학 대응과 지식 권력」, 이용주 외,『조선 유학의 이단 비판: 이학집변을 중심으로』, 푸른사상.
• 김용재(1999),「퇴계의 양명학 비판에 대한 고찰」,『양명학』 3.
• 김용헌(2011),「조선전기 사림파 성리학의 전개와 특징」,『국학연구』 19.
• 김태년(2002),「16세기 조선 성리학자들의 양명학 비판 연구」,『한국사상사학』 19.
• 김태영(2018),「녹암 권철신의 천주교 수용과 그 성격」,『역사와 경계』 108.
• 김항수(1981),「16세기 사림의 성리학 리해: 서적의 간행 · 편찬을 중심으로」,『한국사론』 7.
• 남윤덕(2013),「尹行恁의 청대 초기 고증학에 대한 인식과 그 의미」, 국학연구」 23.
• 노상호(2013),「조선후기 동물에 대한 지식과 기록: 한반도 서식 食肉目(Carnivora)의 사례를 중심으로」,『한국학연구』 70, 고려대학교 한국학연구소.
• 배숙희(2008),「원대 과거제와 고려진사의 응거 및 수관격」,『동양사학연구』 104.
• 서근식(2016),「추사 김정희의 실사구시설 재고찰」,『퇴계학과 유교문화』 59.
• 손성욱(2012),「19세기 조·청 문인 교류의 전개 양상: 북경 내 학풍과 교류 네트워크의 변화를 중심으로」,『역사학보』 216.
• 송석준(2007),「양명학의 전래와 수용」,『유학연구』 16.
• 안외순(2004),「추사 김정희와 실학사상의 관계에 관한 재고찰」,『동양고전연구』 21.
• 오성종(1989),「조선중기 양명학의 변척과 수용」,『역사교육』 46.
• 유영옥(1994),「집현전의 운영과 사상적 경향; 성리학 이해를 중심으로」,『부대사학』 18.
• 游芯歆(1987),「규장각장서와 건륭·가경시대 저술에 대한 연구: 고증학적인 저술을 중심으로」, 한국정신문화연구원 석사학위논문.
• 윤병석(1974),「권근, 조선성리학의 제일장」, 박성봉 편,『고려·조선초기의 학자9인』, 신구문화사.
• 이경수(2007),「영재 유득공 詩의 神韻風과 고증학적 경향」,『대동한문학』 27.
• 이경요(1982),「成海應의 경학사상에 관한 고찰」,『대동문화연구』 15.
• 이군선(2004),「관암 홍경모의 평양에 대한 인식 -고증학적 학문태도와 관련하여-」,『퇴계학과 유교문화』 35-1.
• 이숙경(1989),「이제현 세력의 형성과 그 역할」,『한국사연구』 64.
• 이호형(1990),「다산 경학의 고증학적 태도」, 강만길 외,『다산의 정치경제사상』, 창작과 비평사.
• 임온규(1999),「이퇴계의 양명학관」,『퇴계학논총』 5.
• 정두희(1980),「집현전학사 연구」,『전북사학』 4.
• 정석태(2013),「점필재 김종직에 대한 퇴계 이황의 평가」, 부산대학교 점필재연구소 편,『점

필재 김종직과 그의 젊은 제자들』, 지식과 교양.

- 丁晨楠(2015), 「조선후기 지식인의 청대 乾嘉考證學에 대한 인식 연구-漢宋論爭을 중심으로-」, 『학림』 36.
- 정재훈(2002), 「청조학술과 조선성리학」, 『한국사상과 문화』 16.
- 조병한(2011), 「청대 중국의 실학과 고증학」, 『한국사 시민강좌』 48.
- 진재교(2018), 「조선조 후기 類書와 인물지의 學的 시야 -지식·정보의 집적과 분류를 중심으로-」, 『대동문화연구』 101.
- 최봉준(2013), 「14세기 고려 성리학자의 역사인식과 문명론」, 연세대학교 박사학위논문.
- 최승희(1966), 「집현전 연구: 치폐시말과 기능분석」, 『역사학보』 32~33.
- Deuchler, Martina(1985), "Reject the False and Uphold the Straight: Attitudes toward Heterodox Thought in Early Yi Korea" in Wm. Theodore de Bary and JaHyun Kim Haboush, eds., *The Rise of Neo-Confucianism in Korea*, New York: Columbia University Press.
- Kalton, Michael C.(1985), "The Writings of Kwŏn Kŭn: The Context and Shape of Early Yi Dynasty Neo-Confucianism," Wm. Theodore de Bary and JaHyun Kim Haboush, eds., *The Rise of Neo-Confucianism in Korea*, New York: Columbia University Press.

| 찾아보기 |

4해관(海關) 261
8관(八館: 달단(韃靼), 여진(女眞), 서번(西番), 서천(西天), 회회(回回), 백이(百夷), 고창(高昌), 면전(緬甸)) 246, 247

ㄱ

가원계(賈元桂) 122
가정(嘉靖)대왜구 37
가정제(嘉靖帝) 30, 157
간도(間島) 115, 125, 137, 138
감계사 133
감계사등록(勘界使謄錄) 122, 130, 131
감국(監國) 312
감합(勘合) 33
갑신정변 314
강건성세(康乾盛世) 204, 209
강북(江北) 118, 137
강희임진정계등록(康熙壬辰定界謄錄)
강희제(康熙帝) 115, 123, 154, 175, 203
개성상인(松商) 286, 288, 298
개시(開市) 87, 88, 121, 285, 297~301, 318
개잔무역(開棧貿易) 314
개중법(開中法) 264
개항장 36, 301, 311, 316
개화 정책 300, 312
거자오광(葛兆光) 201, 202, 209
거화(去化) 243
건가고증학 355, 356, 358~360
건륭(乾隆) 45~50, 201~203, 211, 247, 355
건주문견록(建州聞見錄) 193
건주여진(建州女眞) 65, 79~81, 94~99, 108
건주탐정기축(建州探情記軸) 206
건청곤이(乾淸坤夷) 235
견사주경(遣使駐京) 304, 305
경국대전(經國大典) 240
경세학 355, 356
경원(慶源) 96, 298, 299, 301, 314, 357
경진개척(庚辰開拓) 118, 119, 125
계서적인 국제 질서 227
고강(考講) 240
고명(誥命) 28, 237
고이객(庫爾喀) 298
고종 115, 174, 288, 299, 302, 303, 314
고증학 8, 44, 333, 334, 354~365, 375~377
고차업(雇車業) 214
공도(貢道) 236, 248
공동 39, 115
공동감계(會勘) 115, 118, 119, 121~126, 128~131, 133~138
공무역 32, 262, 266, 268, 269, 271
공문표(孔聞謤) 208
공민왕 232, 237, 336
공용경(龔用卿) 164, 166, 172, 190
관묘(關廟) 211
광동(廣東) 245, 321
광주(廣州) 51, 53
괴원등록(槐院謄錄) 233, 234
교지(交趾) 30
구난(九難) 243

국경 분쟁 119, 121, 127, 137, 138
국경·영토 분쟁 120
국경회담 118, 119, 121~128, 130, 134~138
국제법 309
군함 314, 320
굴마훈 249
권지국사신이휘(權知國事臣李諱) 235
권혁수(權赫秀) 310
귀화인 240, 241
근대적 국제 질서 138, 139
근대적 외교 관계 305
금서(禁書) 202
기균(紀昀) 197
기미정책(羈縻政策) 210
기윤(紀昀) 207
기인(旗人) 43, 46, 152~154, 168, 170, 171, 173~176, 189, 215, 298
길림 당국 119, 120, 121, 130, 136, 138
길림(吉林) 117, 119~121, 126~134, 284, 317
길림장군(吉林將軍) 122, 126, 128, 129, 131, 134~136, 284
김경문(金慶門) 245
김명규(金明圭) 313
김상헌(金尙憲) 208
김선근(金善根) 312
김육(金堉) 204, 236, 237
김윤식(金允植) 129, 207
김종정(金鍾正) 214
김지남(金指南) 245, 246
김진하(金振夏) 243
김창업(金昌業) 193, 199, 203
김한규 164, 165, 167, 172~175, 193
김홍집(金弘集) 300, 301

ㄴ

나가사키(長崎) 42, 52, 55, 283, 323
난양록(灤陽錄) 192
남순(南巡) 210
남정철(南廷哲) 312
내지에서의 물품구매((內地採販) 307, 314
내지채판 307, 316
네덜란드 51~53, 283
노가재연행일기(老稼齋燕行日記) 193, 203, 212, 215
노걸대(老乞大) 242
누르하치(努爾哈赤) 41, 79~81, 83, 87, 107, 206, 246

ㄷ

다국적 제국주의 316, 322
단련사후시(團練使後市) 297
단천(端川) 269~271, 273
대도문강(두만강) 125, 126, 128,134
대만 245
대명회전(大明會典) 26
대보단(大報壇) 44, 172
대월(大越) 30
대청회전(大淸會典) 307
대홍려(大鴻臚) 246
덕옥(德玉) 122
덕원부사 129
도독(都督) 89, 101, 103, 237

도문강 129, 131
도문강 경계 지역 공동감계 때의 회담 기록과 공문 요약(覆勘圖們界址談錄公文節略) 131
[도문계]변석고증팔조([圖們界]卞晰攷證八條) 133, 277, 286~288, 297
도요토미 히데요시(豊臣秀吉) 39, 66~68, 70, 75, 76, 78, 106
동문(同文) 의식 231
동문휘고(同文彙考) 151, 206, 215, 233, 234
동북공정(東北工程) 216
동아시아 문화공동체 202
동지사(冬至使) 121, 187, 197, 282, 286, 287
동지하세사(冬至賀歲使) 213
동창보(東昌堡) 216
동학농민운동 295
동행삼록(東行三錄) 190
두만강(=홍토산수)경계론 130
두만강(豆滿江) 80, 115~121, 123~132, 136, 138, 314

ㄹ

란터우(攬頭) 214, 215
레조(黎朝) 30
류웨이(劉爲) 193, 205, 207
류큐(琉球) 24, 27, 29, 32~37, 40, 42, 43, 54

ㅁ

마건상(馬建常) 325
마건충(馬建忠) 174, 190, 306, 308, 325
마시(馬市) 38
마테오 리치 368, 370~372
마포 319, 321
만국공법 137. 305. 307. 311. 313. 324. 325
만동묘(萬東廟) 44
만이(蠻夷) 201
만주(滿洲) 10, 23, 47, 80, 81, 107, 152, 172, 201, 210~216, 231, 286, 298, 345, 378
만주기인(滿洲旗人) 215
만주족 9, 22, 41, 43~45, 56, 135, 149~153, 168, 214, 248,
만포 246
매카트니(G. L. Macartney) 53, 198
면전(緬甸, 미얀마) 54, 247
명 중심의 동아시아 질서 187
명 질서 5, 36, 39, 40, 42, 44, 48, 51, 54~57, 171, 175, 187
목극등(穆克登) 115, 116, 127, 128, 134, 245
몽고한림원(蒙古翰林院) 246
몽골 23, 25, 38, 41, 42, 45~49, 90, 93, 103, 106, 108, 152, 158, 164, 168, 169, 210, 216, 270, 278, 279, 333, 338, 365
몽골 아문(衙門) 46
몽골어 47, 239, 241, 247
묄렌도르프(P.G. von Mölendorff, 穆麟德) 318, 325
무로마치(室町) 막부 36
무비지(武備志) 247
무산(茂山) 123, 134, 135
무역장정 295, 297, 299, 300, 306~318, 321~325
문가상(文可尙) 241
문서 외교 5, 7, 149, 229, 230, 249~251

문의관(問議官) 301, 306
문익점(文益漸) 198
문자옥(文字獄) 202, 203, 235, 354
민영목(閔永穆) 202, 203, 235, 354
밀무역 37, 263, 266, 268, 270, 272, 286, 287

ㅂ

박권(朴權) 245
박래겸(朴來謙) 214, 215
박명원(朴明源) 49
박제가(朴齊家) 56, 196, 208
박제순(朴齊純) 312
박지원(朴趾源) 48~50, 56, 57, 197~199, 204, 212, 215, 362
박통사(朴通事) 242
발상중지(發祥重地) 135
발해 216, 239, 313
방랑(方郎) 130, 132, 135
백두산 115, 116, 123, 128, 131
백두산 정계(定界) 115, 128
백두산일기(白頭山日記) 124
백두산정계비 115
백역관(百譯館) 247
백운관(白雲觀) 211
백이관(百夷館) 247
번봉(藩封) 304
번역 8, 186, 231, 235, 243, 244, 245, 247, 309, 365
범월(犯越) 118, 276, 299
베스트팔렌조약 227
변경 무역(邊境貿易) 297~301, 303, 317, 318
변경 지대 117
변경 호시 302
별단 133
병자호란 43, 65, 79, 88, 93, 101~105, 108, 109, 153, 168, 201, 233, 243, 261, 282
보유론(補儒論) 370, 371
보호청상규칙세칙 322
봉사조선(奉使朝鮮) 189
봉천부윤(奉天府尹) 송림(松林) 317
봉천여조선변민교역장정(奉天與朝鮮邊民交易章程) 317
봉황성(鳳凰城) 298, 314
봉황청 무역 300
봉황청 변경 무역 301
부경사(赴京使) 187
부사직 이응준(李應俊) 121
부산 76, 300, 319, 321
부탑화물(附搭貨物) 32
북경 23, 26, 31, 41~48, 51, 73, 89, 94, 107, 150, 171, 188, 201, 208, 211~214, 228, 240~245, 263~265, 270~275, 282, 288, 297, 301, 311, 333, 354~356, 362, 378
북양 해군 315
북양대신 129, 174, 190, 302~305, 311, 316
북양대신 이홍장 303, 311, 129, 174
북양함대(北洋艦隊) 315
북학 359, 362, 199
북학론(北學論) 44, 198, 359, 362
북학사상 199, 204
북학의(北學議) 196
북학파 197, 198, 203, 204, 362
분계강 121, 123, 124, 128

분수령 115, 126, 134
불교 46, 47, 49, 160, 333, 335, 338, 340~342, 344, 347, 349, 350, 368, 369
불평등 조약 313, 323
비석(碑石) 122, 123, 126, 127, 134

ㅅ

사고전서(四庫全書) 202, 217, 355, 364
사고학(四庫學) 217
사대(事大)·자소(字小) 관계 119
사대사(事大使) 187
사대사행(事大事行) 196, 199, 303
사무역(私貿易) 32, 38, 42, 198, 262~266, 268, 269, 271~276, 280, 284, 287
사방관(四方館) 246
사쓰마번(薩摩藩) 40
사역원 239, 240, 243, 245, 288
사역원정(司譯院正) 239
사유구록 217
사은사(謝恩使) 187, 263
사이(四夷) 246
사이관(四夷館) 246
사조선록 연구 194, 217
사조선록(使朝鮮錄) 5~8, 10, 166, 167, 172, 174, 175, 185, 189, 190, 193, 194, 206
사행(使行) 5, 151, 152, 168~177, 185~201, 204~218, 228, 236~240, 243~247, 263, 265, 267, 268, 272, 279, 275
사행로 188
산동반도 236
산동성 320
산삭(刪削) 235
산해관(山海關) 23, 41, 90, 103, 248
삼급포(三汲泡) 126
삼리채 거류지 320, 323
삼리채청상확충조계장정(三里寨淸商擴充租界章程) 320
삼불제(三佛齊, 스리위자야) 29
삼역총해(三譯總解) 243
삼포(杉浦) 127, 265, 276
상국(上國) 50, 89, 96, 101~103, 105, 109, 167, 301, 313, 315, 318, 322, 324
상국·속방 관계 310
상국과 속방 313
상무위원(商務委員) 306, 311,~314, 323
상서(尙書) 237
상원절(上元節) 211
상제(上帝) 370~374, 377
상행(上行)문서 234
서긍(徐兢) 189
서두수(西頭水) 123
서두수=대도문강, 홍단수=소도문강론 126
서리북양대신 장수성(張樹聲) 303
서북경략사(西北經略使) 120, 317
서사영(徐士英) 241
서울 70, 74, 77, 92, 154, 167, 188, 228, 265, 271, 279, 289, 321
서인범 191, 192
서장관(書狀官) 213
서학 208, 209, 334, 354, 365, 368~371, 377
서호수(徐浩修) 211
석·토퇴(石·土堆) 122
석을수(石乙水) 132~135

선교사 67, 203, 209, 368, 375
선화봉사고려도경(宣和奉使高麗圖經) 189
설장수(偰長壽) 240, 241
설정선생조천일기(雪汀先生朝天日記) 192
성경예부(盛京禮部) 238
성경장군(盛京將軍) 숭기(崇綺) 317
성절겸진하사(聖節兼進賀使) 211
성절사(聖節使) 187, 263, 267
세업 자제(世業子弟) 249
세종 93, 94, 156~161, 163, 165, 241
소도문강 125,126
소백산 126, 133, 134
소백산=분수령론 126
소세양(蘇世讓) 126
소아론(小兒論) 243
소중화의식(小中華意識) 200
소현세자심양일기(昭顯世子瀋陽日記) 192
속국자주 302
속국화 139, 325
속방(屬邦) 119, 307
속환인(贖還人) 242
송 32, 335, 353, 358~363, 376, 377
송학(宋學) 355, 358, 359, 360, 361, 363
송화강 116, 123, 124, 127, 134
쇄환(刷還) 120
수륙 무역 301, 303
수신사 300, 301
순의왕(順義王) 38
술루(蘇祿) 54
승덕(承德) 47
승문원(承文院) 232
승문원고실(承文院故實) 128
시가수창(詩歌酬唱) 208
시모노세키조약 295
시부 외교(詩賦外交) 206
시취제(試取制) 241
식민지적 경영 118, 138
신계암(申繼黯) 243
신번노걸대(新飜老乞大) 243
신위(申緯) 213
신유박해(辛酉迫害) 209
신장(新疆) 45, 46, 168
신전자초방(新傳煮硝方) 245
신전자초방언해(新傳煮硝方諺解) 245
신충일(申忠一) 93, 198, 206
신하는 외국과 교섭할 수 없다(人臣無外交) 227
실학 199, 204, 359, 362
심사일기(瀋槎日記) 214
심양일기(瀋陽日記) 214
쑨웨이궈(孫衛國) 200
쓰시마 179, 189

ㅇ

아시카가 요시미쓰(足利義滿) 36
안남(安南) 25, 29, 32, 35, 152, 168, 170, 247
안남사신(安南使臣) 208
안변부사(安邊府使) 이중하(李重夏) 122
안산역(鞍山驛) 216
알탄칸(俺答汗) 38
압록·두만강 116, 117
압록강 76, 90, 103, 116, 228, 276, 298, 314
양명학 8, 333, 348~352, 354, 355, 357, 363,

365, 365~367, 375, 376
어윤중(魚允中) 120, 199
여순(旅順) 71, 314
여진어 241, 242, 247
여진학 242, 243
역과(譯科) 240
역관(譯官) 197, 198, 208, 228, 229, 239, 240, 241, 243~248, 268, 281, 286, 288
역어도감(譯語都監) 239
역학관(譯學館) 246
역학생도(譯學生徒) 239, 240
연도기행(燕途紀行) 200, 216
연복 무역(延卜貿易) 297
연서(連書) 235
연행기(燕行記) 211
연행록(燕行錄) 5~8, 10, 24, 48, 185~207, 209~218
연행록연구총서 192, 195~199
연행록학 192, 193, 199, 217, 218
연행소고 196
열하(熱河) 47~49, 56, 57, 197, 212
열하일기 198~201, 204, 209, 210, 212
염초 무역 237
영고탑(寧古塔) 298
영사재판권 306, 313
영선일기(領選日記) 207
영왕(寧王) 235
영파(寧波) 36, 37, 39, 51, 68, 188
예론(禮論) 166, 173, 194
예부(禮部) 42, 48, 121, 128, 150, 152, 165, 166, 169, 235, 244, 248, 303, 304, 305
예부시랑 보정(寶廷) 303
예빈성(禮賓省) 239
예수회 67, 209
오대빈(吳大斌) 208
오라총관(烏喇總管) 목극등 115
오우치(大內) 36, 37
오윤겸(吳允謙) 243
오이라트 93, 97, 264, 270
오장경(吳長慶) 308, 320, 321
오장경군(吳長慶軍) 315
옹정제(雍正帝) 45, 211
완원(阮元) 207
왕전중(王振忠) 203
외교문서 26, 33, 55, 206, 229~237, 250, 251
외번(外藩) 46, 47
외임 역관 241
요동(遼東) 17, 41, 68, 73, 74, 79, 80, 82, 83, 86, 93, 97, 100, 107, 162, 188, 213, 236
요동도사(遼東都司) 94, 216, 238
요서(遼西) 84, 87, 216
요양(遼陽) 71, 83, 211
요왕(遼王) 235
요택(遼澤) 216
우수리강(烏蘇里江)
우어청(偶語廳) 41
우장 248
원 90, 155, 166, 177, 186~190, 193, 228, 259, 261, 262, 272, 333, 338, 341
원 간섭기 228, 272
원명원(圓明園) 211
원산 300, 319, 321
원세개(袁世凱, 위안스카이) 128, 129, 134, 138, 312, 315, 318, 319, 322, 323, 325

원시(院試) 240
원지(元池, 圓池) 135
원지수(元池水, 圓池水) 035
월간(越墾) 118
월간민 119~121, 124, 125, 128, 129, 136, 138, 139
월경인 248
위구르 42, 45
유구사신(琉球使臣) 208
우득공(柳得恭) 192, 207, 209, 364
유리창(琉璃廠) 210
유민(遺民) 83, 120, 125, 128, 133, 134, 138, 201, 202
유지(諭旨) 31, 175, 237
육로 통상 317
을병연행록 198
을유감계(乙酉勘界) 115
음청사(陰晴史) 207
의리 105, 344
의리학(義理學) 356
의주(義州) 70, 298, 309, 314, 318
의주상인(灣商) 288, 298
의화단 사건 137
이개(李愷) 192
이금용(李金鏞) 119
이만수(李晩秀) 204
이문(吏文) 232, 234
이문등록(吏文謄錄) 232
이번원(理藩院) 42, 45~47, 168, 169
이상적(李尙迪) 208
이성계(李成桂) 27, 28, 63, 96, 97, 259, 262
이수광(李晬光) 198, 208
이안눌(李安訥) 208
이와미 260, 277, 278
이요(李淯) 200, 216
이용숙(李容肅) 301
이용후생(利用厚生) 학파 204, 359, 362
이원필(李原弼) 241
이익(李瀷) 357, 369
이전수(李田秀) 204, 214
이조연(李祖淵) 301
이조원(李祖源) 207
이중하 122~127, 129~133
이토 히로부미 321
이홍장(李鴻章) 128, 174, 190, 300, 301, 303, 305, 309, 311, 315~318, 321, 325
인삼대왕고은 286, 290
인천 300, 314, 315, 320~323
인천구화상지계장정(仁川口華商地界章程) 319
일본 24, 36~39, 42, 52, 55, 63, 64, 66, 67, 71, 75, 77, 106, 107, 231, 261, 269, 270, 273, 276, 277, 279, 282, 286, 289, 300, 301, 316, 320~323, 365
일본어 239, 241
일시동인(一視同仁) 39, 119, 138
임오군란 120, 175, 306, 308
임진왜란 39, 65, 69, 70, 73, 77, 79, 80~82, 98, 99, 107, 108, 201, 236, 260, 261, 271, 275, 276, 278~282, 284, 285, 289
입명사행록 217
입심기(入瀋記) 204, 214

ㅈ

자문(咨文) 94, 121, 126, 128, 228, 233, 235, 236, 238, 315, 316
자소(字小) 28, 119
장백산 133, 135
장서각(藏書閣) 233
장전불교(藏傳佛教, 라마교) 210
장현(張顯) 241
전객(典客) 246
전문(箋文) 233
전문(前文) 310
전보 315
전신망 314, 315
정계비(定界碑) 115~117, 121~125, 127, 128, 134
정계비이설론(定界碑移設論) 124, 129
정극상(鄭克爽) 245
정도전(鄭道傳) 27, 339, 344, 345
정동행성(征東行省) 236
정명수(鄭命壽) 177, 249
정묘호란 43, 84, 87, 88, 107, 249
정사 48, 49, 76, 152, 161, 163, 165~167, 171, 228
정선갑(鄭先甲) 241
정주학(程朱學) 202
정해감계(丁亥勘界) 115
제1차 공동감계 115, 122, 123, 125, 128, 131, 138
제1차 공동감계·국경회담 122, 128
제2차 공동감계 115, 128~131, 133, 134
제3차 공동감계 135
제3차 재감계 134
제주도 188, 245
제후국 310
조·영조약 322
조경일록(朝京日錄) 204, 236
조계(租界) 318~321
조공 21, 22, 24~40, 42, 47, 51~57, 97, 152, 158, 162, 170, 194, 197, 259, 261, 262, 264, 266, 274, 288, 295, 297, 298, 300, 302,~305, 310, 311, 313, 353, 377
조공 무역 33, 34, 36, 38, 51,197,261, 262, 266, 297, 298
조공 무역(燕行貿易)과 변경 무역(邊境貿易) 297
조공 사무 303, 304
조공 사절 26~28, 32~37, 43, 47, 53, 55, 97, 264, 297, 302
조공시스템론 22
조공체제 194, 197, 262, 310
조공품 35, 236, 263, 264
조미조약 300, 301
조사시찰단(朝士視察團) 301
조선 8, 9, 11, 28, 29, 31, 39, 43, 44, 48~50, 55, 56, 64, 68, 69, 71, 72, 75~77, 79, 80, 82, 83, 86, 87, 90~94, 100~102, 104~106, 108, 109, 116~130, 132~139, 149~162, 164~169, 172, 174~177, 186, 188, 193, 194, 196~199, 201, 204~211, 213~217, 228~232, 234~238, 240~242, 244~250, 259, 260, 266~271, 273~279, 283~290, 295~301, 304, 306~308, 311~319, 321~324, 333, 338, 340~344,

346, 348~354, 356, 358, 359, 361~368, 374, 376~378
조선 국왕 28, 68, 120, 126, 155, 165, 175, 234, 235, 237, 316
조선관(朝鮮館) 211
조선국왕신이휘(朝鮮國王臣李諱) 234
조선역학(朝鮮譯學) 248
조선책략(朝鮮策略) 300~302
조선해관(朝鮮海關) 325
조약 관계 311
조약항 체제(Treaty-Port system) 323
조영하(趙寧夏) 306
조와(爪哇, 자바) 29
조운제도(漕運制度) 212
조유(詔諭) 237
조일수호조규 300
조일통상장정(朝日通商章程) 316
조주(潮州) 245
조지 매카트니 198
조천기(朝天記) 204
조천록(朝天錄) 187, 191, 216, 273,
조천사(朝天使) 187
조천일기(朝天日記) 197, 216
조헌(趙憲) 31, 72, 216, 273
존명사대(尊明事大) 200
존주사상(尊周思想) 200
종계변무(宗系辨誣) 205, 206, 244, 245
종번 관계(宗藩關係) 200, 205
종성부 125
주권 국가 227, 305
주문(奏文) 233~236
주변에서 본 중국 207
주복(周馥) 301, 303
주사(駐使) 301, 303
주원장(朱元璋) 26, 259, 262
주자학 8, 171, 201, 210, 333~378
주진대원(駐津大員) 312
주진독리 313
주진독리공서(駐津督理公署) 312
주진독리통상사무(駐津督理通商事務) 312
주찰조선총리교섭통상사의(駐紮朝鮮總理通商交涉事宜) 312
주청행권(奏請行卷) 213
주희(朱熹) 339, 342, 353, 357, 359, 360, 363, 371, 373, 376
중강(中江) 무역 318
중강개시(中江開市) 236, 281, 285
중강무역장정(中江貿易章程) 317
중국 방문사절 일기 198
중국 해관 309
중국(淸) 115
중국·조선수륙무역통상장정(中國朝鮮商民水陸貿易章程) 5, 8, 120, 295, 306
중서성(中書省) 236
중앙 역관 241
중인(中人) 208, 229
중화 26, 27, 29, 41, 45, 69, 75, 201, 359
중화질서 31, 42, 46, 57, 79, 106, 119
중화회관(中華會館) 321
직해소학(直解小學) 241
진수당(陳樹棠) 311~313, 315, 318, 319, 321~323
진영(秦煐) 122, 130, 131
진유광(秦裕光) 321

진주(陳奏) 301, 305
진주사(陳奏使) 306
쩐조(陳朝) 29

ㅊ

차이나타운 319
차지안치(借地安置)론 129, 138, 139
창화 외교 164, 165, 194
창화시(唱和詩) 173. 174, 194
채견(蔡堅) 208
책문(册文) 237
책문(柵門) 283, 314, 318
책문후시(柵門後市) 298
책봉 6, 22, 24, 25, 27~30, 33, 36, 38~40, 42, 43, 55, 68, 70, 75, 85, 107, 162, 165, 166, 169~171, 186, 190, 194, 197, 227, 228, 234, 237, 238, 242, 310, 346, 353
책봉·조공 질서(사대질서) 295, 302
책봉체제론 21
천비(天妃) 199
천비신앙 199
천샹성(陳尙勝) 200
천조(天朝) 28, 31, 35, 39, 40, 54, 313, 318
천조상국(天朝上國) 119, 138
천조체제 313
천주교 209, 334, 354, 365~370, 372~374, 377
천주실의 368, 372, 375,
천주학 8, 333, 334, 365~370, 373, 375, 377
천지(天池) 115, 368
천진(天津) 73, 207, 301, 306, 311, 312
천진기기국(天津機器局) 207
천진담초(天津談草) 207
천진조약 321
천진해관도(天津海關道) 301
청 4, 5, 7~10, 22~24, 41, 43~51, 53~55, 57, 65, 81, 115~122, 130, 135, 137, 139, 149~154, 168, 170~175, 177, 187~190, 193, 194, 196, 200, 202, 205, 207, 213, 230, 231, 233, 235, 246, 249, 251, 280, 295~299, 302~304, 306, 308~310, 313, 314, 316~318, 321, 322, 333, 334, 353, 354, 365, 376, 378
청 중심의 동아시아 질서 187
청 황제 43, 120, 139, 174, 190, 207, 295, 297, 304, 306, 309, 316, 317
청국 조계 319, 320
청군 91, 101~104, 108, 109, 295, 314, 315, 320, 321
청시절략(請示節畧) 301
청어(淸語) 242, 243
청어노걸대(淸語老乞大) 243
청어노걸대신석(淸語老乞大新釋) 243
청일전쟁 137, 295, 315, 322~325
청 질서 5, 7, 10, 22~24, 45~51, 53~55, 57, 168, 171, 175, 187
청학(淸學) 242, 243, 356
초상국 301, 314, 318
초상국원(招商局員) 301
총리각국사무아문(總理各國事務衙門) 302
총리아문 122, 128, 129, 131~134, 302~305, 309, 317
총병관(摠兵官) 237

총세무사 325
총판조선각구교섭상무위원(總辦朝鮮各口交涉商務委員) 311
총판조선각구상무위원(總辦朝鮮各口商務委員) 311, 318
최덕중 215
최부(崔溥) 188
최세진(崔世珍) 242
최혜국 대우 303, 306, 310, 316
추분(抽分) 32
추가로 올린 비밀보고(追後別單) 127
충렬왕 235
취재(取才) 240
치발입적(薙髮入籍) 136
치외법권 306, 313
칙사(勅使) 43, 150~154, 159, 173, 175, 189, 190, 238, 240, 248, 299
칙유(勅諭) 237
친조(親朝) 228

ㅌ

태감(太監) 155, 161, 162, 237, 281
태공상서(太公尙書) 243
태봉(泰封) 239
토목보 264, 164
토문감계사(土們勘界使) 122
토문강(土門江) 116, 117, 120, 121, 123, 124, 126~128
토문강=분계강=해란강론 123, 124, 127
토문-두만 양강론(兩江論) 129, 124
토문자(土門子) 128
토사역주문(討邪逆奏文) 209
통문관(通文館) 239
통문관지(通文館志) 206, 245
통사 출신 239
통사(通事=역관(譯官)) 177, 228~230, 239, 240, 245, 247~251, 271~273, 275
통상 53, 55, 121, 262, 300, 302~305, 309, 311, 313, 316, 317
통상·주사 304
통신사행록 217
통주(通州) 212
퇴계학(退溪學) 202
특서(特書) 235
티베트 23, 41, 42, 45~49, 158, 210
티베트불교 46, 47, 49

ㅍ

파사주경 303
파원판리조선상무장정(派員辦理朝鮮商務章程) 312
판첸라마 49, 57
팔백관(八百館) 247
팔세아(八歲兒) 243
편갑승 136
편호입적 정책 136
평등 46, 227, 295, 306
평안도 71, 86, 91, 198, 249, 271, 273, 275, 276, 297~299,
평칙(平則) 235
포고리옹순(布庫里雍順) 135
포르투갈 55, 65~67, 277

포의(包衣) 248
포토시 260
표류 35, 188, 236, 245
표류민 245
표문(表文) 33, 94, 233~236
표해록(漂海錄) 188
풍극관(馮克寬) 208
피로인 92, 248
피서산장(避暑山庄) 212
필담(筆談) 56, 206

ㅎ

하나의 외교, 두 개의 체제(一個外交, 兩種體制. One diplomacy Two Systems) 310
하문(廈門) 51
하사(賀謝) 32, 174, 267, 268, 301
하세국(河世國) 246
하여장(何如璋) 300, 301
한·송 절충 358~363, 377
한군기인(漢軍旗人) 215
한방(韓昉) 241
한성 271, 307, 314~316, 319~321
한성 개잔 307
한성(漢城)에서의 청 상인의 상업 활동 306
한세능(韓世能) 167, 245
한어 8, 239, 241, 242, 244
한어도감(漢語都監) 239
한어훈장(漢語訓長) 241
한역서학서(漢譯西學書) 208, 365
한학(漢學, 훈고학) 355, 356, 358~361
한학훈도(漢學訓導) 241
함경도 관찰사 118
함경도 당국 119, 121, 125
함경도 지방 당국 118, 299
함경북도 117, 118, 120~122, 125, 127, 136, 297~299
함경북도 북병영(北兵營) 127
함경북도 안무사 118
해금(海禁) 32, 51, 245, 259~262, 301, 309
해금(海禁) 폐지 301
해로(海路) 29, 197, 216, 236, 301, 312
해로(海路) 무역 301
해상·육상 무역 366
향통사(鄕通事) 241
허국(許國) 245
허봉(許篈) 31, 204
호소가와(細川) 36
호시 무역 249
호시(互市) 35, 38, 40, 42, 51~53, 55, 249, 278, 297, 302, 314
혼춘 당국 121, 135
혼춘(琿春) 119~121, 298, 314
혼춘(琿春)의 지부(知府) 119
혼춘·돈화(敦化)현 120
혼춘부도통(琿春副都統) 122
홍남주(洪南周) 118, 121
홍단수(紅端水) 124~126, 128~132
홍대용 56, 1989, 199, 215, 362
홍려시(鴻臚寺) 163, 246, 247
홍루몽(紅樓夢) 271
홍모관(紅毛館) 51
홍무제(洪武帝) 26, 155, 169, 176, 248, 262
홍삼(紅蔘) 282, 283, 287, 288, 298, 314

홍순언(洪純彦) 244~246
홍양호(洪良浩) 197
홍즙(洪楫) 241
홍타이지(皇太極) 41, 45, 87, 89~92, 101, 103, 153, 154
홍토산수(紅土山水) 126, 130~132, 135
화교 5, 8, 318~322, 324
화상 318~324
화상확충조계조약(華商擴充租界條約) 320
화약 237, 245
화이(론) 21, 25, 44, 367
화이관(華夷觀) 200, 204, 353, 354, 376, 377
화이역어(華夷譯語) 247
화이일가(華夷一家) 41, 45
화표주(華表柱) 211
환관 5, 6, 8, 10, 153~162, 165, 171, 174~177, 189, 248
황여전람도(康熙皇輿全覽圖) 115
황준헌(黃遵憲) 300
황해 313, 315
황해 어로 306
황화송구자(黃花松溝子) 123
회군(淮軍) 63, 308
회녕부 125
회동관 무역 249, 297
회동관(會同館) 297, 246~249
회동사역관(會同四譯館) 246~248
회령(會寧) 70, 96, 122, 2998, 299, 314
회령·경원 개시 301
회령부 두만강 118
회령부사 118
회사(回賜) 262, 267, 268, 297
후마 스스무(夫馬進) 31, 162, 163, 170, 186, 187, 188
훈고학 355, 357, 358, 360~362
흑룡강(黑龍江) 41, 104, 158
흑정자 136
흥안령산맥(興安嶺山脈) 41

동북아역사재단 연구총서 122

주제로 보는 조선시대 한중관계사

초판 1쇄 인쇄 2020년 12월 10일
초판 1쇄 발행 2020년 12월 21일

엮은이 동북아역사재단 북방사연구소
펴낸곳 동북아역사재단

등 록 제312-2004-050호(2004년 10월 18일)
주 소 서울시 서대문구 통일로 81, NH농협생명빌딩
전 화 02-2012-6065
팩 스 02-2012-6189
홈페이지 www.nahf.or.kr
제작·인쇄 청아출판사

ISBN 978-89-6187-603-2 93910